银行监管统计学

YINHANG JIANGUAN TONGJIXUE

主编◎杜金富

中国金融出版社

责任编辑：张　铁
责任校对：张志文
责任印制：陈晓川

图书在版编目（CIP）数据

银行监管统计学（Yinhang Jianguan Tongjixue）/杜金富主编．—北京：中国金融出版社，2014.7

ISBN 978-7-5049-7591-1

Ⅰ.①银…　Ⅱ.①杜…　Ⅲ.①银行监管—统计学　Ⅳ.①F830.2

中国版本图书馆 CIP 数据核字（2014）第 148921 号

出版发行　中国金融出版社

社址　北京市丰台区益泽路 2 号

市场开发部　（010）63266347，63805472，63439533（传真）

网上书店　http://www.chinafph.com

（010）63286832，63365686（传真）

读者服务部　（010）66070833，62568380

邮编　100071

经销　新华书店

印刷　北京松源印刷有限公司

尺寸　185 毫米×260 毫米

印张　24.5

字数　543 千

版次　2014 年 7 月第 1 版

印次　2014 年 9 月第 2 次印刷

定价　56.00 元

ISBN 978-7-5049-7591-1/F.7151

主编简介

杜金富，研究员，博士生导师，现任中国银行业监督管理委员会纪委书记。曾任中国人民银行调查统计司司长、人事司司长，中国人民银行行长助理、副行长。

杜金富研究员长期从事中国宏观经济运行与政策研究，在国民经济账户核算体系的研究与分析应用领域研究成果丰硕，在中国分部门核算统计框架引入和应用中作出过开创性的工作，主持编撰《金融市场学》、《国际金融统计制度比较》、《货币与金融统计学》、《政府财政统计学》、《国际收支统计》、《宏观经济账户与分析通论》、《价格指数理论与实务》等10余部专著和教材。

前　言

2012年5月，我从人民银行调到银监会工作。在人民银行工作期间，因分管调统和研究工作，也涉猎了一些银行监管内容的研究。调到银监会后，我利用一段时间，仔细阅读了巴塞尔协议Ⅰ、巴塞尔协议Ⅱ、巴塞尔协议Ⅲ、《有效银行监管的核心原则》、《金融集团监管原则》等国际银行监管的标准，也了解了我国银行的监管文件和操作。在研究的过程中，我与银监会几位既熟悉国际银行监管标准，又熟悉我国银行监管操作的部主任进行过多次讨教和交流。我感觉很有必要把我们的这些理解编写成一本教材。中国金融出版社副总编辑查子安来银监会看我时，我对他谈到了这个想法，他很支持。经过近一年的时间，本书初稿终于完成。这本《银行监管统计学》教材，实际上是对银行监管特别是对巴塞尔协议等国际银行监管标准及其在我国实际运用的介绍。

本书由集体编写而成。我拟定了编写提纲并总纂，各章分工如下：杜金富（经济学博士、研究员）编写第一章；王胜邦（经济学博士，银监会国际部副主任）编写第二章、第十章；苗雨峰（经济学博士，银监会统计部副主任）编写第三章、第八章、第十一章；陈颖（经济学博士，银监会银行监管一部副主任）编写第四章、第六章；张晓朴（经济学博士，银监会研究局副局长）编写第五章、第十二章；梅世云（经济学博士，中央国债登记结算公司副总经理）编写第七章；程烨（加拿大圣玛丽大学经济学硕士，现供职于香港中信证券国际有限公司风险部）编写第九章。苗雨峰和刘贤荣（经济学博士，中国建设银行信息中心副总经理）协助进行了总纂。中国金融出版社张铁主任进行了认真审校。

杜金富
2014年7月

目　录

第一章

概　　论

什么是银行监管统计，银行监管统计的内容有哪些，银行监管统计有哪些方法？这是研究银行监管统计首先需要弄清的问题。本章主要阐述银行监管统计的这些基本问题。

第一节　银行监管统计的概念

银行监管统计是监管部门围绕监管目标运用监管手段对监管内容需要的数据进行的统计。要弄清银行监管统计的含义，还要从银行监管谈起。

一、银行监管的含义

银行监管的含义有广义与狭义之分，狭义的银行监管是指监管部门对银行机构实施的监督管理。广义的银行监管还包括银行内部管理、行业自律和社会舆论监管等。这里所讲的银行监管是指狭义的银行监管。监管部门为什么要对银行机构进行监督管理，监管的目标是什么，监管的内容有哪些，监管的手段有哪些？这是理解银行监管含义需要搞清的问题。

（一）银行监管的必要性

一方面，银行业的特殊性决定了银行监管的重要性。银行业是经营货币的特殊行业，通过存款等方式集聚资金，又通过贷款等方式将集聚资金运用出去，具有巨额债务主体和债权主体双重身份，特别是作为债权主体在资金运用过程中将面临各种风险，稍有不慎，贷款等资金运用不能收回，就会影响存款等的偿还，严重时会引发金融危机，造成社会动荡。银行业与企业、居民、政府和对外实体有着密切的联系。银行业自身又是一个脆弱行业，其资产与负债的流动性难以配合，客户与银行存在信息不对称，一旦存款者对银行安全产生怀疑时，就会提走资金，多者可能形成挤兑，甚至导致整个银行体系崩溃。银行监管可以将风险控制在一定范围之内，保证银行体系安全稳定运行，保持公众的信心。

另一方面，维护金融秩序，保护公平竞争，提高效率是银行业自身发展的需要。为了银行业健康发展，银行都应该按照有关法律的规定规范经营，不搞无序和不公平竞争。这就需要银行监管部门通过监督和管理来实现。

另外，银行业是一个涉众行业，随着银行业务的发展，其产品和交易结构日益复杂，不用说一般公众由于缺乏专门知识和精力很难准确及时获得并理解业务和经营信息，就是监管部门也感觉压力越来越大。为了保护银行的客户即消费者的合法权益，也需要对银行提供产品及服务进行监督。

（二）银行监管的目标

银行监管的目标与银行监管的必要性相联系。银行监管的目标一般分为三个方面：防范或制止系统风险、促进公平竞争和保护消费者权益。

防范或制止系统风险是银行监管的首要目标。银行业的高风险和在国民经济中的作用，要求把银行业稳定、防范或制止系统风险放在银行监管的首位。尽管对系统风险尚无统一的定义，但在系统风险的特点上基本取得共识：一是从遭受风险的面积来看，系统风险不是个别银行机构遭受的风险；二是从风险的转移释放来看，系统风险不可能在银行系统转移释放。防止银行倒闭不应成为银行监管的目标，然而银行监管应致力于降低银行倒闭的概率及其影响，即使倒闭，也要确保银行倒闭能以有序的方式进行。

银行业如同国民经济其他行业一样，搞垄断就会失去活力和效率，开展竞争就要规范银行的市场行为。促进银行公平与有序竞争，提高银行的工作效率，应该成为银行监管目标之一。

保护消费者权益就是保护银行客户的权益。银行客户的权益大体分为两部分：一是客户作为债权人的权益，如存款的安全等；二是客户作为债务人和消费者的权益，如结算服务和贷款等权益。在复杂银行业务面前，银行客户是一个非专业的群体，需要银行监管部门予以保护。

（三）银行监管的内容

银行监管是对银行业机构市场运作全过程的监管，包括市场准入的监管、市场运作过程的监管和市场退出的监管。

1. 市场准入的监管

市场准入是监管的首要环节，所有国家对银行的监管都是从市场准入监管开始的。把好市场准入关是保持银行业稳健运行和整个金融体系安全的重要基础。狭义的市场准入监管是指监管部门按照规则对银行机构设立和进入市场的一种管制行为。广义的市场准入监管除机构准入监管外，还包括业务准入和高级管理人员的市场准入监管。机构准入又分为新设、变格和牌照转让三种情形。新设是指在已有的市场中新设的银行或其分支机构；变格是指调整银行分支机构的营业能力的层级，如将支行升格为分行或将支行降格为营业所等；牌照转让是指转让方通过转让牌照而让受让方实现市场准入的一种方式。业务市场准入是指按照审慎标准，批准银行业机构的业务范围和开办新的业务品种。高级管理人员的市场准入是指对银行高级管理人员任职资格进行核准或认可。

2. 市场运作过程的监管

机构、业务和高级管理人员经准入进入市场运作即开展经营活动，监管部门对其经营活动进行监管。这又称为日常监管、业务监管或持续性监管。实践表明，金融风险大多发生在银行业务活动中。银行业务经营活动面临着各种各样的风险，并且贯穿于日常业务运行过程的每一个环节。市场运作过程中的监管也是对银行各项业务行为的监管。对银行业务运营监管的具体内容是根据其业务经营情况的特点而实施的。虽然各国银行监管部门对银行业务运营监管的内容并不完全相同，但通常是使监管内容体现在保证银行经营安全性、流动性和盈利性三个方面。巴塞尔委员会发布的《有效银行监管的核心原则（2012）》提出监管当局主要是确定银行具备全面的风险管理体系，及时识别、计量、评估、监测、报告、控制或缓释所有实质性风险，并根据银行自身风险状况和市场与宏观经济情况评估其资本和流动性的充足性。目前我国对银行业务运营监管的主要内容有业务的合法合规性，业务经营的安全性、流动性和盈利性，内控制度的健全性等。

3. 市场退出的监管

市场退出监管是指监管部门对银行机构退出银行业、破产倒闭或合（兼）并、变更等的管理。银行市场退出的原因和方式可以分为两类：主动退出与被动退出。主动退出指银行机构因分设、合并或者出现公司章程规定的事由需要解散因而退出市场。被动退出则指由于法定理由，由法定部门宣布破产或关闭。被动退出监管主要考核存款本金和利息的清偿情况，被动退出方式包括接管、收购、分立或合作、解散、吊销营业许可证、破产。

（四）银行监管的手段

银行监管的手段是监管部门实施监管的方式。银行监管的手段从不同角度可以进行不同的分类：从实施手段的性质来看，可分为法律手段、行政手段和经济手段；从实施手段所起激励和约束作用来看，可分为市场准入、资本金要求、现场监管等；从实施手段的技术角度来看，可分为现场监管和非现场监管。

1. 法律手段、行政手段和经济手段

法律手段即国家通过立法，将银行机构运行中的各种业务经营行为纳入法制轨道，银行按法律要求规范其行为。运用法律手段进行监管，具有强制性和约束性，银行必须依法行事，否则将受到法律制裁。因此各个国家监管当局无不大力使用法律手段，即使一些不发达的发展中国家，也积极完善立法，使银行监管拥有相当的力度。

行政手段是指政府监管部门采用计划、政策、制度、办法等进行直接行政干预和管理。运用行政手段实施监管，具有见效快、针对性强的特点。特别是当银行机构业务活动出现波动时，行政手段的作用甚至是不可替代的。但行政手段只能是一种辅助手段，应更多地使用法律手段和经济手段。因行政手段与市场规律在一定程度上是抵触的，虽然收效快，但震动大，副作用多，缺乏持续性和稳定性。但完全摒弃行政手段也是不现实的，即使是市场高度发达的国家，在特殊时期仍然采用这种手段。

经济手段指监管部门以监管银行业务和机构为主要目的，采用间接调控方式影响银行业务和参与主体的行为，如存款保险制度和最后贷款人手段等。

2. 市场准入、资本金要求、现场监管

这是从运用监管手段达到激励和约束目的的角度对监管手段所作的分类。比如监管部门在监管中评估某银行风险控制较好，业务合规合法，那么在市场准入方面可以相对宽松些，资本金要求相对低些，现场检查次数相对少些。监管部门通过这些降低银行经营监管成本的手段，激励银行严格控制和防范风险。反之则相反。

3. 现场监管、非现场监管

现场监管又称现场检查，是指监管人员直接深入到银行进行业务检查和风险判断。监管人员通过亲临现场，检查银行非现场监管数据的准确性、管理和内控质量、遵守法律法规和经营管理情况等。现场监管是银行监管的重要手段和方式。实施现场监管有助于监管部门全面了解被检查银行经营和风险状况，核实和查清非现场监管发现的主要问题和疑点，对被检查银行的风险作出客观、全面的判断和评估。各个国家对待现场监管的态度不尽相同。美国银行业监管机构对商业银行的监管在很大程度上要依赖现场监管。英国监管当局则很少依靠现场监管，而主要靠与银行管理层对话、非现场监管、信息披露等手段保持与被监管者的沟通。在我国，现场监管是对银行进行监管的一个重要手段。

非现场监管是指监管部门对银行按要求报送的数据、报表等信息进行整理和综合分析，并通过对一系列风险监测和评价指标的对比，对银行的风险作出初步评价和早期预警。广义非现场监管还包括通过媒体和定期会谈等其他渠道取得信息。非现场监管是银行监管部门实施银行监管的重要方式和手段。通过非现场监管，能够及时和连续监测银行经营和风险情况；运用非现场分析有助于明确现场监管的对象和重点，从而有利于合理分配监管力量，提高监管质量和效率。

二、银行监管统计的含义

前面已经指出，银行监管统计是监管部门围绕监管目标运用监管手段对监管内容需要的数据进行的统计。那么银行监管统计统计哪些监管内容所需要的数据，运用的是哪些监管手段，是属于宏观经济统计还是微观经济统计，在监管中起到哪些作用，采取何种组织和表述方式？这是理解银行监管统计含义需要弄清的问题。

（一）银行监管统计的定义

银行监管统计是监管部门运用监管手段对监管内容需要的数据进行的统计。下面分别从监管内容和监管手段两个方面来讨论银行监管统计的定义。

从监管的内容来看，监管内容大致分为市场准入监管、市场运作监管和市场退出监管三个方面。从数据收集和分析的角度来说，监管部门在市场准入和市场退出监管中也需要掌握有关方面的数据信息，比如现在已经有多少银行，有多少分支机构升格或降格，有多少银行退出等。特别是银行准入时，监管部门需要了解机构准入地区的经济情况和机构设置数据，申请准入银行资本金及其结构情况和人员状况等。这些机构这方面的数据还要向社会发布。但这些市场准入和市场退出方面的数据是监管后产生的结果，监管部门不需要银行报送。定期收集不断变动的数据并据此开展各项银行监管统计工作，主要是服务于市场运作监管。从这点来说，银行监管统计是对银行市场运作监管所需数据的统计。

对银行市场运作监管所需数据围绕监管目标也应包括三个方面：银行竞争力、消费者保护和风险的防范。反映银行竞争力的数据有存款市场占有率、贷款市场占有率等；反映消费者保护的数据有客户投诉率、客户投诉处理率等。这些数据监管部门需要了解和掌握。但这些数据有的银行并不掌握，如市场占有率等，监管部门可以从银行报送的数据计算生成；有的银行报送的数据由于很难做到统一口径，其真实性不能得到保证，如反映消费者保护方面的数据。银行市场运作监管所需的大量数据是反映银行风险方面的数据。从这个意义来讲，银行监管统计就是对银行市场运作风险情况的统计。银行市场运作面临的主要风险有：借款人等债务人不能还本付息的信用风险；市场价格变动造成潜在损失的市场风险；由于内控因素和外部事件造成潜在损失的操作风险；以及流动性风险等。银行市场运作面临这些风险造成的非预期损失最终由银行资本来吸收。监管部门要求银行按标准把这些风险暴露计量为加权风险资产，与银行资本对比，计算银行资本充足率。这样看来，银行监管统计主要是银行资本充足率和流动性风险的统计。

从银行监管实施的技术手段来看，监管手段可分为现场监管和非现场监管。如果在非现场监管中发现了疑点，就需要通过现场监管核实。现场监管中也会生成许多监管数据，如检查机构的覆盖率、罚款数额、处理高管人员数、非现场监管数据的准确性等。这些也是监管部门需要掌握的数据。但这些数据也是在现场监管中一次生成的，不是日常监管定期反复需要掌握的动态数据。非现场监管是一种定期数字数据监测，它通过制定统一的统计口径，收集银行按统一统计口径报送的数据，核实整理数据，生成监管数据，并与统一标准的分析指标对比分析，对银行风险作出初步判断。而这些正是银行监管统计需要完成的。非现场监管是通过银行监管统计来完成的。这样看来，银行监管统计是对银行运作风险的非现场监管。

以上对银行监管统计的定义，都是针对单个银行的，即对单个银行风险的统计。从这个角度来说，银行监管统计属于微观经济统计。但实际上，银行统计除了对单个银行风险统计外，还对全部银行业的风险进行统计。银行监管的目标之一是防止发生银行系统性风险，而不是保证单个银行不发生倒闭。要防止发生银行系统性风险，就需要对整个银行系统的风险状况进行统计。统计银行风险状况不是目的，目的是通过统计银行风险状况并加以分析，提出应对措施。而要对银行风险状况加以透彻分析，就涉及住户、企业、政府和国外等宏观部门的数据。此外，银行是金融的重要组成部分，金融是现代经济的核心。银行风险与其他金融风险往往存在传染和交叉关系，金融风险发展到严重程度，易于演变为金融危机。而引发银行风险的因素除了银行本身经营管理外，还有其他社会因素。银行监管统计也都涉及对各个方面的风险进行分析与提出建议。从银行监管统计涉及的范围和重要性来看，银行监管统计又属于宏观统计。银行监管统计涉及的范围由各个国家的制度确定。银行监管统计是否属于宏观经济统计仍存在着争议。

（二）银行监管统计在监管中的作用

银行监管统计是银行日常监管的主要手段，在监管中发挥着数据支撑作用。

摸清银行风险情况是监管部门有针对性地采取监管措施的基础。监管部门了解银行风险情况的主要渠道有社会监督（包括媒体反映和客户投诉等）、政府其他部门的监管、中介机构提供的情况、银行监管部门的现场监管和非现场监管等。社会监管通常只反映银行风险的某些方面情况，不可能对银行风险做全面反映。中介机构虽然能提供银行较全面的风险状况，但频率不可能满足日常监管的需要。政府其他监管部门由于职责分工，只能在其职责范围内提供有关风险情况，不可能满足对银行风险全面及时提供数据的需要。现场监管特别是全面的现场监管是全面了解银行风险的重要手段，但不是主要手段。主要原因：一是从监管资源配置来说，在监管资源有限的情况下，监管部门不可能动用大量的人力从事全面现场检查，在一定时间内只能对部分银行进行全面现场检查，或专项检查，而不能对所有银行进行全面检查，现场监管的覆盖面不可能太大；二是从制度安排来说，过多地使用现场监管，可能存在监管者与被监管者边界不清、监管功效低下问题。监管者的角色是监督银行建立全面的风险管理体系，及时识别、计量、评估、监测、报告、控制和缓释所有实质性风险，并根据银行自身风险状况与市场和宏观经济情况评估其资本和流动性的充足性。在风险防范和缓释方面，银行本身是主要的，监管部门只起监督作用。监管部门使用现场监管手段过多，可能有越位之嫌。监管部门使用现场监管手段过多也有可能是因为非现场监管手段不完善，或者银行未能按监管部门要求报送非现场监管数据，无论哪种情况，都反映监管功效不高。与前面监管部门了解数据情况渠道相比，非现场监管具有以下特点：一是监管部门有权要求被监管银行报送日常监管所要求的数据信息，信息口径统一；二是银行报送的数据面广，信息全面；三是报送频率适当，得到数据信息及时。非现场监管即银行监管统计是银行日常监管的主要手段。

监管部门在日常监管中了解银行风险主要是了解风险的种类、风险的严重程度、已经采取的应对措施是否有效等，然后进行综合风险分析，提出监管意见或针对银行系统实施监管措施。制定风险识别、计量、评估、监测的标准，并按统一标准搜集数据并计算，这是其关键所在。如果没有统一的标准，监管部门从各种渠道得到的银行风险信息后，就会分不清是哪方面的风险，不知道风险的严重程度，也不可能提出有针对性的建议。制定数据统计口径，定期按统一的口径搜集信息，整理并计算监管指标数值，进行分析，提出监管建议，这是银行监管统计的功能所在。银行监管统计在日常监管中发挥着数据支撑作用。

（三）银行监管统计的组织和表述方法

银行监管统计的组织和表述方法是指银行监管统计的指标数值已经统计计算出来后，以何种形式反映出来。银行监管统计的组织和表述方法各国不尽相同。有的采取编制平衡表的形式，如资产负债表、财务收支平衡表。有的采取编制相对指标（比率）的形式，如国际货币基金组织推荐的编制金融稳健指标，就是采取这种反映形式。我国采取这两者相结合的方式。

我国银行监管部门在统计银行资产总规模、利润总规模等时，采取编制平衡表的形式进行反映。这种反映形式的最大的特点就是总量指标之间具有勾稽关系，如总资产等于总负债等。

我国银行监管部门在统计银行资本充足率、不良贷款率、拨备覆盖率、杠杆率、资产利润率、流动性比例等风险相对指标时，采取编制统计指标形式进行反映。

三、银行监管统计与其他银行统计信息的关系

银行监管统计的对象银行除了向银行监管部门报送监管信息外，还向其他管理部门如中央银行、财政税务部门报送货币、财务方面的数据信息。银行监管部门收集数据除非现场监管渠道外，还有现场监管等其他渠道。银行监管统计与其他管理部门向银行收集数据及与非现场监管之外收集数据是什么关系，这也是理解银行监管统计含义需要弄清的问题。

（一）银行监管统计与监管部门内部其他银行监管信息系统的关系

银行监管部门在监管过程中会产生并需要各类监管数据信息。如在市场准入监管中，银行及其分支机构市场准入的数量和结构、银行从业人员增加的数量及其结构等；在现场监管中，现场检查机构数量和覆盖面、处罚机构的数量及金额、取消高管人员任职资格的数量等；在市场退出监管中，银行及其分支机构市场退出的数量及结构、银行从业人员减少的数量和结构等；在日常监管中，约谈高管人员和调查产生的一些数据等；在持续监管或市场运作监管中，银行运行和风险情况数据等。从广义上讲，银行监管过程中产生并需要了解的上述信息，都属于银行监管统计的范围。我们前面定义的银行监管统计侧重于监管数据的统一、全面和及时，是狭义的银行监管统计。

（二）银行监管统计与其他管理部门银行统计的关系

涉及银行统计的除银行监管统计外，还有中央银行的货币统计，财政税务部门的财务统计等。如前所述，银行统计是围绕银行风险的统计，中央银行的货币统计是围绕银行创造货币的货币供应量统计，财政税务部门的财务统计是围绕财务收支的财务状况统计。当然，所有银行统计都来自银行经营活动的结果，取自银行资产负债表、财务收支平衡表等银行自身统计。不同的统计有不同的指标，不同的统计口径，银行如何报送呢？实际操作有个大体分工，涉及风险统计，由银行监管部门确定统计指标并进行统计，如资本充足率、不良贷款等；涉及货币供应量统计由中央银行确定统计指标并进行统计，如存款、贷款等；涉及财务统计由财政税务部门确定统计指标并进行统计，如财务收入、财务支出、成本、利润等。

四、银行监管统计与巴塞尔协议

谈到银行监管统计，不能不提到巴塞尔协议，特别是巴塞尔资本协议，因为它是银行监管的国际框架。

（一）巴塞尔委员会与巴塞尔资本协议

巴塞尔资本协议是巴塞尔银行监管委员会制定的协议。巴塞尔银行监管委员会（Basel Committee on Banking Supervision）简称巴塞尔委员会，原称银行法规与监管事务委员会，是由美国等 10 大工业国的中央银行于 1974 年底共同成立的。作为国际清算银行的一个正式机构，以各国中央银行官员和监管当局为代表，总部设在瑞士巴塞尔。

自 20 世纪 80 年代以来，十国集团各国逐渐放松了对其金融市场和银行体系的管制，

其副作用之一就是银行表内、表外业务的风险暴露迅速增加。但业务增长的同时，资本并未相应增长，大型银行资本金水平受到侵蚀。同时，随着银行向新的业务领域或跨国业务的发展，如何为来自不同国家的银行创造一个公平竞争的环境问题引起了相当大的重视。1988 年 7 月，巴塞尔委员会为解决风险暴露增加和创造共同监管环境两个问题，颁布了《关于统一资本计量与资本标准的国际协议》。尽管这些标准的适用范围最初仅限于那些巴塞尔委员会成员国内的国际大型银行，但现在已经被 100 多个国家所采纳。此外，在许多国家，那些只开展国内业务的银行，无论其规模多大，业务范围多宽，也要受到这些标准的制约。之后，根据银行监管的变化，巴塞尔委员会进行了两次修订，分别于 2004 年年中和 2012 年 12 月颁布了巴塞尔协议Ⅱ和巴塞尔协议Ⅲ。

（二）巴塞尔资本协议的主要内容

巴塞尔资本协议的内容也在不断修订。巴塞尔协议Ⅰ由三部分内容组成：（1）监管资本的定义，定义监管资本的构成及其条件。（2）风险加权资产，对于所有信用风险暴露，包括表内、表外业务的等值项目，都需要根据其风险程度使用相对应的监管风险权重进行风险加权。（3）最低资本充足率，将资本与风险资产相联系计算总法定资本充足率不低于 8%，一级资本充足率不低于 4%。巴塞尔资本协议Ⅱ是围绕三个支柱而构建的：（1）第一支柱是对每个银行为覆盖其信用、市场和操作风险暴露所必须持有的最低资本要求。（2）第二支柱是监督检查，目标是确保银行的资本能够覆盖其所有风险。（3）第三支柱是市场行为约束和公开披露的最低标准。巴塞尔协议Ⅲ主要内容分为两大部分，一是加强全球资本框架，包括：（1）提高资本基础的质量、一致性和透明度；（2）扩大风险覆盖范围；（3）引入杠杆率补充风险资本要求；（4）缓解亲周期性和提高逆周期超额资本；（5）应对系统性风险和相互关联性。二是引入全球流动性标准，包括：（1）流动性风险监管标准：流动性覆盖率和净稳定融资比例；（2）监测工具。

（三）银行监管统计与巴塞尔资本协议的关系

从巴塞尔协议Ⅰ到巴塞尔协议Ⅲ都围绕监管银行用充足的资本覆盖其风险，即最低资本充足率要求这条主线，只有巴塞尔协议Ⅲ又引入全球流动性标准。资本充足率监管包括三部分内容：一是明确资本组成及质量。二是明确资本覆盖风险范围。资本覆盖风险范围就是指计算风险暴露。风险暴露是指把银行的风险划分为不同的类别，如信用风险、市场风险、操作风险等，根据风险程度使用相对应的方法确定风险加权资产。三是计算资本充足率，即银行资本除以风险加权资产。流动性风险因不涉及资本覆盖问题，监管部门只监测流动性风险状况。这样看来，银行监管统计就是按照巴塞尔协议标准并对其主要内容的统计。

第二节　银行监管统计的内容

银行监管统计是对银行风险的统计。银行风险的含义是什么，有哪些风险，如何计量统计？这就是本节讨论的主要内容。

一、银行风险

(一) 风险的含义

“风险”是人们日常生活中常用的词语，但目前仍然没有一个准确且为人们普遍接受的定义。不同人不同行业对风险有不同的理解。从经济界来看，对风险有以下几种定义。

1. 风险是发生某一经济损失的不确定性

风险与不确定性是联系在一起的。风险的不确定性可以分为客观不确定性和主观不确定性。客观不确定性是实际结果与预期结果的相对差异，它可以使用统计工具（方差和标准差）加以度量。主观不确定性是个人对客观风险的评估，因每个人的知识、经验、精神和心理状态不同，面对客观风险评估时，不同人可能有不同的主观定性。不确定性是风险的基本特征。

2. 风险是经济损失机会或损失的可能性

把风险定义为经济损失机会，表明风险在经济活动过程中一种损失的可能性状态，是在这种状态下发生损失的概率。

3. 风险是经济可能发生的损害和危险

这种说法强调风险损害程度与风险发生可能性大小共同衡量风险的大小。当损害程度大，发生的可能性也大时，风险就大。危险是指遭受损害和失败的可能性。

4. 风险是经济预期与实际发生各种结果的差异

这种结果可能是好的，也可能是坏的，一般用统计学中的标准差来衡量，正的偏差和负的偏差都可以是风险的来源。

5. 风险是结果不确定性的暴露

暴露通常又是风险定义的简略说法，它用来描述业务面临的一种状态，“结果”是特定行动过程的结局。“不确定性”，它可以在一个可能分布曲线上“潜在业务的波动”中得到反映，可以用方差和标准差来度量，标准差的标准范围越大，其波动性也就越大，相应地从理论上说不确定性和风险也就越大。

综合以上对风险的定义，我们可以从两个层面去理解风险的含义：一是强调结果的不确定性，即在一定条件下和一定时期内发生各种结果的变动程度，结果的变动程度越大则相应的风险就越大，反之则越小。不确定性带来的后果可能是有利的，也可能是不利的。我们把这个定义理解为广义风险。二是强调不确定性带来的不利后果，即在一定条件下和一定时间内由于各种结果发生的不确定性，而导致行为主体遭受损失或损害的可能性。这一概念突出了风险的危害性。我们把这个定义理解为狭义风险。但是无论何种定义，都可以看出风险是一个二维的概念。它既涵盖了损失的大小，又涵盖了损失发生概率的大小。

前面无论是结果的不确定性定义的广义风险，还是不确定性带来的不利结果定义的狭义风险，风险都与不确定性密切相联系，但二者又存在差异。所谓不确定性，是指对风险承受主体预测未来能力的怀疑，它包含两层含义，第一层次是横向的不确定性，也就是在空间维度上存在的不确定性，即指对交易对手的当前状况和历史不了解的一种不确定性，它是由信息不对称性引起的，兼具有客观性和主观性；第二层次是纵向的不确定性，也就是指时间维度上的不确定性，即经济主体对自身未来发展状况以及外部环境在未来的不确定性，这种不确定性是非人力所能控制的，具有完全的客观性。从数学的角度来分析，风险和不确定性主要是从观察事件结果的概率来区分的，如果有确定的概率分布就是风险，反之则属不确定性。

风险的特征主要有：(1) 客观性。风险是不以人的意志为转移并超越人们的主观意识的客观存在。(2) 普遍性。风险广泛存在于自然界和人类社会，无处不在、无时不存。(3) 复杂性。风险是一种极其复杂的自然、社会现象，直到目前，人类只能在有限的空间和时间内控制和改变风险，不可能完全消除风险。(4) 偶然性。风险的基本特征是不确定性，因此风险发生的空间、时间、程度、结果都是偶然的，而且导致风险发生的各种风险因素也是偶然的。(5) 必然性。风险发生是不可避免的，尽管对个别风险的控制是难以掌握的，但随着技术的进步以及大量历史数据的支持，人类仍然能够发现规律。(6) 可变性。风险也是随着环境的改变而不断变化的，技术的进步能够带来管理方式的创新，也就同时产生新的风险。

(二) 银行风险的含义

银行是经营货币资金的信用中介机构。银行的特殊性决定了银行是一个高风险的行业。银行风险是庞大风险家族的一个分支，具备风险的共性，又由于其特殊的个性，使其在众多的风险中独树一帜。

首先，银行风险具备风险的基本特征。银行在经营业务中，无论是存款业务、贷款业务，还是表外业务，都存在着不确定性。银行办理存款业务事先并不确知能否吸收多少存款，吸收的存款中，也并不能确定有多少按约定的期限存取；银行发放的贷款，对贷款能否按时归还及可能损失多少，也具有不确定性。表外业务中的利率、汇率变动幅度等也具有不确定性。通常银行风险的定义有：(1) 银行在办理业务过程中，由于各种事先无法预料的不确定性因素带来的影响，使实际收益与预期收益发生一定的偏离，从而蒙受损失和获得额外收益的可能性；(2) 银行在经营过程中，由于一系列不确定性导致价值或收益损失的可能性；(3) 银行行为的结果偏离期望结果的可能性；(4) 银行运营结果不确定性的暴露。

其次，银行风险与一般风险有着显著的区别。一是银行风险是集中在银行经营业务方面的风险。银行业务集中体现为信用中介业务，银行风险主要是资金借贷和资金经营风险，因此它的外延比一般风险要小。二是银行风险的结果具有的双重性，既可以带来经济损失也可以获取超额收益。

本书所谓银行风险是指银行经营过程中由一系列不确定因素导致损失或不利结果的可能性。

(三) 银行风险的分类

银行风险分类的目的是为理解风险的来源及结果，以便提出管控风险的可行办法。银行风险可以从多个角度、多个层次予以分类：按照遭受风险的银行面积划分，银行风险可以分为系统性风险和非系统性风险；按照银行业务结构划分，银行风险可以分为资产风险、负债风险、中间业务风险；按照影响因素划分，银行风险可以分为信用风险、市场风险、流动性风险、操作风险、声誉风险、法律风险、战略风险。

1. 按照遭受风险的银行面积划分，银行风险可以分为系统性风险和非系统性风险

系统性风险是整个银行系统乃至整个金融系统可能遭受的风险。非系统性风险是单个银行可能遭受的风险。系统性风险与非系统性风险划分也不是绝对的，因为银行风险具有传染性，非系统性风险累积到一定程度也可能转化为系统性风险。

2. 按银行业务结构划分，银行风险可以分为资产风险、负债风险、中间业务风险

这是一种常见的分类方法，各种风险从内容和形式上看是不相同的，但是彼此之间又是相互联系的，不可截然分开的。

3. 按照风险主体划分，银行风险可以分为银行机构风险、企业风险、个人风险和国家风险

银行机构风险是指银行在经营过程中面临的各种风险；企业风险、个人风险、国家（包括国外）风险是指企业、个人、国家与银行发生业务往来时由于自身原因给银行造成的风险。这种分类是从引起风险主体不同划分的。

4. 按照影响因素划分，银行风险可以分为信用风险、市场风险、流动性风险、操作风险、声誉风险、法律风险、战略风险

信用风险又称违约风险，是指因交易对手无法按约还本付息而造成银行损失的可能性；市场风险是指因市场价格变动给银行造成损失的风险，如利率风险、汇率风险、股价风险等；流动性风险是银行不能及时支付债务给银行造成的风险；操作风险是因银行内控因素和外部事件给银行造成的风险；声誉风险是因银行声誉不佳给银行造成的风险；法律风险是不遵守法规或法规不完善给银行造成的风险；战略风险指因经营战略不足，或变更该战略的前提假设、参数、目标等因素所带来的风险。

因计量方面的原因，本书按信用风险、市场风险、操作风险和流动性风险分类。法律风险包括在操作风险之中。

（四）银行风险的计量统计

如前所述，除银行的流动性风险外，银行的其他风险如信用风险、市场风险、操作风险潜在的损失以及留存超额资本、逆周期超额资本、杠杆率等对资本要求都要由银行资本来吸收和满足。判断一个银行风险的大小，不能只分析其各种风险暴露的名义金额有多大，而是要把这些风险暴露与银行资本进行比较。经营规模大的银行风险暴露的名义金额可能就大，但其资本充足，覆盖风险的能力强，与经营规模小但资本不充足，覆盖风险能力弱的小银行相比，可能风险并不大。这样计量除流动性风险之外的银行风险的指标为资本充足率。资本充足率的分子为银行资本，分母为风险加权资产。分母的风险加权资产是根据各种风险的暴露名义金额折算成风险加权资产。风险暴露名义金额折算成风险加权资产的方法，因不同的风险种类和不同的计算方法而有权重法、标准法、内部评级初级法、信用风险建模法、内部模型法、高级计量法等。这是巴塞尔资本协议监管第一支柱要求的内容。此外，监管部门还根据其对银行监管的情况，确定其他风险

审慎指标计算风险加权资产。这是巴塞尔资本协议监管第二支柱要求的内容。银行流动性风险因不涉及资本覆盖损失问题，只需风险监测不需风险计量。银行风险的计量统计方法在第二章和第四章、第五章、第六章、第七章中还要作详细介绍。

二、银行资本

如前所述，与其他企业一样，每家银行持有一定量的资本以应对出现的损失，我们称为经济资本。但与其他企业不同，银行的主要职能是充当信用中介。银行信用中介的职能要求对其自身的“信任”是非常重要的。为了确保公众对银行的信心，银行开展业务活动时，不但需要获得相关许可，而且需要遵守特别的法规并接受监管。正是对银行的这种监管才产生了监管资本的要求。这样银行资本实际包含三个概念：一是监管部门规定并实行的监管资本；二是银行自己估算确定的经济资本；三是银行资产与负债之差的会计资本。会计资本是按会计准则计算并定期公布的，我们只介绍监管资本和经济资本。

（一）监管资本

监管资本是监管部门要求银行持有、用于抵御潜在损失的资本。监管资本的要求有：监管资本的构成及条件、风险加权资产和最低资本充足率要求。风险加权资产将在后面信用风险、市场风险和操作风险内容中介绍，这里只介绍监管资本的构成及条件和最低资本充足率要求。

监管资本的构成及条件的要求取决于监管的需要。目前监管资本分为一级资本和二级资本。

一级资本的构成仅包括在保证银行可持续经营的情况下具有最大吸收损失能力的项目。一级资本包括普通股和其他一级资本。（1）普通股包括发行并实缴普通股、股票溢价、留存收益和其他储备（如积累的其他综合收益），又称核心一级资本。（2）其他一级资本必须是永久性的、发行并实缴的，受偿顺序必须排在不构成其他一级资本的所有负债之后的资本。如果在资产负债表上划为负债，它必须还具备本金损失吸收机制。

二级资本的目标是在破产清算基础上提供损失吸收能力。二级资本必须是发行并实缴的，受偿顺序必须排在不构成资本的所有负债之后的资本。二级资本可以有期限（至少5年），可包括不超过限额的、针对目前尚未确认的未来损失持有的普通贷款准备金。

巴塞尔协议Ⅲ最低资本比率要求有三个：

最低核心一级资本比率：

$$核心一级资本总额 \div 风险加权资产总额 \geqslant 4.5\%$$

最低一级资本比率：

$$一级资本总额 \div 风险加权资产总额 \geqslant 6\%$$

最低资本总额比率：

$$监管资本总额 \div 风险加权资产总额 \geqslant 8\%$$

另外，考虑留存超额资本、逆周期超额资本和杠杆率对资本的要求，上述三个比率的数值还要调整。在第十章，我们将作详细介绍。

（二）经济资本

1. 经济资本的含义

经济资本是银行持有的用作吸收潜在损失的资本，它是一家机构对它所需要的持续经营资本数额的估算。

为计算经济资本，一家银行考虑它认为在规定时限内可能发生的事件以及每个事件造成的损失，从而得出损失分布。之后银行要确定置信区间，它实际上是银行希望能够渡过那些事件所造成损失的百分比。经济资本是为这些损失的数额减去已为预期损失计提的准备金。

对既定的风险状况来说，经济资本规模越大，银行就越有可能渡过不利冲击。当然从商业角度来说，持有足够多的资本以便渡过可以想象到的所有事件对一家银行来说可能无法做到。实际上银行往往按风险类别计算各类风险覆盖所需经济资本，最后相加计算经济资本总额。

2. 经济资本的用途

经济资本的确定需要大量的资源和复杂的信息系统，这将使经济资本确定方法的使用主要限于大型综合银行。由于经济资本的确定是大银行自己计算的，因而其用途和方法在各银行间并不相同。

确定经济资本首要用途是确保在选定的置信区间银行能够吸收其业务活动带来的未来非预期损失并维持经营，随着时间的推移，这些确定经济资本的方法增加了其他用途：作为每种业务活动的“风险和收益”的指标；作为一种风险定价的方法；在银行不同业务活动之间进行资本配置并随时对其加以调整。

3. 经济资本确定方法的特点

作为监管部门，不对每家银行确定的经济资本进行监管，但对有关程序作出评价可能是适当的。确定经济资本方法通常具有以下共同特征。

（1）概率分布。在概率理论中，概率分布描述随机变量得到某些数值（因变量）的概率。这些变量可能是离散的，也可能是连续的。根据随机的自变量与因变量的关系，给出连续的概率分布。通常随机自变量将聚集在一个中间值中间，形成一个钟形曲线。在估计经济资本时，假设其风险/收益正态分布并合乎钟形曲线。

（2）损失分布。银行对大部分业务活动试图根据可能的结果建立损失分布，即损失金额与损失概率分布。在确定了所有可能出现的损失的分布后，银行针对一些损失计提专项准备。

（3）时间范围。银行必须确认损失的时间。这对确定经济资本十分重要。银行不同业务活动的时间范围差异较大，要由具体的风险类型和工具来决定。

（4）相关性。即估计风险模型中各种风险之间的相关程度。

（5）压力测试。确定经济资本的方法是以一些假设条件为基础的，在极端情形下这些假设条件可能不成立，压力测试起到补充作用。

（6）资本分配。能够在整个银行范围内将经济资本作为统一的衡量尺度进行标准一致的资本配置，这是使用经济资本的主要优点之一。银行可以对其不同业务活动或业务部门配置不同比重的经济资本。

(三) 监管资本与经济资本

监管资本与经济资本之间既有差异，也有趋同。这两种资本的差异体现在定义和用途两个方面。

监管资本是由监管当局规定并实行的，银行间标准具有一致性。经济资本是由各家银行自己确定的，各家银行之间不具有可比性。

两种资本的用途在持续经营和破产清算之间进行区分。监管资本旨在确保银行面临困境能够继续经营。然而，它也试图确保在银行发生倒闭时为存款人提供保护。

经济资本不仅涉及偿付能力和持续经营，而且对大多数银行来说，经济资本越来越多地作为风险管理和风险定价的工具。

虽然监管资本和经济资本仍然存在一些根本的差别，但总的趋势是两个概念更加趋同。人们越来越认识到经济资本是使风险与资本相协调的一种表现形式。

三、信用风险

信用风险是影响金融机构和整个金融体系稳定性的最大单一因素，也是覆盖银行全部业务及任何时候的一种风险。

(一) 信用风险的含义

信用风险是债务人或其他主体违约给银行造成损失的风险。违约是指实质性违背合约规定，拒绝支付（或偿付）本金或利息的一切行为。最常见的违约形式是不能全额支付或不能按期偿付，但其他的许多行为、遗漏或事件（如破产）在贷款合同或其他合同中也被定义为“违约”。债务人是指支付债务的人，他可以是本金债务人，也可以是担保人。换句话说，是银行找来付款的人。

一个与债务人概念相近但并不完全相等的名词是“交易对手”，意指交易合同的另一方，即在该合同中以某种形式欠银行钱的人。在诸如互换合同的情况下，净债务在交易双方之间来回交换，而银行自己在另一方的眼中也是一个交易对手。

信用风险存在于银行的所有业务活动中，它不仅仅表现在贷款和透支上面，还表现在远期交易合同、互换、期权、期货、外汇兑换、信用证、现金管理和证券投资组合等方面。也就是说，银行经营的所有业务都存在信用风险，只不过信用风险暴露程度不同而已。

信用风险存在于银行经营的任何时候。只要资金被提供、支付、投资或者以其他方式进行业务经营，信用风险就存在，而无论这些业务是否反映在资产负债表中。

(二) 信用风险的分类

信用风险暴露通常按债务人的不同分为主权风险暴露、银行风险暴露、公司风险暴露、零售风险暴露和其他风险暴露五种。

1. 主权风险暴露

主权风险暴露是指对政府和政府机构的贷款以及持有政府和政府机构发行或担保的证券形成的风险暴露。它通常指下述机构的风险暴露：国家和中央银行、公共部门机构、多边开发银行。

2. 银行风险暴露

银行风险暴露是指银行向同业贷款和银行间证券交易形成的风险暴露。通常指对下述机构的风险暴露：银行、证券公司、公共部门机构、多边开发银行。

3. 公司风险暴露

公司风险暴露是指对工商企业贷款或持有工商企业发行的证券而形成的风险暴露。它又分为对有限公司、合伙公司、业主制企业的贷款或持有其发行的债券。

4. 零售风险暴露

零售风险暴露是指为个人、家庭、住房和其他消费而发放个人贷款形成的风险暴露。零售贷款又分为分期贷款和循环贷款。典型的分期贷款包括汽车贷款和租赁、助学贷款等；典型的循环贷款包括信用卡贷款、支票贷款或个人透支额度。

5. 其他风险暴露

其他风险暴露包括股权风险暴露、购入应收款及资产证券化风险暴露。

（三）信用风险的计量

信用风险的风险加权资产计量方法有：（1）权重法。即根据资产的类别、性质以及债务主体的不同，分别赋予不同的风险权重予以直接加权，共分为0、20%、50%、100%四个档次。（2）标准法。即根据风险暴露的特点，将其划分到监管当局规定的几类档次上，每一类档次对应一个监管当局给定的风险权重。（3）内部评级法。即银行通过构建自己的内部评级体系，估算信用风险暴露的违约概率、违约损失率、违约风险暴露及有效期限等风险要素，按照一定规则计算风险加权资产的方法。内部评级法又分为初级法和高级法。采用内部评级初级法，银行只自行估计违约概率，其余的违约损失率、违约风险暴露和有效期限等风险因素由监管当局规定。在内部评级高级法下，银行可自行估算上述全部风险要素。

四、市场风险

市场风险是银行面临的另一个主要风险。全球市场风险转化为损失速度的加快，说明加强市场风险控制的必要性。

（一）市场风险的含义

市场风险是市场价格的变化将对资产负债表内或表外存量的价值产生不利影响的风险。

市场风险的源头是市场价格的变化。对银行风险来说，市场价格主要指利率、汇率、股票价格和商品价格。导致价格变动有两大因素：一是由一般市场行为导致的市场价格变动，如股价指数变动对股票存量价值的影响；二是与某一工具的发行人有关的特有市场价格的变动，如BBB级公司债券信用利差的变化，银行持有的债券因发行人信誉发生变化对到期能否兑付感到担心等。

市场风险是市场价格变动对银行产生不利影响的风险。市场价格上升还是下降将对银行产生不利影响，这取决于头寸是资产还是负债。一般来说，市场价格上升，将使银行筹资成本提高，从而对银行负债头寸产生不利影响。市场价格下降，将使银行资产价值下降，从而对资产头寸产生不利影响。例如汇率上升，使银行持有的卖空（外汇敞口为负数）的价值上升，成本提高，对银行的负债头寸产生不利影响。而股票价格下跌，则使银行持有的股票资产头寸的价值下降，从而对银行产生不利影响。

市场价格变动，不仅对银行资产负债表内的资产和负债的头寸产生不利影响，而且对银行的表外业务也将产生不利影响，如银行的一些衍生产品业务，一般都在表外业务反映和核算。市场价格的变动，也将对这些表外业务产生不利影响。

（二）市场风险的分类

市场风险按不同的标志可以进行多种分类：按持有头寸目的不同，市场风险分为银行账户的风险和交易账户的风险；按价格变动的原因不同，市场风险分为一般市场风险和特定市场风险；按市场价格构成不同，市场风险分为利率风险、汇率风险、股票价格风险、商品价格风险和期权风险。

1. 银行账户的风险和交易账户的风险

银行账户的头寸一般被持有到到期日。也就是说，这些头寸没有打算交易，因而缺乏流动性。可能也具有流动性的头寸被划归银行账户，银行打算在更长时间持有或持有到到期日。银行常常利用衍生产品来对冲银行账户的存量，例如利率掉期对冲一笔贷款资产，虽然衍生工具通常作为交易账户的一部分，但当它们被用来对冲银行账户中的头寸时，将其归入银行账户。由于银行账户头寸持有比以交易目的持有时期更长，更易受信用风险的影响。然而银行账户中的外汇和商品工具等，也面临市场风险的影响。交易账户是以交易为目的的账户，其头寸持有时间短，更容易受市场价格变动的影响。划归交易账户的头寸每天按市价计值。

2. 一般市场风险和特定市场风险

一般市场风险是由一般市场行为导致的市场价格的变动。如银行持有的外汇和商品有关的工具，其价格变动对头寸价值的影响，就是一般市场风险，这些价格变化完全取决于一般市场的变化。

特定市场风险是指由于与某一工具发行人有关的因素使得工具的市场价格变动产生的风险，是每笔金融交易特有的风险。它又分为特有风险和事件风险。特有风险是指未由一般情况解释的价格变动。例如，股价指数上涨，但其中某只股票价格下跌。事件风险是单件风险，违约风险就是典型的事件风险。

3. 利率风险、汇率风险、股票价格风险、商品价格风险和期权风险

（1）利率风险。利率风险是指利率不利变动可能给表内和表外头寸造成潜在损失的风险。它既引发一般市场风险，又引发特定市场风险。利率风险又分为以下几种：①期限不匹配风险，又称重新定价风险或缺口头寸风险。所谓缺口指的是某一个时间段内需要重新设定利率的那部分资产与需要重新设定利率的负债之间的差额。缺口越大，风险就越大。②基本点风险。当一般利率水平的变化引起不同种类的金融工具的利率发生不同程度的变动时，银行头寸所面临的风险称为基本点风险。③期权性风险。即当一般利率发生较大变化时，债务人会提前偿还债务等银行资产，债权人会提前提走存款等银行

负债，这是银行的另一种风险来源。

（2）汇率风险。汇率风险是指汇率变动导致外汇头寸的价值受损的风险。它只引发一般市场风险。汇率风险可以划分为交易风险和外币负债不匹配风险。①交易风险是指银行进行外币资本的借贷、外汇买卖、外币金融衍生品买卖因汇率变化产生不利影响的风险。②外币负债不匹配风险是指外币资产和外币负债不匹配，存在外汇敞口带来的风险。

（3）股票价格风险。股票价格风险是指银行头寸因股票价格波动而受损的风险。它既引发一般市场风险，又引发特定市场风险。

（4）商品价格风险。商品价格风险是指商品价格波动导致商品头寸价值受损的风险。商品价格风险只引发一般市场风险。

（5）期权风险。期权是指赋予购买方在规定的期限内按买卖双方约定的价格购买或出售一定数量的某种标的资产的权利的合约。期权买卖的约定价格如利率、汇率、股票价格和商品价格等，其风险在前面已经作了介绍。期权风险是在利率、汇率、股票价格和商品价格风险之上的风险。

市场风险分类间的关系如表 1－1 所示。

表 1－1　　　　市场风险分类间的关系

类别		利率风险	汇率风险	股票价格风险	商品价格风险
交易账户	一般市场风险	✓	✓	✓	✓
	特定市场风险	✓	×	✓	×
银行账户	一般市场风险	×	✓	×	✓
	特定市场风险	×	×	×	×

（三）市场风险的计量

市场风险的风险加权资产计量方法有：（1）标准法。标准法分别计算利率风险和股票风险、银行整体的汇率风险和商品价格风险，以及单独计算期权风险后，将这些风险类别计算获得的资本要求简单相加，换句话说，实际是分别计算加权风险资产。标准法采用的各种金融工具固定参数是由巴塞尔委员会设定的。（2）内部模型法。它是指银行基于内部模型体系开展风险识别、计量、监测和控制，并将计量结果应用于资本计量的全过程的一种方法。

五、操作风险

自银行诞生以来，操作风险就一直存在。目前随着科技和创新的发展，银行面临的操作风险越来越大。

（一）操作风险的含义

操作风险是由于不当或失败的内部程序、人员和系统或因外部事件导致的风险。它包括法律风险，但不包括战略风险和声誉风险。

（二）操作风险的类型

在2003年巴塞尔委员会制定的《操作风险管理与监督的稳健做法》文件中，列出了可能导致重大操作风险损失的七种损失类型。

1. 内部欺诈。内部欺诈是指未经授权的活动、盗窃或欺诈，且这些事件至少涉及银行内部一方。

2. 外部欺诈。外部欺诈是指银行之外的第三方实施的偷盗或欺诈。

3. 与用工制度和工作场所安全相关的事件。该事件是指与劳资关系、工作环境安全性以及各种歧视相关的各种事件。

4. 与客户、产品和业务活动有关的事件。该类事件是指未能对客户完全履行义务，以及产品性质或设计存在缺陷。

5. 实物资产的损坏。该类事件是指自然灾害或其他有关的事件。

6. 与执行、交割和流程管理有关的事件。该类事件是与交易处理或流程管理、交易对手和外部供应商有关的事件。

7. 营业中断和系统瘫痪。

此外还包括法律风险等。

（三）操作风险的计量

操作风险的计量方法有：（1）基本指标法。它是根据银行前三年总收入水平乘以一个固定比率计算操作风险资本要求的方法。（2）标准法。它是以各业务条线的总收入为基础，将全部业务划分为公司金融等9条业务线，每条业务线确定不同的风险系数，分别计算出各类业务线对操作风险的资本要求，然后相加得出整个银行对操作风险资本总要求的一种方法。（3）高级计量法。它是根据本行业务性质、规模、产品复杂程度以及风险管理水平，基于内部损失数据、外部损失数据、情景分析、业务经营环境和内部控制等因素，建立操作风险计量模型以计算操作风险资本要求的方法。

六、流动性风险

流动性风险也是银行面临的主要风险之一。当银行不能及时提供充足的流动性时，就将面临流动性危机，发展到一定程度可能导致银行破产，并容易引发系统性风险。

（一）流动性风险的含义

流动性可以从不同的角度来定义：从宏观经济的角度来看，流动性主要指货币供应的增长速度；从金融市场角度来看，流动性指在不引发价格出现明显变化的情况下出售证券的能力；从银行的角度来看，流动性指当债务到期时，以合理成本偿还债务的能力。流动性风险是指银行不能及时提供流动性而导致损失的可能性。

流动性风险在概念上分为三种：（1）筹资流动性风险，指在不影响其日常运转或财务状况下，银行将无法满足其当前和未来资金需要的风险；（2）市场流动性风险，指因市场缺乏足够的深度，银行在不招致损失的情况下，无法容易地对冲或出售某一头寸的风险；（3）结构性的流动性风险，指到期转换风险，风险源自资产与负债之间期限的错配。

（二）流动性风险监管统计框架

流动性监管统计框架分为监管标准指标体系和监测工具。

流动性监管标准指标体系是指包括两个融资流动性风险监管的最低指标标准：一是为确保银行持有充足的优质流动性资产来应付未来 30 日内重大压力的冲击，以提高其抵御短期流动性风险能力；二是以一年为监测期的净稳定融资比例，反映中期银行资金来源与资金运用的匹配情况。

监测工具是监测银行流动性状况的一系列指标体系，包括合同期限错配、融资集中度、可用的无变现障碍资产、以重要货币计价的流动性覆盖率以及与市场有关的监测指标。

七、其他资本要求

银行资本除覆盖信用风险、市场风险和操作风险外，还要建立留存超额资本、逆周期超额资本以及应对杠杆率过高的资本要求。

（一）留存超额资本

留存超额资本是指在确保银行在非压力时期发生损失能够得以吸收的资本。它是银行在压力期以外持有高于最低监管标准的超额资本。

留存超额资本的来源主要是银行的收益分配。留存超额资本的比例是 2.5%，应由核心一级资本来满足，并建立在最低资本要求之上。

（二）逆周期超额资本

逆周期超额资本是确保银行在信贷过快增长及系统性风险迅速累积时能够缓冲抵御未来的潜在损失的资本。逆周期超额资本要求将扩大超额资本的上限。单家银行应计提风险加权资产的 0 ~ 2.5% 作为逆周期超额资本。

（三）杠杆率

杠杆率是银行资本与表内外总暴露的比值，反映银行资产放大的程度。

杠杆率将于 2018 年纳入第一支柱。

第三节 银行监管统计的基本规则与方法

银行监管统计的对象是银行。银行都办理哪些业务，有哪些财务报表，统计数据是如何采集编制的，这就是本节介绍的主要内容。

一、银行业务与银行财务报表

（一）银行业务

什么是银行？这是个看似简单但实际非常复杂的问题。之所以复杂是因为银行和非银行金融机构的功能界限越来越模糊。银行的基本功能是吸收存款、发放贷款，在这一中介业务中创造货币。

银行业务按不同的标志可以进行多种分类：按照银行向客户提供的服务可分为支付、中介和其他金融服务；按照银行的资金筹措与运用可分为资金来源业务与资金运用业务；按照银行业务是否纳入表内，银行业务可分为表内业务与表外业务。此外还可分为资产业务、负债业务和中间业务。

支付是指金融交易的完成方式，除现金支付外，银行还有支票支付、银行卡支付、其他转账支付等支付形式。中介是指银行充当信用中介，一方面筹集资金如吸收存款，一方面再把它运用出去如贷款等，银行充当信用中介。此外，还有表外业务、与保险和证券相关的业务，以及信托业务等其他金融服务业务。

银行的资金来源业务主要有：银行存款业务、借入资金业务以及长期资金来源业务如银行发行长期债券和银行资本业务等。银行资金运用业务主要有现金、银行贷款、证券投资、同业拆出、回购协议、固定资产等。

银行通常业务都纳入表内反映，但也会涉及表外业务，这些业务可以在不需要资金投入的情况下获取手续费收入。表外业务主要有贷款承诺、备用信用证、远期合约、互换合约等。

（二）银行财务报表

银行的业务活动都会反映在财务报表上。银行财务报表主要有资产负债表、损益表。

资产负债表反映银行在特定时点上的财务状况。其表式如表 1－2 所示。

表 1－2　　资产负债表

资产	负债
现金和应收款	存款
证券：交易账户	个人
贷款	商业及政府
住房按揭	银行
个人	其他负债
信用卡	次级债券
商业及政府	少数股东权益
损失准备	股东权益
房屋及设备	优先股
商誉	普通股
无形资产	未分配利润
其他资产	外币调整
资产合计	负债及股东权益合计

损益表反映了银行在特定时期的收入、支出及损益情况，其表式如表 1－3 所示。

表 1－3　　　　损益表

利息收入	其他收入
银行存款、政府及其他证券	净利息和其他收入
贷款	非利息支出
抵押	工资、养老金和其他员工福利
其他	房屋和设备
利息支出	其他支出
存款	非利息支出合计
次级债	税前净收入
其他	所得税
净利息收入	扣除子公司非控股权益前的净收入
损失准备金	子公司非控股权益
减值后净利息收入	扣除特殊项目前的净收入
营业收入	特殊项目及已终止业务
贷款费用	净收入

二、银行监管统计的基本规则

银行监管统计的基本规则是指数据收集和核算遵循的基本准则，包括流量、存量、登录时间、定值、汇总、合并和轧差等。

（一）流量与存量

银行交易的状态和规模反映为金融流量与存量。金融流量与存量的关系为：

期初存量 ± 期间总流量 = 期末存量

期初存量是统计阶段开始的总存量价值。总流量分为交易、重新定值和资产数量的其他变化。交易是指金融工具所有权的改变。重新定值是由价格变化而使金融工具价值发生变化，这个变化会产生金融流量。资产数量的其他变化是指资产和负债的变化，而不是从交易和重新定值产生的金融流量，如债权的冲销等。期末存量是统计阶段结束时的总存量价值。

（二）登录时间

银行交易因方式不同，会计记账不同，可能在交易登录时间上存在差异。为使交易登录日期相同，也需要作一些原则规定。所谓金融交易登录的时间，是指金融工具的所有权发生改变，即解除所有权利、义务和风险后对交易的登录时间。权责发生制、现金收付制、到期收付制、承诺制等会计记账方法不同，登录时间就会不同，这需要对不同的记账方法采取特殊的处理方法，以达到统一登录时间的目的。

（三）定值

金融资产和金融负债的定价复杂，所以在统计核算上确定一些基本准则：金融资产和金融负债的定值应以市场价格或市场价格的等量价值为基础；外汇的价值以买卖汇率的中间汇率折算；股票和股权应根据市场价格或市场价格的等量价值（公平价值）

计算。

（四）汇总、合并和轧差

汇总是指把所有流量和存量数据相加。在汇总方法下，任何报告集团的流量和存量之和应该等于该集团中所有单位数据信息之和。集团内各成员单位之间的债权债务数据得以保留。

合并指的是冲销属于集团之内的机构单位之间发生的流量与存量。例如国内银行的国外分支机构与其总行合并，报告实体内部的所有存量与流量均被抵消。

轧差净额反映是与总额反映相对应的。银行或银行内部可能从事同类交易，既有资金运用，也有资金来源，拥有同类金融工具，例如同业拆借、同业拆放，可按全部价值记录所有基本项目，这种方法称为总额登录。抵销的过程称为轧差。例如银行结算业务中既有汇出款项，又有汇入款项，将汇出款项与汇入款项轧差，可以反映该行净汇出或净汇入规模。

三、银行监管统计的基本方法

（一）银行风险的计量

如前所述，除银行的流动性风险外，银行的其他风险如信用风险、市场风险、操作风险要由银行资本来吸收。判断一个银行风险的大小，不能只分析其各种风险暴露的名义金额有多大，而是要把这些风险暴露与银行资本进行比较。经营规模大的银行风险暴露的名义金额可能就大，但其资本充足，覆盖风险的能力强，与经营规模小，但资本不充足，覆盖风险能力弱的小银行相比，可能风险并不大。

这样计量除流动性风险之外的银行风险的指标为资本充足率。资本充足率的分子为银行资本，分母为风险加权资产。分母的风险加权资产是根据各种风险的暴露名义金额折算成风险加权资产。风险暴露名义金额折算成风险加权资产的方法，因不同的风险种类和不同的计算方法而有权重法、标准法、内部评级法、内部模型法、高级计量法等。银行风险的计量方法我们在第二章和第四章、第五章、第六章还要做详细介绍。

（二）权重法

权重法亦称风险权重法，是监管当局针对银行资产的风险状况确定的风险权重。如巴塞尔协议Ⅰ确定的信用风险的权重结构分别为0、20%、50%和100%。假如某银行的现金为1 000万元（风险权重为0），拆借给银行（短期）30 000万元（风险权重为20%），住房抵押贷款50 000万元（风险权重为50%），零售贷款80 000万元（风险权重为100%），则该银行的风险加权资产为：

1 000万元×0+30 000万元×20%+50 000万元×50%+80 000万元×100%=111 000万元

权重法的特点是：

（1）风险权重结构具有主观性。例如住房抵押贷款的风险权重为何设定为50%，而不是30%、40%、60%，并未有这方面历史上损失的统计数据支持，是主观判断确定的。

（2）确定了风险权重与资本计提的关系。由于监管资本总额与所有风险加权资产总额的最低比率为8%，即100%的风险权重资产对应8%的资产计提，而50%的风险权重资产则对应4%的资本计提，依此类推。从另一个角度来说，为了满足8%的最低比率要求，风险加权资产（分母）不得超过监管资本（分子）的12.5倍。这种关系仍然适用于巴塞尔协议Ⅱ和巴塞尔协议Ⅲ。如市场风险和操作风险通过其他方法直接计算出资本要求，这些资本要求再乘以12.5，实际就是风险加权资产，即

监管资本÷（信用风险的风险加权资产+市场风险的资本要求×12.5+操作风险的资本要求×12.5）≥8%

最低资本充足率是主观设定的，风险权重是主观设定的，尽管各界对此有不同看法，但资本充足率要求与风险加权资产之间的关系却是可以直接推算的，即分母不能超过分子的若干倍数，若设定资本充足率最低为8%，风险加权资产不能超过分子的12.5倍，且是指整个分母而言的；若设定资本充足率最低为10%，则风险加权资产不能超过分子的10倍。

（三）标准法

标准法是指把资产按标准划分不同类别，并赋予不同风险权重。标准法又分为信用风险计量的标准法、市场风险计量的标准法和操作风险计量的标准法三种。

1. 信用风险计量的标准法

信用风险计量的标准法的风险加权资产=风险权重×风险暴露，它实际是1988年《巴塞尔资本协议》的扩展，引入了外部信用评级机构提供的外部信用等级，对信用风险进行了更好的分类。它在巴塞尔协议Ⅰ的基础上对银行的资产分为13类。在同一类资产中，也不再是“一刀切”，资产的风险权重会因为其信用级别不同而区别对待，也就是说一个濒临破产的企业和一个AAA级企业的风险权重是完全不同的。其中资产信用级别来自外部评级机构的评级。以公司债权为例，如表1-4所示。

表1-4　企业债券信用级别与风险权重

信用级别	AAA级至AA-级	A+级至A-级	BBB+级至BB-级	BB-级以下	未评级
风险权重	20%	50%	100%	150%	100%

如果企业债券被外部评级公司评为AA级，则风险权重为20%，即风险加权资产=风险暴露×20%；如果企业债券被外部评级公司评为CCC级，则风险权重为150%，即风险加权资产=风险暴露×150%。标准法明显地增强了风险的敏感性。

但外部信用评级的引入也带来了一些问题：一是并不是所有的银行客户都被信用评级机构评级过，特别是那些私人小微企业。如果银行客户大部分未被评级，均使用“未评级”，则标准法失去了引入外部评级的意义。二是风险权重依赖于信用评级，而不是主要依靠监管部门的判断，这也会产生其他方面的问题，如评级机构的客观性等问题。三是“未评级”采用100%的风险权重，远低于CCC级的150%的风险权重，这不利于鼓励客户主动进行评级。由于存在这些问题，巴塞尔协议Ⅱ又推荐了内部评级法计量信用风险。

2. 市场风险计量的标准法

市场风险计量的标准法计算的风险加权资产 = （利率风险资本要求 + 汇率风险资本要求 + 股价风险资本要求 + 商品价格风险资本要求 + 期权风险资本要求） ×12.5。因为计算各种市场风险的资本要求的方法是一个高度模式化和标准化的过程，所以才被称为标准法。这五类市场风险的计量在第五章还将详细介绍。

运用标准法计量市场风险比较容易实施。但它也受到了以下几个方面的批评：首先，风险的分类是随意的。例如银行所有的股票头寸和货币头寸不考虑它们本身的风险特征而要求统一的8%资本充足率是不合理的。因为不同的货币相对于不同币种来说其风险特征是不同的，并且会随时间不断变化。其次，这种方法计算出来的资本要求是较为保守的，因为它通过加总各个风险来源的资本要求得到，并没有考虑组合分散化带来的好处。

3. 操作风险计量的标准法

操作风险计量的标准法的风险加权资产 = 操作风险资本要求 ×12.5。操作风险资本要求是把银行业务划分为8大类，每一类的总收入给定一个反映每类风险暴露造成的非预期风险损失程度的β系数。

（四）内部评级法

内部评级法是巴塞尔协议Ⅱ全新的内容，要求银行建立内部评级体系来计量风险资产进而确定和配置资本。内部评级法的风险加权资产 = f（PD，LGD，EAD，M），也就是风险加权资产是违约概率（PD）、违约损失率（LGD）、风险暴露（EAD）和期限（M）的函数。违约概率是指在未来一定期限内借款人不履行合约而发生违约的可能性。违约损失率是指未来违约发生后违约事件最终损失的可能性。违约风险暴露是指未来违约发生时暴露在风险下的敞口。

内部评级法分为内部评级初级法和内部评级高级法。内部评级初级法需要银行自己估计违约概率，监管部门提供基于标准法的其他输入变量。内部评级高级法允许银行提供其他输入变量。其中包括违约损失率和违约风险暴露。对所有的风险暴露综合PD和LGD就可以得出监管需要的风险权重。风险资本要求通过EAD乘以风险权重再乘以8%得到。内部评级高级法只能适用于主权债券、银行债券和公司债券的风险暴露，而不能用于零售资产组合。这部分内容在第四章还将做详细介绍。

（五）内部模型法

内部模型法是经银行监管部门验证并同意，银行可以使用自己的市场风险模型计算监管资本要求的方法。内部模型通常是指风险价值模型。

风险价值是计算市场风险敞口的一种方法。它用一个数字（货币金额）来表示在一定时期内（即持有期）及给定的置信水平下，一个投资组合的最大预期损失。风险价值实际上提供了风险的一种表述方式，而不是风险模型，其计算的关键是资产价值的未来分布，这需要建立合适的风险计量模型。风险模型与参数的估计需要解决的就是资产价值未来分布的计算。通俗地说，风险模型解决的是分布的形式（如正态），而参数估计则提供了分布的参数（如均值、方差）。风险价值计量分为参数方法和非参数方法，参数方法一般假设风险因子的收益率服从正态分布，最典型的为“方差—协方差”法，非参数方法主要有历史模拟法和蒙特卡罗模拟法。

$$\text{市场风险的风险加权资产} = \text{市场风险资本要求} \times 12.5$$

$$\text{市场风险资本要求} = \text{Max}\{K \frac{1}{60} \sum_{i=1}^{60} VaR_{t-i}; VaR_{t-1}^{2}\} + SRC_{t}$$

其中，K 为修正因素参数，SRC 为特别风险计提的资本。

（六）高级计量法

巴塞尔协议Ⅱ提出了操作风险的高级计量法，它包括损失分布法（LDA）、内部计量法（IMA）和打分卡法。

损失分布法应该是操作风险计量中比较标准和规范的方法，应用了随机过程中的理论，对损失事件频率和损失严重性的分布分别进行假设，通过对两类分布的参数估计，得到最终操作风险损失分布。

内部计量法要求银行按业务条线和损失类型收集数据，并根据收集的内部损失数据计量各业务条线或损失类型组合的预期损失，然后根据监管当局给出的各业务条线或损失的转换因子，将预期损失直接转换为非预期损失，即资本要求。

打分卡法是为了解决银行内部数据不够而采用的一种方法。前面谈到的损失分布法和内部计量法都是基于银行内部损失数据展开风险计量的。而银行若没有足够的这些损失数据，则要求银行的专家对各条业务线或损失类型的损失严重程度、损失频率、控制情况等进行评估打分，这些分值被作为计量操作风险数据的来源。

本章小结

1. 银行监管的含义有广义与狭义之分，狭义的银行监管是指监管部门对银行机构实施的监督管理。广义的银行监管还包括银行内部管理、行业自律和社会舆论监管等。

2. 银行监管的目标一般分为三个方面：防范或制止系统风险、促进公平竞争和保护消费者权益。

3. 银行监管是对银行业机构市场运作全过程的监管，包括市场准入的监管、市场运作过程的监管和市场退出的监管。

4. 银行监管的手段从不同角度可以进行不同的分类：从实施手段的性质来看，可分为法律手段、行政手段和经济手段；从实施手段所起激励和约束作用来看，可分为市场准入、资本金要求、现场监管等；从实施手段的技术角度来看，可分为现场监管和非现场监管。

5. 银行监管统计是监管部门运用监管手段对监管内容需要的数据进行的统计，是银行日常监管的主要手段，在监管中发挥着数据支撑作用。

6. 我们可以从两个层面去理解风险的含义：一是强调结果的不确定性，我们把这个定义理解为广义风险。二是强调不确定性带来的不利后果，我们把这个定义理解为狭义风险。但是无论何种定义，都可以看出风险是一个二维的概念。它既涵盖了损失的大小，又涵盖了损失发生概率的大小。

7. 银行风险是指银行经营过程中由一系列不确定因素导致损失或不利结果的可能性。

8. 银行风险可以从多个角度、多个层次予以分类：按照遭受风险的银行面积划分，银行风险可以分为系统性风险和非系统性风险；按照银行业务结构划分，银行风险可以分为资产风险、负债风险、中间业务风险；按照影响因素划分，银行风险可以分为信用风险、市场风险、流动性风险、操作风险、声誉风险、法律风险、战略风险。

9. 监管资本是监管部门要求银行持有、用于抵御潜在损失的资本。

10. 经济资本是银行持有的用作吸收潜在损失的资本，它是一家机构对它所需要的持续经营资本数额的估算。

11. 银行业务按不同的标志可以进行多种分类：按照银行向客户提供的服务可分为支付、中介和其他金融服务；按照银行的资金筹措与运用可分为资金来源业务与资金运用业务；按照银行业务是否纳入表内，银行业务可分为表内业务与表外业务。此外还可分为资产业务、负债业务和中间业务。

12. 银行监管统计的基本规则是指数据收集和核算遵循的基本准则，包括流量、存量、登录时间、定值、汇总、合并和轧差等。

13. 计量除流动性风险之外的银行风险的指标为资本充足率。资本充足率的分子为银行资本，分母为风险加权资产。分母的风险加权资产是根据各种风险的暴露名义金额折算成风险加权资产。风险暴露名义金额折算成风险加权资产的方法，因不同的风险种类和不同的计算方法而有权重法、标准法、内部评级法、内部模型法、高级计量法等。

本章重要概念

银行监管　银行监管统计　市场准入的监管　市场运作过程中的监管　市场退出的监管　现场监管　非现场监管　风险　银行风险　监管资本　经济资本　信用风险　市场风险　流动性风险　操作风险　声誉风险　法律风险　战略风险　流量　存量　登录时间　定值　汇总　合并　轧差　权重法　标准法　内部评级法　内部模型法　高级计量法

思考题

1. 什么是银行监管统计，它有哪些作用？
2. 什么是银行风险，它有哪些种类？
3. 如何计量银行风险，有哪些主要方法？

本章参考文献

［1］郭田勇：《金融监管学》，北京，中国金融出版社，2004。

［2］中国银行业监督管理委员会译：《第三版巴塞尔协议》，北京，中国金融出版社，2011。

［3］张国胜：《金融风险计量及其在我国的应用》，北京，北京交通大学出版社，2010。

［4］中国银行业监督管理委员会：《商业银行资本管理办法（试行）》，2012。

第二章

巴塞尔协议

巴塞尔协议是公认的银行监管国际标准，为各国制定银行监管法规、审慎监管规则提供了重要标杆。本章对巴塞尔协议的发展进行阐述。首先介绍巴塞尔委员会的历史、功能、组织架构和文件性质；其次分析巴塞尔协议发展演变的原理和主要内容；最后梳理中国银行业实施巴塞尔协议的历程和特点。

第一节　巴塞尔委员会

一、巴塞尔委员会的历史

20 世纪 70 年代初期，随着布雷顿森林体系的崩溃以及中东战争导致全球石油价格迅速上涨，发达经济体普遍面临“滞胀”，引发了全球金融市场的剧烈波动，银行风险明显加大。1974 年，联邦德国的赫斯塔特银行、美国的富兰克林国民银行倒闭对全球银行体系的稳健性产生巨大冲击。在此背景下，十国集团（G10）的中央银行行长于 1974 年底决定建立“银行法规与监管事务委员会”（Committee on Banking Regulations and Supervisory Practices），由于该委员会秘书处设在瑞士巴塞尔的国际清算银行（Bank of International Settlements），随后易名为巴塞尔银行监管委员会（Basel Committee on Banking Supervision，BCBS），简称巴塞尔委员会。成立初期，巴塞尔委员会成员包括比利时、加拿大、法国、德国、意大利、日本、卢森堡、荷兰、瑞典、瑞士、英国和美国，1982 年西班牙加入巴塞尔委员会。巴塞尔委员会由各国中央银行的高级代表组成（中央银行不承担银行监管职责的国家，由银行监管当局代表参加）。1975 年 2 月，巴塞尔委员会召开第一次会议，以后通常每年召开三次或四次会议。

2008 年由美国次贷危机引发的全球金融市场动荡，并进一步演变成为全球金融危机，暴露出欧美金融体系以及监管制度存在重大缺陷，也表明发达国家垄断银行监管国际标准制定权力的局面必须改变。2009 年 4 月，二十国集团（G20）领导人伦敦峰会决定在金融稳定论坛（Financial Stability Forum）的基础上组建金融稳定理事会（Financial Stability Board，FSB），巴塞尔委员会、国际证监会组织（ISOCO）、国际保险监督官协会

(IAIS）等监管标准制定机构（Standard Setter）将扩大成员，吸收新兴市场和发展中国家参与国际金融监管标准的制定。为此，2009 年 4 月和 5 月，巴塞尔委员会两次扩大成员，目前成员包括来自阿根廷、澳大利亚、比利时、巴西、加拿大、中国、法国、德国、中国香港、印度、印度尼西亚、意大利、日本、韩国、墨西哥、卢森堡、荷兰、俄罗斯、沙特阿拉伯、新加坡、南非、西班牙、瑞典、瑞士、土耳其、英国和美国等 27 个国家或地区的 44 家机构（中央银行和监管当局）；另外，欧盟、欧洲中央银行、欧洲银行监管局、国际货币基金组织和金融稳定学院五家机构是巴塞尔委员会的观察员。

二、巴塞尔委员会的功能

成立之初，巴塞尔委员会主要是为其成员在银行监管方面的日常合作提供平台，通过探讨强化银行监管合作的方式，堵塞跨境监管方面的漏洞，但其更广泛的目标一直是提升银行监管工作的认识，并在全球范围提高银行监管的质量。实现该目标主要通过三种方式：交换各国在监管银行方面的信息；促进国际银行业监管技术的有效性；建立能够获得认同的最低监管标准。

巴塞尔委员会没有任何凌驾于主权之上的正式监管权力，其决议对其成员国也不具有正式的法律效力，但巴塞尔委员会通过制定银行监管标准和指导原则，提倡稳健和最佳监管实践，引导各国相关监管法律和规则的制定，逐步演变成为银行监管国际标准的制定者，其制定的监管原则和最低监管标准在全球范围内得到了广泛采纳，突出表现在三个方面：一是跨境机构监管规则。巴塞尔委员会发布的第一份文件就是《银行境外机构监督》（*Supervision of Bank's Foreign Establishment*），史称《巴塞尔协定》（*Basel Concordat*），之后巴塞尔委员会先后多次对该协定进行了修订、补充和完善，这些文件确定了监管跨境机构的原则、划分了母国和东道国监管当局在跨境银行监管方面的责任、市场准入审批程序、信息共享安排等。二是资本充足率监管规则。20 世纪 80 年代初期，巴塞尔委员会开始关注银行体系的清偿力问题，一方面银行体系的资本充足率水平不断威胁了银行体系的稳定性，另一方面随着银行体系全球化，不同国家采用不同的资本监管标准可能导致不公平竞争。1988 年 7 月巴塞尔委员会公布了《统一资本计量和资本标准的国际协议》（*International Convergence of Capital Measurement and Capital Standards*），即巴塞尔协议，也称为 1988 年资本协议（或巴塞尔协议 I），第一次明确商业银行充足率计算方法和最低要求；2004 年 6 月巴塞尔委员会发布了《统一资本计量和资本标准的国际协议：修订框架》，又称为新资本协议（或巴塞尔协议Ⅱ），建立了商业银行资本监管的“三大支柱”；2010 年 12 月巴塞尔委员会发布了第三版巴塞尔协议——《增强银行体系的稳健性》，即巴塞尔协议Ⅲ，不仅大幅度提高了商业银行资本监管标准，而且引入了量化的杠杆率和流动性监管标准。关于巴塞尔协议的演变请参见本章第二节。三是有效银行监管的核心原则。1997 年 9 月，巴塞尔委员会发布了《有效银行监管的核心原则》，制定了有效银行监管体系必备的 25 条基本原则。这些原则被国际货币基金组织和世界银行用于对各国金融部门评估规划（FSAP）中，成为评估各国银行监管有效性的基准。2006 年 12 月和 2012 年 9 月，巴塞尔委员会先后发布了第二版和第三版《有效银行监管的核心原则》，吸收了各国银行监管最新实践和金融危机的教训，进一步提升了有效银行监管的标杆。

2007 年全球金融危机以来，随着巴塞尔委员会成员扩大和代表性增强，特别是巴塞尔协议Ⅲ的发布和实施得到 G20 领导人峰会的认可，虽然巴塞尔委员会仍不拥有超越主权的正式权力，但由于其成员都承诺实施巴塞尔委员会的监管标准，巴塞尔委员会已经成为名副其实的银行监管国际标准的制定者，并且开始介入监管标准在各国的实施，并具有直接向 G20 领导人峰会报告工作的渠道。2013 年 1 月发布的《巴塞尔委员会章程》明确了巴塞尔委员会的目标（Mandate）和业务领域（Activities）。

目标：巴塞尔委员会是银行业审慎监管全球标准的主要制定机构，并且为银行监管合作提供平台，其目标是强化全球银行规制、监督和做法，并以此强化金融稳定。

业务。为实现其目标，巴塞尔委员会的业务活动包括：一是交流银行业和金融市场发展信息，识别全球金融体系的风险；二是分享监管方法和技术以增进共识和改进跨境合作；三是制定并推广银行监管全球标准、原则和稳健做法；四是解决导致金融稳定风险的规则和监督方面漏洞；五是监控成员国执行巴塞尔委员会监管标准的情况，以确保其及时、一致和有效实施，促进国际活跃银行的竞争；六是与非成员国家或地区的中央银行和监管当局协商，增加它们对巴塞尔规则的投入，并推动非成员实施巴塞尔委员会监管标准、原则和稳健做法；七是与其金融监管标准制定机构和涉及金融稳定的其他国际组织合作。

为推动各成员实施巴塞尔协议Ⅲ为代表的国际银行监管新标准，巴塞尔委员会建立了三个层次的评估机制，评估成员实施进展：第一层次是监控成员是否实施巴塞尔协议Ⅲ及实施时间表，每半年一次发表进展报告。到 2013 年 9 月，巴塞尔委员会 27 个成员经济体中有 25 个已经发布了最终的资本监管规则，印度尼西亚和土耳其的规则即将定稿。据金融稳定学院（FSI）的调查，非巴塞尔委员会成员中，26 个已经或准备实施巴塞尔协议Ⅲ。第二层次是评估各成员国内监管规则与巴塞尔协议Ⅲ文本的一致性，目前已经完成了对美国、欧盟、日本、新加坡、瑞士和中国的评估。第三层次是分析单个银行风险加权资产计量的审慎性和可比性，2013 年 1 月和 7 月，巴塞尔委员会分别发布了交易账户和银行账户风险加权资产计量报告。

三、巴塞尔委员会的组织架构

巴塞尔委员会的组织框架如图 2－1 所示。为确保其顺利完成目标任务，巴塞尔委员会成立了 5 个常设工作组，并且还可以根据需要成立临时性和阶段性项目组；巴塞尔委员会向中央银行行长和监管当局负责人报告工作，寻求该组织的支持。

（一）中央银行行长和监管当局负责人组织（GHOS）

该组织由巴塞尔委员会各成员经济体的中央银行行长和监管当局主要负责人组成，是巴塞尔委员会的监督机构（Oversight Body），巴塞尔委员会向 GHOS 报告工作，并寻求 GHOS 对巴塞尔委员会重大决策的支持，但 GHOS 不代替巴塞尔委员会进行决策。此外，GHOS 还负责：一是批准《巴塞尔委员会章程》及其修改；二是为巴塞尔委员会的

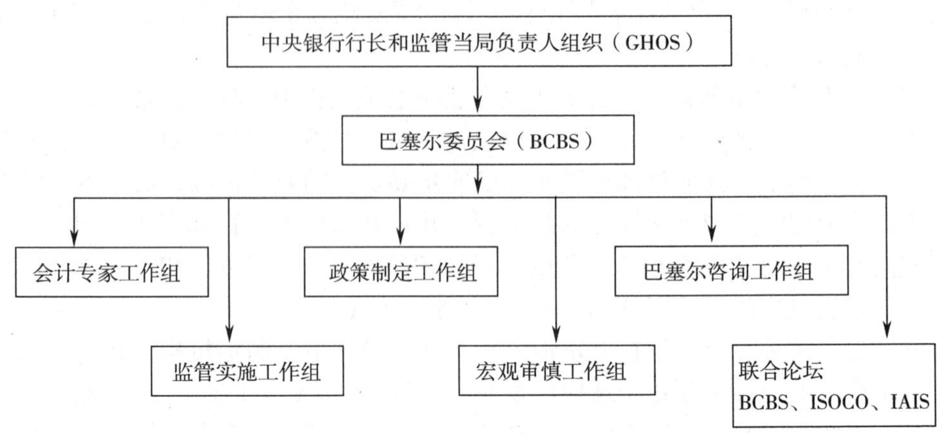

图2－1 巴塞尔委员会的组织框架图

工作提供总体指导；三是从GHOS成员中任命巴塞尔委员会主席。现任GHOS主席是欧洲中央银行行长马里奥·德拉吉。

（二）巴塞尔委员会会议

巴塞尔委员会会议负责最终决策，具体包括：一是根据GHOS确定的方向，起草、指导和监控巴塞尔委员会工作项目；二是制定并推广巴塞尔监管标准、原则和稳健做法；三是建立和解散工作组、项目组，批准和修改其任务，监控其工作进展；四是向GHOS提出修改其章程的建议；五是决定其组织框架。巴塞尔委员会会议由主席主持，主席任期为3年，可连任1届，现任主席是瑞典中央银行行长斯蒂芬·英格维斯。

（三）常设工作组

常设工作组由巴塞尔委员会成员经济体的中高级监管人员组成，负责组织实施巴塞尔委员会的工作，并直接向巴塞尔委员会报告工作；另外，常设工作组下还可以设立专门的项目组，负责具体领域的工作，专门项目组向常设工作组报告工作。

1. 监管和实施工作组（Supervision and Implementation Group，SIG）

该工作组的主要目标：一是推动及时、一致和有效实施巴塞尔委员会监管标准和指引；二是促进银行监管做法的完善。SIG下设四个项目组：操作风险项目组，负责解决银行实施操作风险框架中存在的问题；监管联席会议项目组，制定强化监管联席会议有效性的指引，并帮助监管者有效运用该机制；系统重要性银行监管项目组，负责开发与系统重要性银行相关的监管工具；第二支柱项目组，为成员分享实施第二支柱有益经验提供平台。

2. 制定政策工作组（Policy Development Group，PDG）

该工作组的任务是为巴塞尔委员会制定促进银行业稳定的监管规则提供支持。目前PDG下成立一系列具体项目组，分别负责起草相应的监管制度。一是资本工具项目组，负责解决与监管资本定义相关的问题；二是风险计量项目组，负责处理用于监管目标的高级风险计量方法和管理实践的相关问题；三是交易账户项目组，负责制定交易账户资本监管的规则；四是证券化项目组，评估和改进证券化风险暴露的监管框架；五是杠杆率项目组，承担巴塞尔协议Ⅲ框架下与杠杆率相关的技术工作；六是流动性项目组，负责处理巴塞尔协议Ⅲ提出的两个流动性监管指标——流动性覆盖率和净稳定融资比例的相关事宜；七是大额风险暴露项目组，负责起草大额风险暴露监管框架；八是信息披露项目，负责第三支柱相关事宜，保证不同模块的信息披露要求具有一致性和相互协调；九是定量测算和资本监控项目组，负责监控商业银行资本充足率水平的变化；十是标准法项目组，负责修订资本计量的标准法，目前主要针对信用风险标准法；十一是银行账户利率风险项目组，负责研究将银行账户利率风险纳入资本监管框架下的方案；十二是研究项目组，作为研究监管和金融稳定的平台，为 PDG 提供理论支持。

3. 宏观审慎工作组（Macroprudential Supervision Group，MPG）

该工作组负责监管并向委员会报告系统性风险以及与宏观审慎、系统重要性银行相关的监管政策的全球进展。该工作组还为其他相关工作提供指导，并提出必要的政策建议以填补监管空白，并解决宏观监管整体框架实施中的不一致以及可能存在的意料之外的情形。

4. 会计专家工作组（Accounting Expert Group，AEG）

该工作组的主要任务是帮助确保会计、审计标准和做法有助于提升银行稳健风险管理，通过信息披露支持市场约束，强化银行体系的安全性和稳健性。为此，AEG 制定审慎报告原则，并在国际会计和审计标准起草过程中发挥积极作用。

5. 巴塞尔咨询工作组（Basel Consultative Group，BCG）

该工作组为深化全球监管者参与巴塞尔委员会的相关工作提供了平台，通过与非成员国家的高级代表、国际机构和区域监管组织交流，使得非成员可以尽早就巴塞尔委员会的工作进行广泛对话和协商。

除上述 5 个常设工作组外，巴塞尔委员会、国际证监会组织和国际保险监督官协会还共同成立了联合论坛（Joint Forum），扩大不同监管者之间的信息交流，强化监管协调，并制定金融集团公司监管的有效原则等。

四、巴塞尔委员会文件的性质

过去四十年间，巴塞尔委员会发布了几百份银行监管政策性文件。据统计，到 2012 年底仍然有效的监管文件 136 份，其中 2000 年之前发布的 36 份，2000 年之后的文件 100 份。需要指出的是，这些文件并非都是银行监管国际标准。根据《巴塞尔委员会章程》，巴塞尔委员会发布的政策性文件分为以下三类。

（一）标准（Standards）

巴塞尔委员会期望成员经济体及它们的国际活跃银行按照规定的时间表全面实施这些标准，但是巴塞尔标准只是最低要求，其成员可以自主决定实施更高的标准。巴塞尔委员会希望各成员将这些标准纳入当地的监管法规框架，如果偏离这些标准不可避免，成员应寻求尽可能等同的标准并实现尽可能相同的效果，各成员应定期向巴塞尔委员会报告其全面、及时实施巴塞尔委员会标准的进展，巴塞尔委员会将公开披露这些信息。

（二）指引（Guidelines）

指引描述了在某些领域期望达到的审慎监管规则和监管做法方面的标准，尤其是针对国际活跃银行。指引为监管当局和银行提供了标准实施方面的额外指导，是对标准的补充。巴塞尔委员会鼓励成员经济体及它们的国际活跃银行全面实施巴塞尔委员会指引。

（三）稳健做法（Sound Practices）

稳健做法描述实际观察到的有益实践，目的是增进共识，改善监管方法和银行实践。巴塞尔委员会鼓励各成员及其监管的金融机构对照稳健做法进行比较，以发现改进的余地。

第二节　巴塞尔协议的发展

广义上的巴塞尔协议是指巴塞尔委员会发布的银行监管政策文件的总称；狭义上，巴塞尔协议是指巴塞尔委员会发布的与资本充足率计量和监管相关的政策文件，包括巴塞尔协议Ⅰ、巴塞尔协议Ⅱ和巴塞尔协议Ⅲ。本节主要讨论狭义上的巴塞尔协议。

一、巴塞尔协议Ⅰ

如前文所述，巴塞尔协议Ⅰ是指1988年7月15日巴塞尔委员会发布的《统一资本计量和资本标准的国际协议》。巴塞尔协议Ⅰ力求实现两个方面目标：一是增强国际银行业的安全性和稳健性；二是提高银行竞争的国际公平性，消除银行国际竞争不平等的根源。巴塞尔协议Ⅰ确立了现代资本充足率监管的基本框架，第一次在全球方位明确了资本充足率监管的三个要素：监管资本定义、风险加权资产计量和资本充足率监管要求。

（一）巴塞尔协议Ⅰ的核心内容

1. 确立了监管资本的概念

巴塞尔协议Ⅰ包括两个层次的资本。第一层次是核心资本，也称一级资本，主要包括实收资本（或普通股）、公开储备（股票发行溢价、资本公积、盈余公积、留存利润）；第二层次是附属资本，也称二级资本，主要包括非公开储备、重估储备（物业和股票的重估增值，计入资本时要打折扣）、普通呆账准备金、混合资本债务工具、长期次级债务工具；附属资本不得超过核心资本。1996年巴塞尔委员会发布的《市场风险资本监管补充规定》又进一步提出了“三级资本”，即原始期限不短于两年的短期次级债券。

2. 粗线条地规定了资产的风险权重

巴塞尔协议Ⅰ主要涵盖信用风险，根据资产类别、性质以及债务主体的不同，划分为0、10%、20%、50%和100%五个不同的风险档次，资产的账面价值与相应的风险权重相乘，计算出该项资产的风险加权资产。

3. 将表外项目纳入资本监管的框架

20 世纪 70 年代以后，商业银行表外业务迅速膨胀，主要银行的或有负债达到了股东权益的好几十倍，对银行体系的稳健运行形成了冲击。巴塞尔协议 I 充分认识到表外业务的危害性，对表外业务采取特别的处理方法，首先将表外业务按风险性质确定相应的信用转换系数，换算为等值的表内资产，然后按照交易对手的种类适用不同的风险权重，计算出表外业务的风险加权资产。

4. 统一了最低资本充足率要求

巴塞尔协议 I 规定商业银行资本充足率不得低于 8%，核心资本充足率不得低于 4%。8% 的最低资本充足率要求，反映了发达国家银行市场的风险状况，也体现了十国集团内部相互妥协的结果。

《市场风险资本监管补充规定》将商业银行日益扩大的市场风险纳入资本监管框架，并且允许符合条件的商业银行使用内部风险计量模型计算市场风险资本要求，为商业银行改进风险管理提供了激励。

（二）1988 年资本协议的贡献

1. 提供了衡量银行体系稳健性的统一标杆

巴塞尔协议 I 发布后，"监管资本与风险加权资产的比例"作为衡量银行清偿能力最重要的指标得到国际银行业的普遍认可，虽然各国在实施过程中，有一定的国别自裁权（National Discretion），但 8% 的最低资本要求仍被共同遵守，相当一部分国家在此基础上提出了更高的资本要求。不仅监管当局广泛使用资本充足率对银行实施资本监管，而且国际组织（国际货币基金组织、世界银行）在评估各国银行体系稳健性时，资本充足率水平也是最重要的指标，并且还评估各国资本监管制度的审慎性；评级机构以及社会公众对银行体系稳健性的分析也在很大程度上基于资本充足率水平的判断。另外，统一的资本充足率标杆提高银行风险信息的透明度，增强了商业银行的自律意识。正是在巴塞尔协议 I 的推动下，资本监管才发展成为审慎银行监管的核心。

2. 增强了全球银行体系的安全性

为达到巴塞尔协议 I 规定的最低资本要求，国际化大银行通过增加资本工具发行、压缩信贷规模和调整信贷结构，扭转了资本充足率长期下降的趋势。到 1992 年底，十国集团国家绝大多数商业银行资本充足率达到了 8%。十国集团国家商业银行资本充足率平均水平由 1988 年底的 9.3% 提高到 1996 年底的 11.2%。

3. 推动了风险监管理念的形成和发展

巴塞尔协议 I 体现了监管思想的重大转变。一是监管视角从银行体外转向银行体内。此前的银行监管强调对银行的外部约束，而对银行本身风险关注不够，该协议首次在全球范围内要求银行持有与其资产风险状况相适应的资本，提升了对银行风险的重视程度。二是突出动态监管的理念。商业银行的风险是不断变化的，要求商业银行持续地达到最低资本充足率要求，可以对商业银行实施动态约束，防止风险的盲目扩张和累积。三是推动对表外风险的关注。表外业务是一把"双刃剑"，能够使银行在一定程度上摆脱资产负债表的束缚，在短期内实现高速增长，但对银行破坏力也极强。巴塞尔协议Ⅰ将表外业务纳入资本监管框架，强化了商业银行对表外业务风险的认识，改进表外业务风险管理。

（三）巴塞尔协议Ⅰ的缺陷

1. 涵盖的风险种类少，未全面反映银行面临的风险

巴塞尔协议Ⅰ（包括1996年发布的《市场风险资本监管补充规定》）仅考虑信用风险和市场风险，没有考虑商业银行面临的银行账户利率风险、操作风险、声誉风险、流动性风险等其他风险。随着风险计量手段的改进，商业银行管理信用风险和市场风险有效性大为增强，与此同时，随着利率管制的放松、银行越来越多地借助计算机系统进行业务操作以及银行业务的复杂化，操作风险、银行账户利率风险、业务外包风险以及交叉风险却呈不断上升的趋势，直接威胁银行的生存，应在监管制度上予以高度关注。

2. 缺乏风险敏感性，不能有效区分资产的风险

巴塞尔协议Ⅰ根据债务人身份不同对各类债权分别给予了0、20%、50%和100%的风险权重。风险权重的设计没有反映一些信用风险的决定因素，如对于所有企业贷款，无论企业所处的行业、市场地位、规模、财务实力和管理水平统一给予100%的风险权重，要求银行安排相同数量的监管资本显然不能反映资产的真实风险程度；对各类资产的风险加权资产简单进行相加，未能考虑资产分散化效应；对各类银行施加同样的资本要求，在监管制度上未反映银行风险管理水平差异。缺乏风险敏感性的资本监管制度对商业银行的信贷行为产生反向激励，促使商业银行更多地发放高风险贷款，因为高风险贷款的利率高，可以提高商业银行的账面资产回报率，但这将导致资产实际风险程度上升，与监管当局强化资本监管的初衷背道而驰。

3. 导致监管资本套利，弱化了资本监管的有效性

所谓监管资本套利是指商业银行在无需或只需很少地降低整体风险水平的情况下，减少监管资本要求的做法。因为金融创新使得银行越来越容易通过“化妆”提高其报告的资本充足率，但并没有提高其稳健性。监管资本套利方法包括：一是所谓“为我所用”（Cherry-picking）的方法，即通过资产证券化的手段将高质量的金融资产从表内剔除，因为相对经济风险这类资产的监管资本要求高，保留那些相对经济风险监管资本要求较少的资产（高风险资产）。二是重构（Re-engineering）金融合同，将资产负债表内信用风险转化为几乎等价的对资本需求较少的表外头寸。三是对一些特定的金融工具（如信用衍生品），将其头寸从银行账户（Banking Book）转移到交易账户（Trading Book），通过采用内部模型法（Internal Model-based Approach）降低资本要求。

4. 采用经合组织俱乐部法，不能充分反映国家转移风险

巴塞尔协议Ⅰ对国家转移风险采取了极端简单化的处理方法，对经合组织成员国的债权分配0的风险权重，而对非经合组织成员国的债权给予100%的歧视性风险权重，一方面造成国与国之间巨大的风险权重差距，致使信用分析评判中的信用标准扭曲为国别标准；另一方面则容易对银行产生误导，使银行放松对经合组织成员国贷款信用风险的警惕，而将非经合组织成员国的优质资产拒之门外，从而减少银行的潜在收益，扩大银行的经营风险。

5. 仅规定资本充足率的计算标准，而未明确具体的实施措施

Frankel（1998）认为，巴塞尔协议Ⅰ的隐含前提是成员国已经建立起激励相容的制度安排（Compatible Institutional Arrangements），而许多不具有实施条件的新兴市场国家也广泛采用该协议，造成了各国资本充足率计算结果的不可比；国别自裁权的存在和缺乏正式的实施机制使得1988年协议的有效性下降，如协议未对各国如何处理高风险机构提供具体的指引，在实施范围扩大的情况下，一些不受约束的（Rogue）银行体系进入了国际市场，损害了国际金融体系稳定的基础。

二、巴塞尔协议Ⅱ

（一）巴塞尔协议Ⅱ的背景和目标

20世纪90年代以来，金融创新层出不穷，计算机、电讯技术和风险计量理论上的进步，推动了日益复杂的金融产品不断涌现，导致监管资本套利愈演愈烈，巴塞尔协议Ⅰ的有效性下降。当时的巴塞尔委员会主席斯万（1998）认为，监管当局既不能无视市场参与者对巴塞尔协议Ⅰ批评，也不应否认改进资本协议的必要性，应适应业界风险管理技术的进步，对风险处理方法进行调整和修正，以维持资本监管的有效性。为此，巴塞尔委员会于1998年开始大刀阔斧地修改巴塞尔协议Ⅰ，1999年6月公布了第一轮征求意见稿，2001年1月公布了第二稿，2003年4月公布了第三稿，2006年6月公布了巴塞尔协议Ⅱ的最终稿，要求十国集团国家于2007年初开始实施巴塞尔协议Ⅱ，实施高级方法（高级内部评级法和操作风险的高级计量法）可推迟到2008年初。

巴塞尔委员会表示，巴塞尔协议Ⅱ力求实现五个方面的目标：一是促进安全稳健性（保持总体资本水平不变）；二是促进公平竞争；三是更全面地反映风险；四是更敏感地反映风险；五是新资本协议实施的重点是“国际活跃银行”，基本原则适用于所有银行。制定新资本协议的指导思想是：商业银行的监管要求与其主要风险更紧密地联系起来，为银行提高风险计量与管理水平提供奖励；具体做法是：充分强调银行内部风险评估在资本充足率决定中的作用。

巴塞尔协议Ⅱ代表了资本监管方式在两个方面发生重大转变，一是由基于规则向基于过程的转变，二是从设定监管资本向基于经济资本配置的转变。巴塞尔协议Ⅱ同时包含了制度约束和激励结构两方面因素，只有平衡实施三大支柱才能实现两者的有机结合，各国特别是新兴市场国家实施巴塞尔协议Ⅱ面临重大的挑战。

（二）巴塞尔协议Ⅱ的主要内容

与巴塞尔协议Ⅰ相比，巴塞尔协议Ⅱ文本篇幅扩大了近10倍，技术含量大幅度提升，确立了“三大支柱”的资本监管总体框架。巴塞尔协议Ⅱ的总体框架如图2－2所示。

巴塞尔协议Ⅱ与巴塞尔协议Ⅰ保持了一定的连续性。一是继续维持巴塞尔协议Ⅰ确定的8%最低资本要求；二是市场风险的资本要求计算方法仍按1996年《市场风险资本监管补充规定》执行；三是基本保留了巴塞尔协议Ⅰ的资本定义；四是在资本充足率计算上仍采纳监管资本／风险加权资产的形式。与巴塞尔协议Ⅰ相比，巴塞尔协议Ⅱ内容

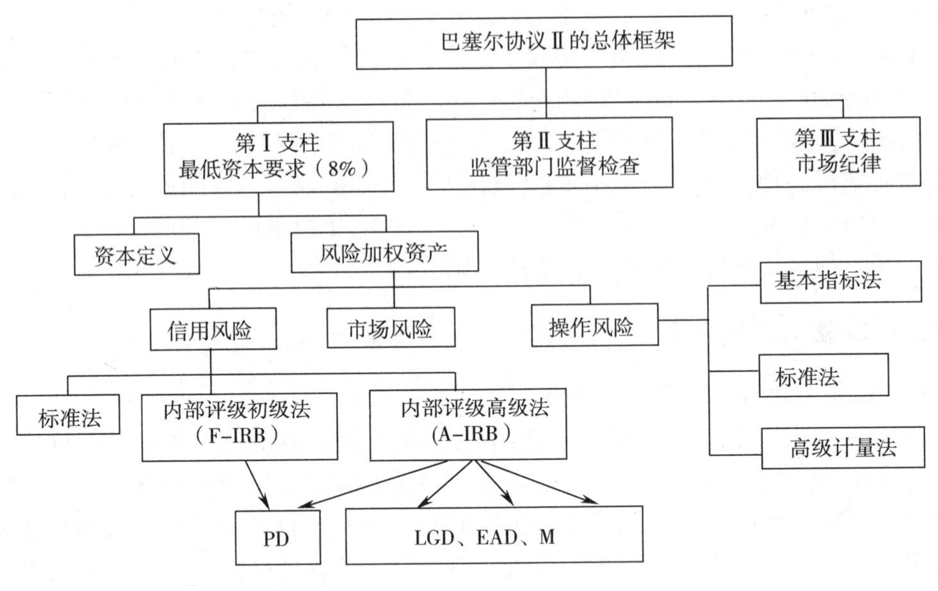

图2-2　巴塞尔协议Ⅱ的总体框架

更加广泛、更加复杂，主要表现在以下几个方面。

1. 构建了完整的资本监管框架

在第一支柱框架下，明确规定商业银行资本充足率不得低于8%；除此之外，巴塞尔协议Ⅱ总结吸收了商业银行资本监管的最新做法，提出了监管当局加强资本充足率监督检查的四大原则，建立了资本充足率监管的程序和标准；进一步细化了商业银行信息披露要求，强调通过市场力量来约束银行的经营行为，形成了有效资本监管的“三大支柱”。

2. 改革风险加权资产的计算方法

巴塞尔协议Ⅱ摒弃了巴塞尔协议Ⅰ“一刀切”的做法，提出了几种不同计算方法，供各国监管当局和商业银行选择使用，特别是全面引入以风险计量模型为基础的风险加权资产计量方法，力求提升资本监管要求的风险敏感性。计量信用风险的“标准法”采用外部评级机构的评级结果确定各类资产的风险权重。内部评级法（Internal Rating-based Approach，IRB）允许风险管理水平较高的商业银行采用银行内部风险参数计算资本充足率，根据历史数据，计算出反映借款人和贷款风险的量化指标。内部评级法有两种形式，一是内部评级初级法（Foundation IRB），二是内部评级高级法（Advanced IRB）。初级法仅要求商业银行计算出借款人的违约概率，违约损失率、风险暴露以及期限等风险要素值由监管当局确定，高级法则允许银行全部使用内部计算的各项风险要素值来计算资本充足率。同时，为防止商业银行通过低估风险进行资本套利，并保证风险加权资产计算的可比性，巴塞尔协议Ⅱ规定了全球统一的信用风险加权资产计量共识，并对商业银行实施内部评级法提出了一系列合规要求，涵盖风险治理、评级体系的设计和运作、数据质量和时间长度、计量模型的开发和验证、使用测试等。

3. 扩大了风险覆盖种类

除信用风险、市场风险外，巴塞尔协议Ⅱ明确提出商业银行要对操作风险计提资本要求，将操作风险纳入资本监管的范围。巴塞尔协议Ⅱ规定了由简到繁的“简单指标法”、“标准法”和“高级计量法”三种操作风险的资本计量方法。此外，巴塞尔协议Ⅱ还明确资产证券化、交易对手信用风险等特殊风险暴露的风险加权资产计量方法。监管当局还可以在第二支柱框架下，对商业银行面临的其他风险，如贷款集中风险、银行账户的利率风险、流动性风险等，提出额外的资本要求。

4. 拓宽资本充足率监管的适用范围

近年来各种形式的银行持股公司、银行集团公司不断出现、银行间产权关系日趋复杂化，巴塞尔协议Ⅱ进一步强调了并表监管，以消除由于银行集团内部相互持股造成银行资本充足率高估的影响，不仅要求单个银行应达到资本充足率要求，而且在次级并表和全面并表的基础上，将资本充足率的监管范围扩大到银行集团内部不同层次的商业银行和银行集团的持股公司。

（三）对巴塞尔协议Ⅱ的评价

巴塞尔协议Ⅱ反映了近年来商业银行风险计量技术和管理手段的进步，体现出监管制度变迁顺应市场发展的趋势，为商业银行改进风险管理提供了激励。一是强化风险管理的基础设施建设。在巴塞尔协议Ⅱ实施的推动下，商业银行都建立了统一的强大的数据管理体系，包括数据定义、数据源、数据质量、数据历史长度，广泛收集与风险相关的各类数据，建立数据管理信息和数据集市，商业银行 IT 系统的应用领域和功能显著增强，以支持复杂的风险计量和管理流程。二是推动风险计量技术进步。为达到实施高级方法的要求，商业银行都开发各类风险计量模型，如针对零售风险暴露的各类申请评分卡和行为评分卡，对不同公司风险暴露的 PD/LGD 计量模型和测算模板，风险量化能力大幅度提升。三是风险管理政策和流程的变革。按照内部评级法的要求，商业银行对风险治理、风险管理政策和流程、风险量化的验证体系、风险量化结果运用体系进行了根本性改造，建立了完善的风险管理组织架构和政策框架。四是资本节约强化了大型银行业已存在的市场优势，商业银行资本、风险、收益关系更加密切，高级方法的实施带来的资本节约有助于大型银行进一步开拓市场空间。从监管的角度来看，巴塞尔协议Ⅱ实施（准备）的过程，就是监管当局与商业银行之间对话交流不断强化的过程，为监管当局审慎判断商业银行风险以及风险管理能力奠定了基础，增强监管活动的灵活性。

巴塞尔协议Ⅱ过于复杂的技术体系，对其有效性提出了挑战，并且“亲市场”的制度变革引发了许多争论。一是基于风险计量模型的风险加权计量方法，其审慎性在很大程度上依赖数据基础的质量和长度、各类模型的假设及方法论等，同时弱化了资本计量结果的可比性。巴塞尔委员会（2013）发布的交易账户和银行账户风险加权资产研究报告表明，不同银行采用内部模型法计量的市场风险资本要求和采用内部评级法计量信用风险资本要求差异很大；本轮全球金融危机在一定程度上揭示出风险加权资产本身的风险（Das and Sy，2012；Leslé and Avramova，2012）。Herring（2011）甚至认为，巴塞尔协议Ⅱ的资本监管方法完全失败。Haldane（2011）指出，按照简单性（Simplicity）、稳健性（Robustness）和及时性（Timeliness）三个标准来衡量，需对巴塞尔协议Ⅱ进行根本性改造。二是虽然基于模型的方法提高了资本要求的风险敏感度，同时也强化了监管资本要求的亲周期效应，扩大了银行体系与实体经济之间的共振，放大了系统性风险。三是巴塞尔协议Ⅱ对监管能力提出很大的挑战，监管当局若不具备足够的资源对银行内部开发和使用的风险计量模型进行验证和评估，巴塞尔协议Ⅱ可能为“资本套利”提供更大空间。四是从资本充足率监管的三个要素来看，巴塞尔协议Ⅱ改革主要局限于资本充足率分母——风险加权资产，未考虑分子（资本定义）和资本充足率监管要求的合理性；并且采用高级计量方法计算风险加权资产的结果是降低了风险权重，使得商业银行资本充足率上升，客观上也为商业银行放大财务杠杆提供了激励。

三、巴塞尔协议Ⅲ

这次全球金融危机充分暴露了欧美国家金融体系和金融监管的重大制度性漏洞。危机以来，巴塞尔委员会按照二十国集团领导人确定的方向，对银行监管国际规则进行了一系列根本性的改革，以增强银行业抵御内外部风险和动荡的稳健性。在国际社会的共同努力下，2010 年 12 月 16 日巴塞尔委员会发布了巴塞尔协议Ⅲ的最终文本，这标志着国际金融监管改革取得重大进展。巴塞尔协议Ⅲ确立了银行监管的新高度，将对全球金融体系的稳定运行产生深远的影响。

（一）巴塞尔协议Ⅲ的核心内容

1. 强化资本充足率监管标准

资本监管在巴塞尔委员会监管框架中长期占据主导地位，也是本轮金融监管改革的核心，巴塞尔协议Ⅲ全面强化资本充足率监管的三个要素。

（1）提升资本工具的损失吸收能力。巴塞尔协议Ⅲ强调资本数量和资本质量同样重要的原则，大幅度提高各类资本工具合格标准，引入严格、统一的资本扣减项目，确保资本工具的质量。①界定并区分一级资本和二级资本的功能：一级资本应能够在银行持续经营的条件下吸收损失，其中普通股（含留存收益，下同）应在一级资本中占主导地位；二级资本仅在银行破产清算条件下承担损失。②对普通股、其他一级资本工具和二级资本工具分别建立严格的合格标准，以提高各类资本工具的损失吸收能力。③引入严格的、统一的资本扣减项目，并要求从普通股中扣减，而不是从一级资本或总资本中扣减。资本扣减项目包括商誉和其他无形资产、净递延税收资产、所持有自己银行的股票、对未纳入并表范围的金融机构的股本投资、贷款损失准备金缺口、对资产负债表外项目现金流套期储备的损益、银行本身信用风险变化导致的负债公允价值变化形成的损益，以及银行提取的养老金资产。④取消专门用于抵御市场风险的三级资本（原始期限不低于 2 年的短期次级债券），简化资本结构。⑤要求商业银行发行的非普通股工具必须带有核销或转股条款，在银行无法自主生存情况下转为普通股或强制核销，以吸收损失。

（2）增强风险加权计量的审慎性。①提高资产证券化交易风险暴露的风险权重，特别是“再证券化风险暴露”的风险权重；对使用外部评级确定资产证券化监管资本要求规定了额外限制条件，要求银行严格履行“尽职审查”责任；提高了资产证券化涉及的流动性便利的信用风险转换系数。②大幅度提高内部模型法下市场风险的资本要求和定性标准。修改后的一般市场风险资本要求（Capital Requirement for General Market Risk）包括两部分：正常计算的 VaR（Normal VaR）和压力状态下的 VaR（Stressed VaR）；同时引入新增风险资本要求，银行使用 VaR 模型计提特定市场风险资本（Capital Requirement for Specific Market Risk），必须对交易账户新增风险计提资本（Incremental Risk Capital，IRC）。③大幅度提高源自场外衍生品和证券融资交易的交易对手信用风险的资本要求，推动银行加强交易对手信用风险管理，鼓励银行通过中央交易对手进行交易，降低风险传染性。

（3）提高资本充足率监管标准。根据危机期间银行危机对金融体系稳定性带来的破坏性影响和宏观经济成本，巴塞尔协议Ⅲ放弃了简单的、“一刀切”式的资本充足率最低要求，建立了具有灵活性的、多层次的资本充足率监管要求（如表 2－1 所示）。巴塞尔委员会通过自上而下的资本充足率校准（Top-down Calibration）和资本充足率调整的长期经济影响（Long-term Economic Impacts），分析确定各层次资本充足率监管要求。

表 2－1　　巴塞尔委员会各层次资本充足率监管要求、功能和监管安排　　单位：%

	普通股（扣减后）	一级资本	总资本	功能	监管措施强度
最低资本要求	4.5	6.0	8.0	微观审慎	强制性
储备超额资本要求	2.5			↕	↕
一般情况下最低资本＋储备超额资本要求	7.0	8.5	10.5		
逆周期超额资本要求	0～2.5				
系统重要性银行附加资本要求	1～3.5			宏观审慎	灵活性

一是最低资本要求，是指单家银行的债权人和交易对手认为该银行具备持续经营能力（Viable）应该持有的资本。该定义仅考虑了银行财务杠杆的私人成本。资本充足率低于最低资本要求意味着银行已丧失自生能力，若不实行自我救助或公共部门不介入，银行将面临市场退出甚至破产清算的风险。巴塞尔协议Ⅲ明确了三个最低资本监管标准，即普通股充足率为4.5%，一级资本充足率为6%，总资本充足率为8%，并规定商业银行资本充足率不得低于最低资本要求。

二是超额资本要求，是为确保银行在金融市场过度波动或衰退时期资本充足率仍不低于最低资本要求应持有的资本。金融市场过度波动或衰退通常给银行带来重大损失，若事前未建立充足的超额资本以吸收损失，资本充足率将迅速下降到最低资本要求以下，触发严厉的监管干预。超额资本要求的存在使得银行在发生重大损失情况下，仍有能力向实体经济提供信贷，从而有助于缓解危机的负面影响。巴塞尔委员会进一步将超额资本监管要求细分为储备超额资本（Conservation Buffer）和逆周期超额资本（Countercyclical Buffer）两部分。储备超额资本用于覆盖危机期间单家银行出现的重大损失；逆周期超额资本的目标是保护银行体系免受信贷过快增长潜在的威胁。两者的监管要求分别为2.5%和0~2.5%。待新标准实施后，正常情况下，商业银行的普通股、一级资本和总资本充足率应分别达到7%、8.5%和10.5%。

三是系统重要性银行附加资本要求（Capital Surcharge for SIBs），其主要目标不是保护债务人和股东，而是降低其倒闭对金融体系和实体经济增长的危害性，附加资本要求促使系统重要性银行将系统性风险成本内部化，使系统重要性金融机构失败概率下降，从而增强金融体系安全性。此外，附加资本要求还有助于抵消“太大不能倒”地位带来的融资便利性和成本方面的优势，缓解道德风险，有利于大小银行之间的公平竞争。巴塞尔委员会规定，对全球系统重要性银行，按照其系统重要性程度，附加资本要求为1%~3.5%。

2. 引入杠杆率监管标准

本轮危机之前，金融工具创新以及低利率的市场环境导致银行体系积累了过高的杠杆率，使得资本充足率与杠杆率的背离程度不断扩大。危机期间商业银行的去杠杆化过程显著放大了金融体系脆弱性的负面影响。为此，巴塞尔协议Ⅲ引入了基于规模、与具体资产风险无关的杠杆率监管指标，力求实现两方面目标：一是为银行体系杠杆率累积确定底线，通过控制商业银行资产规模的过度扩张，缓释不稳定的去杠杆化过程带来的风险以及对金融体系和实体经济的负面影响。二是采用简单、透明、基于风险总量的指标，为防止模型风险和计量错误提供额外保护，补充和强化基于新资本协议的风险资本监管框架。巴塞尔协议Ⅲ规定，商业银行的杠杆率（一级资本/总资产）不得低于3%，并于2014年1月发布了《杠杆率监管框架和信息披露要求》，要求银行自2015年开始披露杠杆率相关信息，2018年正式纳入第一支柱框架。

3. 建立流动性风险量化监管标准

本轮金融危机爆发的前几年，全球金融市场较低的利率水平以及金融交易技术的创新，增强了资本市场活力，银行融资流动性和资产流动性同时扩大，对金融市场流动性的依赖性明显增强。本轮危机暴露出欧美大型银行过度依赖批发型融资来源的内在脆弱性。为增强单家银行以及银行体系维护流动性的能力，巴塞尔协议Ⅲ首次在全球范围内提出了两个流动性监管量化标准：一是流动性覆盖率（Liquidity Coverage Ratio，LCR），衡量短期压力情景下的单个银行应对流动性中断的能力；二是净稳定融资比例（Net Stable Funding Ratio，NSFR），度量中长期内银行可供使用的稳定资金来源能否支持其资产业务发展，推动银行使用稳定资金来源为其业务融资；在正常情况下，商业银行的流动性覆盖率和净稳定融资比例都不得低于100%。此外，巴塞尔委员会还建议监管当局采用合同期限错配、融资集中度等监控工具，识别和分析银行流动性风险发展趋势。2013年1月，巴塞尔委员会公布了流动性覆盖率监管的最终方案，净稳定融资比例的最终方案将于2014年公布。

（二）巴塞尔协议Ⅲ的影响

巴塞尔委员会定量测算结果（2010）表明，按照巴塞尔协议Ⅲ测算国际化大银行（一级资本超过30亿欧元的银行）不同层次资本充足率都出现大幅度下降。如表2-2所示，2009年底，巴塞尔委员会18个国家84家参与测算的大银行按巴塞尔协议Ⅲ计算的普通股充足率、一级资本充足率与总资本充足率分别为5.7%、6.2%和9.5%，分别比按现行标准测算的结果下降5.5个、4.3个和4.5个百分点。杠杆率仅为2.7%，尚未达到3%的监测标准。在所有经济体中，发达国家银行受到的影响较大，新兴市场受到的冲击很小。进一步测算的结果表明，若所有大银行的普通股充足率水平都达到4.5%（最低要求）和7%（最低要求+留存超额资本要求），需补充普通股的数量高达1 359亿欧元和4 742亿欧元。由此可见，发达国家部分大银行面临很大的资本补充压力，如果资本市场无法容纳如此规模的融资，一些银行将被迫调整资产结构，降低信贷扩张速度甚至压缩信贷规模，可能对全球经济复苏的进程产生一定程度的负面影响。

表2-2　　国际化大银行资本充足率变化情况

	普通股充足率	一级资本充足率	总资本充足率	杠杆率	LCR	NSFR
现标准测算结果	11.2%	10.5%	14%			
新标准测算结果	5.7%	6.2%	9.5%	2.7%	83%	93%
变化幅度	-5.5%	-4.3%	-4.5%			

相对而言，巴塞尔协议Ⅲ实施对中小银行的影响很小。如表2-3所示，参加测算的140家中小银行的普通股充足率、一级资本充足率与总资本充足率仅分别下降2.8个、1.3个和2.1个百分点，并且巴塞尔协议Ⅲ对发达国家和新兴经济体的中小银行影响不存在系统性偏差。按照4.5%和7%的普通股充足率监管标准，所有中小银行都达标需补充普通股的规模仅为62亿欧元和183亿欧元。进一步比较大型银行和中小银行的测算结果可以发现，大银行受负面冲击较大的原因不仅仅是由于风险加权资产上升幅度较大，更重要的是资本严格扣除所致。这说明，在国际范围内大型银行不仅业务日趋复杂导致过度承担风险，而且资本工具的实际吸收损失能力也明显低于中小银行，银行规模与抵御风险的能力之间并不存在正相关关系。

表2-3　　国际中小银行资本充足率变化情况

	普通股充足率	一级资本充足率	总资本充足率	杠杆率	LCR	NSFR
现标准测算结果	10.8%	9.9%	12.7%			
新标准测算结果	8.0%	8.6%	10.6%	4.3%	98%	103%
变化幅度	-2.8%	-1.3%	-2.1%			

（三）巴塞尔协议Ⅲ框架下的金融监管模式

从银行监管制度变迁历史来看，巴塞尔协议Ⅲ既延续了巴塞尔协议Ⅰ、巴塞尔协议Ⅱ风险为本的监管理念，又超越传统的资本监管框架，从更加宽广的视角理解风险，在监管制度层面确立了微观审慎与宏观审慎相结合的监管模式。新监管模式主要体现为监管范围三个层面的扩展。

1. 从银行的资产方扩展到资产负债表的所有要素

巴塞尔协议Ⅰ和巴塞尔协议Ⅱ的关注点都是银行资产负债表的左方，即资产方的风险，两者之间差异在于采用了不同风险敏感度的监管资本计量方法，监管资本要求反映了银行资产的风险度，即不同资产的风险差异。巴塞尔协议Ⅲ不仅进一步强化了对银行资产风险的关注，如大幅度提高交易业务、交易对手信用风险的风险权重，而且对银行资产方风险的另一个重要驱动因子——规模给予了高度关注，通过引入杠杆率监管标准，有效防止单家银行乃至银行体系的过度杠杆化。更为重要的是，巴塞尔协议Ⅲ建立的流动性覆盖率和净稳定融资比例对商业银行资产负债表双方的期限匹配提出了明确的要求，商业银行不仅需持有充足的高质量流动性资产以应对压力状态下短期资金净流出，而且将压缩西方大型银行在短期负债和长期资产之间实现套利的空间。巴塞尔协议Ⅲ对银行资本质量提出了更高的要求，恢复所有者权益，特别是普通股和留存收益，在监管资本中的核心地位，在增强商业银行吸收损失能力的同时，有助于提升商业银行资金来源的稳定性。

2. 从单家银行稳健性扩展到整个金融体系的稳定性

现代金融体系呈现出越来越明显的网络化特征，显著放大了单家金融机构经营失败的负外部效应。国际货币基金组织的研究表明，全球范围内前20家大型复杂的金融机构（LCFIs）承担了全球信用中介的职能，其中任何一家金融机构倒闭对全球金融体系稳健运行将产生巨大的负面影响。巴塞尔协议Ⅰ和巴塞尔协议Ⅱ所采用的资本计量方法和所设定的资本监管标准在很大程度上忽视了金融体系日益增强的相互关联性以及单家银行对整个金融体系脆弱性贡献的差异性。吸取本轮金融危机的教训，巴塞尔协议Ⅲ从金融体系风险内生性的视角对系统性风险较大的业务以及银行机构提出了更高的资本和流动性要求，包括：大幅度提高交易业务和交易对手信用风险的资本要求，鼓励银行通过中央交易对手进行场外衍生品清算，提高对大型银行风险暴露的资本要求，最大的系统重要性银行附加资本要求约为风险加权资产的3%。此外，金融稳定理事会正在研究大型银行的自救（Bail In）安排、强化金融市场基础设施、跨境银行危机处置框架等措施，弱化金融风险的传递效应，降低由单家银行失败演化为系统性金融危机的可能性。

3. 从金融体系的稳健性过渡到金融体系与实体经济之间的内在联系

本轮金融危机充分显现了金融体系的亲经济周期特征，这种亲周期性显著放大了实体经济的波动幅度，实体经济的震荡反过来进一步扩大了金融体系的风险，构成了一个不断强化的反馈循环。实体经济与金融体系之间相互联系主要体现在经济运行不同阶段的借款人资产负债表、银行资产负债表和金融市场流动性的同步收缩和扩张。巴塞尔协议Ⅲ明确地将逆周期因子引入了资本和流动性监管框架。一是审慎设定最低资本要求，平滑其周期性波动。包括：将压力风险价值、新增风险引入市场风险资本要求；交易对手信用风险的资本要求应同时体现交易对手违约风险以及信用估值调整损失；用跨周期违约概率（TTC PD）或衰退期违约概率（Downturn PD）取代时点违约概率（PIT PD）作为内部评级法风险权重函数的输入因子等。二是推动会计准则制定机构放弃基于“已发生损失”（Incurred Loss）、转向基于“预期损失”（Expected Loss）的贷款损失拨备会计规则，提高贷款拨备的前瞻性。三是要求商业银行持有高于最低资本要求的超额资本，包括留存超额资本和逆周期超额资本，银行在经济上行、信贷快速增长和盈利丰沛时期多提资本，用于经济衰退时期吸收损失，防止过度冲击银行资本充足率水平，确保经济下行期银行能够为经济复苏提供信贷支持。四是流动性覆盖率和净稳定融资比例有助于打破流动性突然断裂—银行被迫倾销资产—资产价格下跌—资本充足率下降—信贷供给能力下降的传递链条，防止由监管规则与会计规则的“共振”进一步放大金融体系的亲周期性。

第三节 巴塞尔协议在中国的实施

与我国经济体制市场化改革取向一致，伴随着我国银行业的改革进程，自 20 世纪 90 年代中期，我国监管当局开始借鉴巴塞尔协议，不断健全审慎银行监管制度，巴塞尔协议在中国的实施大体上可以分为三个阶段，逐步由“形似”走向“神似”，实现与国际规则的实质性趋同。

一、银行商业化转型初期的资本监管：1994—2003 年

1994 年国务院《关于金融体制改革的决定》正式提出建立以国有商业银行为主体的金融体系，实施由国家专业银行向国有商业银行的战略性转变。为此国务院批准设立了三家政策性银行承担专业银行的政策性业务，1995 年全国人民代表大会常务委员会通过了《商业银行法》，为推进国有银行改革和加强监管奠定了法律基础。专业银行商业化转型要求国有银行成为独立的市场竞争主体，按照商业原则稳健经营，以法人财产对外承担有限责任，并按照统一标准接受监管。政策性业务分离后，专业银行开始推行贷款限额下的资产负债比例管理。为此，1994 年中国人民银行发布了《关于对商业银行实行资产负债比例管理的通知》。该文件提出了包括资本充足率在内的一系列资产负债比例管理指标，并参考巴塞尔协议 I 规定了商业银行资本充足率的计算方法和最低要求。1996 年、1997 年修订资产负债比例管理指标时中国人民银行两次对资本充足率计算方法进行了局部调整。在当时制度条件下，无论是监管当局还是国有银行对资本以及资本监管的重要性都缺乏足够认识，最低资本要求主要服务于国有银行实行资产负债比例管理的需要，为商业化转型创造条件，增强银行风险抵御能力只是次级目标。严格意义上，该时期资本监管仅停留在资本充足率计算方法和报表体系层面，未建立相应的监管安排来保证最低资本要求得到遵循，尚未形成完整的资本监管制度。

（一）资本监管制度的特点

按照上述目标定位，资本充足率计算方法是否审慎并不重要。与巴塞尔协议 I 相比，该时期资本充足率计算方法放松了一些审慎性要求。一是资产风险权重设计方面放宽了标准。与 1988 年资本协议相比，该办法对我国特大型企业、大型国有企业以及非银行金融机构债权都给予了优惠风险权重。二是扩大了合格担保抵押的范围。巴塞尔协议 I 仅承认现金以及极少数高质量金融工具为合格抵押品，不承认任何实物抵押品的风险

缓释作用。该方法将合格抵质押品的范围扩大为商业汇票、其他权利、土地房屋、居住楼宇以及动产物业，并且都给予了优惠风险权重。三是受制于金融市场发展水平，巴塞尔协议Ⅰ允许计入附属资本的重估储备、混合债务资本工具、长期次级债券等一定程度上具备损失吸收功能的金融工具未列入附属资本。这导致商业银行的资本结构单一，资本成本高，不利于商业银行持续补充资本。2003 年底全部商业银行核心资本占总资本的比例高达 88%。总体而言，该资本充足率计算方法与巴塞尔协议Ⅰ只是“形似”，而“神不似”，并且导致了资本充足率高估。

（二）资本监管实施和效果

亚洲金融危机充分暴露了我国银行体系的脆弱性，监管当局和商业银行逐步认识到资本的重要性，中央政府、监管当局和商业银行为提高银行资本充足率采取一系列措施，主要表现在四个方面：一是财政部（1998）向四大国有银行定向发行 2 700 亿元特别国债，专门用于四家国有银行补充资本。二是四家金融资产管理公司（1999）接收国有银行 14 000 亿元不良资产，帮助商业银行消化历史包袱。三是支持符合条件的股份制商业银行上市融资，拓宽资本补充渠道，1994—2003 年间招商银行、民生银行、浦发银行、华夏银行先后上市。四是促进城市商业银行重组，规范城市商业银行股权结构，允许境内合格投资者参股城市商业银行。

尽管如此，随着商业银行资产规模的快速扩张，并且受商业银行资产质量恶化、盈利能力低下导致的内部资本积累能力低下，以及外部资本补充渠道不畅等因素的制约，商业银行资本充足水平呈不断下降的趋势，国有银行 1998 年充实的资本金已基本消耗殆尽。1994—2003 年四家国有商业银行存款增长 4 倍，贷款扩张 3.6 倍，而所有者权益仅增加 2.4 倍；十家股份制商业银行存款增长 9.7 倍，贷款增长 9.4 倍，而所有者权益仅增长 3.3 倍。按照当时的资本充足率计算方法，2003 年底，四家国有银行中只有中国银行资本充足率达标；十家股份制商业银行中，只有五家上市银行的资本充足率达标，五家非上市银行都未达到最低资本充足率要求。由此可见，该阶段资本监管制度的实施并未促使商业银行资本充足率的提高，资本监管对商业银行经营行为应有的约束功能严重弱化。

二、市场化银行体制形成时期的资本监管：2004—2012 年

（一）强化资本监管的背景和目标

20 世纪 90 年代后期，随着经济体制改革的逐步深化，我国经济运行和经济结构中存在的矛盾逐步暴露，在银行体系主要表现为不良资产率居高不下、贷款损失准备金严重不足、资本充足率很低，银行体系的财务实力非常薄弱，恢复商业银行清偿力、增强银行体系应对外部冲击能力成为事关国家经济安全的最重要环节。2001 年底我国正式加入世贸组织，为加快银行业改革注入了新的动力。2003 年中央政府启动了具有“背水一战”性质的新一轮国有银行改革，改革的核心是“花钱买机制”，通过支付必要的改革成本推动国有银行建立长期稳健经营的体制和机制。通过“注资—财务重组—股份制改造—引进战略投资者—境内外上市”等一系列重大改革举措，国有独资银行已经转制成

为国有股权占主导地位、公众持股的境内外上市公司。在重视国有银行改革（存量改革）的同时，监管当局还致力于引入新的市场主体（增量改革），通过扩大竞争促进银行业效率提高，批准设立了一批股份制商业银行，组建了一批城市商业银行、农村商业银行和农村合作银行；外资银行也全面参与国内银行业竞争。国有银行垄断地位被逐步打破，银行业竞争性不断增加，初步形成了多层次并存、充分竞争、产权更加开放的市场化银行体制。此外，亚洲金融危机以后，我国银行监管逐步由合规监管向风险监管转变。2000 年、2001 年中国人民银行先后发布了《贷款风险分类指导原则》和《银行贷款损失准备计提指引》；2001 年财政部修订了《金融企业呆账准备提取和呆账核销管理办法》和《金融企业会计制度》，审慎的贷款风险分类、损失准备计提以及呆账核销制度基本确立。这些制度一方面与原来的资本充足率计算方法存在系统性的不配套，对资本监管制度变迁提出了新的需求；另一方面也为建立审慎资本监管制度铺平了道路。

由此可见，随着国有银行改革的深化和市场化银行体制的建立，国有银行垄断时期国家对银行提供无偿隐性担保的制度基础已经不复存在，资本充足率作为衡量商业银行风险抵御能力的核心指标的重要性凸显，建立可观察的、严格的、统一的商业银行清偿力度量标准对于增强银行体系风险抵御能力、维护银行业公平竞争具有重要的意义；配套监管制度的发展使得审慎资本监管制度建立具备了可行性。为此，2004 年 2 月，银监会发布了《商业银行资本充足率管理办法》（以下简称《资本充足率办法》），实现了资本充足率计算方法与 1998 年资本协议的“实质性”接轨，明确了资本充足率监管的特殊安排以及市场约束机制，构建了相对完整的资本监管框架，其主要目标是通过全面加强资本监管，消化商业银行不良贷款，壮大银行体系资本实力，改善资产负债表，并为各类银行提供公平竞争的制度环境。

（二）资本监管制度的特点

1. 制度设计充分体现了激励相容的原则

《资本充足率办法》建立了完整、明确的资本充足率监督检查标准和程序，按照资本充足率水平将商业银行分为资本充足、资本不足、资本严重不足三大类，实行分类监管，为商业银行提高资本充足率提供正向激励。对资本充足银行在监管政策上予以鼓励；对后两类银行规定了严厉程度逐步增强的十一条纠正措施，包括限制商业银行资产扩张、压缩资产规模、限制业务范围和开设分支机构，甚至强制市场退出。该办法还要求商业银行定期披露风险管理政策、资本构成、资本充足率水平、信用风险和市场风险状况，强化对银行经营行为的市场约束。

2. 按审慎性原则确定风险覆盖范围和资产风险权重，实现与巴塞尔协议 I 的实质性接轨

《资本充足率办法》严格按照巴塞尔协议 I 设定了各类资产的风险权重，取消了原资本充足率计算方法给予国有特大型企业、大型企业以及非银行金融机构贷款，以及土地房屋产权、居住楼宇、动产物业抵押贷款的优惠风险权重。随着我国利率市场化、汇率形成机制改革的不断深化，国内银行面临的市场风险也越来越大，该办法明确要求商业银行对市场风险计提资本。

3. 实现贷款分类制度、损失拨备制度和资本监管制度的内在统一

贷款损失准备可以理解为商业银行的经营成本，若商业银行损失准备计提不足，计算的资本充足率就不真实。商业银行通过少提准备的方法虚增资本充足率有悖于审慎监管的原则。因此，商业银行应按照贷款五级分类结果，足额计提贷款损失准备；若存在贷款损失准备缺口，《资本充足率办法》规定计算资本充足率时应从资本中扣除贷款损失准备缺口。由于国内银行不良贷款占比高、贷款损失准备缺口很大，该规定对商业银行资本充足率具有重要的影响。

4. 顺应金融市场的发展扩大了监管资本工具的范围

《资本充足率办法》对监管资本的构成进行了大幅度调整，将巴塞尔协议Ⅰ认可的重估储备、贷款损失一般准备、可转换债券、优先股以及长期次级债务工具全部纳入附属资本。2005 年底，银监会将混合债务资本工具也纳入附属资本。资本工具范围的扩大，特别是债务资本工具拓宽了商业银行资本补充渠道，有利于降低资本成本，提高了资本管理的灵活性。同时，《资本充足率办法》坚持资本质量与资本数量并重的原则，不允许银行发行三级资本工具，并采用相对严格的资本扣除标准，2009 年银监会发布的《关于完善商业银行资本补充机制的通知》进一步强化了核心资本在监管资本中的核心地位，要求银行补充资本时优先考虑核心资本，从严规定银行发行二级资本工具的条件，对商业银行之间相互持有的资本工具进行严格扣除，控制由此可能导致的系统性风险。

5. 合理确定商业银行资本充足率达标期限

由于《资本充足率办法》对资产风险权重设计更为审慎，大幅度减少享受优惠风险权重的抵押担保类贷款的种类，以及商业银行贷款损失准备严重不足，所计算的资本充足率大幅度下降，绝大多数银行资本充足率不达标。招商银行课题组（2005）测算，国有银行资本充足率达到 8% 需补充资本 2 万亿元，股份制银行需补充资本 1 370 亿元。鉴于这种状况，并考虑到 2006 年底我国银行体系将全面开放，以及届时发达国家将开始实施巴塞尔协议Ⅱ等几个方面因素，该办法为商业银行设定了三年资本充足率达标过渡期，2007 年 1 月 1 日前实现资本充足率达标。

（三）资本监管制度的实施

1. 实施严格的资本监督检查措施

监管当局把资本监管放在突出位置，建立了资本充足率季报制度，要求各家商业银行制定资本充足率达标规划，并在过渡期内按照达标规划的执行情况采取相应的干预和处罚措施。银监会明确要求，已经改制后的国有银行资本充足率在任何时点上都不得低于 8%，对国有银行实施严格的资本监管。推动中小银行采取市场化手段进行兼并、合并和重组，如对严重资不抵债的佛山市商业银行，支持兴业银行按照商业原则对其实施整体收购，取消其法人地位；推动城市商业银行在消化历史包袱的基础上实施合并，组建徽商银行、江苏银行和吉林银行，解决部分中小银行资本不足的问题。

2. 支持商业银行多渠道补充资本

配合国有银行的改革重组，政府部门和监管当局采取了一系列措施，支持商业银行

多渠道筹集资本。（1）动用外汇储备对国有银行进行注资。（2）鼓励商业银行引进境外战略投资者。（3）支持商业银行在境内外资本市场上市补充资本。（4）允许商业银行发行可转换债券、混合债务资本工具和长期次级债务工具补充附属资本，拓宽商业银行资本补充渠道。（5）严格控制商业银行利润分配，随着商业银行经营效益明显好转，经营利润大幅度上升，内部资本积累能力显著增强。2003 年底到 2012 年底，商业银行的核心资本和附属资本分别由 8 122 亿元和 1 091 亿元增加到 64 340 亿元和 17 585 亿元，分别增长了 6.9 倍和 15 倍，远高于同期存款和贷款增速（存贷款分别增长 3.28 倍和 2.96 倍）。

3. 推动商业银行财务重组，提高资产质量

不良贷款占比高、贷款损失准备严重不足是商业银行资本充足率不达标的主要原因之一。《资本充足率办法》实施以来，监管当局积极配合中央政府对国有银行实施财务重组，工商银行、农业银行、中国银行、建设银行和交通银行处理了大约 2 万亿元不良资产；督促地方政府通过资产置换和债务重组带动城市商业银行和农村商业银行处置不良资产。鼓励商业银行充足拨备，大幅度降低贷款损失准备缺口。2003 年底到 2012 年底，商业银行不良贷款余额由 22 049 亿元下降到 4 928 亿元，不良贷款率由 17.6% 下降到 1%，拨备覆盖率由 19% 提高到 295%。

（四）资本监管效果

1. 商业银行资本充足率大幅度提升，银行体系抵御风险能力显著增强

2004 年以来，商业银行平均资本充足率持续提高，资本充足率由 2003 年底的 -2.98% 提高到 2012 年底的 13.25%，同期资本充足率达标的商业银行由 8 家增加到 509 家，资本充足银行资产占商业银行总资产的比例由 0.6% 提高到 100%，彻底扭转了 1994—2003 年商业银行资本充足率持续下降的趋势。

2. 资本充足率标准为商业银行财务重组确立了标杆，推动了国有银行改革

有效控制银行重组的财务成本、防止公共资金滥用是银行体系重组面临的首要问题，备受各方关注。在本轮国有银行改革中，资本充足率标准发挥了独特而重要的作用。一是为测算国有银行改革成本奠定了基础。财务重组的第一步是保证国有银行在获得中央政府注资和剥离不良资产后核心资本充足率达到 6%，通过发行次级债券实现资本充足率达标；各行财务重组方案设计时都按此标准确定所需的注资额和不良资产剥离数量，确保公共资金的合理使用。二是促进国有银行持续审慎经营。国有银行完成财务重组后必须接受严格的资本监管，国有银行的信贷扩张、资产结构调整、利润分配都必须充分考虑最低资本充足率要求，国有银行盲目扩张、风险不断累积的资本约束机制得以真正确立。

3. 资本监管制度与中央银行货币政策合理搭配，支持了宏观调控政策的实施

为治理经济过热，2004 年中央政府开始实施宏观调控，中央银行实行适度从紧的货币政策。监管当局紧紧抓住宏观调控这一历史性机遇，充分发挥最低资本要求对银行信贷扩张的硬约束功能，迫使商业银行降低贷款扩张速度。由于《资本充足率办法》实施初期商业银行资本充足率普遍很低，若单纯依靠商业银行压缩信贷实现资本充足

率达标，将导致严重信贷紧缩，对经济增长产生负面影响。为此，如前文所述，商业银行主要通过“分子对策”，即增加资本来提高资本充足率。虽然该时期商业银行信贷增速明显回落，但仍维持年均12% ~15%的增长速度，为经济增长提供了必要的信贷支持。这一时期资本监管制度与货币政策的取向是一致的，二者不存在政策抵消效应，严格资本监管不仅确保了自身微观目标的实现（资本充足率大幅度提高），而且促使了货币政策目标的实现（降低贷款扩张速度）。2009年和2010年，为防止全球金融危机对我国经济的冲击，国内商业银行贷款增速分别到达33.5%和19.5%。即便如此，也未出现银行资本充足率下降到8%以下的现象；同时为应对信贷过快增长对银行体系的潜在负面冲击，银监会两次提高了商业银行资本充足率监管要求，将大型银行和中小银行的资本充足率控制目标分别提高到11.5%和10.5%，开始运用资本充足率实施逆周期宏观审慎监管。

三、后危机时期的审慎监管框架：2013年至今

在这次全球金融危机中，我国银行业受到的直接冲击较小，一方面归因于我国银行体系开放度较小，商业银行在危机中心国家的风险暴露占比很低；另一方面得益于前期银行业改革和监管提升了银行业整体实力。但总体而言，国内银行依然奉行速度、规模、市场份额为主导的经营战略，增长速度与发展质量之间的矛盾尚未得到根本性解决，稳健经营的内在机制尚不稳固，银行业长期稳定运行面临一系列新的挑战。此外，人民币利率、汇率的进一步市场化，以及国内直接融资市场的发展将深刻改变国内金融市场的运行机制。从全球范围来看，发达经济体经济复苏进程缓慢，公共债务水平大幅度攀升，欧洲国家主权债务危机进一步恶化，主权债务风险和银行业风险的关联性上升，金融市场的波动性加大，诱发全球系统性危机的因素依然存在。面对逐步多元化和复杂化的银行业风险、日趋国际化的银行业竞争环境，银监会借鉴以巴塞尔协议Ⅲ为代表审慎银行监管国际标准，建立了以资本监管为核心，并涵盖杠杆率监管、贷款损失准备监管、流动性监管的中国银行业审慎监管新框架（中国版巴塞尔协议Ⅲ）。

（一）实施中国版巴塞尔协议Ⅲ的长期目标

1. 为深化银行业市场化改革注入新活力

本轮全球金融危机中，为防止危机的扩散，欧美国家政府被迫出手救助银行体系，对银行债务提供保证、向银行体系注资甚至将大型银行国有化，承担了金融危机的成本，导致公共债务大幅度攀升。从国内银行业来看，虽然国有银行主导的银行体制对于确保我国未发生金融危机发挥了核心支撑作用，但中央政府为银行业财务重组也支付了昂贵的财务成本。过去几年中，经过财务重组、公开上市和持续的资本积累，国内银行体系彻底摆脱了“技术破产”的阴影，财务实力显著增强，资本充足率明显提高，银行体系的规范性、稳定性和市场化不断增强，但政府信用依然发挥重要的作用，这又反过来强化了银行对政府的依赖性。随着多层次的银行体系逐步确立，商业银行产权日趋多元化，以及利率、汇率等基础金融变量的市场化改革，强化对商业银行的监管约束，建立以资本为主导的、市场化的损失吸收机制，为国内银行业市场化改革

注入新的动力，促使银行建立与市场化经营环境相适应的体制和机制，成为真正的市场竞争主体。

2. 为推动银行业转变发展方式提供激励

本次全球金融危机表明，过度运用金融杠杆推动经济增长的代价是巨大的：债务是一种缺乏灵活性的融资机制，债务累积产生资产泡沫可能蛰伏很长时间；一旦市场的债务容忍度发生变化，债务合约的刚性、脆弱性和不可逆性暴露无遗，随之而来的去杠杆化将对金融体系稳定运行和实体经济增长带来巨大的负面冲击（Turner，2011；Carney，2011）。长期以来，伴随着经济货币化进程，受特殊银行体制、融资结构以及投资驱动型的经济增长模式的影响，我国银行业的资产扩张速度长期高于经济增速，带动银行业资产（信贷）占 GDP 的比例不断攀升。2004 年《资本充足率办法》实施以来，银行资产扩张速度开始受制于资本约束，国内银行业信贷运行呈现出“信贷扩张与资本补充相互推动”的新特征，规模、速度和市场份额主导的银行业发展模式未发生根本性调整。近几年银行信贷高速扩张带动我国整个经济的杠杆率明显上升。当前中国经济增长正面临新的约束条件，中国经济长期快速增长所依赖的内生性条件正在改变，劳动力成本优势因为人口红利的结束逐步消失；主要经济体的去杠杆化过程导致出口乏力，出口导向的增长模式也难以为继。刘世锦等（2011）认为，2015 年左右我国将进入增长速度自然回落的时间窗口，中长期内 GDP 增速将回落至 6% ~8% 的中速增长区间。面临新的宏观经济环境，银行业若延续高速扩张的业务模式，将扩大宏观与微观之间的紧张态势，扩大宏观金融风险。实施更加审慎的监管，严格设定银行资产扩张的边界，打破“信贷扩张与资本补充相互推动”的粗放循环，引导商业银行转变发展方式，提升发展质量，抑制宏观金融风险的不断积累。

3. 在更加开放的环境中维护银行体系公平竞争

近年来，伴随中国经济的崛起，中国银行体系在全球银行体系中的地位不断上升，国内大型银行国际化进程明显提速，境外业务快速扩张。2011 年英国《银行家》杂志公布的全球前 1 000 家大银行中，我国 101 家银行上榜。我国上榜银行的核心资本、总资产以及 2010 年度利润占前 1 000 家银行的比例分别为 11.4%、10.8% 和 21.1%。同时，在华外资银行的业务也保持快速发展的势头，2011 年底总资产超过 2 万亿元，在一些业务领域所占市场份额较高。银行体系的国际化对我国实施巴塞尔协议Ⅲ提出了现实要求。一是提升国内大型银行的国际竞争力。巴塞尔协议Ⅲ将成为各国监管当局和市场参与者评价单家银行稳健性的重要标杆，中国版巴塞尔协议Ⅲ的实施将为国内银行顺利进入国际市场创造有利的前提条件，也有助于提升国内银行的国际声誉，降低国际融资成本，使其更好地参与国际竞争。二是增强银行体系应对更大范围负面冲击的能力。银行实施国际化经营既是机遇也是挑战，在享受全球增长红利和多元化收益的同时，也面临全球金融市场波动以及风险传染等不确定因素，提高审慎监管标准，增强银行业财务实力，将为国内银行应对国际化进程中的风险奠定基础。三是维护银行体系的公平竞争。国内资本监管标准与国际规则趋同，一方面有助于防止国外监管当局对我国银行进入当地市场提出不合理的要求；另一方面也有利于保证国内各类银行以更加审慎的、一致的监管标杆为基础开展公平竞争。

（二）中国版巴塞尔协议Ⅲ的特点

2011年4月，银监会发布了《中国银行业实施新监管标准指导意见》，明确了“中国版巴塞尔协议Ⅲ”的总体框架，提出了包括资本充足率、贷款损失准备、杠杆率和流动性四大类量化监管标准。2011年6月，银监会发布了《商业银行杠杆率管理办法》，规定商业银行杠杆率计算方法和4%的最低要求，高于巴塞尔协议Ⅲ规定的3%。2011年7月，银监会发布了《商业银行贷款损失准备管理办法》，建立了具有鲜明中国特色的动态贷款损失准备监管制度，提出了两个量化的贷款损失准备监管标准，一是拨贷比（贷款损失准备金/贷款）不低于2.5%，二是拨备覆盖率（贷款损失准备金/不良贷款）不低于150%。

2012年7月，银监会发布了《商业银行资本管理办法（试行）》（以下简称《资本办法》），标志着巴塞尔协议Ⅲ在中国落地实施取得实质性进展。《资本办法》基于国内银行业改革发展实践，充分反映了国际银行业监管改革的最新成果，确立了我国银行业中长期稳健发展的制度边界。与《资本充足率办法》相比，《资本办法》的核心变化主要体现在以下几个方面。

1. 建立分层次的资本充足率监管要求

《资本办法》将资本充足率监管要求分为四个层次：第一层次为最低资本要求，核心一级资本充足率、一级资本充足率和资本充足率分别为5%、6%和8%；第二层次为储备资本要求和逆周期资本要求，包括2.5%的储备资本要求和0~2.5%的逆周期资本要求；第三层次为系统重要性银行附加资本要求，为1%；第四层次为第二支柱资本要求，包括针对特殊资产组合的特别资本要求和针对单家银行的特定资本要求。《资本办法》实施后，通常情况下，系统重要性银行和非系统重要性银行的资本充足率分别不得低于11.5%和10.5%。多层次的监管资本要求增强了资本监管的审慎性和灵活性，确保资本充分覆盖国内银行面临的系统性风险和特定风险。国内资本充足率监管要求总体上与巴塞尔协议Ⅲ保持一致（见图2-3），只是在结构上适当提高了核心一级资本的监管要求，一方面进一步突出核心一级资本工具在监管资本中的核心地位，另一方面符合国内银行核心一级资本占比较高的实际。此外，《资本办法》清晰界定了第二支柱资本要求在总资本要求中的定位，在第二支柱框架下监管部门有权根据单家银行的风险及风险管理状况以及系统性风险，提出额外的监管资本要求，该要求与第一支柱下的资本要求构成对单家银行的总资本要求。设定第二支柱资本要求时重点考虑我国银行业所面临的特殊风险，包括地方政府融资平台风险、房地产行业风险、产业结构调整相关风险以及中长期贷款风险等，避免将这些特殊风险直接纳入风险加权资产计算框架可能导致商业银行资本充足率下降的局面，保证资本充足率计算结果的国际可比性；同时维护资本监管的审慎性，确保所持有的资本能够充分覆盖所面临的重大风险。

2. 强化资本工具的损失吸收能力

本轮国际金融危机的突出教训之一就是欧美银行资本工具的损失吸收能力严重弱化，危机时期相当一部分资本工具不能吸收损失，扩大了危机的负面影响。从国内实践

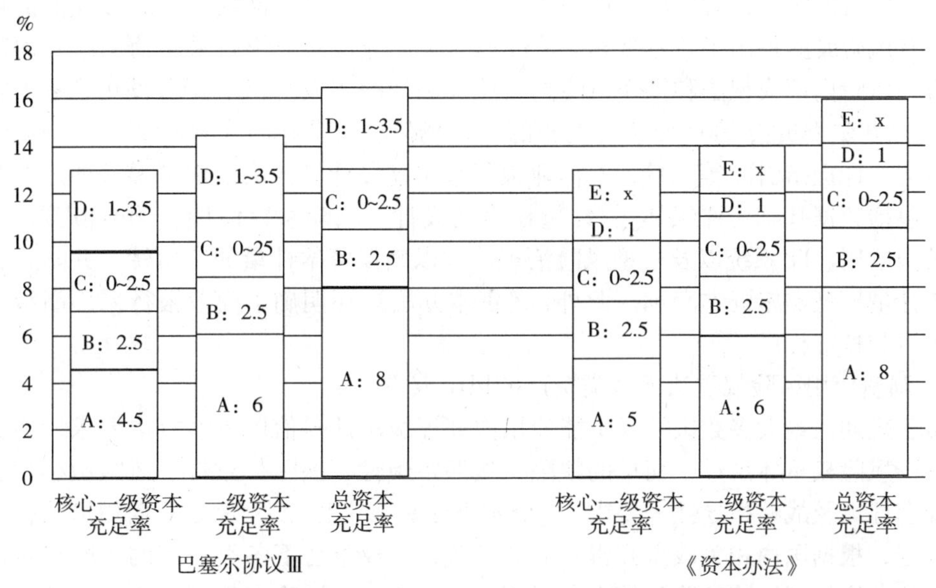

图2-3 巴塞尔协议Ⅲ与《资本办法》资本充足率监管要求比较

来看，银监会长期坚持资本数量和资本质量并重的原则，不认可三级资本，实行严格的资本扣除，银行资本质量明显高于欧美银行，核心资本净额占总资本的80%以上，巴塞尔协议 Ⅲ提高资本质量标准对国内银行的影响很小。《资本办法》延续重视资本质量监管的传统，调整监管资本构成，维护资本工具的损失吸收能力。一是按照巴塞尔协议 Ⅲ的规定，重新定义各类资本工具的合格标准，特别是提高了债务资本工具的吸收损失能力；二是调整了资本扣除和调整项目，对商业银行未并表金融机构的资本投资按照大额少数资本投资和小额少数资本投资分开处理；按照巴塞尔协议 Ⅲ的规定，调整了少数股东资本计入规则。三是遵循巴塞尔协议 Ⅲ的规定，对国内银行已发行的不合格的资本工具给予10年过渡期，以缓解对商业银行资本充足率的影响。四是取消了核心一级资本占总资本的比例不低于75%的监管要求。考虑到我国建立了前瞻性的、量化的贷款损失拨备制度，国内银行平均拨备覆盖率和拨贷比分别达到287.4%和2.7%，超额贷款损失准备可以用于吸收损失，《资本办法》突破了巴塞尔协议Ⅲ关于超额贷款损失准备计入二级资本上限的规定，为国内银行充足计提贷款损失准备提供激励。

3. 提升监管资本要求的审慎性和风险敏感性

按照巴塞尔协议Ⅱ的规定，《资本办法》扩大了风险加权资产的计量范围，除信用风险和市场风险外，将操作风险纳入资本监管框架，同时取消商业银行市场风险资本计提门槛，所有银行都应计提市场风险资本。针对国内银行操作风险事件发生频率较高和管理较为薄弱的现实，《资本办法》明确规定，在第二支柱框架下银监会可以根据单家银行操作风险事件发生概率和损失情况，提高操作风险资本要求。在信用风险领域，

《资本办法》明确了银行账户和交易账户中交易对手信用风险的资本计量方法；并根据银行业务发展的实际，对远期资产购买、远期定期存款以及证券、商品和外汇清算过程中的或有风险暴露提出了资本要求。《资本办法》允许商业银行采用信用风险内部评级法、市场风险内部模型法和操作风险高级计量法计提相应的资本要求，并参考巴塞尔协议Ⅱ、巴塞尔委员会2009年7月发布的《市场风险资本计提修改建议》、《交易账户新增风险资本计提指引》等文件，对商业银行采用高级计量方法设定了一系列定性和定量要求，包括数据基础、评级体系/计量模型的设计、风险参数估计、返回检验、压力测试、模型运用、IT系统以及模型风险治理等，以确保资本计量的审慎性，并防止银行运用风险计量模型实施资本套利。此外，《资本办法》还明确了商业银行采用高级计量方法的申请和核准程序。

4. 调整信用风险权重法下各类资产的风险权重

鉴于短期内绝大多数银行还不能使用内部评级法计提信用风险资本要求，为克服现行的资产风险权重体系过于简单的缺陷，按照审慎性、国际一致性、风险敏感性、相关政策配套性以及战略指导性等要求，《资本办法》参考巴塞尔协议Ⅱ信用风险标准法的相关规定，根据国内相关政策和银行业务实践，对权重法下各类资产的风险权重进行了重大调整，增加了风险权重的档次。与现行方法相比，风险权重调整主要包括以下几个方面：一是对境外主权和银行债权的风险权重，以债务人的外部评级为基础。二是取消了对境外和国内公共企业的优惠风险权重，按照巴塞尔协议Ⅱ的规定，并征求国内相关部门的意见，确定了国内公共部门实体的范围及其债权的风险权重。三是对工商企业股权风险暴露不再采用简单的资本扣除方法，而是区分不同性质的股权风险暴露，给予不同的风险权重。四是小幅上调了对国内银行债权的风险权重。五是对符合对象标准、额度标准和分散化标准的微型企业和小型企业债权的风险权重从100%下调到75%。六是下调对个人贷款的风险权重（从100%下调到75%）。七是在符合巴塞尔协议Ⅱ总体规定的前提下，将符合持卡人、额度标准和管理要求的未使用信用卡授信额度的信用转换系数确定为20%。《资本办法》对风险权重体系的调整，坚持审慎监管原则，同时体现了公共政策导向，降低了中小企业贷款、零售贷款的成本，推动商业银行调整资产结构，缓解中小企业贷款难，并为扩大国内消费提供支持。

5. 加强资本充足率监管的有效性和可操作性

按照资本充足率水平对商业银行实施分类监管是行之有效的监管实践。鉴于目前国内银行资本充足率已远高于最低资本要求，《资本办法》对商业银行分类标准和分类方法进行较大修改，依据资本充足率水平将商业银行分为四类（见图2-4），分别为：第一类银行，满足全部四个层次资本监管要求的银行；第二类银行，满足前三个层次资本要求（最低资本要求、储备资本要求和逆周期资本要求、附加资本要求），但未达到第四个层次资本要求（第二支柱资本要求）的银行；第三类银行，仅达到第一个层次资本要求（最低资本要求），但未满足其他三个层次资本要求（储备资本要求和逆周期资本要求、附加资本要求和第二支柱资本要求）的银行；第四类银行，未达到最低资本要求的银行。《资本办法》还明确了随着资本充足率水平下降、监管力度不断增强的一整套监管措施。《资本办法》实施后，商业银行若不能达到最低资本要求，将被视为严重违规和重大风险事件，银监会将采取严厉的监管措施。新的分类标准标志着我国资本监管的重点将转向达到最低资本要求但未满足全部监管资本要求的商业银行。随着资本充足率水平下降，监管力度不断加大，建立了激励相容的监管机制，扩大资本约束的力度，增强商业银行管理资本的主动性和资本监管的有效性。

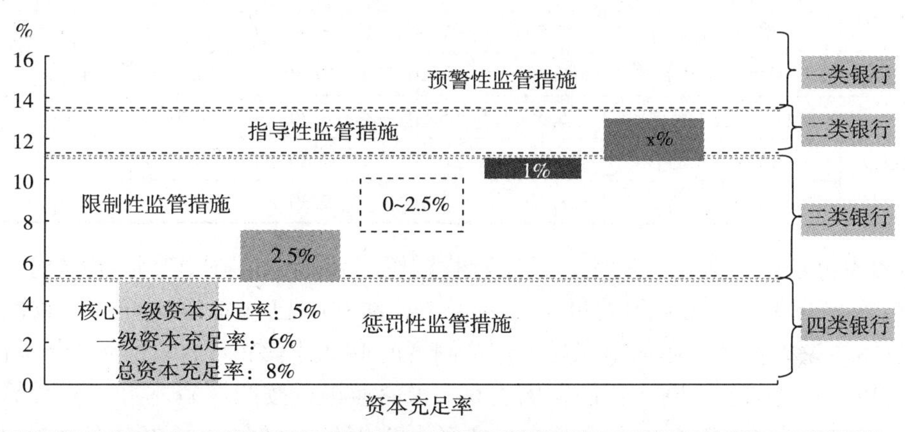

图 2-4 商业银行分类方法和监管措施

6. 合理安排资本充足率的达标过渡期

为缓解新资本监管标准实施对国内银行资本充足率的影响，降低新资本监管标准对银行信贷供给能力以及经济增长可能的负面效应，实现长期目标与短期目标的统筹兼顾，根据国内银行资本充足率水平，《资本办法》于 2013 年 1 月 1 日开始实施，商业银行应在 2018 年底前达标，并明确了过渡期内分年度资本充足率监管要求（见表 2-4）。资本充足率达标期限除与巴塞尔协议Ⅲ保持一致外，过渡期安排还考虑以下几个方面因素：一是为商业银行转变发展方式预留缓冲期。《资本办法》对商业银行信贷规模扩张设定了严格的约束条件，同时对各类资产风险权重进行了结构性调整，既对商业银行转变发展方式形成了压力，又提供了动力；但改变经营行为是一个长期过程，银行应对发展战略、治理框架、组织结构、业务流程、产品设计等多个层面进行调整和探索。二是为商业银行做好技术准备提供时间窗口。《资本办法》允许商业银行采用高级计量方法计算资本充足率，采用高级方法有助于提高资本充足率水平，为商业银行改进风险管理提供了激励，但商业银行须达到数据基础、信息系统、模型开发和运用、风险治理等一系列的监管标准，需投入大量的技术、财务资源，并接受业务实践的检验。三是确保《资本办法》实施对信贷和经济增长的影响可控。国内银行资本充足率水平较高，现阶段盈利能力处于历史最好时期，依靠内生资本增长可以基本满足新增贷款带来的资本需求；考虑到当前资本市场运行状况以及未来银行业利润增长面临的不确定性，设置过渡期有助于避免《资本办法》实施初期商业银行融资拥挤的现象，缓解资本市场压力，维持信贷平稳增长。四是过渡期内银行体系清偿能力应随着业务发展不断增强。虽然资本充足率最后达标期限为2018年底，但过渡期内银行业资本充足率应在现有水平基础上逐步提高，不能倒退，才能实现资本监管改革的预期目标。

表2-4　　过渡期内分年度资本充足率监管要求　　单位：%

银行类别	项目	2013年底	2014年底	2015年底	2016年底	2017年底	2018年底
系统重要性银行	核心一级资本充足率	6.50	6.90	7.30	7.70	8.10	8.50
	一级资本充足率	7.50	7.90	8.30	8.70	9.10	9.50
	总资本充足率	9.50	9.90	10.30	10.70	11.10	11.50
其他银行	核心一级资本充足率	5.50	5.90	6.30	6.70	7.10	7.50
	一级资本充足率	6.50	6.90	7.30	7.70	8.10	8.50
	总资本充足率	8.50	8.90	9.30	9.70	10.10	10.50

《资本办法》的发布与实施，标志着我国资本监管制度在更高层次实现了与国际标准的接轨。2013年，巴塞尔委员会对《资本办法》与巴塞尔协议Ⅲ的一致性进行了评估，总体结论为符合，在资本充足率监管制度的14个模块中，12个为符合，2个为大体符合（BCBS，2013）。2013年底，国内641家商业银行按照《资本办法》计算的加权平均资本充足率为12.19%，一级资本充足率为9.95%，整体上已经达到了《资本办法》规定的资本充足率监管要求。

本章小结

1. 本次国际金融危机以后，随着巴塞尔委员会成员扩大和代表性增强，巴塞尔委员会已经成为银行监管国际标准制定机构，并开始介入监管标准的实施工作。

2. 巴塞尔协议是公认的银行清偿力监管国际标准，在金融危机和金融市场发展两种力量的推动下，巴塞尔协议也不断演化。

3. 巴塞尔协议Ⅰ确立了现代资本充足率监管的基本模式，明确资本充足率监管三个基本要素：监管资本定义、风险加权资产和资本充足率监管要求，但存在着过于简单的缺陷。

4. 巴塞尔协议Ⅱ确立资本充足率监管的整体框架，即"资本充足率监管要求、资本充足率监督检查和信息披露"三大支柱，全面引入了以风险计量模型为基础的风险加权方法，提高了监管资本要求的风险敏感性，但其关注点仍停留在单家银行资产负债表的风险，且过于复杂的技术体系使其有效性受到质疑。

5. 巴塞尔协议Ⅲ强化了资本充足率监管三个基本要素，显著提高了资本充足率监管标准，并且引入杠杆率监管要求和量化的流动性监管要求，体现了宏观审慎与微观审慎相结合的监管模式。

6. 顺应中国银行业改革发展的进程，巴塞尔协议在中国的实施经过了三个阶段，不同时期的资本监管目标、制度审慎性和实施有效性取决于银行业改革进程、宏观经济运行状况和监管强度等多种因素。

7. 中国版巴塞尔协议Ⅲ构建了反映我国银行业特征、适度前瞻、与国际标准实质性趋同的监管框架，不仅有助于提升国内银行业的稳健性，而且有助于推动银行业市场改革、转变经营模式和在更加开放环境下维护公平竞争。

本章重要概念

巴塞尔委员会　巴塞尔协议Ⅰ　巴塞尔协议Ⅱ　巴塞尔协议Ⅲ　资本充足率　资本定义风险加权资产　内部评级法　资本充足率监督检查　信息披露　杠杆率　拨备覆盖率　拨贷比　流动性覆盖率　净稳定融资比例　最低资本要求　储备资本要求　逆周期资本要求　系统重要性银行附加资本要求　风险权重　银行分类

思考题

1. 简述巴塞尔委员会的功能演变和文件性质。
2. 简述巴塞尔协议Ⅰ的特点、贡献和缺陷。
3. 简述巴塞尔协议Ⅱ的主要内容。
4. 如何理解巴塞尔协议Ⅰ向巴塞尔协议Ⅱ的演进？
5. 简述巴塞尔协议Ⅲ的主要内容。
6. 如何理解巴塞尔协议Ⅲ的原理？
7. 简述巴塞尔协议在中国实施的历程。
8. 中国版巴塞尔协议Ⅲ有哪些特点？
9. 如何理解实施中国版巴塞尔协议Ⅲ的长期目标？
10. 结合国际监管标准的演化路径讨论中国银行业审慎制度的改革取向。

本章参考文献

[1] 刘明康：《商业银行资本充足率管理办法释义》，北京，经济科学出版社，2004。

[2] 刘世锦、张军扩、侯永志、刘培林：《陷阱还是高墙：中国经济面临的真实挑战与战略选择》，载《比较》，2011（3）：20～46。

[3] 王胜邦：《资本约束与信贷扩张——兼论资本充足率监管的宏观经济效应》，北京，中国金融出版社，2008。

[4] 王胜邦、陈颖：《中国商业银行资本监管：制度变迁与效果评价》，载《国际金融研究》，2009（5）：78～86。

[5] 王胜邦：《商业银行资本监管改革：目标、进展和影响》，载《比较》，2010（5）：139～153。

[6] 王胜邦、俞靓：《商业银行资本比例：以巴塞尔Ⅲ为中心的研究》，载《金融监管研究》，2012（4）：68～88。

[7] 中国银监会：《商业银行资本管理办法（试行）》，北京，中国金融出版社，2012。

[8] 中国银监会年报有关各期，www. cbrc. gov. cn。

[9] Adair Turner, Leverage, Maturity Transformation and Financial Stability: Challenges Beyond Basel III, Speech Given at CASS Business School, London City University, 2011, www. fsa. gov. uk.

[10] Basel Committee on Banking Supervision (1988), International Convergence of Capital Measurement and Capital Standards, www. bis. org, Basel, Switzerland.

[11] Basel Committee on Banking Supervision (2006), International Convergence of Capital Measurement and Capital Standards: A Revised Framework, www. bis. org, Basel, Switzerland.

[12] Basel Committee on Banking Supervision (2010), Basel III: A Global Framework for More Resilient Banks and Banking System, www. bis. org, Basel, Switzerland.

[13] Basel Committee on Banking Supervision (2010), Result of the Comprehensive Quantitative Study, www. bis. org, Basel, Switzerland.

[14] Basel Committee on Banking Supervision (2011), Global Systemically Important Banks: Assessment Methodology and Additional Loss Absorbency Requirements, www. bis. org, Basel, Switzerland.

[15] Basel Committee on Banking Supervision (2013), RCAP Report for China, www. bis. org, Basel, Switzerland.

[16] Das, S. and A. N. R. Sy (2012), How Risky Are Banks' Risk Weighted Assets? Evidence from the Financial Crisis, IMF Working Paper, No. WP/12/26.

[17] Haldane, A. G. (2011), Capital Discipline, Speech Given at the American Economic Association, Denver, Colorado, www. bis. org.

[18] Herring, R. J. (2011), The Capital Conundrum, International Journal of Central Banking, 171 – 188.

[19] Le Leslé, V. and S. Avramova (2012), Revisiting Risk-weighted Assets: Why Do RWAs Differ Across Countries and What Can Be Done about It? IMF Working Paper, No. WP/12/90.

[20] Mark Carney, Growth in the Age of Deleveraging, Remarks Given at the Empire Club of Canada/Canadian Club of Toronto, Ontario, 12 December 2011.

第三章

银行资本统计

第一节　银行资本概述

一、银行资本的意义

（一）资本的一般概念

按照一般西方经济学的观点，资本广义上是指各类生产要素的总和，可以划分为物质资本、人力资本、自然资源和技术知识等。按照马克思主义政治经济学的观点，资本是一种由剩余劳动堆叠形成的社会权力，它在资本主义生产关系中是指一个特定的政治经济范围，它体现了资本家对工人的剥削关系。从企业理论来讲，资本是指所有者投入生产经营，能产生效益、为企业承担风险和吸收损失的资金。从会计角度看，资本又称所有者权益，是指企业资产扣除负债后由所有者享有的剩余权益。

上述四类关于资本的定义和描述中，前两类偏重于理论和宏观层面，后两类偏重于实践和微观层面。本章中关于银行资本的讨论以及实践中关于监管资本的统计都更侧重于实践和微观层面，与企业会计准则和国际监管规则的要求更加一致。从这一角度看，资本主要表现为资产负债表的负债方，主要来源于所有者直接投入的资本、未分配利润和各类留存收益、可计入资本的利益和损失、当期利润以及一部分符合条件的特定的负债。

（二）银行资本的特殊意义

银行是经营货币信用的一类特殊企业。从一般性看，银行资本与一般企业的资本一样，主要也是银行所有者投入的、可以承担风险和吸收损失的资金，也主要反映在银行资产负债表的负债方“所有者权益”项下；从特殊性看，银行资本相较一般企业的资本具有更为重要的意义。这主要是由以下几方面原因决定的。第一，银行的负债率水平总体高于普通企业。银行的杠杆率通常远高于一般的工商企业。以 2013 年三季度中国 A 股市场数据为例，非金融类上市公司的资产权益比例为 33%，而同期中国上市银行该比例仅为 6%。从国外情况看，2013 年三季度末“标普 500”非金融类企业的资产权益比例为23%，同期“标普500”银行该比例为11%。资产权益比例低意味着银行资本的作用就相对更加重要。第二，银行经营中所承担的风险较一般企业更大。银行是经营货币和信用的企业，主要解决了资金在时间、空间、金额等方面的不对称性，但同时由于这种不对称性，银行自身也承担了大量的风险，并获得风险的溢价。银行的风险主要表现为信用风险、市场风险、操作风险、流动性风险等形式。资本的作用之一就是承担风险和吸收损失。因此银行的资本的作用较一般企业更加重要。第三，银行具有负外部性。负外部性又称外部不经济，是指生产、消费或其他行为给外部的其他人造成了损失，而其他人却无法得到补偿的情况。负外部性在银行中的突出表现就是，如果一家银行经营失败，该银行股东的损失远远小于由于银行破产对金融体系、经济发展和社会稳定带来的损失。银行资本与资产的比例越低，负外部性就越大，由此可能产生的道德风险和逆向选择的可能性就越高。解决负外部性的重要手段之一就是建立外部监管制度。

二、银行资本的表现形式

银行资本是相对广义的概念，实践中具体有三种主要的表现形式，分别是会计资本、经济资本和监管资本。

（一）会计资本

会计资本（Accounting Capital），顾名思义，就是根据会计准则确定的资本。按照目前的国际会计准则和我国会计准则，会计资本通常指银行各项资产扣除各项负债后的净值，体现了银行所有者（或股东）在银行资产中享有的经济利益，代表着银行所有者对银行的控制权、收益权以及对净资产的要求，主要体现在银行资产负债表的“所有者权益”项下。会计资本的统计主要根据会计报表得到。会计报表中关于会计资本的列示通常包括股本、资本公积、盈余公积、一般准备、未分配利润等内容（见表3－1）。银行应当按照会计准则和监管要求对会计资本的总量和结构进行披露，有关内容在第八章中详细介绍。

表3－1　　工商银行会计资本情况表　　单位：百万元人民币

编号	内容	本期余额	上期余额
1	股本	349 620	349 084
2	资本公积	128 524	126 395
3	盈余公积	98 063	74 420
4	一般准备	189 071	104 301
5	未分配利润	372 541	313 334
6	外币报表折算价差	－12 822	－10 792
7	归属于母公司的所有者权益合计	1 124 997	956 742
8	少数股东权益	3 462	1 081
9	股东权益合计	1 128 459	957 823

资料来源：中国工商银行年报（2012年）。

（二）经济资本

经济资本（Economic Capital）是指银行在一定期限（如一年），在一定的置信水平下（如99%），为了弥补银行的非预期损失（Unexpected Loss，UL）而应当持有或需要持有的资本。经济资本本质上是一个风险概念，通过经济资本的计量，可以将银行不同类别的风险（比如信用风险、市场风险和操作风险）进行定量评估并转化为统一的衡量尺度，以便于银行分析风险、考核收益、配置资本和经营决策。

经济资本的确认通常包括以下环节：

1. 明确损失的定义

经济资本是度量损失的指标，损失的定义直接影响经济资本计量方法和结果。损失定义会因不同业务活动、会计准则、管理政策和监管要求不同而存在差异。比如对于信用风险暴露，银行可以根据客户违约情况（在一定时间内无法正常归还本金或利息）来定义损失，也可以不仅根据违约情况，还根据借款人本身信用等级出现恶化来共同确定是否出现损失。

2. 确定分析的时间范围

时间长短也是确认经济资本的重要内容。银行不同业务活动的时间范围差异很大：对于市场风险和交易行为，通常比较短；对于信用风险，大多在中长期，银行实践中通常选择1年；而对于交易风险，由于其发生的频度低，需要几年的时间。

3. 统计损失频率及损失严重性

损失的多少以及经济资本的高低通常受两个重要因素影响。一是损失频率，即可能导致损失发生的事件所发生的频率或可能性。二是损失严重性，即一定发生了损失事件，银行需要弥补多少损失。银行不同风险以及不同产品线的损失频率和损失严重性有显著差异，比如零售业务信用风险的损失频率高而每一笔损失的严重程度低，而投行业务中的操作风险频率低但严重程度高。通过这两项因素，可以确定风险和损失的分布情况。

4. 明确置信度

置信度是一个事先确定的概率，用于表述突破这一概率时银行面临损失的多少以及经济资本的大小。比如经济资本可以被定义为在一年的时间里，能对100起损失中的99起进行弥补所需要的资本金，这时的置信度就是99%。损失分布一定的情况下，置信水平越高，非预期损失越大。置信水平与银行的风险偏好相关。假如一家风险偏好中性的银行确定的置信水平是95%，那么风险厌恶型的银行通常确定的风险可能就是99%。

5. 确定损失弥补的方式

在掌握了各项风险的损失分布情况，并确定风险偏好和置信度后，就可以明确风险的弥补情况，如图3－1所示。

其中预期损失（EL）是指银行根据历史损失数据预期损失发生的平均水平而确定的损失，通常由银行当期利润以及前期提取的减值准备来弥补。非预期损失（UL）是指当一定时间内的实际损失超过预期损失的情况下所发生的非预期损失。非预期损失由银行经济资本来弥补。非预期损失之外的阴影部分为超过置信度以外非常小概率事件下银行

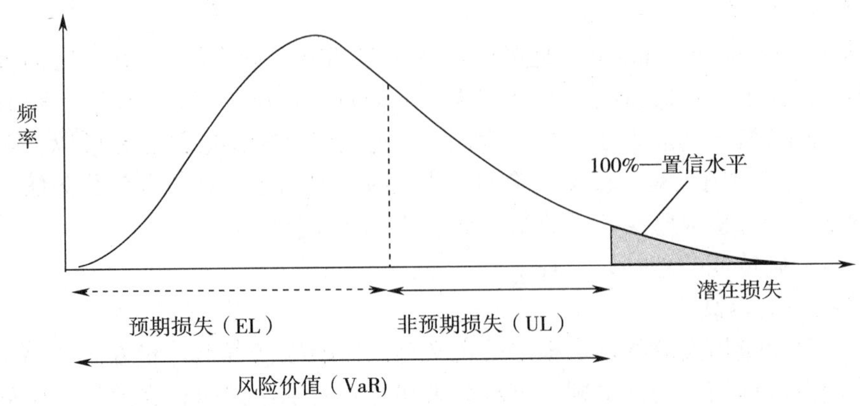

图 3－1　风险及损失分布图

面临的压力损失，如果这种情况发生，银行需要再额外补充资本。

6. 考虑风险的相关性

上述分析主要集中于某一类资产面临的风险，而银行各类风险之间以及同一类风险内部不同风险暴露之间都存在一定程度的相关性，这是由于这些风险都受到某些共性因素的影响。在确定银行整体风险和经济资本时，要考虑银行业务多样性、风险的分散程度以及不同风险之间的相互影响。

7. 开展资本配置并调整业务发展方向

经济资本一方面可以用来表明不可预期损失的高低，另一方面还可以确定在一定时间期限内，在一定置信度和损失限额的前提下，哪些类型的业务，哪些产品条线，哪些分支机构，甚至哪一个经营团队为银行带来的收益水平最高。以经济资本为基础计算的经济增加值（EVA）和风险调整后收益（RAROC）可以用在经营决策和资本配置中。比如一家银行经过分析发现对小微企业信贷的 RAROC 远远高于大型企业，该银行为了增加资本回报，可能会向前者配置更多的资本。

（三）监管资本

监管资本（Regulatory Capital）是指银行按照监管要求实际持有或者应当持有的资本。监管资本涉及两个层次的概念，一是银行实际持有的符合监管规定的资本，二是银行应当持有的资本。

实际持有的资本是指按照监管当局规定银行根据自身业务情况计算得出的实际资本数量。从银行监管当局的角度看，部分会计资本不符合监管资本的属性，需要从资本中扣除，比如无形资产或商誉确认时形成的会计资本；而某些从会计角度看不是资本的内容，比如次级债，可能符合监管资本的属性，需要加入监管资本当中。监管资本根据其承担风险和抵御损失的能力，可以分为不同的层次。按照最新国际监管要求（巴塞尔协议Ⅲ），银行实际持有的资本包括符合条件的核心一级资本、其他一级资本、其他资本，同时应分别扣减相应的资本调整项。

- 核心一级资本－核心一级资本调整项＝核心一级资本净额

- 核心一级资本 + 其他一级资本 - 一级资本调整项 = 一级资本净额
- 核心一级资本 + 其他一级资本 + 其他资本（二级资本） - 资本调整项 = 资本净额

在通常情况下，核心一级资本抵御风险的能力高于一级资本，一级资本又高于二级资本。因此在分析银行资本数量时，不仅要看总资本（或资本净额）的数量，还要关注资本的结构。银行实际持有的监管资本也可以用百分比来表示，将核心一级资本净额、一级资本净额和资本净额分别除以风险加权资产，就得到一家银行三项资本充足率指标。具体如下：

- 核心一级资本净额/加权风险资产 = 核心一级资本充足率
- 一级资本净额/加权风险资产 = 一级资本充足率
- 资本净额/加权风险资产 = 资本充足率

上面介绍的是银行实际资本充足率的计算框架，其中各级资本以及加权风险资产的具体计算方法正是本书的核心内容。除了上述三个比例外，资本监管中通常还要明确银行按照监管当局要求应当持有的资本高低，也通常以百分比的形式表示，比如按照国际最新监管要求，一家国际大型银行应当达到的监管资本包括以下五方面：最低资本要求、储备资本要求、逆周期资本要求、系统重要性银行资本附加以及第二支柱资本要求。监管当局可以根据时间情况采取差异化的资本要求，比如对不同机构提出不同的要求，在不同时间采取过渡期安排等。在实际监管工作中，会将银行实际的监管资本与应当持有的监管资本进行比较。如果前者小于后者，就体现为银行资本不足，需要相应采取监管措施。

（四）三种资本之间的关系

会计资本、经济资本和监管资本有其共同点，都能在一定程度上反映银行承担风险和吸收损失的能力，反映银行财务状况的稳健性。通常来说，三种资本的提升都有助于银行抵御风险能力的提高，有利于保护存款人的利益。此外，三种资本的计算和统计都有其完整的技术方法，都应遵照各自复杂的计算规则。

但三种资本也有其明显的差异。一是其理论基础与依据不同。会计资本主要依据会计准则，经济资本主要依据风险管理技术，监管资本主要依据监管当局的政策要求。二是其计算的目的与出发点不同。会计资本主要反映银行的所有者对银行的权益，经济资本主要反映银行面临的非预期损失，监管资本主要反映从监管者角度看银行对广大存款人提供保护以及银行抵御风险的能力。三是计算方法与统计方式不同。会计资本主要是按照会计要求，体现为资产与负债的差额；经济资本主要依据风险度量技术，反映为非预期损失的高低；监管资本主要遵循监管法规，一方面体现为银行实际的监管资本高低，另一方面体现为银行应当达到的资本水平多少。四是用途不同。会计资本主要反映银行的净值，可以用来计算资产收益率等指标；监管资本主要反映银行非预期损失；监管资本主要用于反映银行风险与合规情况，除资本充足率外，监管资本还多用来计算信用风险集中度、市场风险高低等指标。五是披露的要求不同。会计资本按照会计当局要求进行披露，经济资本披露按照各家银行自身的披露方案执行，监管资本按照监管当局明确的披露要求执行。

第二节 监管资本计量与统计的国际规则

一、监管资本统计的基本要求

上一节介绍了银行三种最主要的资本。在监管实践中，三种资本监管当局都有所关注，但重点还是对监管资本进行详细的统计、监测和分析。正如上一节所述，监管资本的统计包括两个方面，一方面是银行实际持有的监管资本，另一方面是银行按照监管要求应当持有的监管资本。应当持有的监管资本通常情况下是银行风险加权资产乘以银行应当达到的资本充足率，从而得到的绝对数额。本节重点分析银行实际持有的监管资本，即如何通过银行的资产负债表及其他相关信息统计出银行有多少符合监管要求的资本余额。

银行持有的监管资本金额是根据监管要求而确定的，因此，不同监管当局的监管要求不同，同一监管当局在不同时期的监管要求不同，以及同一监管当局对不同机构的监管要求不同，都会影响监管资本的统计。抛开这些实践中的具体问题，资本统计中通常遵循以下三方面的做法。一是分层次，监管规则中根据不同金融工具的业务特点以及承担风险的能力，将资本分为不同的层次。比如按照1988年资本监管的国际规则，将监管资本分为核心资本、附属资本和三级资本。按照最新的资本监管国际规则，监管资本又被分为核心一级资本、其他一级资本和二级资本。二是监管资本的计算通常以会计资本为基础。虽然监管资本的计算规则很复杂，计算方法也很多，但通常确认监管资本的起点还是会计资本。先确定一家银行的会计资本，然后再对会计资本的数值进行调整，包括将其中不符合监管要求的内容进行扣除和剔除（比如部分无形资产和对外股本投资），再将部分符合监管资本要求的负债或资产（减项）计入（比如将次级债计入监管资本，将部分减值准备计入监管资本）。这种调整通常与前文的分层密切结合，不同层次的资本有不同的调整要求。三是监管资本统计通常以比例的形式表现出来。计算或统计出监管资本的余额通常只是第一步，实践中由于不同银行的风险不同，业务规模不同，为了反映银行资本对风险的抵御能力，通常用监管资本除以加权风险资产，将余额转化为比例，以全面反映银行资本的充足水平，增强不同银行间资本充足水平的可比性，同时将银行实际资本水平与应当达到的资本水平进行比较。

二、监管资本统计的国际最新进展

按照银行资本监管的最新规则，即巴塞尔协议Ⅲ的要求，银行监管资本分为以下几项内容。

（一）核心一级资本

核心一级资本（Common Equity Tier 1）是银行资本中最核心的部分，其承担风险和吸收损失的能力也最强。按照最新国际监管标准，一家银行的核心一级资本主要包括以下六个部分：一是银行发行的满足监管标准的普通股，二是银行发行核心一级资本工具所产生的股本盈余（股票溢价），三是银行的留存收益，四是银行累计其他综合收益和公开储备，五是合格的非控制性股权，六是核心一级资本的监管调整。我们把这六项内容又分为三个部分，即普通股、其他核心一级资本和监管调整。

1. 普通股

合格的普通股必须是永久性和实缴的（并且不是由该银行以任何方式提供融资的），根据相关会计准则分类为权益，并代表对银行受偿顺序最为靠后的债权。收益分配必须由银行决定，不进行这些分配不能是违约事件。收益分配也不能是优先的，即任何支付（例如红利或股权）只能在履行了所有法律合同义务并以对具有优先权的工具进行支付之后进行。收益分配必须以可分配项目（包括留存收益）支付。作为普通股要符合以下14 项标准：

（1）银行清算时，受偿顺序（清偿顺序）排在最后。

（2）清算时，所有高级追索权的债权偿付后，才对剩余资产按所发行股本比例清偿。

（3）本金具有永久性。

（4）发行时银行不应形成该工具将被买回、赎回或取消的预期。

（5）收益分配必须来自可分配项目（包括留存收益），分配水平不能以任何形式与发行的数量挂钩，也不应设置上限。

（6）在任何情况下，收益分配都不是义务。不分配不应视为违约。

（7）该部分高质量资本工具的分配不享有优先分配权。

（8）该部分资本应首先并按比例承担绝大多数的损失。在持续经营条件下，所有最高质量的资本工具应按同一顺序等比例地吸收损失。

（9）该部分资本在对资产负债表进行破产测试时，应被记做权益资本，而非负债。

（10）按照相关会计准则，该部分数额应被列为权益。

（11）该工具为银行直接发行并且实缴的，银行不得直接或间接为购买该工具提供融资。

（12）实缴资本不得由发行人及其关联机构提供抵押或保证，也不得通过其他安排使其他在法律或经济上享有优先索偿权。

（13）该工具发行必须得到发行银行的所有者批准。

（14）该工具在银行资产负债表上清楚、单独列示。

2. 其他核心一级资本

（1）股本盈余是因发行符合核心一级资本条件的工具而产生的股本盈余（或股票溢价）。

（2）留存收益是记录在资产负债表上，实际代表银行再投资于自身而没有分配给股东的过去时期的利润。

（3）其他综合收益和其他公开储蓄。其他综合收益是一个会计概念，包括在利润或损失中没有确认的收入和支出项目，正如相关会计准则要求或允许的那样。财产重新估值是其他综合收益的一个例子。其他公开储备代表留存收益或其他盈余的其他计提。它们不包括一般贷款损失储备，一般贷款损失包括在二级资本中。

（4）合格的非控制性股权。非控制性股权或少数股东权益是因对一家受到母公司控制，但并非由母公司全资拥有的子公司进行并表而产生的。它代表并非由母公司（直接或间接）拥有的股东权益。在合并资产负债表上，非控制性股权出现在权益中，但与母公司权益分开。对于并表的实体来说，它与母公司股东拥有的相应工具具有同样的损失吸收能力。

3. 监管调整

监管调整就是从资本中进行的扣除。监管调整的基本原理可考虑：会计准则旨在确定某一时点的财务头寸，而监管资本旨在更具有前瞻性并成为银行现有资产组合未来非预期损失的缓冲。监管资本承认一些资产在某一时点具有价值，但价值在很大程度上取决于银行的财务健康状况（不是取决于银行交易对手方的财务健康状况），随着银行受到的压力增大，价值将迅速减少。在计量监管资本时，将这些资产（包括无形资产）基本上从资本中扣除。

①对符合条件的非控制性股权（少数股东权益）调整。要将非控制性股权划分为核心一级资本，该项非控制性股权的工具必须达到划分为核心一级资本的标准、并非由母公司直接或间接提供融资、由一家银行的子公司发行。银行子公司必须保持最低监管资本要求并且资本必须可供用于支持并表的集团。从并表的集团的监管角度来说，子公司超出最低要求的资本（包括留存超额资本，另外讨论）可偿还给非控股性股权的持有者，在可否用于弥补并表的集团的损失方面还有不确定性。因此，巴塞尔协议Ⅲ不包括属非控制性股权的子公司超额核心一级资本。下面举一个符合核心一级资本条件的非控制性股权的例子。

母公司资产负债表

贷款和其他资产	900	负债（包括非核心一级资本工具）	800
对子公司核心一级资本的投资	100	核心一级资本	200
合计	1 000	合计	1 000

子公司资产负债表

资产	600	负债（包括非核心一级资本工具）	450
		核心一级资本	150
合计	600	合计	600

合并资产负债表

资产（900 +600）	1 500	负债（800 +450）	1 250
		核心一级资本：母公司	200
		核心一级资本：非控制性股权	50
合计	1 500	合计	1 500

将计入核心一级资本的非控制性股权的计算（假设所有资产按100%进行风险加权）分为以下几步：

第一步：计算子公司的超额核心资本

=核心一级资本－（核心一级资本最低额，假设为7%）

=150－（600×7%）

=150－42

=108

第二步：计算属于非控制性股权的超额核心资本

=超额核心一级资本×由控制性股权所有的核心一级资本的百分比

=108×（50/150）

=36

第三步：计算可计入并表的核心资本

=非控制性股权总额－属于非控制性股权的超额核心一级资本

=50－36

=14

通过上述方法，将子公司符合核心一级资本条件的少数股东权益中不超过最低监管要求且归属于母公司的部分计入集团并表后的核心一级资本。

②无形资产。巴塞尔协议框架的每一版都规定了一些监管调整，但巴塞尔协议Ⅲ比以前的版本包含更全面的清单，并要求更加一致地实行。除扣除直接涉及其他资本要素的情况外，扣除从核心一级资本中进行。必须从核心一级资本中全部扣除在出现压力时价值可能迅速下降的商誉和其他无形资产（抵押贷款服务权除外）。这种扣除在抵减任何相关的递延税负债后进行。

无形资产是没有实物形态的可识别的非货币资产，具有以下基本特征：它是可以识别的，这是指它要么可以与其他资产分开，要么来自合同或其他法律权利；有关实体对它具有控制权，这是指该实体有权从该资产中获益；它可能产生未来收益，无论是产生收入，还是降低未来成本。除电脑软件外，可能的无形资产包括专利、许可证或特许证。

递延资产的价值（来自时间差异的除外）取决于银行的未来盈利能力。因此，当银行面临压力并出现损失时，它们没有价值。递延税资产通常在下述情况下出现：一是银行在一个财务年度遭受损失，出于税收目的允许银行结转损失，抵消未来利润。在这种情况下，只有银行赚取未来利润的情况下，递延税资产才有价值；二是银行降低一项资产在资产负债表的价值，但这种价值下降（实际上是损失）在未来某一时期之前没有得到税务当局的承认。例如银行判定将出现损失后，可能立即对资产建立损失储备，而税务当局在损失发生前不承认损失。结果，在银行确认损失的年度，与银行认为它应支付的税款相比，银行支付了更多的税款，这在税务当局承认损失的年度变成税收抵免。由于银行监管当局鼓励及早确认损失，对暂时性递延税资产的处理与提供适当激励相符。

③投资于其他金融实体。银行应持有充足的资本，以弥补账户中的风险。如果一家

银行（银行A）在另一家银行（银行B）持有资本，实际上存在资本的重复计算。银行A的资本不仅支持银行A的资产，而且支持银行B的资产，在存在“控制权”的情况下，要求并表的会计准则解决这一问题。一旦并表，银行A在银行B的投资以及相同数额的银行B的权益都被剔除。但是存在一些没“控制权”的情况，或投资在监管并表范围之外的情况。

在计算监管资本时，要遵循的最大原则是，不应有重复计算；如果资本在监管并表下没有被扣除，则在计算监管资本的过程中被扣除。应对同一资本要素进行扣除，或者如果该要素没有足够的资本，则缺口应从更高一级的要素中扣除。如果银行所持有的该实体发行的普通股本不超过10%，并且所有这些持有额的总量不超过该银行普通股的10%，则可对这项投资进行风险加权。以下是投资于其他金融实体的一个例子。

银行A：

投资于银行B的永久次级债务，符合其他一级资本的条件	28	负债	800
其他资产	972	定期次级债务，符合二级资本条件	20
		核心一级资本	180
合计	1 000	合计	1 000

银行B：

资产	600	负债	400
		永久性次级债务，符合其他一级资本条件（包括银行A持有的28）	150
		核心一级资本	50
合计	600	合计	600

银行B不是银行A的子行；这两家银行的账户不进行并表。由于银行B发行并由银行A持有的数量为28的次级债务代表资本的重复计算。然而正如巴塞尔协议Ⅲ规定的那样，可对权重为18的“特许部分”（占银行A资本的10%）进行风险加权，因此必须从银行A的资本中扣除10。如果银行A发行了其他一级资本，则可以从中扣除10。但如果银行A没有发行这种资本，因此必须从更高一级的要素（普通股）中扣除10。之所以不能从银行A发行的二级资本中扣除10，是因为那些是级别更低的资本要素。这一原则适用于银行对自身股票投资以及旨在人为夸大资本头寸的银行、金融和保险机构资本中的相互交叉持股。

④门槛扣除法。在一些调整中，全额扣除法可能没有适当考虑在极端压力期间可能实现价值的情况。下述每个项目可能有限地计入核心一级资本（上限是在进行监管调整后不超过银行核心一级资本的10%）而不是全额扣除：

一是对未并表的金融机构普通股的大额投资（大额是指超过所发行的股票资本的10%）。

二是抵押贷款服务权。抵押贷款权是收回抵押贷款还款并开展相关业务（例如，保持第三方托管账户并采取措施收回逾期付款）的权利。在一些国家最初的贷款人能够出售抵押贷款服务权，买方将为进行这项服务收取费用。因此，抵押贷款服务权具有价值，以合同义务为基础的未来现金流为其价值提供服务。

三是暂时性差异带来的递延税资产（例如贷款损失准备金）。在进行监管调整后，这些项目的总额上限是核心一级资本的15%。在计算核心一级资本时没有扣除的数额按250%进行风险加权。

⑤其他监管调整。还有一些监管调整，从全球范围看并不普遍，但在部分经济体中的确十分重要，因此在巴塞尔协议Ⅲ的定义中也进行了明确。比如现金流套期储备、涉及证券化的销售收益、因银行自身信用风险变化而造成的收益/损失、抵押贷款服务权等。本书中不再进行详细介绍了。

（二）其他一级资本

按照巴塞尔协议Ⅲ的要求，其他一级资本（Other Tier 1）包括以下四个部分：一是银行发行的满足一级资本的工具（不应包含在核心一级资本中），二是银行发行一级资本工具产生的股本盈余（股票溢价），三是银行集团并表中产生的符合条件的其他一级资本工具，四是其他一级资本工具监管调整项。其他一级资本与核心一级资本相比，承担风险和吸收损失的能力相对差一些。

1. 其他一级资本工具的划分标准

银行发行的可计入其他一级资本工具应满足以下14项标准：

（1）发行且实缴。

（2）受偿顺序列在存款人、一般债权人和银行的次级债务之后。

（3）不得由发行人及其他关联机构提供抵押或保证，也不得通过其他安排提高其在法律或经济上相对于银行债权人的优先性。

（4）永久性，没有到期日，没有利率跳升机制及其他赎回激励。

（5）发行至少5年后方可由发行银行赎回，并且行使赎回权必须得到监管当局的事先批准，银行不得形成赎回期权将被行使的预期，并且银行行使赎回权必须满足以下两个条件：一是用同等的或更高质量的资本替换赎回的资本工具，并且只有在银行收入能力具有可持续性的条件下才能实施资本工具的替换；二是银行应证明其行权后的资本水平仍远远高于最低资本要求。

（6）任何本金的偿付（如回购或赎回）都必须得到监管当局的事先批准，而且银行不能假设或形成有关偿付将会得到监管当局批准的市场预期。

（7）分红/派息符合以下四方面要求：一是在任何时候银行都具备取消分配或支付的自主权，二是取消分红或派息不构成银行违约事件，三是银行可以自由支配取消的股利或利息用于偿付其他到期债务，四是取消分红或派息除构成对普通股的收益分配限制以外，不应构成对银行的其他限制。

（8）分红或派息都应源于可分配项目。

（9）该类资本工具的收益不应具有信用敏感性特征，即分红派息与发行银行评级不相关。

（10）如果本国破产法律要求进行资产负债表测试，该类资本工具不应促成负债大于资产的情形。

（11）如果该类工具被认为是负债，则必须具有本金参与吸收损失的机制，具体表现为以下两种方式：一是如果满足事先设定的客观触发点，该工具则转成普通股；二是通过减值机制，在事先设定的触发点承担损失，并且这种减值机制可以减少破产清偿状况下该工具的索偿权，可以减少行使赎回期权时银行应偿付的金额，可以减少取消该工具的分红或派息。

（12）银行及受银行控制或有重要影响的关联方均不得购买该类工具，且银行不得直接或间接为购买该工具提供融资。

（13）该工具不应包括任何阻碍资本补充的特征，比如规定在一定时期内如果新工具的发行价格更低发行方需要补偿原工具投资者等。

（14）如果资本工具不是银行经营者或并表控股公司发行的，那么发行获得的资金必须无条件立即转移给经营实体或并表控股公司，且转移的方式必须满足或超过前述关于其他一级资本的各项标准。

在监管统计实践中，其他一级资本主要包括符合条件的优先股、永续债等。

2. 其他一级资本的其他要求

银行其他一级资本中除了符合上述要求的资本工具以外，通常还要考虑以下内容。一是合格的股本盈余处理，只有因发行符合其他一级资本条件的工具而产生的股本盈余或溢价，才能计入其他一级资本中。二是对合格的非控制性股权（少数股东权益）的处理，完全比照核心一级资本，主要包括符合其他一级资本条件的、归属于母公司的、不超过最低要求的部分。三是其他一级资本的监管调整，主要是对该银行投资于其他银行的其他一级资本投资进行扣除。

（三）二级资本

按照巴塞尔协议Ⅲ的要求，二级资本包括以下五个部分：一是银行发行的满足二级资本标准的工具，二是发行二级资本工具时产生的股本盈余（股票溢价），三是由银行并表公司发行的，且由第三方持有的工具，该工具应满足计入二级资本的标准，同时未计入一级资本，四是符合条件的贷款损失准备，五是二级资本的监管调整项。一级资本工具的目标是在持续经营（Going Concern）前提下吸收损失，而二级资本工具的目标是在破产清算（Gone Concern）情况下吸收损失。

1. 二级资本划分标准

银行发行的合格的二级资本工具应满足以下 9 项标准：

（1）发行并且实缴的。

（2）受偿顺序位于存款人和一般债权人之后。

（3）不得由发行机构及其关联机构提供抵押或保证，也不通过其他安排提高其在法律或经济上相对于银行存款人和一般债权人的优先性。

（4）原始期限不得低于 5 年，在最接近到期日的 5 年按照直接摊销法打折计算监管资本，同时这种工具不应有利率跳升机制或赎回激励条款。

（5）发行至少5年后方可赎回，并且行使赎回权必须得到监管当局的事先批准；银行不得造成赎回权将会被行使的预期，并且银行只有满足以下两项条件才能行使赎回权：一是银行用同等的或更高质量的资本替换赎回的资本工具，并且只有在银行收入能力具有可持续性的条件下才能实施资本工具的替换；二是银行应证明其行权后的资本水平远远高于最低资本要求。

（6）除非银行破产或清算，否则投资者无权要求加快偿付未来到期债务的本金或利息。

（7）该类资本工具的收益不应具有信用敏感性特征，即其分红或派息不得与银行自身评级结果相关。

（8）银行及受银行控制或有重要影响的关联方均不得购买该类工具，且银行不得直接或间接为购买该工具提供融资。

（9）如果资本工具不是银行经营者或并表控股公司发行的，那么发行获得的资金必须无条件立即转移给经营实体或并表控股公司，且转移的方式必须满足或超过前述关于二级资本的各项标准。

在监管统计实践中，二级资本主要包括符合条件的次级债、可转债以及符合条件的贷款损失一般准备金。

2. 其他二级资本的其他要求

银行二级资本中除了符合上述要求的资本工具以外，通常还要考虑以下内容。一是合格的股本盈余处理，只有因发行符合二级资本条件的工具而产生的股本盈余或溢价，才能计入其他一级资本中。二是对合格的非控制性股权（少数股东权益）的处理，完全比照核心一级资本和其他一级资本，主要包括符合二级资本条件的、归属于母公司的、不超过最低要求的部分。三是符合条件的资产减值准备，巴塞尔协议Ⅲ规定，针对目前尚未确定的未来损失而持有的贷款损失准备金可纳入二级资本，具体要求下一节在介绍我国监管要求时还会详细介绍。

三、监管资本与资本调整的原理

上面给出了三类监管资本以及监管调整的国际标准，并列出监管统计实践中主要的监管资本工具类型。但监管实践中主要的问题是面对一家银行复杂多样的资本工具以及由于并表及其他原因形成的监管调整如何准确进行定性和处理，这就需要对资本的属性进行归纳，提炼出划分资本和进行资本调整的一些标准。

（一）资本工具属性与特征

各类资本工具虽然形式复杂多样，但在判断其监管资本的属性以及进行监管资本统计时，主要应考虑以下几个方面：

1. 资本工具的发行

监管资本工具都要求是发行并实缴的，期权等不予承认。并且发行银行不得为这种发行提供信用增级及融资支持。比如银行贷款给某一企业，该企业用信贷资金为银行注资或购买银行发行的次级债等资本工具，则不符合监管资本的定义。

2. 资本工具的持有方

如果受发行银行控制或受发行银行影响的关联方持有相关资本工具，则不应被视为合格的监管资本。比如银行的子公司购买了母银行发行的资本工具，在非并表情况下，母银行不应将其视为合格的监管资本。

3. 资本工具的期限

按照规定，核心一级资本和其他一级资本应当没有到期日，或应当是永续的，二级资本工具原始期限至少5年，到期的前5年每年“减计”20%。比如到期日前3年到4年，只能按照60%计入监管资本。

4. 赎回要求

核心一级资本不能被赎回或偿付，其他一级和二级资本的赎回也有明确的要求。

5. 分红及派息的自由度

在通常情况下，越是银行能够自由分红派息的资本工具越是接近核心一级资本，而越是强制分红派息的工具越是接近二级资本。

6. 强制转股和减记的要求

对于非股权型的监管资本工具，比如次级债、可转债等，要特别关注这些工具在银行持续经营情况下能否强制转股或减记以承担损失。

7. 清偿顺序

在无法持续经营的情况下，不同资本工具清偿顺序不同。与普通存款人相比，清偿顺序越靠后，资本属性越强，越接近核心一级资本。

8. 会计属性

即监管资本工具在会计上被列示为资本、债务还是资产减值准备。如果是债务或减值准备，最多被列为二级资本。

9. 本金偿还的预期及自由度

对于计入其他一级资本或二级资本的债务型资本工具，其偿还必须得到监管当局的事先批准，并且产品设计时不能形成赎回权将行使或将会被监管当局批准的预期。

此外，区分某一项金融工具是否属于监管资本还有其他一些要求，可对照上文中每一项工具的要求，在此不再一一列示。

（二）资本监管调整的属性与特征

在实际监管统计中，上文所述的三类监管资本只是资本统计的基础，还要对有关数据进行监管调整。按照巴塞尔协议Ⅲ的要求，对监管资本的调整项目包括以下十三项内容，其原理和特征分别如下。

1. 对商誉及其他无形资产要在核心一级资本中进行扣除。比如对于未纳入并表范围的银行、保险公司和其他金融机构大额投资估值产生的商誉。银行可以对符合会计要求的商誉和无形资产进行确认，然后再逐年摊销。而按照监管要求，根据更加审慎的原则，在计算监管资本时应当将这部分全部扣除，或者理解为“一次性摊销”，以反映资本实际承担风险和吸收损失的能力。

2. 对部分递延税资产进行扣除。银行应当将以未来盈利为前提的递延所得税资产从核心一级资本中扣除。如果递延所得税源自时间性差异（如贷款减值准备金），其抵扣金额按照“门槛扣除”方法进行。所谓“门槛扣除”，是指对以下三项内容不用全额扣除，只扣除超过核心一级资本 10% 的部分；在此基础上，将以下三项内容没有扣除部分（即各自低于核心一级资本的 10% 部分）再相加，如果超过核心一级资本的 15%，再将超额部分扣除。这三项内容是：源于时间性差异的递延税资产，抵御贷款服务权利和特定的对监管并表范围之外金融机构的大额股权投资。

3. 对现金流套期储备进行扣除。与资产负债表内未按公允价值计价项目（包括预期现金流）相关的现金流套期储备不应在核心一级资本中确认。这也是监管要求比会计准则更为审慎的一种体现。具体讲，就是如果该套期现金流为正值，则在核心一级资本中扣除；如为负值，则加回。

4. 预期损失准备金缺口应在核心一级资本中全额进行扣除。预期损失准备金缺口是指一家银行“实际提取”的资产减值准备小于“应当计提”的各资产减值准备的部分。从监管角度看，资产减值准备是抵御可预期损失的，是前一道“防线”；监管资本是抵御不可预期损失的，是后一道“防线”。如果前一道“防线”存在缺口，在计算资本充足率这后一道“防线”时，应当将前一道“防线”的缺口进行扣除。在计算预期损失准备金缺口时，实际提取部分主要依据银行的资产负债表，而“应当计提”的部分主要依据监管要求和监管判断。

5. 与资产证券化销售相关的收益应从核心一级资本中扣除，例如与预期未来利差收入相关的销售收益等。这部分收入虽然按照会计要求可以被确认为收入，并以当期利润的形式计入核心一级资本，但从更审慎的监管角度看，由于存在不确定性，所以要求进行扣除。

6. 由于银行自身信用变化导致的金融负债（含衍生金融负债）公允价值变化带来的累积收益和损失。如果银行发行了金融债券，并且这种债券按照公允价值计价，当银行出现经营状况不佳、风险显著上升、外部评级下调等情况时，其发行债券的公允价值下降，而所有者权益（资本）上升。换言之，按照会计要求，银行的资本会因自身经营恶化和风险增加而扩大，这显然不合理。因此在计算监管资本时要将这部分进行扣除。银行因自身信用提升带来金融负债公允价值增加导致的资本减少，在计算监管资本中按照对称处理的原则，进行加回。

7. 固定收益类的养老金资产在计算核心一级资本时应当扣除，固定收益类养老金负债不进行调整。会计准则规定可以确认这种养老金资产，而监管当局则认为当企业不能持续经营时，固定收益类养老金资产无法用于清偿一般存款人的债权，无法用于承担风险和吸收损失，因此在计算监管资本时要予以扣除。

8. 银行库藏股票应当在核心一级资本中扣除。这样可以避免银行资本的重复计算和虚增。除了库藏股票外，银行如果持有本行发行的其他一级资本或二级资本，在计算相应层次的监管资本时也应予以扣除。

9. 银行与其他银行、金融机构和保险公司相互交叉持有的资本工具应通过监管调整进行扣除。这种规定主要是防止银行机构之间以及银行与其他类型金融机构之间通过交叉持有资本工具，名义上提高了双方的资本充足率，但从经济实质上看，两家机构或是整个金融体系的风险抵御能力没有提高。

10. 对监管并表范围以外的其他银行、保险公司和其他金融机构的资本投资，且该投资不超过被投资机构普通股股本的10%。这种投资也被称为小额资本投资，应当按照以下规定进行扣除：如果上述投资总额超过投资银行核心一级资本的10%（注意，与前一个10%不同，不是占被投资银行的10%），超出部分从发行银行对应的资本层次中进行扣除。如低于10%，则不需要扣除。

11. 对监管并表范围外的其他银行、保险公司和其他金融机构的大额投资。与上述第10项监管调整不同，前面一项是针对小额资本投资，而本项调整是针对大额投资。对于大额投资，除了将超过投资银行核心一级资本10%的部分直接扣除以外，未扣除部分还要按照门槛扣除法再次进行扣除。

12. 最后一项调整是一种特殊处理，即不在分子中进行扣除，而在分母中以1 250%风险权重计量。我们知道最低资本要求是8%，1 250%是8%的倒数。在分母乘以1 250%的风险权重相当于在分子进行扣除。适用于这种监管调整的内容有以下四方面：一是某些特定的资产证券化风险暴露，二是按照违约概率和违约损失率计算的特定股权风险暴露，三是非货银同步交收和非货款同步交收中非支付/交收的部分，四是对工商企业的大额投资。

在实际监管统计中，通常将核心一级资本（经监管调整后）与其他一级资本（经监管调整后）相加，得到一家银行的一级资本；将一级资本与其他资本（经监管调整后）相加，得出一家银行的监管资本总额。用监管调整后的核心一级资本、一级资本和资本额分别除以加权风险资产，就可以得出三个重要的资本充足率数值，即核心一级资本充足率、一级资本充足率和资本充足率。

四、监管资本统计的传统内容

上述介绍的资本监管统计内容是与国际最新监管要求，即巴塞尔协议Ⅲ相一致的。巴塞尔协议Ⅲ2010年正式发布，原则上要求大型国际活跃银行应于2019年前达标。在此之前，国际上还发布了两版关于监管资本的统一规定，分别是1988年的《统一资本计量和资本标准的国际协议》和2004年的《统一资本计量和资本标准的国际协议：修订框架》（新资本协议）。其中2004年的新资本协议重点在于资本监管的框架完善和技术更新，对于资本充足率的分子，即监管资本，没有提出特别的要求。目前上一部分国家还在继续适用1988年资本监管的国际标准，我国也将在一段时间内实行双轨并行。但巴塞尔协议Ⅲ是历史发展的大趋势，因此对于监管资本统计的传统内容在后面章节会有简要介绍，但不再是重点了。

第三节　我国银行监管资本的统计与计量

上一节介绍了资本监管的国际标准，并详细列出巴塞尔委员会2010年出台的巴塞尔协议Ⅲ最新要求。各国监管当局在制定本国具体监管政策时一般会充分考虑国际监管的统一要求。如果某一国家的监管政策与国际监管标准相一致，则表明该国的监管政策“符合”国际标准；如果存在一定的非实质性差异，则称为“大体符合”；如果差距较大或有实质性差异，则称为“较不符合”或“不符合”。我国银行的资本监管大体经历了三个阶段，与国际标准的差距在不断缩小，参与国际标准的制定话语权不断扩大，资本监管统计的精细化水平不断加深。目前看我国现行的《商业银行资本管理办法（试行）》与巴塞尔协议Ⅲ是“符合”的，但同时在一些具体要求上也体现了中国国情。

一、我国监管资本统计工作的发展

回顾我国银行监管的历史，资本监管可分为三个阶段。监管资本的统计相应也在这三个阶段不断发展和完善。

第一阶段，2003 年之前。我国 1995 年颁布了《商业银行法》，其中明确规定：商业银行的资本充足率不应低于 8%。为了实现依法监管，同时指导帮助商业银行准确计算资本充足率，中国人民银行先后发布了相关文件，设计了具体的统计报表，对资本充足率的具体计算方法进行明确。当时这些规定与 1988 年巴塞尔委员会发布的《统一资本计量和资本标准的国际协议》相比，有其相似之处，比如将资本划分为核心资本和附属资本，对信用风险资产根据不同风险程度设计不同的权重，并且对资本充足率最低要求进行明确，对资本充足率的并表要求和报送频度都有具体规定。但与当时的国际标准相比，差距也十分明显，比如在分子——监管资本的统计中，没有对贷款损失准备金缺口，或资产减值准备金缺口进行扣除；又比如在分母——加权风险资产的计算中，过于强调了抵押担保的风险缓释作用，对非银行机构和大型企业给予过于优惠的风险权重，增加了 10% 这一国际上没有的风险权重档次，等等。监管资本统计与国际标准的差异其实反映了我国当时监管整体水平还相对落后，比如还没有实行严格的贷款五级分类，再比如会计准则没有与国际接轨，相应的资产减值准备计提标准不够严格等。这些基础设施的差异决定了资本充足率统计不可能与国际标准一致。但总体看，当时的资本监管和资本充足率统计在落实《商业银行法》要求、推广资本监管理念、普及资本统计基础知识方面还是发挥了很大的作用。这一阶段中，资本充足率的统计工作也相对简单和初级，对分子——监管资本的统计以资产负债表中所有者权益相关内容为主，对部分项目进行了细化；对分母——风险加权资产的统计主要是对资产负债表中资产方面进行重新分类统计。

第二阶段，2004 年至 2012 年。中国银行业监督管理委员会于 2003 年成立。2004 年 2 月，经国务院批准，银监会发布了《商业银行资本充足率管理办法》。总体看，该办法与1988年巴塞尔委员会发布的《统一资本计量和资本标准的国际协议》及1996年发布的补充文件高度一致，同时考虑中国实际情况也作出相应的调整。这些调整中有一些更为审慎，即我国监管当局的规定比巴塞尔委员会1988年的标准更加严格；同时还有一些根据中国国情进行的调整，相较1988年国际标准有所放松。下面对这种差异进行举例说明：

从核心资本看，我国监管政策规定，银行当期利润不能全部计入核心资本，而应根据历年利润分配情况进行审慎判断，将可能会分掉的部分提前在监管资本统计中扣除；再比如对有关会计政策进行“非对称调整”，对因可供出售资产公允价值上升带来的资本增加不予承认，在会计资本中扣除，而对其公允价值下降造成的会计资本减少则不予调整。这些规定使得我国资本监管政策比国际标准更加严格，按此得出的核心资本余额更少。但在核心资本规定中也有不够严格之处，比如规定将少数股东权益全部计入核心资本，在一定程度上扩大了核心资本。从附属资本看，我国监管政策规定符合条件的贷款损失准备一般准备可以计入二级资本，但对计入的上限没有进行明确。而1988年国际监管标准规定这一比例为1.25%，由此导致我国银行附属资本可能被高估。从资本扣除项看，我国监管政策规定，银行对外资本投资全部进行扣除，对非自用房地产投资全部进行扣除，对相互持有的次级债也要进行扣除。这些规定比1988年国际监管标准更加严格。从分母——加权风险资产看，我国的监管政策与国际标准总体一致，但也存在差异。比如规定短期的同业债权权重为0，低于国际标准，导致资本充足率的计算不够审慎。这一阶段中，资本充足率的统计工作进一步完善和细化，对资本充足率的分子——监管资本设计了单独的统计表，对分母中的表内信用风险资产、表外信用风险以及市场风险都设计了单独的报表。

第三阶段，2013年之后。银监会2012年6月发布了《商业银行资本管理办法（试行）》，并规定2013年1月1日起实施。银监会发布的这一新办法与巴塞尔委员会2010年末发布的巴塞尔协议Ⅲ保持了高度一致，同时融入了巴塞尔委员会2004年发布的《统一资本计量和资本标准的国际协议：修订框架》（新资本协议）主要内容。因此也可以讲我国是自2013年起，同时开始执行巴塞尔协议Ⅱ和巴塞尔协议Ⅲ。相应地，资本充足率统计工作也更加复杂。

目前，我国资本充足率统计体系可以表述为“三轨并行”和“双管齐下”。所谓“三轨并行”，简单讲就是有三套统计报表，分别对应三类机构，满足三项法规要求和监管需要。第一套是满足我国2004年发布的《商业银行资本充足率管理办法》要求，总体对应巴塞尔协议Ⅰ的报表。第二套是满足《商业银行资本管理办法（试行）》中标准法要求，总体对应巴塞尔协议Ⅲ的报表。第三套是满足我国新办法中内部评级法（IRB法）要求，总体对应巴塞尔协议Ⅱ的报表。如表3－2所示：对于部分政策性银行等不适用于《商业银行资本管理办法（试行）》的机构，只需要报送巴塞尔协议Ⅰ的报表；对于大部分商业银行，需要同时报送巴塞尔协议Ⅰ和巴塞尔协议Ⅲ的报表；而对于经审批实行内评法的银行，需要同时报送这三套报表。所谓“双管齐下”，是指在资本充足率统计中，既要关注分子——监管资本的统计，又要关注分母——加权风险资产的统计，包括表内外信用风险、市场风险和操作风险的资本要求。

表 3－2　　　　资本充足率统计“三轨并行”示意表

		内部评级法（IRB 法）银行	商业银行	部分政策性银行
巴塞尔协议Ⅰ	巴塞尔协议Ⅰ（原办法）	✓	✓	✓
巴塞尔协议Ⅲ	巴塞尔协议Ⅲ（资本定义）	✓	✓	
	巴塞尔协议Ⅲ（权重法准备金）		✓	
	巴塞尔协议Ⅲ（信用风险）		✓	
	巴塞尔协议Ⅲ（市场风险）	✓	✓	
	巴塞尔协议Ⅲ（操作风险）	✓	✓	
巴塞尔协议Ⅱ	巴塞尔协议Ⅱ（内评法准备金）	✓		
	巴塞尔协议Ⅱ（内评法信用风险）	✓		
	巴塞尔协议Ⅱ（底线计算表）	✓		
	巴塞尔协议Ⅱ（模型验证表）	✓		
	巴塞尔协议Ⅱ（权重法结果表）	✓		

二、我国原办法下的监管资本统计

继续按照我国2004 年发布的《商业银行资本充足率管理办法》（简单对应巴塞尔协议Ⅰ）要求开展统计，一方面继续适用部分政策性银行的监管要求，另一方面也对实施新的资本管理办法的银行提供对照和参考。按照2004 年的老办法，监管资本统计主要包括三项内容，分别是核心资本、附属资本和资本扣减项。下面分别进行介绍。

（一）核心资本

核心资本也称一级资本，包括银行的股本金和公开储备部分。

1. 股本金，包括银行已经发行并实缴的普通股和永久性非累积优先股。

2. 公开储备，主要包括银行从税后利润中提取并形成的公开储备，主要表现形式有股票发行溢价、当期利润、留存收益、一般盈余公积、法定盈余公积以及符合条件的一般风险准备等。这里的一般风险准备在银行资产负债表上列示在权益项下，是银行通过利润分配形成的风险准备。

（二）附属资本

附属资本也称二级资本，包括以下五方面内容：

1. 未公开储备：一些国家允许将部分留存利润作为非公开储备，该储备除了不在公布的资产负债表标明外，非公开资本储备与公开储备具有相同的性质和质量。这类储备不应与任何准备或其他已知的负债相关，而应随时不受限制地用于应付未来不可预见的损失。

2. 重估储备：重估储备有两个来源或表现形式。一是一些国家允许银行定期或不定期重估其固定资产，如物业等。这类重估储备真实反映在资产负债表上，表现为资产价值和所有者权益同时变化。二是潜在重估储备，表现为以历史成本反映在资产负债表中的银行长期持有的股票证券的历史成本与账面价值之差。对于后一种潜在的重估储备，历史成本与市值之差要打折扣，通常为55%。

3. 一般准备金：可计入附属资本的一般准备金是资产减值准备的一部分，以负数形式（减项）反映在资产负债表的资产方。是指银行针对已经发生，但还不确定的损失所提取的减值准备，这种减值准备不与某一项特定的资产或负债相对应。对于可计入附属资本的一般准备金，国际标准规定了上限，即不得超过分母（加权风险资产）的1.25%。但在我国没有明确规定上限。

4. 混合资本工具：是指同时具有股权和债权性质的工具，但同时要符合以下四方面要求：一是无抵质押的、次级的并且全额实缴的；二是不可由持有者主动赎回，也不可未经监管当局批准而赎回；三是其必须可以承担损失，特别是在业务没有终止，或在持续经营的前提下承担损失；四是关于分红付息，当银行账号盈利不足支付时，可以允许推迟支付利息。比如符合条件的优先股、永续债、可转债等。

5. 长期次级债务：包括普通的、无抵质押的、原始期限最少5年以上的次级债务和有期限的可购回优先股。对于这类附属资本工具，在到期日前的最后5年里，在计入监管资本时，每年累积折扣20%。与混合资本工具不同，长期次级债务不要求在持续经营情况下承担损失，只要求在银行破产清算时为普通债务人提供保证。因此对于长期次级债务，国际标准和我国都规定了上限，最多不得超过一级资本的50%。

（三）资本扣除

按照原资本充足率管理办法，监管资本的扣除内容主要包括：

1. 商誉应从核心资本中扣除。

2. 对未并表的附属机构的投资应从核心资本和附属资本中分别扣除50%。

3. 对贷款损失准备金未提足的部分，全额在核心资本中进行扣除。

4. 对非自用不动产的投资，在核心资本和附属资本中分别扣除50%。

5. 对工商企业资本的投资，在核心资本和附属资本中分别扣除50%。

在实际统计中，将核心资本减去核心资本对应的资本扣除项，得到核心资本净额，用于计算核心资本充足率的分子。同时将核心资本、附属资本之和减去全部资本的扣除项，得到资本净额，用于计算资本充足率的分子。

三、我国新办法下的资本监管统计

（一）资本组成

按照《商业银行资本管理办法（试行）》的要求，我国商业银行监管资本也包括核心一级资本、其他一级资本、二级资本和资本调整项等部分。其中关于核心一级资本、其他一级资本、二级资本工具应当符合的条件与巴塞尔协议Ⅲ完全一致。

《商业银行资本管理办法（试行）》规定，核心一级资本包括六项内容，分别是实收资本或普通股、资本公积、盈余公积、一般风险准备、未分配利润、少数股东资本可计入部分。规定其他一级资本包括两项内容，其他一级资本工具及其溢价、少数股东资本可计入部分。同时规定二级资本包括二级资本工具及其溢价、超额贷款损失准备和少数股东资本可计入部分。

《商业银行资本管理办法（试行）》对贷款损失准备计入二级资本部分设计了上限要求，规定“商业银行采用权重法计量信用风险加权资产的，超额贷款损失准备可计入二级资本，但不得超过信用风险加权资产的1.25%”。其中，“超额贷款损失准备”是指商业银行实际计提的贷款损失准备超过最低要求的部分；而“贷款损失准备最低要求”是指100%拨备覆盖率对应的贷款损失准备和应计提的贷款损失专项准备两者中的较大者。

下面通过一个案例介绍具体统计中对权重法下贷款超额准备金计入二级资本的处理方式。银行应当首先比较“100%拨备覆盖率对应的贷款损失准备”和“应计提的贷款损失专项准备”，得出其中较大者。拨备覆盖率是指贷款减值准备与不良贷款的比率，因此“100%拨备覆盖率对应的贷款损失准备”在数量上就等于一家银行的不良贷款。本案例中，假设银行不良贷款余额为100万元，“100%拨备覆盖率对应的贷款损失准备”为100万元。同时假设银行按照有关会计准则和监管要求确定本行对正常类、关注类以及不良贷款合计应当计提贷款损失专项准备130万元。按照孰高法将二者进行比较，取最大值130万元。接下来，将上述两者的高者（130万元）与银行实际提取的贷款损失准备金余额（本案例假设为180万元）进行比较。实际提取大于最低要求，不存在准备金缺口，存在50万元的超额准备金，这部分可在限额内计入二级资本。假设银行的信用风险加权资产合计为2 000万元，按照限额（1.25%），可以计入的上限为25万元。则50万元超额准备金中仅有25万元可以计算附属资本，具体见表3－3。

表3－3　　贷款损失准备情况表（权重法案例）　　单位：万元

项目编号	项目名称	余额
1	实际计提的贷款损失准备余额	180
2	贷款损失准备最低要求	130
3	100%拨备覆盖率对应的贷款损失准备	100
4	应计提的贷款损失专项准备	130
5	贷款损失准备金缺口	0
6	超额贷款损失准备	30
7	可计入二级资本的超额贷款损失准备	25
8	附注：信用风险加权资产合计	2 000

上述对于超额贷款损失准备的处理方式适用于按照权重法计算资本充足率的要求。如果商业银行经监管当局批准，可以采用内部评级法计量信用风险加权资产，超额贷款损失准备可计入二级资本，但不得超过信用风险加权资产的0.6%。这里所称“超额贷款损失准备”是指商业银行实际计提的贷款损失准备超过预期损失的部分。在实际统计

工作中，先将银行实际计提的贷款损失准备金（假设仍是 180 万元）与按照内部评级法计量的“预期损失”（假设为 150 万元）进行比较，得出超额准备金 30 万元。再将超额部分与计入上限（假设按照内部评级法得出的信用风险加权资产仍为 2 000 万元，2 000 ×0.6% =12 万元）进行比较，30 万元超额贷款损失准备金中只有 12 万元可以计入二级资本。

（二）资本扣除项

我国《商业银行资本管理办法（试行）》规定，计算资本充足率时，商业银行应当从核心一级资本中全额扣除以下九项内容：

1. 商誉。

2. 其他无形资产（土地使用权除外）。

3. 由经营亏损引起的净递延税资产。

4. 贷款损失准备缺口。并对权重法和内部评级法下贷款损失准备缺口进行明确规定：（1）商业银行采用权重法计量信用风险加权资产的，贷款损失准备缺口是指商业银行实际计提的贷款损失准备低于贷款损失准备最低要求的部分。（2）商业银行采用内部评级法计量信用风险加权资产的，贷款损失准备缺口是指商业银行实际计提的贷款损失准备低于预期损失的部分。

5. 资产证券化销售利得。

6. 确定受益类的养老金资产净额。

7. 直接或间接持有本银行的股票。

8. 对资产负债表中未按公允价值计量的项目进行套期形成的现金流储备，若为正值，应予以扣除；若为负值，应予以加回。

9. 商业银行自身信用风险变化导致其负债公允价值变化带来的未实现损益。

此外，《商业银行资本管理办法（试行）》规定，商业银行之间通过协议相互持有的各级资本工具，或银监会认定为虚增资本的各级资本投资，应从相应监管资本中对应扣除。商业银行直接或间接持有本银行发行的其他一级资本工具和二级资本工具，应从相应的监管资本中对应扣除。对应扣除是指从商业银行自身相应层级资本中扣除。商业银行某一级资本净额小于应扣除数额的，缺口部分应从更高一级的资本净额中扣除。

商业银行对未并表金融机构的小额少数资本投资，合计超出本银行核心一级资本净额 10% 的部分，应从各级监管资本中对应扣除。小额少数资本投资是指商业银行对金融机构各级资本投资（包括直接和间接投资）占该被投资金融机构实收资本（普通股加普通股溢价）10%（不含）以下，且不符合该办法第十二条、第十三条规定的资本投资。

商业银行对未并表金融机构的大额少数资本投资中，核心一级资本投资合计超出本银行核心一级资本净额 10% 的部分应从本银行核心一级资本中扣除；其他一级资本投资和二级资本投资应从相应层级资本中全额扣除。大额少数资本投资是指商业银行对金融机构各级资本投资（包括直接和间接投资）占该被投资金融机构实收资本（普通股加普通股溢价）10%（含）以上，且不符合该办法第十二条、第十三条规定的资本投资。

《商业银行资本管理办法（试行）》规定，除该办法第三十二条第三款规定的递延税资产外，其他依赖于本银行未来盈利的净递延税资产，超出本银行核心一级资本净额10%的部分应从核心一级资本中扣除；根据该办法第三十五条、第三十六条的规定，未在商业银行核心一级资本中扣除的对金融机构的大额少数资本投资和相应的净递延税资产，合计金额不得超过本行核心一级资本净额的15%。

下面就监管资本调整举两个例子。

案例一，各级资本中对于小额少数资本投资的扣除。假设某银行对未并表金融机构的小额少数资本投资中核心一级资本、其他一级资本和二级资本分别为100万元、0和50万元，该银行核心一级资本扣除全额扣减项目之后的余额为900万元，那么该银行各级资本中应当如何对小额少数资本投资进行监管调整呢？根据规定，该银行对未并表金融机构小额少数资本投资超出本机构核心一级资本净额10%的部分应当进行扣除，100+50-900×10%=60万元，总的监管调整即扣除金额为60万元。这60万元如何在各级监管资本中进行分配呢？按照要求超额部分应按全部小额少数资本投资中各级资本的比例分别在核心一级资本、其他一级资本和二级资本中扣除。核心一级资本的扣除数额为40万元［60×100/（100+50）=40万元］；其他一级资本的扣除额为0［60×0/（100+50）=0］；二级资本的扣除额为20万元［60×50/（100+50）=20万元］。

案例二，大额少数资本的双重门槛扣除处理。假设某银行对未并表金融机构的大额少数资本投资中的核心一级资本为140万元，其他依赖于银行未来盈利的净递延税资产为100万元，同时假设该银行核心一级资本净额（扣除全额扣除项目和小额少数投资应扣除部分后）为900万元，其他应在核心一级资本中扣除的项目为5万元，应从其他一级资本和二级资本中扣除的未扣缺口为0。这种情况下计算大额少数资本投资的监管调整包括以下步骤：

第一步，确定该银行对未并表金融机构的大额少数资本投资中，核心一级资本投资超出本机构核心一级资本净额10%的部分为50万元（140-900×10%=50万元）。

第二步，其他依赖于填报机构未来盈利的净递延税资产中超出本机构核心一级资本净额10%的部分为10万元（100-900×10%=10万元）。则该银行核心一级资本净额（扣除所有应扣除项后的净额）为835万元（900-50-10-5-0=835万元）。

第三步，该银行未扣除的对未并表金融机构大额少数资本投资中的核心一级资本为90万元（140-50=90万元）。未扣除的其他依赖未来盈利的净递延税资产为90万元（100-10=90万元）。二者合计超过该机构核心一级资本15%的部分为54.75万元（90+90-835×15%=54.75万元）。

第四步，这个超额部分应除以0.85后在核心一级资本中扣除，应扣除部分为64.41万元（54.75/0.85=64.41万元）。检查一下，扣除后核心一级资本净额为770.59万元

(835－64.41＝770.59 万元)，未扣除的对未并表金融机构大额少数资本投资中的核心一级资本和其他依赖未来盈利的净递延税资产合计为 115.59 万元（90＋90－64.41＝115.59 万元)，则未扣除的对未并表金融机构大额少数资本投资中的核心一级资本和其他依赖未来盈利的净递延税资产合计刚好不超过核心一级资本净额的 15%（115.59/770.59＝15%）。

（三）少数股东资本的处理

《商业银行资本管理办法（试行)》对并表中形成的少数股东资本处理方式进行了明确的规定，总体看与巴塞尔协议Ⅲ保持一致。《商业银行资本管理办法（试行)》规定，商业银行附属公司适用于资本充足率监管的，附属公司直接发行且由第三方持有的少数股东资本可以部分计入监管资本。附属公司核心一级资本中少数股东资本用于满足核心一级资本最低要求和储备资本要求的部分，可计入并表核心一级资本，并规定最低要求和储备资本要求为下面两项中较小者：一是附属公司核心一级资本最低要求加储备资本要求，二是母公司并表核心一级资本最低要求与储备资本要求归属于附属公司的部分。

《商业银行资本管理办法（试行)》规定，附属公司一级资本中少数股东资本用于满足一级资本最低要求和储备资本要求的部分，扣除已计入并表核心一级资本的部分后，剩余部分可以计入并表其他一级资本，并规定最低要求和储备资本要求为下面两项中较小者：一是附属公司一级资本最低要求加储备资本要求，二是母公司并表一级资本最低要求与储备资本要求归属于附属公司的部分。

《商业银行资本管理办法（试行)》规定：附属公司总资本中少数股东资本用于满足总资本最低要求和储备资本要求的部分，扣除已计入并表一级资本的部分后，剩余部分可以计入并表二级资本，并规定最低要求和储备资本要求为下面两项中较小者：一是附属公司总资本最低要求加储备资本要求，二是母公司并表总资本最低要求与储备资本要求归属于附属公司的部分。

《商业银行资本管理办法（试行)》同时规定："商业银行计算并表资本充足率，因新旧计量规则差异导致少数股东资本可计入资本的数量下降，减少部分从《办法》实施之日起分五年逐步实施，即第一年加回 80%，第二年加回 60%等，过渡期共 5 年。"

关于少数股东资本的处理，在上一节介绍巴塞尔协议Ⅲ时，特别是在监管调整中阐述"对符合条件的非控制性股权调整"时已经作了介绍。在此按照我国监管当局的规定，再举两个具体案例，分别介绍少数股东权益在核心一级资本、其他一级资本和二级资本中的处理。

案例一：过渡期核心一级资本中少数股东权益的处理。假设银行 B 为银行 A 的附属公司，银行 B 扣减前核心一级资本 100 亿元，其中归属于第三方的 20 亿元，归属于母公司的 80 亿元；扣减后核心一级资本净额 90 亿元；银行 B 风险加权资产 800 亿元，集团（银行 A 和银行 B）中归属于附属公司的风险加权资产 750 亿元。在这种情况下，如果考虑过渡期安排，20 亿元的少数股东权益中有多少能够计入核心一级资本？

用于计算并表附属公司核心一级资本最低要求和储备要求的风险加权资产为 750 亿元（800 亿元和 750 亿元的最小值)，并表附属公司核心一级资本最低要求和储备要求为

56. 25 亿元［750×（5%+2.5%）=56. 25 亿元］。因为银行 B 核心一级资本净额超过其最低要求和储备要求，因此可计入部分只是其最低要求和储备要求中归属于第三方的部分，即 56. 25 亿元中归属于第三方的部分 11. 25 亿元（56. 25×20/100=11. 25 亿元）。如果不考虑核心一级资本最低要求和储备要求的上限，则银行 B 可计入的少数股东资本为 18 亿元（90×20/100=18 亿元），而考虑上限后计入部分为 11. 25 亿元，减少 6. 75 亿元。在考虑过渡期的情况下，减少的 6. 75 亿元可按照一定比例加回。假设报表日期为过渡期第一年，按照规定加回比例为 80%，可加回金额为 5. 4 亿元。因此，在过渡期第一年，并表监管统计中实际计入的少数股东权益为 16. 65 亿元（11. 25+5. 4=16. 65 亿元）。

案例二：其他一级资本和二级资本中涉及少数股东权益的处理。假设银行 D 为银行 C 的全资附属公司。银行 D 扣减前一级资本 100 亿元，同时发行了合格的二级资本工具 10 亿元。这些发行的二级资本工具中，母公司持有 2 亿元，第三方持有 8 亿元。扣除监管调整项后，银行 D 扣减后的一级资本为 90 亿元，总资本 98 亿元。同时，银行 D 的风险加权资产为 800 亿元，集团（银行 C 和银行 D）中归属于银行 D 的风险加权资产 750 亿元。

用于计算并表附属公司最低要求和储备要求的风险加权资产为 750 亿元（800 亿元和 750 亿元中的最小值），并表附属公司总资本最低要求和储备要求为 78. 75 亿元［750×（8%+2. 5%）=78. 75 亿元］。因为银行 D 的总资本净额超过其最低资本要求和储备资本要求，因此可计入部分为其最低要求和储备要求中归属于第三方的部分，即 78. 75 亿元中归属于第三方的部分 5. 73 亿元（78. 75×8/110=5. 73 亿元）。由于银行 D 扣减前一级资本中归属于第三方的部分为 0，其可计入并表集团的少数股东资本均为二级资本工具，因此，计入并表集团的核心一级资本、其他一级资本和二级资本分别为 0、0 和 5. 73 亿元。

（四）其他特殊规定

《商业银行资本管理办法（试行）》按照巴塞尔协议Ⅲ，对银行过去发行的不合格的二级资本工具作出了过渡期安排。规定商业银行发行的二级资本工具有确定到期日的，该二级资本工具在距到期日前最后五年，可计入二级资本的金额应当按 100%、80%、60%、40%、20% 的比例逐年减计。同时规定商业银行 2010 年 9 月 12 日前发行的不合格二级资本工具，2013 年 1 月 1 日之前可计入监管资本，2013 年 1 月 1 日起按年递减 10%，2022 年 1 月 1 日起不得计入监管资本。其中的不合格二级资本工具按年递减数量的计算以 2013 年 1 月 1 日的数量为基数。对于带有利率跳升机制或其他赎回激励的二级资本工具，规定若行权日期在 2013 年 1 月 1 日之后，且在行权日未被赎回，并满足各项合格标准，可继续计入监管资本。

《商业银行资本管理办法（试行）》规定，商业银行 2010 年 9 月 12 日至 2013 年 1 月 1 日之间发行的二级资本工具，若不含有减记或转股条款，但满足本办法附件 1 规定的其他合格标准，2013 年 1 月 1 日之前可计入监管资本，2013 年 1 月 1 日起按年递减 10%，2022 年 1 月 1 日起不得计入监管资本。其中的不合格二级资本工具按年递减数量的计算以2013年1月1日的数量为基数。同时规定2013年1月1日之后发行的不合格资本工具不再计入监管资本。

在二级资本的统计中，第一步要区分“合格部分”和“不合格部分”。根据《商业银行资本管理办法（试行)》（以下简称《资本办法》）的报表要求，所谓“合格”是指完全符合《资本办法》中规定，即上一节所介绍的二级资本定义。所谓“不合格”，特指适用于过渡期安排的不合格二级资本工具，包括两种情况：一是银行2010年9月12日前发行的，虽然带有利率跳升机制或其他赎回激励（不符合《资本办法》规定)，但满足《资本办法》中其他二级资本工具条件的资本；二是2010年9月12日至2013年1月1日期间发行的，符合《资本办法》中除了“减记或转股条款”以外的其他条件的二级资本工具。这意味着，银行2010年9月12日至2013年1月1日间发行的不符合《资本办法》除“减记或转股条款”外其他条件的二级资本工具，以及2013年1月1日以后发行的不符合《资本办法》规定的真正“不合格的二级资本工具”无需要在表中填列。第二步根据到期日情况进行折扣。按照《资本办法》规定，距到期日5年内，合格的二级资本工具逐年递减20%。第三步是考虑过渡期安排。按照《资本办法》规定，表中“不合格”的二级资本工具，2013年1月1日起按年递减10%，自2022年1月1日起不得计入监管资本。在这里通过一个具体案例来说明二级资本过渡期的处理。

案例：不合格二级资本工具过渡期的处理。假设银行A在2012年末账面有发行的三笔长期次级债，均为2010年9月12日前发行，且均不符合《资本办法》中对二级资本工具的合格标准。三笔长期次级债账面金额分别为200亿元、100亿元和50亿元，到期日依次为2015年7月、2016年7月和2018年6月。

2012年末填报机构不合格二级资本工具的账面金额合计为350亿元，即为计算过渡期内不合格二级资本工具可计入金额上限的不变基数。因此，2012年末不合格二级资本工具的账面金额应为350亿元。而2013年填报机构不合格二级资本工具可计入二级资本的上限为315亿元（350×90% =315亿元）。

（五）新办法高级法下监管资本的统计

按照2012年发布的《商业银行资本管理办法（试行)》中的高级法，特别是信用风险内部评级法（IRB法）的要求开展统计，设计的相关报表简称“新办法高级法统计报表”。

高级法下银行监管资本的统计与权重法下总体保持一致，只有两点主要的差异：一是对拨备情况的处理，二是资本底线的处理。关于高级法下拨备的处理，在本节前面“资本组成分”部分已经介绍，并附有案例。在此仅就资本底线的处理进行说明。资本底线是指银行在并行期，采取内部评级法等高级方法得出的加权风险资产，最多只能小于等于同期使用标准法得到的加权风险资产的一定百分比。并行期第一年、第二年和第三年这一百分比（资本底线调整系数）分别为95%、90%和80%，第四年及以后按照审慎原则，通常继续保持在80%。因此，资本底线情况表要反映银行两类不同方法加权风险资产的差异，以及由此需要对内部评级法加权风险资产进行的调整。这部分内容处理相对复杂，因此设计有专门的统计报表，具体格式见表3－4。

表 3－4　　资本底线情况统计表（示意）

项目编号	项目名称	余额
1	1. 按照其他方法计算的受底线约束的资本要求	
2	风险加权资产总额	
3	加：资本扣减项	
4	减：可计入资本的超额贷款损失准备	
5	应用资本要求底线调整因子前的经调整资本要求	
6	资本底线调整因子	95%/90%/80%
7	2. 按照资本计量高级方法计算的资本要求	
8	风险加权资产总额（高级法）	
9	加：资本扣减项	
10	减：可计入资本的超额贷款损失准备	
11	3. 资本要求差额	
12	4. 因应用资本底线而导致的额外风险加权资产	

表中第一部分反映银行按照内评法以外其他方法计算的资本要求（考虑资本底线），假如银行是在并行期的第一年，具体公式为：（风险加权资产 ×10.5% + 资本扣减项 - 计入二级资本的超额贷款损失准备）×95%。第二部分反映银行按照资本计量高级方法计算得到的资本要求，具体公式为：风险加权资产总额（高级法）×10.5% + 资本扣减项 - 计入二级资本的超额贷款损失准备。第三部分反映二者之差，如是第一部分大于第二部分，则为正值。第四部分反映如果第一部分考虑资本底线之后仍然大于第二部分，即银行实施高级方法后资本要求及加权风险资产出现较大的减少，则应将超过底线要求的部分加入资本充足率的分母。即将第三部分资产要求差额/10.5%的商计入内部评级法资本充足率计算的分母中，导致资本充足率有所下降。下面通过一个案例来说明资本底线对资本充足率的影响。

案例：资本充足率计算中资本底线的影响。假设一家银行按照权重法计算得出风险加权资产为100亿元，而按照内部评级法得出的风险加权资产为80亿元。如果报表日期为该银行获批准实施内部评级法的第一年，资本底线的要求是95%。大略来讲，95%的资本底线意味着银行不能用内部评级法得出的80亿元风险加权资产作为资本充足率的分母，而应用权重法下的100亿元×95%作为资本充足率的分母。但具体统计时还要考虑资本扣除项和计入二级资本的贷款损失准备。假设该银行权重法下和内部评级法下的资本扣除项分别为3亿元和4亿元，两种方法下可计入二级资本的贷款损失准备分别为1亿元和2亿元。资本底线具体计算如下：

第一步，确定按照权重法计算的受底线约束的资本要求，$(100\times10.5\%+3-1)\times95\%=11.875$ 亿元；

第二步，确定按照资本计量高级方法（内部评级法等）计算的资本要求，$80\times10.5\%+4-2=10.4$ 亿元；

第三步，比较大小，并确定内部评级法下因应用底线而增加的额外风险加权资产，权重法下的金额×95%后仍高于内部评级法下的资本要求，需要应用底线，（11.875 - 10.4）/10.5% =14.05 亿元。

第四步，确定内部评级法下调整后的风险加权资产，80 + 14.05 =94.05 亿元。

这一案例说明，虽然银行获监管批准执行内部评级法，并得出 80 亿元的风险加权资产，但由于受到资本底线的约束，资本充足率计算中应以 94.05 亿元作为分母。

至此，我们介绍了我国银行监管资本统计的发展脉络和目前监管资本统计的基本情况。监管资本统计为银行监管提供了基础信息，在监管实践中发挥了重要的作用。一方面，监管资本是银行资本充足率分析的一项重要内容，通过监管资本总量和结构的发展变化，以及资本充足率的分析，可以对银行风险状况和风险抵御能力进行判断。另一方面，以监管资本为“标杆”，与其他统计指标和风险变量对比分析，还可以对银行经营情况和风险情况进行分析。比如将监管资本与表内外总资产（不按照风险进行加权）相除，可以得出一家银行的杠杆率，可以从另外一个角度反映银行资本充足率，并作为资本充足率的重要补充。再比如将银行大额风险敞口与监管资本进行比较，得出最大一家或最大十家等授信集中度指标，反映银行贷款集中情况。将银行与最大一家关联客户的授信余额除以监管资本，可以得出反映银行关联情况的监管指标。比如外汇敞口或利率变动对银行净值的影响分别除以监管资本，可以得出外汇头寸比例和利率风险敏感度等指标，分别反映银行面临的汇率风险和利率风险。此外，还可以将银行当期利润与监管资本相比，得出某种风险调整后的收益，用于比较不同银行，或不同时间盈利能力。上述这些与监管资本相关的监管指标或分析方法，在银行日常风险分析、风险评估、监管评级等工作环节中得到广泛的应用。

四、我国监管资本统计未来的发展和完善

通过前面的介绍可以看出，我国银行资本监管和监管资本的统计经历了由无到有，由简单到复杂的发展过程。这一发展过程与国际、国内监管法规政策的要求相一致，与我国银行监管职能的发展相一致，与银行风险管理水平的提升相一致。目前“三轨并行”、“双管齐下”的资本充足率统计模式已经与国际同行在同一水平之上，未来还将在以下几方面进一步提升。

一是在报表设计方面，将进一步适用国际、国内监管政策调整的要求，不断完善资本监管统计制度方法。巴塞尔委员会2010 年发布巴塞尔协议Ⅲ后，还将继续对资本计量国际标准进一步完善，既包括资本定义，也包括信用风险、市场风险和操作风险的资本要求。比如已经全球公开征求意见的杠杆率规则和即将出台的关于银行账户利率风险资本要求等内容。可以预期，我国银行监管当局也将与时俱进，与国际标准保持一致。相应地，资本充足率报表指标和制度方法也将进一步完善，以适应监管政策法规的要求。

二是在分析监测方面，将进一步完善有关监测预警指标和监管工作，更好地满足监管工作的需要。收集资本充足率各项监管统计信息的主要目的还是为了分析。这种分析主要体现在两个层面：第一个层面是关于第一支柱，要分析银行实际监管资本的多少、

资本质量的高低、资本未来的需求以及各类风险资本占用的变化。第二个层面是关于第二支柱，分析银行需要多少资本，即根据对银行全面风险评估的结果，综合考虑银行发展战略及风险偏好，确定某家银行第二支柱资本要求。这两个层面的分析都需要统计数据的支持，都需要统计分析工作和分析模型的辅助。

三是在信息披露方面，将进一步督促银行提高披露数据的及时性、全面性、相关性和可获得性，提高信息透明度。国际和我国资本监管要求中都强调发挥第三支柱的作用，即信息披露与市场纪律对银行提高资本充足率的约束作用。银行相关资本充足率的统计信息也不能仅满足于报送监管当局，而应按照监管要求对公众披露。实际监管工作中要对披露信息的准确性等进行监督检查，同时对银行向监管当局报送的监管统计报表与披露数据的一致性也要十分关注。

四是在风险管理方面，将进一步督促银行提高资本充足率统计信息在内部经济资本管理和风险管理中的应用。银行按照要求填报资本充足率相关监管报表，一方面是为了满足合规要求，另一方面也应以此为契机，将有关数据和信息用在银行内部管理中，提高风险管理能力，特别是加强经济资本在内部管理中的应用。

统计工作有三项基础职能，即信息功能、咨询功能、监督功能。统计的信息功能是指根据科学的统计指标体系和统计方法，系统地收集、整理、传递、存储和提供大量以数量描述为基本特征的统计信息的职能。统计的咨询功能是指利用已经掌握的丰富统计信息，运用先进的技术手段和科学的方法，深入开展综合分析和专题研究，提供可供选择的各种咨询建议和对策方案，对科学决策和管理发挥参谋和助手作用。统计的监督功能是指统计机构和统计人员根据统计调查和统计分析，从总体上客观地反映国民经济和社会运行状态。统计的这三种功能是互相联系、相互作用的有机整体，其中信息功能是统计的基本功能，是统计咨询和监督的基础。统计咨询、监督功能是信息功能的进一步深化和拓展。资本充足率统计工作既具有一般统计工作的共性，也具有资本监管的特性。资本充足率监管有三大支柱，第一支柱是最低资本要求，第二支柱是监督检查，第三支柱是信息披露。在第一支柱相关统计工作中，重点发挥统计的信息功能和咨询功能，反映银行资本充足基本情况，分析银行资本充足程度和抵御风险能力。在第二支柱相关统计工作中，重点发挥统计的监督功能和分析功能，判断银行风险高低、资本管理能力强弱，以及银行风险与资本及管理的匹配程度。在第三支柱相关统计工作中，重点发挥统计的信息功能和监督功能，通过让市场和社会公众了解银行资本、风险和管理的实际情况，对银行行为进行正向激励。

本章小结

1. 资本可以从不同的视角来理解，如从经济学理论、会计理论、企业理论等角度理解。本章中的资本更侧重于风险管理和会计的微观与实践视角。

2. 由于银行业务和风险的特殊性，银行资本的意义更为重要，在监管实践中也更受关注。

3. 会计资本是根据会计准则确定的资本。经济资本是指银行在一定期限内，在一定的置信水平下，为了弥补银行的非预期损失而应当持有或需要持有的资本，经济资本本质上是一个风险概念。监管资本是指银行按照监管要求实际持有或者应当持有的资本，监管资本涉及两个层次的概念：一是银行实际持有的符合监管规定的资本，二是银行应当持有的资本。三种资本之间有共同点，更有差异性。

4. 有关监管资本的国际标准由巴塞尔委员会确定，并随着银行业务发展和风险管理水平的提高不断改进。目前最新的国际标准是巴塞尔协议Ⅲ。

5. 按照巴塞尔协议Ⅲ，监管资本分为三个层次，相应计算三个比率。核心一级资本用于计算核心一级资本充足率。核心一级资本加其他一级资本等于一级资本，用于计算一级资本充足率。一级资本加二级资本等于总资本，用于计算总资本充足率。在上述三方面的计算中，都需要考虑监管调整（资本扣减）的因素。

6. 核心一级资本是银行资本中最核心的部分，其承担风险和吸收损失的能力也最强。按照最新国际监管标准，包括六个部分：一是银行发行的满足监管标准的普通股，二是银行发行核心一级资本工具所产生的股本盈余（股票溢价），三是银行的留存收益，四是银行累计其他综合收益和公开储备，五是合格的非控制性股权，六是核心一级资本的监管调整。

7. 按照巴塞尔协议Ⅲ的要求，其他一级资本包括四个部分：一是银行发行的满足一级资本的工具（不应包含在核心一级资本中），二是银行发行一级资本工具产生的股本盈余（股票溢价），三是银行集团并表中产生的符合条件的其他一级资本工具，四是其他一级资本工具监管调整项。其他一级资本与核心一级资本相比，承担风险和吸收损失的能力相对差一些。

8. 按照巴塞尔协议Ⅲ的要求，二级资本包括以下五个部分：一是银行发行的满足二级资本标准的工具；二是发行二级资本工具时产生的股本盈余（股票溢价）；三是由银行并表公司发行的，且由第三方持有的工具，该工具应满足计入二级资本的标准，同时未计入一级资本；四是符合条件的贷款损失准备；五是二级资本的监管调整项。一级资本工具的目标是在持续经营的前提下吸收损失，而二级资本工具的目标是在破产清算情况下吸收损失。

9. 在确定某一项金融工具是否符合监管资本的标准，或者确定其属于哪一层次监管资本时，应主要考虑其九个方面的属性。

10. 监管调整项总体看来包括十二个方面的主要内容，在不同监管指标计算（核心一级资本充足率、核心资本充足率、总资本充足率）中具体调整的内容有所差异。

11. 我国最新监管要求中关于监管资本的标准和统计要求与巴塞尔协议Ⅲ保持一致，但规定更为具体。特别是在监管调整、少数股东权益、贷款损失准备金的处理、过渡期安排等方面。

12. 高级方法下监管资本与权重法总体要求一致，在贷款损失准备、资本底线方面有其特殊性。

本章重要概念

会计资本　监管资本　经济资本　预期损失　非预期损失　损失频率　损失严重性　风险偏好　置信度　核心一级资本　其他一级资本　二级资本　监管调整　普通股　非控制性股权（少数股东权益）　小额少数资本投资　大额少数资本投资　无形资产　递延资产　资本底线

思考题

1. 什么是会计资本、经济资本和监管资本？三者的关系是怎样的？

2. 按照最新监管标准，监管资本由哪些内容组成？不同层次监管资本的性质是什么？

3. 按照最新监管要求，监管调整包括哪些内容？为什么要对这些内容进行调整？

4. 在监管工作中，如何确定一家银行实际的资本充足率水平以及该银行应当达到的资本充足率要求？

本章参考文献

［1］中国银行业监督管理委员会译：《第三版巴塞尔协议》，北京，中国金融出版社，2011。

［2］中国银行业监督管理委员会：《商业银行资本管理办法（试行）》，2012。

［3］王兆星：《非现场监管报表使用手册（2013）》，北京，中国金融出版社，2013。

第四章

信用风险

信用风险是我国商业银行面临的主要风险，对信用风险的计量和统计是银行监管统计学的核心内容。本章主要结合巴塞尔资本协议及《商业银行资本管理办法（试行）》（以下简称《资本办法》），介绍信用风险计量与统计的主要方法和相关监管要求。

第一节　信用风险概述

一、信用风险的基本概念

（一）信用风险的定义

银行面临的主要风险是信用风险，即借款人或交易对手不能按照事先达成的协议履行义务的可能性。这些风险不仅存在于银行的贷款业务中，也存在于其他表内和表外业务中，如担保、承兑和证券投资等。现代意义上的信用风险不仅包括违约风险，而且包括债务人或交易对手的信用状况和履约能力不足即信用质量下降时，市场上相关资产的价格随之降低的风险。

2007 年爆发的美国次贷危机表明，信用风险不仅集中于商业银行的银行账户（Banking Book）中，同时也大量存在于交易账户（Trading Book）中；此外，场外衍生工具交易、证券融资交易、与中央交易对手交易都蕴含着交易对手信用风险，成为信用风险的重要组成部分。交易对手信用风险是交易对手在一笔交易的现金流最后结算之前违约的风险，与交易对手的交易或组合具有正的经济价值时，经济损失将会发生。传统的信贷风险属于单向风险，只有发放贷款的银行才面临违约损失风险；而交易对手违约风险是双向的，即交易对手的双方面临的交易市场价值都有可能是正值或负值，交易的市场价值不确定且随时变化，更难于管理。

（二）信用风险的分类

按照风险能否分散，分为系统性信用风险和非系统性信用风险。系统性信用风险是指对各种金融工具都会产生影响的信用风险，不能够通过分散而相互抵消或削弱。非系统性信用风险是指和特定对象相关的信用风险，可以进行分散处理。

按照风险发生的形式，分为结算前风险和结算风险。结算前风险指交易对手在合约规定的结算日之前违约带来的风险。结算风险作为一种特殊的信用风险，是指交易双方在结算过程中一方支付了合同资金但另一方发生违约的风险。结算风险在外汇交易中较为常见，在不同的时间以不同的货币进行结算交易往往容易出现结算风险。

按照风险暴露特征和引起风险的主体不同，分为主权信用风险、金融机构信用风险、零售信用风险、公司信用风险、股权信用风险和其他信用风险六大类。其中，主权信用风险、金融机构信用风险、公司信用风险又可以统称为非零售信用风险。

（三）信用风险的特点

信用风险具有如下典型特点：

1. 兼具系统性和非系统性

商业银行信用风险容易受共同的因素诸如宏观经济、政策法规和自然灾害等各种系统性风险因素的影响。此外，还受到与借款人或金融工具发行人直接相关的某些非系统性因素的影响，如经营管理能力、财务状况、道德品质等。

2. 风险和收益的非对称性

贷款的收益只是一个事先确定的数额，但其面临损失则取决于债务人或交易对手的违约状况，可能会面临相对较大规模的损失。换言之，收益是固定的，且有上限；而它的损失则是变化的。多数信用风险存在损失和收益非对称性的特征，因而信用风险的概率分布是向损失方倾斜的，即存在“厚尾”现象。

3. 交易双方信息不对称

商业银行与债务人或交易对手之间存在着信息不对称的现象。虽然商业银行可以通过建立长期的业务关系来了解企业的运营状况，或者从第三方机构获得公开的信息，但获取的信息可能非常有限，这就使得商业银行易处于被动地位。

4. 亲周期性

商业银行面临的信用风险具有随宏观经济的变化而同向变化的性质。在经济上行期，需求旺盛，商品价格上升，企业经营和财务状况向好，抵质押品价值升值，商业银行信用风险降低。在经济下行时期，需求下降，商品价格降低，借款人财务状况恶化，抵押物价值下降，企业的财务困境就会迅速传导到金融体系，信用风险可能会加速增加。

5. 可测性和可控性

商业银行信用风险具有可测性。单个信用风险的发生可能是偶然的，但在某一时期信用风险的发生又有其规律性。根据大量的历史数据，利用统计学方法以及其他信用风险计量模型对这些因素进行分析，可以测算出信用风险发生的概率及损失程度。商业银行信用风险还具有可控性，即可以通过信用风险识别、评估和处理等方法和手段，对信用风险进行预防、规避、分散、转移和补偿，将风险控制在一定的范围之内。

二、信用风险管理的基本手段

常用的信用风险管理策略包括风险缓释、风险规避和风险抵补，其中风险缓释旨在降低信用风险，风险规避旨在控制信用风险总量，风险抵补旨在通过银行自身财务能力解决无法缓释和规避的风险。

（一）信用风险缓释

信用风险缓释是商业银行运用抵质押品、净额结算、保证和信用衍生工具等方式转移或降低信用风险的过程。信用风险缓释功能可以体现为违约概率、违约损失率或违约风险暴露的下降。

1. 抵质押品

抵质押品是指根据有关法律、法规，由借款人或第三人为担保银行债权实现而抵押或质押给银行的财产或权利。常见的抵质押品包括金融质押品、应收账款、商用房地产和居住用房地产、土地使用权等。在信用风险管理中，抵质押的缓释作用主要体现在客户发生违约时，银行可通过处置抵质押物，来提高贷款回收金额，降低违约损失率。

2. 净额结算

净额结算是指参与交易的机构以交易参与方为单位，对其买入和卖出交易的余额进行轧差，以轧差得到的净额组织交易参与方进行交收的制度。常见的净额结算包括表内净额结算、回购交易净额结算、场外衍生工具及交易账户信用衍生工具净额结算等。在信用风险管理中，净额结算的缓释作用主要体现为降低违约风险暴露额。

3. 保证

保证是指债务人以外的第三人为债务人履行债务而向债权人所做的一种担保，当债务人不履行债务时，保证人按照约定履行债务或者承担责任的行为。在信用风险管理中，保证人的风险缓释作用可通过两种方式处理：一种是在风险计量中用保证人的信用等级、违约概率替代借款人，保证的风险缓释作用体现为借款人违约概率的下降；另一种是在风险计量中将保证人偿还的贷款本息纳入回收金额，提高回收率水平，保证的风险缓释作用体现为违约损失率的下降。

4. 信用衍生工具

信用衍生工具是用来分离和转移信用风险的各种工具和技术的统称，比较有代表性的主要有信用违约互换、总收益互换、信用联系票据和信用利差期权等。

（二）信用风险规避

银行根据自身风险偏好，采取准入、退出、限额管理等方式，对所承担的风险水平、额度等进行控制即为风险规避。信用风险规避策略包括信贷准入、信贷退出、限额管理等。

信贷准入是指银行通过信贷政策，明确可接受的风险水平。常见的信贷准入策略包括信用等级准入限制、风险调整后收益（RAROC）阈值控制等。

信贷退出是指银行在对存量信贷资产风险评估的基础上，对超出自身风险容忍度的贷款采取提前收回、出售等方式，以达到降低风险总量、优化信贷结构的目的。

限额管理是指商业银行设定某一类资产组合的风险总量，通过资本占用总量限制、授信额度总量限制等手段，确保其所承担的信用风险水平与其风险承受能力相匹配。

（三）信用风险抵补

信用风险抵补是指银行依靠自身财务能力解决风险事件所致损失的一种风险管理技

术。针对不同的损失类型，可以有针对性地采取不同抵补措施。

1. 预期损失

一方面，银行通过风险定价来覆盖预期损失；另一方面，银行为风险资产计提损失准备金，以便在实际遭受损失时利用损失准备金进行冲销。

2. 非预期损失

非预期损失主要靠银行持有的资本进行覆盖。银行持有的资本要求获得相应的回报，所以，银行要保持资本、风险、收益的平衡。通常，银行的风险定价要体现资本对回报的要求。对贷款的信用风险定价不仅要包括上述预期损失，而且要包括非预期损失（经济资本）对回报率的要求。

3. 极端损失

对极端损失银行不能被动地承受，而是要以积极的态度来应对，最大限度地减少损失的可能性。银行需要定期针对资产进行压力测试，评估极端损失的影响，建立相应的预警机制；也需要建立业务连续性管理，包括应急计划、灾难恢复、业务持续性管理，或者通过购买灾难保险，对极端事件可能造成的损失进行分担或转移。

第二节　信用风险计量与资产质量统计指标

一、信用风险计量的基本原理

（一）风险与损失的关系

在理解和使用风险概念时，一个普遍的误区就是将风险与损失相互混淆。尽管风险与损失联系密切，风险通常采用损失的可能性以及潜在的损失规模来计量，但风险绝不等同于损失本身。实质上，损失是一个事后概念，反映的是风险事件发生后造成的实际结果；而风险是一个明确的事前概念，反映损失发生前的不确定状态，可以采用概率和统计方法计算出风险发生的可能性及损失规模。在一般情况下，损失可以分为预期损失、非预期损失和极端损失。

预期损失（Expected Loss，EL）是指银行承担的风险在未来一段时间内可能造成损失的均值，与数理统计中的期望概念相对应。实践中，一般以历史上的平均损失为依据对未来的平均损失进行预测。

非预期损失（Unexpected Loss，UL）是指在未来一段时间内，一定置信度（如99.9%）下，银行承担的超出预期损失的损失部分。银行一般根据历史损失数据或采用计算机模拟方法，建立内部模型，构造损失分布图，并根据银行的风险偏好设定置信度，从而确定非预期损失。银行的风险偏好越谨慎，相应置信度越大，所确定的非预期损失越高。

极端损失（Extreme Loss）是指战争、重大灾难等异常情况导致的、银行一般无法预见的损失，也叫不可抗拒力造成的损失。如“9·11”恐怖事件，这种损失发生的概率虽极低，但“小而致命”，造成的损失可能非常巨大。国际上很多银行倒闭都是因为小概率事件引起的极端损失而造成的。由于极端损失的“偶发性”特征，银行不可能也不需要为极端损失准备巨额的资本，或在具体交易中分摊巨额的成本。

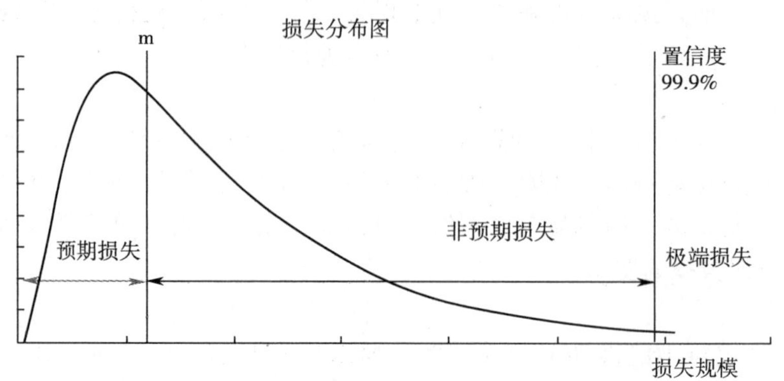

图4－1　信用风险损失分布图

【专栏4－1】

如何理解逾期损失、非预期损失与极端损失？

预期损失是损失的长期平均值。举例来说，小刚距离单位有8公里远，小刚上班在路上所用的时间平均为30分钟，这30分钟可以理解为预期损失。

非预期损失是指在一定可靠程度下，最大损失超过预期损失的部分。在过去的1 000天中，小刚有990天里上班所花时间没有超过50分钟，那么这20分钟（50－30＝20分钟）可以理解为99%可靠程度（置信水平）下的非预期损失，即小刚上班时间用时超过50分钟的可能性仅有1%。因此，小刚要提前50分钟出门，99%的情况下不迟到；若想进一步降低不迟到的可能性，需要更早时间出门。

极端损失发生的可能性很小，但损失的金额极大。在过去的1 000天中，小刚有2天上班所花时间超过了90分钟，这可能是由于遇到了车祸、道路管制等原因，这种情况发生的可能性很小（仅有0.2%），这多耗时40分钟（90－50＝40分钟）可理解为极端损失。

（二）信用风险的计量方法

计量信用风险是指对预期损失、非预期损失和极端损失的计量，主要是对预期损失和非预期损失的计量。非预期损失的大小取决于损失的分布情况和银行的风险容忍度。风险容忍度设定得越低，银行对待风险的态度就越审慎，非预期损失越大，比如，1%容忍度下银行可承担的非预期损失要大于5%容忍度下的非预期损失。在银行的日常经营中，预期损失和非预期损失是相对确定且有一定规律可循的，银行可以根据历史数据的规律特征采用相应统计方法进行计量。极端损失产生的原因具有不确定性，计量极端损失数值的大小也面临较大困难。

1. 预期损失的计量

预期损失的构成因素包括三个部分：

一是客户是否能正常归还贷款，即违约的可能性有多大。对风险相似的一类客户而言，就有一个违约比例的问题，其在数值上就体现为违约概率（Probability of Default，PD）。如100个风险相似的客户中有4个在未来一年可能违约，那么该类客户的一年期违约概率就是4%。

二是如果客户不能正常归还贷款（发生违约），这类贷款最终会损失的比例是多少，即违约损失率（Loss Given Default，LGD）有多大。客户不能正常归还贷款，并不表示银行完全损失，可以通过不良资产清收来收回部分甚至全部贷款，因此某一类贷款在客户发生违约后最终发生损失的比率也需要计量。

三是客户违约时银行暴露在风险下的金额是多少，即违约风险暴露（Exposure at Default，EAD）的大小。对于贷款而言，贷款余额与应计利息之和即为违约风险暴露；对于表外业务，其业务金额与信用敞口之间存在一定的转换关系，需要用信用风险转换系数（Credit Conversion Factor，CCF）将其转换为等值的表内金额。

在对上述三项风险参数进行计量之后，就可以按照如下公式来计算预期损失：

预期损失（EL）=违约概率（PD）×违约损失率（LGD）×违约风险暴露（EAD）

例如，某企业违约概率为1%，即100个风险类似的企业，在未来一年内会有1家出现违约；违约损失率为45%，即若企业违约，则对该企业贷款中，有45%的部分银行无法收回；违约风险暴露为1亿元，即该企业违约时，银行对其贷款为1亿元。则该笔贷款的预期损失为

$$1\% \times 45\% \times 1\text{亿元} = 45\text{万元}$$

2. 非预期损失的计量

已知单笔债项的EAD、PD、LGD等风险参数，估计其非预期损失可采取如下简化公式：

$$UL = \lambda \times \delta_L - EL$$

式中，EL直接由PD、LGD和EAD的乘积来估计；δ_L为损失的标准差，在一定假设条件下可通过PD、LGD和EAD估计；λ为非预期损失的乘数因子，取决于损失的分布和银行的风险偏好，可通过EL、δ_L以及风险容忍度进行估计。

两笔或两笔以上债项即构成组合，组合的非预期损失仍可沿用上述计算公式，即：

$$UL = \lambda \times \delta_L - EL$$

假设两笔债项的组合，对损失求标准差，可以得到

$$\delta_L = \sqrt{\delta^2_{L_A} + \delta^2_{L_B} + 2 \times \rho_{AB} \times \delta_{L_A} \times \delta_{L_B}}$$

从而有

$$UL_L = \sqrt{UL^2_{L_A} + UL^2_{L_B} + 2 \times \rho_{AB} \times UL_{L_A} \times UL_{L_B}}$$

通过上述公式可以看出，组合的非预期损失并不是单笔债项非预期损失的简单相加，而是与债项之间的相关性有关，相关系数越小，组合的非预期损失越小。只要相关系数不等于1，组合的非预期损失均小于单笔债项非预期损失之和。

在银行业的风险管理实践中，由于资产组合非常庞大，非预期损失的计量远较上式

复杂，而且往往按照特定形式的组合风险管理模型进行计量。从国际银行业组合风险管理模型的发展历程来看，在2000年以前，由于国际银行业仍然适用第一版巴塞尔协议，监管资本要求与内部风险计量缺乏必然的联系，组合风险管理模型的研发主要源于大银行提高自身风险管理水平的需要，主流的模型主要由一些国际性大银行或专业风险计量机构所开发，如J. P. Morgan（1997）的CreditMetrics模型、KMV公司的信用风险组合管理模型和CSFP（1997）的CreditRisk+模型。

2000年以后，为了使监管资本更加真实地反映商业银行所面临的风险，并激励商业银行不断改进自身风险管理水平，巴塞尔委员会对当时主流的组合计量模型进行了全面分析，并在此基础上提出了一种以计量商业银行信贷组合非预期损失为目标的监管模型——内部评级法模型。

二、资产质量统计指标

（一）资产质量分类标准

1. 一逾两呆

1998年以前，中国的商业银行一直按照财政部1988年金融保险企业财务制度的要求，把贷款划分为正常、逾期、呆滞、呆账，后三类统称为“一逾两呆”，即为不良贷款。这个统计口径即贷款四级分类制度。

逾期贷款指借款合同约定到期（含展期后到期）未归还的贷款（不含呆滞贷款和呆账贷款）。呆滞贷款指逾期（含展期后到期）超过规定年限以上仍未归还的贷款，或虽未逾期或逾期不满规定年限但生产经营已终止、项目已停建的贷款（不含呆账贷款）。呆账贷款指因借款人死亡、破产或遭到重大自然灾害或意外事故等原因，未能还清的贷款。

“一逾两呆”的贷款分类制度，是一种根据贷款期限而进行的事后监督管理方法，注重贷款形式和手续完备情况的考核。其不足是掩盖了银行贷款质量的许多问题，比如根据贷款到期时间来考核贷款质量，就会引发借新还旧的现象，这样就很容易将一笔不良贷款变为正常贷款，而实际上并没有降低风险，也很难达到提高信贷资产质量的目的。

2. 五级分类

1998年5月，商业银行开始试行中国人民银行制定的《贷款风险分类指导原则》，并于2002年1月开始全面实施，该指导原则建立了以风险为基础的分类方法，按照风险程度将贷款分为正常、关注、次级、可疑和损失五类，后三类合称为不良贷款。通过建立贷款五级分类制度，要达到以下目标：一是揭示贷款的实际价值和风险程度，真实、全面、动态地反映贷款的质量；二是发现贷款发放、管理、监控、催收以及不良贷款管理中存在的问题，加强信贷管理；三是为判断贷款损失准备金是否充足提供依据。

与“一逾两呆”的分类方法相比，“五级分类”方法强调按贷款的质量划分正常贷款和不良贷款，注重对贷款第一还款来源的考虑。五级分类是国际金融业判断银行贷款质量的公认标准，这种方法建立在动态监测的基础上，通过对借款人现金流量、财务实力、抵押品价值等因素的连续监测和分析，判断贷款的实际损失程度。也就是说，五级分类不再依据贷款期限来判断贷款质量，能更准确地反映不良贷款的真实情况，从而提高银行抵御风险的能力。相比之下，五级分类法是商业银行对贷款进行更科学、全过程的管理方法。

表 4－1　　五级分类的定义

类别	核心定义
正常	借款人能够履行合同，没有足够理由怀疑贷款本息不能按时足额偿还。
关注	尽管借款人目前有能力偿还贷款本息，但存在一些可能对偿还产生不利影响的因素。
次级	借款人的还款能力出现明显问题，完全依靠其正常营业收入无法足额偿还贷款本息，即使执行担保，也可能会造成一定损失。
可疑	借款人无法足额偿还贷款本息，即使执行担保，也肯定要造成较大损失。
损失	在采取所有可能的措施或一切必要的法律程序之后，本息仍然无法收回，或只能收回极少部分。

（二）主要资产质量统计指标

资产质量统计指标主要包括不良资产率、不良贷款率、拨备覆盖率、逾期 90 天以上贷款与不良贷款比例、关注类贷款占比、展期贷款率、贷款拨备率等。

1. 不良资产率

不良资产率指标是指不良信用风险资产占信用风险资产的比重，是衡量银行业金融机构信用风险资产安全状况的重要指标之一。银行业金融机构的信用风险资产主要包括各项贷款、拆放同业、买入返售资产、存放同业、银行账户债券投资、应收利息、其他应收款和不可撤销的承诺及或有负债等。不良信用风险资产是指根据资产的净值、债务人的偿还能力、债务人的信用评级情况和担保情况等因素进行五级分类，结果为次级类、可疑类、损失类的信用风险资产。

不良资产率指标是以不良信用风险资产余额除以信用风险资产余额，具体计算公式为：不良信用风险资产/信用风险资产 ×100%。

举例说明：假设某银行的信用风险资产余额是 200 亿元，其中正常类资产为 160 亿元，关注类资产为 20 亿元，次级类资产为 10 亿元，可疑类资产为 8 亿元，损失类资产为 2 亿元。那么该银行不良信用风险资产余额为 20 亿元（10 + 8 + 2 = 20 亿元），不良资产率为 10%（20/200 × 100% = 10%）。

2. 不良贷款率

不良贷款是指借款人未能按原定的贷款协议按时偿还银行的贷款本息，或者已有迹象表明借款人不可能按原定的贷款协议按时偿还商业银行的贷款本息而形成的贷款。不良贷款率指标是指银行业金融机构不良贷款余额占各项贷款余额的比重，该项指标是评价银行业金融机构信贷资产安全状况的重要指标之一。

不良贷款率指标是以不良贷款余额除以各项贷款余额，具体计算公式为：（次级类贷款 + 可疑类贷款 + 损失类贷款）/各项贷款 ×100%。

举例说明：假设某银行的期末各项贷款余额是 100 亿元，其中正常类贷款 60 亿元，关注类贷款 20 亿元，次级类贷款 10 亿元，可疑类贷款 8 亿元，损失类贷款 2 亿元。那么该银行不良贷款余额为 20 亿元（10 + 8 + 2 = 20 亿元），不良贷款率为 20%（20/100

×100% =20%)。

根据银监会《商业银行风险监管核心指标（试行）》，商业银行不良贷款率的监管标准应不高于5%。不良贷款率越高，说明金融机构资产质量的现实风险越大。

3. 拨备覆盖率

拨备覆盖率指标是指银行某项资产与所对应的准备金提取之间的比率，衡量的是覆盖充足程度。目前在对银行业金融机构监管实践中所说的拨备覆盖率指标即指不良贷款拨备覆盖率指标，该指标是衡量银行业金融机构贷款损失准备金计提是否充足的一个重要指标。

不良贷款拨备覆盖率指标是以实际计提的贷款损失准备余额除以不良贷款余额，具体计算公式为：（贷款损失一般准备+贷款损失专项准备+贷款损失特种准备）/（次级类贷款+可疑类贷款+损失类贷款）×100%。

举例说明：假设某银行的期末各项贷款余额是100亿元，其中正常类贷款60亿元，关注类贷款20亿元，次级类贷款10亿元，可疑类贷款8亿元，损失类贷款2亿元，计提的贷款损失准备为25亿元，其中一般准备为1亿元，专项准备为24亿元。那么该银行不良贷款余额为20亿元（10+8+2=20亿元），不良贷款拨备覆盖率为125%（25/20×100%=125%）。

4. 逾期90天以上贷款与不良贷款比例

逾期90天以上贷款，是指超过了借款合同约定到期（含展期后到期）90天以上，但借款人仍未能履行还款义务的贷款。逾期90天以上贷款与不良贷款比例指标是指银行不良贷款在两种不同分类方法之间的一个交叉比例，衡量不良贷款受逾期天数的影响程度。

逾期90天以上贷款与不良贷款比例=逾期90天以上贷款/不良贷款。

举例说明，某银行某时点的贷款余额是100亿元，其中正常类贷款60亿元，关注类贷款20亿元，次级类贷款10亿元，可疑类贷款8亿元，损失类贷款2亿元。则拨备覆盖率的分母不良贷款合计为20亿元（10+8+2=20亿元）。如果该家银行逾期90天以上贷款为0.4亿元，则逾期90天以上贷款与不良贷款比例为2%（0.4/20=2%）。

该指标用于衡量逾期90天以上贷款与不良贷款之间的关系。按监管要求，逾期90天以上贷款应全部列入不良贷款，因此一般情况下该指标应小于100%。指标越低，说明不良贷款的认定标准更趋于谨慎和严格。

5. 关注类贷款占比

关注类贷款占比指标是指银行五级分类贷款标准中关注贷款占各项贷款的比例，可以在更大程度上反映银行贷款质量风险。关注类贷款是尽管借款人目前有能力偿还贷款本息，但存在一些可能对偿还产生不利影响的因素，如这些因素继续下去，借款人的偿还能力受到影响。

关注类贷款占比=关注类贷款/各项贷款余额，也可写为：关注类贷款/（正常类贷款+关注类贷款+次级类贷款+可疑类贷款+损失类贷款）。

举例说明，某银行某时点的贷款余额是100亿元，其中正常类贷款60亿元，关注类贷款20亿元，次级类贷款10亿元，可疑类贷款8亿元，损失类贷款2亿元。则关注类贷款的分母贷款合计为 100 亿元，关注类贷款占比为 20%（20/100 = 20%）。

6. 展期贷款率

展期贷款是指不能按期归还贷款的客户在贷款到期日之前向经营行提出的延期申请。展期贷款率包括正常展期贷款率和不良展期贷款率。

正常展期贷款率指标是指“银行展期贷款的正常贷款”占“各项贷款的正常贷款”的比例，可以反映“各项贷款的正常贷款”受展期贷款的影响程度。各项贷款、展期贷款的正常贷款是各项贷款按五级分类标准的前两个档次（正常类贷款 + 关注类贷款）之和。

不良展期贷款率指标是指银行“展期贷款的不良贷款”占“各项贷款的不良贷款”的比例，可以反映“各项贷款的不良贷款”受展期贷款的影响程度。各项贷款、展期贷款的不良贷款是各项贷款按五级分类标准的后三个档次（次级类贷款 + 可疑类贷款 + 损失类贷款）之和。

正常展期贷款率 = 展期贷款的正常贷款/各项贷款的正常贷款，具体计算公式为（展期贷款的正常类贷款 + 展期贷款的关注类贷款）/（各项贷款的正常类贷款 + 各项贷款的关注类贷款）。

举例说明，某银行某时点的贷款余额是 100 亿元，其中正常类贷款 60 亿元，关注类贷款 20 亿元，次级类贷款 10 亿元，可疑类贷款 8 亿元，损失类贷款 2 亿元。如果该家银行展期贷款余额是 50 亿元，其中正常类贷款 30 亿元，关注类贷款 10 亿元，次级类贷款 5 亿元，可疑类贷款 4 亿元，损失类贷款 1 亿元。则正常展期贷款率的分母贷款合计为 80 亿元，正常展期贷款率为 50%（40/80 = 50%）。

不良展期贷款率 = 展期贷款的不良贷款/各项贷款的不良贷款，具体计算公式为（展期贷款的次级类贷款 + 展期贷款的可疑类贷款 + 展期贷款的损失类贷款）/（各项贷款的次级类贷款 + 各项贷款的可疑类贷款 + 各项贷款的损失类贷款）。

举例说明，某银行某时点的贷款余额是 100 亿元，其中正常类贷款 60 亿元，关注类贷款 20 亿元，次级类贷款 10 亿元，可疑类贷款 8 亿元，损失类贷款 2 亿元。如果该家银行展期贷款余额是 50 亿元，其中正常类贷款 30 亿元，关注类贷款 10 亿元，次级类贷款 5 亿元，可疑类贷款 4 亿元，损失类贷款 1 亿元。则不良展期贷款率的分母贷款合计为 20 亿元，不良展期贷款率为 50%（10/20 = 50%）。

7. 贷款拨备率

贷款拨备率指标是指银行提取的准备金与贷款之间的比率。由于拨备覆盖率已经反映了不良贷款的预期损失覆盖程度，贷款拨备率实际反映的是各项贷款组合的非预期损失。

贷款拨备率 = 金融机构实际计提的贷款损失准备/各项贷款 = 拨备覆盖率 × 不良贷款/各项贷款 = 拨备覆盖率 × 不良贷款率，具体计算公式为（贷款损失一般准备 + 贷款损失专项准备 + 贷款损失特种准备）/各项贷款。

举例说明，某银行某时点的贷款余额是 100 亿元，计提的贷款损失准备金为 6 亿元，则贷款拨备率为 6%（6/100 = 6%）。

以上指标各有侧重，从不同的角度直接或间接地反映银行业金融机构的资产质量状况，应在关注宏观经济环境、商业银行自身经营战略、资产负债结构以及风险偏好等多个方面的基础上，综合运用指标对银行资产质量情况进行判断。分析时，还应关注指标发展趋势和同业比较结果，同业对比时要充分考虑指标口径，只有境内汇总、法人汇总、集团汇总口径保持一致时，同业间方有可比性。另外，在分析资产质量时，还应结合贷款质量迁徙、贷款集中度等维度进行分析，全面了解银行资产质量整体状况。

三、信用风险加权资产统计

“一逾两呆”与“五级分类”都是对资产质量状态结果的统计，能够客观上反映银行资产质量情况。但从全面风险管理的角度看，资产质量统计指标无法将银行信用风险与其他风险进行加总，也很难反映出银行承担的信用风险与资本的关系。2004 年银监会正式出台《商业银行资本充足率管理办法》，明确了信用风险加权资产（RWA）的统计规则。从统计指标的角度看，“信用风险加权资产”指标使银行能够用统一的准则对各类风险进行计量，并与资本挂钩，大幅提高了银行信用风险计量及统计的标准性和可用性，成为银行信用风险统计最核心的指标。风险加权资产指标等于信用风险余额乘以一定风险权重。

1. 《商业银行资本充足率管理办法》（原办法）

2004 年，银监会正式出台了《商业银行资本充足率管理办法》（以下简称原办法），明确对商业银行实施资本充足率管理，资本充足率计量的范围覆盖了信用风险和市场风险，总资本充足率不得低于8%，核心资本充足率不得低于4%。在信用风险加权资产计算方面，原办法采用了第一版巴塞尔协议的做法，即采取简单权重法，根据资产类别、性质以及债务主体的不同，分别赋予不同的风险权重，共分为 0、20%、50%、100% 四个档次；对表外项目，按照一定的信用转换系数折算到表内。2006 年底，银监会对《商业银行资本充足率管理办法》进行了修订，对部分信贷资产的风险权重进行了补充和调整。

2. 《商业银行资本管理办法（试行）》（新办法）

2010 年 11 月，二十国集团首尔峰会批准了巴塞尔委员会起草的巴塞尔协议Ⅲ，确立了全球统一的银行业资本监管新标准。银监会借鉴国际金融监管改革的成果，结合我国银行业的实际情况，不断丰富完善银行资本监管体系。2012 年 6 月 8 日，银监会发布了《商业银行资本管理办法（试行）》，该办法合理设计各类资产的风险权重体系，允许符合条件的银行采取内部评级法计量信用风险资本要求。

信用风险加权资产统计的核心一是确定风险暴露金额，二是确定适用的风险权重。巴塞尔资本协议的不同版本的演进在一定程度上也是信用风险加权资产计量方法的改进。按照风险加权资产计量方法的不同，可以分为标准法和内部评级法（IRB）。第三节、第四节分别介绍标准法和内部评级法的计算方法。

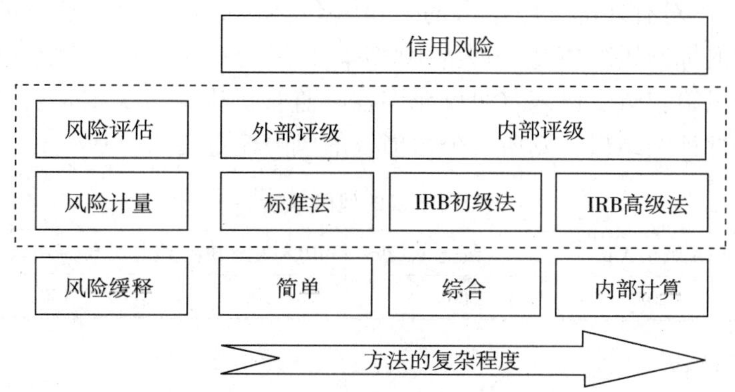

图 4－2 不同信用风险计量方法的比较

第三节 信用风险加权资产——标准法

一、巴塞尔委员会资本协议规定的标准法

（一）标准法的含义

标准法（Standardised Approach）根据监管当局规定的信用风险暴露划分方法，采用固定的风险权重计算信用风险加权资产，核心是依赖外部评级结果，以标准化处理方式计量信用风险。

（二）标准法下的风险权重

信用风险标准法将银行资产共分为 13 类，风险权重依据其不同的信用等级而区别对待。信用等级指的是外部评级，如标普、穆迪、惠誉等评级机构的评级结果。巴塞尔协议明确各国监管当局负责认定外部评级机构，认定的合格评级机构需满足客观性、独立性、国际通用性和透明度、披露、资源、可信度等六项标准。

1. 对主权的债权

对主权及其中央银行债权的风险权重如表 4－2 所示。

表 4－2 主权及其中央银行债权的风险权重

信用级别	AAA 级至 AA－级	A＋级至 A－级	BBB＋级至 BBB－级	BB＋级至 B－级	B－级以下	未评级
风险权重	0	20%	50%	100%	150%	100%

巴塞尔协议规定，各国监管机构可自行决定，对银行持有的对所在注册国（或中央银行）以本币计价并以本币作为资金来源的债权，给予较低风险权重。一旦某个国家决定使用较低风险权重后，其他国家监管机构也可以允许其管辖的银行对所拥有的上述国家（或中央银行）的本币风险暴露给予同样较低的风险权重。

2. 对公司的债权

表4－3给出了对有外部评级结果的公司（包括对保险公司）债权的风险权重。对未评级公司债权的标准风险权重一般为100%。如果公司未评级，就不可获得低于其所在注册国债权的风险权重。巴塞尔协议允许各国监管机构自行决定是否采用外部评级结果。如不使用外部评级结果，则所有公司债权的风险权重均为100%。

表4－3　　公司债权的风险权重

信用级别	AAA级至AA－级	A＋级至A－级	BBB＋级至BB－级	BB－级以下	未评级
风险权重	20%	50%	100%	150%	100%

3. 对银行的债权

巴塞尔协议对银行债权提出了两个方案，各国监管机构可采用其中任何一个方案。第一个方案（见表4－4）参照债务人所在国的主权评级确定风险权重；第二个方案（见表4－5）参照债务人的自身评级确定风险权重；如果银行未评级，则不应获得低于其注册国债权的风险权重。

表4－4　　对银行债权的风险权重（方案一）

主权评级	AAA级至AA－级	A＋级至A－级	BBB＋级至BBB－级	BB＋级至B－级	B－级以下	未评级
风险权重	20%	50%	100%	100%	150%	100%

表4－5　　对银行债权的风险权重（方案二）

银行评级	AAA级至AA－级	A＋级至A－级	BBB＋级至BBB－级	BB＋级至B－级	B－级以下	未评级
风险权重	20%	50%	50%	100%	150%	50%
短期债权风险权重（原始期限在3个月以下）	20%	20%	20%	50%	150%	20%

4. 零售资产债权

除违约贷款外的零售资产风险暴露均可给予75%的风险权重。可归入零售资产的风险暴露必须满足以下四条标准：

（1）对象标准——风险暴露是对一个人、几个人或一家小企业。

（2）产品标准——风险暴露采取了以下某种形式：循环信贷和信贷额度（包括信用卡和透支）、个人定期贷款和租赁（例如，分期偿还的贷款、汽车贷款和租赁、学生和教育贷款、个人融资），以及小企业授信便利和承诺。此处的风险暴露包括上市和非上市的证券（如债券和股权凭证）。不包括居民住房抵押贷款。

（3）分散性标准——监管机构必须确保零售资产具备充分的多样性，足以降低资产的风险。为实现该目标，监管机构可规定一个数量限制，如对单一客户的总风险暴露不可超过监管界定零售资产总额的0.2%。

（4）单个风险暴露的金额较小——对单一客户总的零售风险暴露的绝对金额最大不可超过100万欧元。

5. 其他风险暴露的风险权重

其他风险暴露的风险权重如表 4－6 所示。

表 4－6　　　　其他风险暴露的风险权重

风险暴露	风险权重的相关规定
对非中央政府公共部门实体的债权	对国内公共部门实体债权的风险权重由各国自行确定，可从对银行债权风险权重的两个方案中任选一个。
对多边开发银行的债权	对多边开发银行的债权建立在外部评级的基础上，采用处理银行债权的第二个方案，但不可对短期债权给予优惠待遇。
对证券公司的债权	在满足新协议监管要求的情况下，对证券公司的债权可按照对银行的债权处理；否则，应按照对公司债权处理。
以居民房地产抵押的债权	对完全由借款人占有或将要占有，或出租的住房抵押贷款，应给予 35% 的风险权重。
以商业房地产抵押的债权	以商业房地产抵押的债权只适合给予 100% 风险权重。
逾期贷款	逾期 90 天以上的贷款（不包括合格的居民住房抵押贷款）未担保部分，在扣减专项准备以后，其风险权重按照以下方法确定： ● 当专项准备小于贷款余额的 20%，风险权重为 150%； ● 当专项准备等于或大于贷款余额的 20%，风险权重为 100%； ● 当专项准备等于或大于贷款余额的 50%，风险权重为 100%，但监管当局可自行决定将风险权重降低到 50%。 对于合格的住房抵押贷款，如果其逾期 90 天以上，在扣减专项准备以后，其风险权重应当为 100%。同时，对专项准备达到贷款余额的 50% 或 50% 以上的逾期贷款，监管当局可自行决定，将扣减处理后贷款的风险权重降低到 50%。
高风险债权	以下债权应给予 150% 或更高的风险权重： ● 对评级在 B－级以下的主权、公共部门实体、银行和证券公司的债权； ● 对评级在 BB－级以下的企业的债权； ● 逾期贷款； ● 评级在 BB＋级至 BB－级之间的证券化头寸，风险权重为 350%。
其他资产	除资产证券化风险暴露外，其他资产的标准风险权重确定为 100%。

6. 表外项目风险转换系数（CCF）

资产负债表外项目将通过信用风险转换系数转换为等额的信用风险暴露。

（1）原始期限不超过 1 年和 1 年以上的承诺信用风险转换系数为 20% 和 50%；无条件可撤销承诺，信用风险转换系数为 0。

（2）银行的证券借贷或银行用作抵押物的证券，包括回购交易中的证券借贷（如回购/逆回购、证券借出/借入），信用风险转换系数为 100%。

（3）对于与贸易有关的短期自偿性信用证，信用风险转换系数为 20%。

【专栏4－2】

不同资产类别的风险权重的计算

以公司债权为例，若某公司外部评级为AA级，则风险权重为20%，即风险加权资产＝违约风险敞口×20%；如果公司外部评级为CCC级，则风险权重为150%，风险加权资产＝违约风险敞口×150%；没有外部评级，则权重就为100%。

假如某商业银行对一家公司贷款1 000万元，该公司外部评级为AA级，则银行对该公司贷款的风险加权资产为200万元。若该银行对该公司还有一笔期限为6个月不可随意撤销的承诺，金额为500万元，则计算风险加权资产时应将该承诺按照20%的转换系数折算到表内，即为100万元。对该公司总的风险加权资产计算如下：

$$1\,000\times20\%+500\times20\%\times20\%=220\text{（万元）}$$

二、银监会《商业银行资本管理办法（试行）》对权重法的规定

（一）权重法的含义

《商业银行资本管理办法（试行）》中提出的权重法是指银行将全部资产按照监管规定的类别进行分类，并采用监管规定的风险权重计量信用风险加权资产的方法。按照该办法规定，对不实施内部评级法的商业银行，需要运用权重法计算银行表内外资产的信用风险加权资产；对实施内部评级法的银行，内部评级法覆盖的表内外资产使用内部评级法计算信用风险加权资产，未覆盖的表内外资产使用权重法计算信用风险加权资产。

权重法下，信用风险加权资产为银行账户表内信用风险加权资产与表外项目信用风险加权资产之和。计量各类表内资产的风险加权资产应首先从资产账面价值中扣除相应的减值准备，然后乘以风险权重；计量各类表外项目的风险加权资产，应将表外项目名义金额乘以信用转换系数得到等值的表内资产，再按表内资产的处理方式计量风险加权资产。

（二）表内资产分类和风险权重

权重法将表内资产划分为17个类型，根据每个资产类别的性质及风险大小，分别赋予了不同的权重，共分为0、20%、25%、50%、75%、100%、150%、250%、400%、1 250%等档次。具体资产分类和权重对应关系如表4－7所示。

表4－7　　表内资产风险权重表

资产分类	风险权重
1. 现金类资产	
1.1 现金	0
1.2 黄金	0
1.3 存放中国人民银行款项	0
2. 对中央政府和中央银行的债权	

续表

资产分类	风险权重
2.1 对我国中央政府的债权	0
2.2 对中国人民银行的债权	0
2.3 对评级 AA－级（含 AA－级）以上的国家或地区的中央政府和中央银行的债权	0
2.4 对评级 AA－级以下、A－级（含 A－级）以上的国家或地区的中央政府和中央银行的债权	20%
2.5 对评级 A－级以下、BBB－级（含 BBB－级）以上的国家或地区的中央政府和中央银行的债权	50%
2.6 对评级 BBB－级以下、B－级（含 B－级）以上的国家或地区的中央政府和中央银行的债权	100%
2.7 对评级 B－级以下的国家或地区的中央政府和中央银行的债权	150%
2.8 对未评级的国家或地区的中央政府和中央银行的债权	100%
3. 对我国公共部门实体的债权	20%
4. 对我国金融机构的债权	
4.1 对我国政策性银行的债权（不包括次级债权）	0
4.2 对我国中央政府投资的金融资产管理公司的债权	
4.2.1 持有我国中央政府投资的金融资产管理公司为收购国有银行不良贷款而定向发行的债券	0
4.2.2 对我国中央政府投资的金融资产管理公司的其他债权	100%
4.3 对我国其他商业银行的债权（不包括次级债权）	
4.3.1 原始期限 3 个月以内	20%
4.3.2 原始期限 3 个月以上	25%
4.4 对我国商业银行的次级债权（未扣除部分）	100%
4.5 对我国其他金融机构的债权	100%
5. 对在其他国家或地区注册的金融机构和公共部门实体的债权	
5.1 对评级 AA－级（含 AA－级）以上国家或地区注册的商业银行和公共部门实体的债权	25%
5.2 对评级 AA－级以下、A－级（含 A－级）以上国家或地区注册的商业银行和公共部门实体的债权	50%
5.3 对评级 A－级以下、B－级（含 B－级）以上国家或地区注册的商业银行和公共部门实体的债权	100%
5.4 对评级 B－级以下国家或地区注册的商业银行和公共部门实体的债权	150%
5.5 对未评级的国家或地区注册的商业银行和公共部门实体的债权	100%
5.6 对多边开发银行、国际清算银行及国际货币基金组织的债权	0
5.7 对其他金融机构的债权	100%
6. 对一般企业的债权	100%
7. 对符合标准的微型和小型企业的债权	75%
8. 对个人的债权	
8.1 个人住房抵押贷款	50%
8.2 对已抵押房产，在购房人没有全部归还贷款前，商业银行以再评估后的净值为抵押追加贷款的，追加的部分	150%
8.3 对个人其他债权	75%

续表

资产分类	风险权重
9. 租赁资产余值	100%
10. 股权	
10.1 对金融机构的股权投资（未扣除部分）	250%
10.2 被动持有的对工商企业的股权投资	400%
10.3 因政策性原因并经国务院特别批准的对工商企业的股权投资	400%
10.4 对工商企业的其他股权投资	1 250%
11. 非自用不动产	
11.1 因行使抵押权而持有并在法律规定处分期限内的非自用不动产	100%
11.2 其他非自用不动产	1 250%
12. 其他	
12.1 依赖于银行未来盈利的净递延税资产（未扣除部分）	250%
12.2 其他表内资产	100%

（三）表外资产信用转换系数

对表外资产，权重法根据资产的特性和风险特征，区分为11个类别，对每个类别的内容作了具体的说明，并分别规定了0、20%、50%、100%四个档次的不同的信用转换系数。

1. 等同于贷款的授信业务的信用转换系数为100%。

2. 原始期限不超过1年和1年以上的贷款承诺的信用转换系数分别为20%和50%；可随时无条件撤销的贷款承诺的信用转换系数为0。

3. 未使用的信用卡授信额度的信用转换系数为50%，但同时符合以下条件的未使用的信用卡授信额度的信用转换系数为20%：

（1）授信对象为自然人，授信方式为无担保循环授信。

（2）对同一持卡人的授信额度不超过100万元人民币。

（3）商业银行应至少每年一次评估持卡人的信用程度，按季监控授信额度的使用情况；若持卡人信用状况恶化，商业银行有权降低甚至取消授信额度。

4. 票据发行便利和循环认购便利的信用转换系数为50%。

5. 银行借出的证券或用作抵押物的证券，包括回购交易中的证券借贷，信用转换系数为100%。

6. 与贸易直接相关的短期或有项目，信用转换系数为20%。

7. 与交易直接相关的或有项目，信用转换系数为50%。

8. 信用风险仍在银行的资产销售与购买协议，信用转换系数为100%。

9. 远期资产购买、远期定期存款、部分缴款的股票及证券，信用转换系数为100%。

10. 其他表外项目的信用转换系数均为100%。

关于信用转换系数，有以下几点需要特别说明：一是等同于贷款的授信业务，包括一般负债担保、承兑汇票、具有承兑性质的背书及融资性保函等。二是与贸易直接相关的短期或有项目，主要指有优先索偿权的装运货物作抵押的跟单信用证。三是与交易直接相关的或有项目，包括投标保函、履约保函、预付保函、预留金保函等。四是信用风险仍在银行的资产销售与购买协议，包括资产回购协议和有追索权的资产销售。

（四）权重法下的合格风险缓释工具

商业银行采用权重法计量信用风险加权资产时，可考虑合格质物质押或合格保证主体提供保证的风险缓释作用；但质物或保证的担保期限短于被担保债权期限的，不具备风险缓释作用。合格风险缓释工具覆盖的风险暴露，获得缓释工具对应的风险权重；未覆盖的部分采用债权本身对应的风险权重。

1. 合格风险缓释工具的缓释作用

合格质物质押的债权（含证券融资类交易形成的债权），与质物风险权重相同，或采用对质物发行人或承兑人直接债权的风险权重。部分质押的债权（含证券融资类交易形成的债权），受质物保护的部分可以采用相应的较低风险权重。

合格保证主体提供全额保证的贷款，采用对保证人直接债权的风险权重。部分保证的贷款，被保证部分采用相应的较低风险权重。

2. 合格信用风险缓释工具的种类

权重法认可的合格缓释工具包括以合格质物质押和合格保证主体提供保证两种类型。

合格质物主要包括以特户、封金或保证金等形式特定化后的现金，黄金，银行存单，我国财政部发行的国债，中国人民银行发行的票据，我国政策性银行、公共部门实体、商业银行发行的债券，票据和承兑的汇票，金融资产管理公司为收购国有银行而定向发行的债券，评级为 BBB－级（含 BBB－级）以上国家或地区政府和中央银行发行的债券，注册地所在国家或地区的评级在 A－级（含 A－级）以上的境外商业银行和公共部门实体发行的债券、票据和承兑的汇票，多边开发银行、国际清算银行和国际货币基金组织发行的债券。

合格保证主要根据提供保证的主体进行判断，合格保证的主体包括我国中央政府、中国人民银行、政策性银行、公共部门实体和商业银行、评级为 BBB－级（含 BBB－级）以上国家或地区政府和中央银行、注册地所在国家或地区的评级在 A－级（含 A－级）以上的境外商业银行和公共部门实体、多边开发银行、国际清算银行和国际货币基金组织。

第四节　信用风险加权资产——内部评级法

一、内部评级法概述

（一）内部评级法的含义

内部评级法（Internal Rating-based Approach，IRB）是指商业银行通过构建自己的内部评级体系，估计各类信用风险暴露的违约概率（PD）、违约损失率（LGD）、违约风险暴露（EAD）及期限（M）等风险参数，并按照一定的函数关系计算风险加权资产。

内部评级法的基本思想是允许银行根据已经掌握的定性和定量信息对信用损失进行评估，并将评估结果与资本充足率挂钩。这实质上是现代银行信用风险管理最基本要求的体现，即：充分识别银行各行业、地区、产品和客户的实质性信用风险；监测客户和债项的信用风险变化、转移情况；计量风险转化为损失的可能性；确定适当的拨备和资本充足率水平。

巴塞尔协议规定，商业银行必须计算出一定时间内资产组合可能发生信用损失的概率密度函数，并在此条件下计算出99.9%置信度下不会出现清偿性危机所需的最低资本。为保证商业银行内部风险估计的稳健性，实施内部评级法必须满足一系列最低要求，其目的是对借款人和债项进行有意义的评估，对信用风险作出准确的、一致的量化评估，并且评级体系和风险量化应成为信用风险管理的有机组成部分。

初级内部评级法和高级内部评级法在计算风险加权资产方面又有区别，采用初级内部评级法的银行可以自行估计违约概率，但要根据监管部门提供的规则计算违约损失率、违约风险暴露和期限；采用高级内部评级法的银行可以自行估计违约概率、违约损失率、违约风险暴露和期限。但对于零售类资产，不再区分初级法和高级法，银行均需自行估计违约概率、违约损失率和违约风险暴露。

（二）内部评级法下的风险权重

1. 风险权重函数公式的经济含义

在信贷业务中，发生利息与本金的损失是不可避免的，因为总是会有部分客户出现违约。但银行在各年度之间发生的实际损失不尽相同，因为即使资产组合的质量保持不变，违约发生的次数以及严重程度在各年度也是不一样的。图4-3显示了一家银行实际所发生损失在各年之间的不断变化，以及由此形成的一个损失分布。

银行可以合理预期其信贷损失的长期平均水平，即预期损失（EL）（图4-3中的虚线）。商业银行将预期损失视为信贷业务的成本之一。

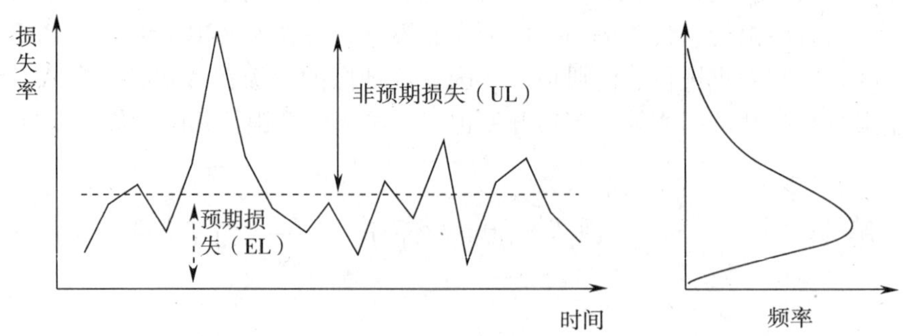

图4-3 预期损失示意图

巴塞尔协议内部评级法通过一个信用组合模型，估计超出一个事先确定的小概率的损失额。这个概率可视为监管部门愿意接受的、由信用损失而导致银行破产的概率，也即最低资本要求低于非预期损失的概率。

图4-4中的曲线为概率密度图，给出了发生损失水平的可能性，整条曲线下方的面积为100%。该曲线显示：与大额损失相比，在预期损失附近或略低于预期损失的小额损失的发生概率更高。发生超过预期损失（EL）与非预期损失（UL）之和的损失的可能性，即银行不能用资本偿付其债务的可能性，等于曲线右下方阴影部分的面积。100%减去这一概率被称为置信水平，相应的阈值被称为该置信水平下的风险价值（VaR）。假设按照EL和VaR之间的差额来设定资本，同时EL可由准备金来覆盖，那么银行在一年期水平上保持偿付能力的可能性就等于置信水平。

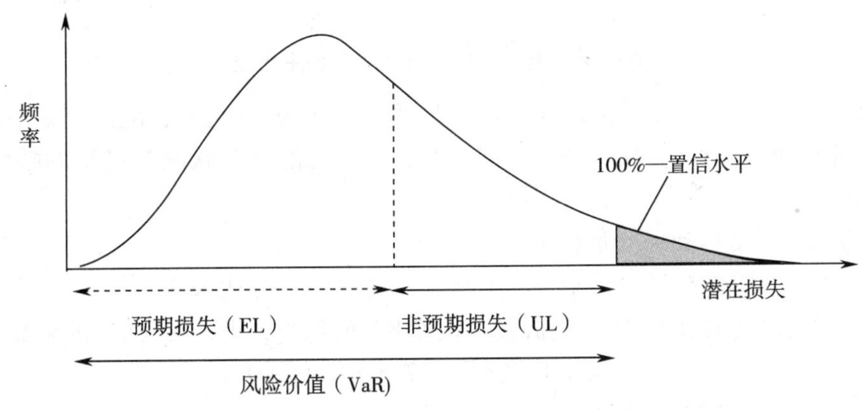

图4-4　非预期损失示意图

2. 组合模型的设计

（1）渐进单风险因子（ASRF）模型

在ASRF模型中，所有系统性风险是指会影响所有借款人的风险，如行业和区域风险，并且这些风险被设定为仅有的一个（单个）系统性风险因子。利用ASRF模型，可通过计算单个系统风险因子处于一定保守水平时各风险暴露的条件期望损失，进而估计各信用风险暴露预期损失和非预期损失之和。在ASRF模型下，一家银行为覆盖一项风险暴露UL和EL所必须持有的总体经济资源（资本金加上准备金以及注销额），应该大于等于该风险暴露的条件期望损失。将这类资源对所有风险暴露进行加总，就得到符合组合风险价值（Value at Risk）目标所需要持有的充足经济资源。

（2）资产相关性

资产相关性显示了一个借款人的资产价值（即一个企业所有资产价值的总和）与另一个借款人资产价值的依存度。资产相关性最终决定了风险加权资产的形状。它们依赖于资产的类型，这是由于不同的借款人和/或资产类型与整体经济存在着不同的依存度。不同的资产相关性也可以通过图4-5来显示。图4-5显示了两个不同组合的损失历史路径，它们具有相同的预期损失（虚的水平线）。

由于组合内各风险暴露的高相关性以及与ASRF模型中系统性风险因子的高相关性，虚线所表示的损失率表现出较大的波动性。这可以用以下的组合来解释：该组合内借款

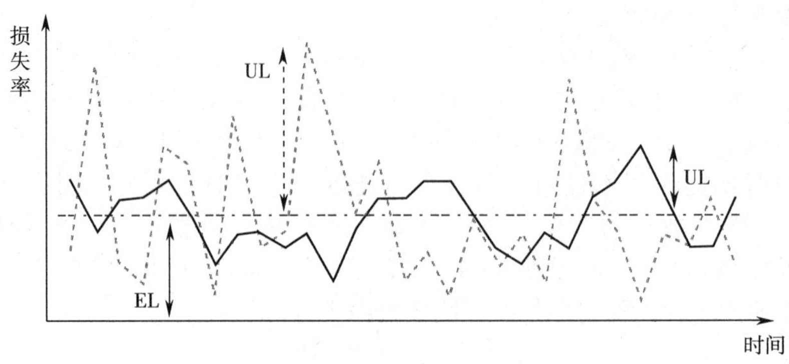

图 4－5　两个不同组合的损失历史比较

人之间的相互作用较强，并且借款人的违约与整个经济的状况密切相关。该类组合的一个实例就是银行的大公司贷款。经验数据证实，大公司的财务状况与经济的整体状况更为密切相关。

（3）违约风险暴露和风险加权资产

新资本协议中的资本要求（K）是按照风险暴露的百分比来表示的。为了得到风险加权资产，必须将其乘以 EAD 和最低资本比率 8% 的倒数，即一个 12.5 的乘数因子。

$$风险加权资产 = 12.5 \times K \times EAD$$

3. 组合模型中关键参数的确定

在上述模型中，两个关键参数必须由监管机构来确定：置信水平和资产相关性系数。

（1）置信水平

由于银行在估算 PD、LGD 与 EAD 过程中不可避免会存在模型不确定性、估值误差等，巴塞尔委员会将置信水平设定在 99.9%，即预期一家银行机构在 1 000 年内平均只有 1 次信贷损失超过最低资本要求。

（2）公司、银行以及主权风险暴露资产相关系数的估计

公司、银行及主权风险暴露的风险加权资产计算中，资产相关系数是通过分析国际活跃银行的数据而得到的。根据对十国集团中部分商业银行报告的违约时间序列数据，可以发现两种系统性依存关系：

①资产相关系数随着 PD 的增加而降低。

②资产相关系数随着公司规模的增大而增加。

在巴塞尔资本协议风险加权资产计算中，最终采用的资产相关系数函数反映了上述两种依存关系。

（3）零售风险权重曲线的设定

零售风险权重在两个方面不同于公司风险权重：第一，资产相关性假设不同；第二，零售风险权重函数不包括期限调整。这些差异与各曲线的实际校准工作有关。用于确定零售曲线形状的资产相关性是通过大型国际活跃银行的经济资本数据及监管机构数据库中的历史损失数据“反推”而来的。

二、我国商业银行信用风险暴露分类

商业银行采用内部评级法计算信用风险加权资产，第一步要对银行账户信用风险暴露进行分类，并至少分为以下六类：主权风险暴露、金融机构风险暴露、公司风险暴露、零售风险暴露、股权风险暴露和其他风险暴露。主权风险暴露、金融机构风险暴露和公司风险暴露统称为非零售风险暴露。各类风险暴露的定义和主要内容如下：

1. 主权风险暴露

主权风险暴露是指对主权国家或经济实体区域及其中央银行、公共部门实体，以及多边开发银行、国际清算银行和国际货币基金组织等的债权。

2. 金融机构风险暴露

金融机构风险暴露是指商业银行对金融机构的债权。根据金融机构的不同属性，金融机构风险暴露可以分为银行类金融机构风险暴露和非银行类金融机构风险暴露。

（1）银行类金融机构包括在中华人民共和国境内设立的商业银行、农村合作银行、农村信用社等吸收公众存款的金融机构，以及在中华人民共和国境外注册并经所在国家或者地区金融监管当局批准的存款类金融机构。

（2）非银行类金融机构包括经批准设立的证券公司、保险公司、信托公司、财务公司、金融租赁公司、汽车金融公司、货币经纪公司、资产管理公司、基金公司以及其他受金融监管当局监管的机构。

3. 公司风险暴露

公司风险暴露是指商业银行对公司、合伙制企业和独资企业及其他非自然人的债权，但不包括对主权、金融机构和纳入零售风险暴露的企业的债权。根据债务人类型及其风险特征，公司风险暴露分为中小企业风险暴露、专业贷款和一般公司风险暴露。

（1）中小企业风险暴露是指商业银行对年营业收入（近 3 年营业收入的算术平均值）不超过 3 亿元人民币的企业的债权。

（2）专业贷款是指公司风险暴露中同时具有如下特征的债权：债务人通常是一个专门为实物资产融资或运作实物资产而设立的特殊目的实体。债务人基本没有其他实质性资产或业务，除了从被融资资产中获得的收入外，没有独立偿还债务的能力。合同安排给予贷款银行对融资形成的资产及其所产生的收入有相当程度的控制权。专业贷款划分为项目融资、物品融资、商品融资和产生收入的房地产贷款。

表 4－8　　各类专业贷款的主要风险特征

类别	风险特征
项目融资	• 融资用途通常是用于建造一个或一组大型生产装置或基础设施项目，包括对在建项目的再融资。 • 债务人通常是为建设、经营该项目或为该项目融资而专门组建的企业法人。 • 还款资金来源主要依赖该项目产生的销售收入、补贴收入或其他收入，一般不具备其他还款来源。
物品融资	• 债务人取得融资资金用于购买特定实物资产，如船舶、航空器、轨道交通工具等。 • 还款来源主要依靠已用于融资、抵押或交给贷款银行的特殊资产创造的现金流。这些现金流可通过一个或几个与第三方签订的出租或租赁合约实现。

续表

类别	风险特征
商品融资	• 为可在交易所交易的商品（如原油、金属或谷物）的储备、存货或应收而进行的结构性短期融资。 • 债务人没有其他实质性资产，主要依靠商品销售的收益作为还款来源。 • 贷款评级主要反映贷款自我清偿的程度及贷款银行组织该笔交易的能力，而不反映债务人的资信水平。
产生收入的房地产贷款	• 债务人一般是一个专门开发融资项目的公司，也可是从事房地产建设或拥有房地产的运营公司。 • 融资用途是房地产（如用于出租的办公室建筑、零售场所、多户的住宅、工业和仓库场所及旅馆）的开发、销售或出租，以及土地整理、开发和储备等。 • 还款主要依赖于贷款所形成房地产的租金、销售收入或土地出让收入。

（3）一般公司风险暴露是指中小企业风险暴露和专业贷款之外的其他公司风险暴露。

4. 零售风险暴露

零售风险暴露应同时具有如下特征：债务人是一个或几个自然人；笔数多，单笔金额小；按照组合方式进行管理。零售风险暴露分为个人住房抵押贷款、合格循环零售风险暴露、其他零售风险暴露三大类。商业银行可根据自身业务状况和管理实际，在上述基础上做进一步细分。

（1）个人住房抵押贷款是指以购买个人住房为目的并以所购房产为抵押的贷款。

（2）合格循环零售风险暴露指各类无担保的个人循环贷款。合格循环零售风险暴露中对单一客户最大信贷余额不超过 100 万元人民币。

（3）其他零售风险暴露是指除个人住房抵押贷款和合格循环零售风险暴露之外的其他对自然人的债权。对符合要求的对微型和小型企业的风险暴露，可纳入其他零售风险暴露。

5. 股权风险暴露

股权风险暴露是指商业银行直接或间接持有的股东权益。纳入股权风险暴露的金融工具应同时满足如下条件：

（1）持有该项金融工具获取收益的主要来源是未来资本利得，而不是随时间所产生的收益；

（2）该项金融工具不可赎回，不属于发行方的债务；

（3）对发行方资产或收入具有剩余索取权。

6. 其他风险暴露

其他风险暴露主要暴露购入应收账款和资产证券化风险暴露两类。

（1）购入应收账款是指销售方将其现在或将来的基于其与买入方订立的商品、产品或劳务销售合同所产生的应收账款，根据契约关系以有追索权或无追索权方式转让给商业银行所形成的资产。

购入应收账款可分为合格购入公司应收账款和合格购入零售应收账款。合格购入零售应收账款纳入零售风险暴露。合格购入公司应收账款原则上应纳入公司风险暴露，也可将合格购入公司应收账款作为单独一类风险暴露。

（2）资产证券化风险暴露是指商业银行因从事资产证券化业务而形成的表内外风险暴露。资产证券化风险暴露包括但不限于资产支持证券、住房抵押贷款证券、信用增级、流动性便利、利率或货币互换、信用衍生工具和分档次抵补。储备账户如果作为发起机构的资产，应当视同资产证券化风险暴露。储备账户包括但不限于现金抵押账户和利差账户。

三、风险加权资产计量

内部评级法覆盖部分的风险加权资产分为未违约风险暴露和违约风险暴露分别计算。

（一）未违约风险暴露的风险加权资产计量

1. 计算信用风险暴露的相关性（R）

（1）主权、一般公司风险暴露

$$R = 0.12 \times \frac{1 - \frac{1}{e^{(50 \times PD)}}}{1 - \frac{1}{e^{50}}} + 0.24 \times \left[1 - \frac{1 - \frac{1}{e^{(50 \times PD)}}}{1 - \frac{1}{e^{50}}}\right]$$

（2）金融机构风险暴露

$$R_{FI} = 1.25 \times \left\{0.12 \times \frac{1 - \frac{1}{e^{(50 \times PD)}}}{1 - \frac{1}{e^{50}}} + 0.24 \times \left[1 - \frac{1 - \frac{1}{e^{(50 \times PD)}}}{1 - \frac{1}{e^{50}}}\right]\right\}$$

（3）中小企业风险暴露

$$R_{SME} = 0.12 \times \left[\frac{1 - \frac{1}{e^{(50 \times PD)}}}{1 - \frac{1}{e^{50}}}\right] + 0.24 \times \left[1 - \frac{1 - \frac{1}{e^{(50 \times PD)}}}{1 - \frac{1}{e^{50}}}\right] - 0.04 \times \left(1 - \frac{S - 3}{27}\right)$$

S 为中小企业在报告期的年营业收入（单位为千万元人民币），低于 3 千万元人民币的按照 3 千万元人民币来处理。

（4）零售风险暴露

个人住房抵押贷款，$R_{r1} = 0.15$；

合格循环零售贷款，$R_{r2} = 0.04$；

其他零售贷款，$R_{r3} = 0.03 \times \frac{1 - \frac{1}{e^{(35 \times PD)}}}{1 - \frac{1}{e^{35}}} + 0.16 \times \left[1 - \frac{1 - \frac{1}{e^{(35 \times PD)}}}{1 - \frac{1}{e^{35}}}\right]$。

2. 计算期限调整因子（b）

$$b = [0.11852 - 0.05478 \times \ln(PD)]^2$$

3. 计算信用风险暴露的资本要求（K）

非零售风险暴露

$$K = \left[LGD \times N\left(\sqrt{\frac{1}{1-R}} \times G(PD) + \sqrt{\frac{R}{1-R}} \times G(0.999)\right) - PD \times LGD\right] \times \left\{\frac{1}{1-1.5\times b} \times [1+(M-2.5)\times b]\right\}$$

零售风险暴露

$$K = LGD \times N\left[\sqrt{\frac{1}{1-R}} \times G(PD) + \sqrt{\frac{R}{1-R}} \times G(0.999)\right] - PD \times LGD$$

4. 计算信用风险暴露的风险加权资产（RWA）

$$RWA = K \times 12.5 \times EAD$$

（二）已违约风险暴露的风险加权资产的计量

$$K = \mathrm{Max}[0,(LGD - BEEL)]$$

$$RWA = K \times 12.5 \times EAD$$

此处，BEEL是指考虑经济环境、法律地位等条件下对已违约风险暴露的预期损失率的最大估计值。

四、风险参数的计量

风险加权资产计算依赖于违约概率（PD）、违约损失率（LGD）、违约风险暴露（EAD）、期限（M）等参数，下面简要介绍这些参数的计量方法。

（一）风险参数量化的基本要求

商业银行应建立风险参数量化政策、过程和关键定义，建立详细的文档记录，并确保在银行内部得到统一实施，至少涵盖参数估计使用的数据、参数估计方法、参数估计政策等内容。

在数据方面，要求根据所有可获得的数据、信息和方法估计违约概率、违约损失率和违约风险暴露。

在估计方法方面，要求违约概率、违约损失率、违约风险暴露的估值以历史经验和实证研究为基础，不能仅依靠专家判断。应对风险参数量化过程所涉及的专家判断和调整进行实证分析，确保不低估风险；还应采取敏感性分析，评估调整对风险参数、监管资本要求的影响。

在参数估计政策方面，要求制定风险参数量化更新政策，确保技术进步、数据信息和估值方法的变化情况能及时充分地反映在风险参数中；应至少每年审查一次内部风险参数的估计值，并根据业务需要及时更新量化方法和流程。

（二）风险参数计量的流程

风险参数量化流程包括数据选取、参数估算、映射和参数应用四个阶段。

1. 数据选取

样本数据集的数据来源可以包括内部数据、外部数据和内外部集合数据；使用外部数据时，要求保证外部数据与内部数据之间的可比性、相关性和一致性。用于参数估计的数据，要求与商业银行的风险暴露和授信标准一致，至少应可以相互比较。样本数据应有代表性，能反映信用风险暴露特征、银行信贷政策以及当前和未来的经济状况。数据观察期应涵盖一个完整的经济周期，用于估计非零售风险暴露债务人违约概率的数据观察期不得低于5年；用于估计非零售风险暴露违约损失率、违约风险暴露的数据观察期不得低于7年；用于估计零售风险暴露风险参数的数据观察期不得低于5年。不同阶段的历史数据应具有相同重要性。应至少每年对样本数据集进行一次全面的分析和检查，以保证样本数据与现有组合之间的相关性，评估样本数据的质量以及样本数据与违约定义之间的一致性。

2. 参数估算

违约概率的估计值是某一级别债务人或某一零售资产池一年期实际违约率的长期平均数。违约损失率和违约风险暴露是长期的、违约加权的平均值。商业银行可以考虑合格保证人和信用衍生品的风险缓释作用，对债务人评级或零售资产分池、违约损失率进行调整。如果样本数据区间未包括经济衰退时期，要求调整参数估计，弥补数据缺失的影响。

3. 映射

商业银行对每个样本数据集和每个估计模型建立映射流程，映射应反映每一个样本数据集及计量模型中使用的风险特征。为保证映射的有效性，样本数据的评级结构和分类标准应与实际风险暴露一致。映射应基于实际风险暴露组合和样本数据集之间最常见和最有意义的风险特征。若分别使用内部违约经验和统计违约模型估计长期违约概率，应建立各种方法与实际风险暴露的映射关系。

4. 参数应用

参数应用是指将基于样本数据集估计的风险参数应用于实际资产组合。

（三）风险参数估计

1. 违约概率（PD）估计

商业银行根据违约定义，记录各类资产的实际违约情况，并估算违约概率。非零售风险暴露在债务人层面认定违约，同一债务人的所有债项的违约概率相同；而零售风险暴露在债项层面构建风险分池和估计风险参数，同一客户的不同债项可以分到不同的分池，具有不同的违约概率，可以在债项层面认定违约定义。

【专栏4－3】

三种PD估计方法

内部违约经验。指商业银行采取自身积累的内部违约经验估计违约概率，这是一种基于经验判断的方法，商业银行应证明估计的违约概率反映了历史数据对应时期的授信标准以及评级体系和当前的差异；在数据有限或授信标准、评级体系发生变化的情况下，商业银行应留出保守的、较大的调整余地。

映射外部数据。指将内部评级映射到外部信用评级机构（如标准普尔、穆迪）或类似机构的评级，将外部评级的违约概率作为内部评级的违约概率。采取该种方法，评级映射应建立在内部评级标准与外部机构评级标准可比，并且对同样的债务人内部评级和外部评级可相互比较的基础上。

统计违约模型。指采用使用违约概率预测模型得到的每个债务人违约概率的简单平均值作为某一级别的违约概率。统计违约模型是商业银行构建内部评级体系最常用的方法，违约概率模型主要包括统计模型、基于评级机构的外部映射方法、打分卡（专家系统）模型、衍生信用风险模型四种。

【专栏 4-4】

PD 模型的比较

随着信用风险计量技术的不断发展，客户评级由最初的“打分卡”逐渐演进为“高级计量模型”。最初的“打分卡”主要源于信贷专家的经验总结，“主观性”是其重要特征，如 5C、5P 等。随着统计方法的引入，客户评级开始逐渐“模型化”。Altman 的 5 变量 Z-score 模型可认为是评级模型的鼻祖，其广泛应用于美国商业银行，并取得了巨大的经济效益。此后，各类 PD 模型层出不穷。

纯粹从统计技术方法上讲，PD 模型可分为两大类：一类是基于参数方法的模型。顾名思义，这类模型一般具有固定的函数表达式，需要估计表达式中的参数。如 Altman 的 Z-score 模型表现为线性函数形式，Logit/Probit 等模型表现为非线性函数形式。该类模型的优点是方法直观、规则易于理解，有利于被银行业务人员接受；缺点是模型变量需要满足一定的假设条件。另一类是基于非参数方法的模型。随着计算机技术的发展，以非参数技术为基础的数据挖掘方法逐渐被广泛应用。与参数方法相比，非参数方法一般没有固定的函数表达式，而是体现为某种算法，如神经网络算法、决策树、支持向量机等。非参数方法的优点包括无需假设变量的统计分布，模型结果可能更符合实际情况；缺点包括计算较为复杂，在理论上属于“黑箱”，难以被解释，在银行实务操作中较难广泛应用。

从违约的驱动因素上讲，两类比较典型的模型是结构模型和简约模型。一般的模型往往只是给出自变量与违约之间的表征关系，而结构模型从经济含义上给出了违约的驱动因素。该理论来源于 Merton（1974）的期权定价理论，认为当公司资产价值低于某一阈值时，即触发违约。市场上最著名的结构模型是 KMV 模型，其利用上市公司的股价数据，计算出 EDF（即违约概率），一般被公认为 PIT 评级的代表。其优点包括：经济含义明显，揭示了客户违约的内生原因；结果敏感，能及时反映企业当期的违约风险状况；但也具有 Merton 模型的所有缺点，包括需假设公司资产价值服从几何布朗运动，依赖于公司的资本结构等。相对于结构模型“违约源于内生”的理论而言，简约模型（又称强度模型）认为违约是外生因素，直接假定违约服从一定强度的随机过程。Jarrow-Turnbull 模型（1995）即为简约模型的典型代表，其假设违约服从强度为常数的泊松过程。其优点包括：理论上更加简单、灵活，无需对公司资本结构进行过多的假设；其缺点包括：较为依赖于市场数据，在不发达市场上的适用性较差。

在实际应用中，国内商业银行建立PD模型的主流方法是Logistic回归模型。Logistic回归模型是非线性的，可以看成线性回归模型的一种推广，特别适用于Y变量为两分类变量（即违约、非违约）的情形。其基本假设是似然比的自然对数是线性的，一般形式为 $\ln[(1-P)/P]=Ax$，其中P代表违约概率，x代表解释变量（列向量），A代表解释变量的权重（行向量）。类似地，若将似然比的对数函数改为正态函数的反函数，就构造为Probit模型。Logistic模型的优点是数学理论基础坚实，方法成熟，模型输出结果能够直接解释为违约概率。目前市场上的常用统计软件均能进行处理，复杂程度适中，应用方便。

一般来说，PD模型的开发可分为三个步骤。第一步以实现客户排序为目的，选取模型指标，确定指标权重，最终获得客户“得分”；第二步以实现客户PD估计为目的，将客户“得分”转化为PD，称为“校准”；第三步以确定客户信用等级为目的，设计评级主标尺，将客户按照PD映射到各个级别上。

与非零售债务人PD估计明显不同的是，部分零售风险暴露PD估计需要考虑成熟性效应。成熟性效应指贷款的违约概率与贷款账龄密切相关，在贷款发放初期，客户普遍正常还款，违约概率较低，在贷款发放一段时间后，客户违约风险充分暴露，违约概率达到高峰。对一些长期的零售贷款，成熟性效应十分重要，最为典型的例子就是个人住房抵押贷款。

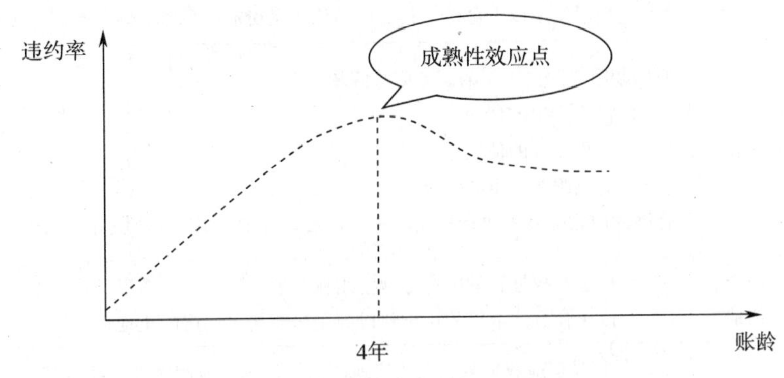

图4－6　成熟性效应示意图

2. 违约损失率（LGD）的估计

对于非零售风险暴露，实施内部评级初级法的商业银行无需自行估计违约损失率，实施内部评级高级法的商业银行需要自行估计违约损失率。

（1）内部评级初级法

采取内部评级初级法，监管认可合格抵质押品包括金融质押品、应收账款、商用房地产和居住用房地产以及其他抵质押品。

表 4－9　　内部评级初级法下合格信用风险缓释工具

<table>
<tr><th colspan="2">信用风险缓释工具</th><th>种类</th></tr>
<tr><td rowspan="4">抵质押品</td><td>金融质押品</td><td>（一）以特户、封金或保证金等形式特定化后的现金。
（二）黄金。
（三）银行存单。
（四）我国财政部发行的国债。
（五）中国人民银行发行的票据。
（六）我国政策性银行、公共部门实体和商业银行发行的债券、票据和承兑的汇票。
（七）金融资产管理公司为收购国有银行而定向发行的债券。
（八）其他国家或地区政府及其中央银行、国际清算银行和国际货币基金组织、多边开发银行所发行的 BB－级（含 BB－级）以上级别的债券；其他实体发行的 BBB－级（含 BBB－级）以上级别的债券；评级在 A－3/P－3（含 A－3/P－3）以上的短期债务工具。
（九）虽无外部评级，但同时满足以下条件的债券：
1. 银行发行；
2. 交易所交易；
3. 具有优先债务的性质；
4. 具有充分的流动性；
5. 虽没有外部评级，但发行人发行的同一级别债券外部评级为 BBB－级（含 BBB－级）或 A－3/P－3（含 A－3/P－3）以上。
（十）公开上市交易的股票及可转换债券。
（十一）依法可以质押的具有现金价值的人寿保险单或类似理财产品。
（十二）投资于以上金融工具的可转让基金份额，且基金应每天公开报价。</td></tr>
<tr><td>应收账款</td><td>原始期限不超过 1 年的财务应收账款：
（一）销售产生的债权；
（二）出租产生的债权；
（三）提供服务产生的债权。
合格的应收账款不包括与证券化、从属参与或信用衍生工具相关的应收账款。</td></tr>
<tr><td>商用房地产和居住用房地产</td><td>（一）依法有权处置的国有土地使用权及地上商用房、居民用房，不含工业用房；
（二）以出让方式取得的用于建设商用房或居民用房的土地使用权。</td></tr>
<tr><td>其他抵质押品</td><td>金融质押品、应收账款、商用房地产、居住用房地产之外，经银监会认可的符合信用风险缓释工具认定和管理要求的抵质押品。</td></tr>
<tr><td colspan="2">净额结算</td><td>（一）表内净额结算；
（二）回购交易净额结算；
（三）场外衍生工具及交易账户信用衍生工具净额结算。</td></tr>
<tr><td colspan="2">保证</td><td>（一）风险权重低于交易对手的主权、金融机构、一般公司等实体；
（二）如果信用保护专门提供给资产证券化风险暴露，该实体当前外部信用评级在 BBB－级（含）以上，且在提供信用保护时外部信用评级在 A－级（含）以上。</td></tr>
<tr><td colspan="2">信用衍生工具</td><td>（一）信用违约互换；
（二）总收益互换。</td></tr>
</table>

金融质押品的信用风险缓释作用体现为对标准违约损失率的调整，调整后的违约损失率为：

$$LGD^* = LGD \times (E^*/E)$$

式中，*LGD* 是在考虑质押品之前，优先的无担保风险暴露的标准违约损失率；*E* 是风险暴露的当前值；E^* 是信用风险缓释后的风险暴露。

采用内部评级初级法的商业银行，应收账款、商用房地产和居住用房地产以及其他抵质押品的信用风险缓释作用体现为违约损失率的下降，下降程度取决于抵质押品当前价值与风险暴露当前价值的比率和抵质押水平。在使用单种抵质押品时，违约损失率的确定方法如下：

抵质押品当前价值与风险暴露当前价值的比率低于最低抵质押水平，视同无抵质押处理，采用标准违约损失率。

抵质押品当前价值与风险暴露当前价值的比率超过超额抵质押水平的贷款，采用相应的最低违约损失率。

抵质押品当前价值与风险暴露当前价值的比率介于最低抵质押水平和超额抵质押水平之间，应将风险暴露分为全额抵质押和无抵质押部分。抵质押品当前价值除以超额抵质押水平所得到的为风险暴露全额抵质押的部分，采用该类抵质押品的最低违约损失率；风险暴露的剩余部分视为无抵质押，采用标准违约损失率。

表 4－10　　内部评级初级法优先债项已抵质押部分的违约损失率

	最低违约损失率	最低抵质押水平	超额抵质押水平
金融质押品	0	0	不适用
应收账款	35%	0	125%
商用房地产和居住用房地产	35%	30%	140%
其他抵质押品	40%	30%	140%

（2）内部评级高级法

采用内部评级高级法的商业银行，违约损失率估计应基于经济损失。经济损失包括由于债务人违约造成的较大的直接和间接的损失或成本，同时还应考虑违约债项回收金额的时间价值和商业银行自身处置和清收能力对贷款回收的影响。商业银行估计经济损失应考虑所有相关因素，根据自身处置和清收能力调整违约损失率应遵循审慎原则，且内部经验数据能够证明处置和清收能力对违约损失率的影响。

违约损失率应不低于违约加权长期平均损失率，且应反映经济衰退时期违约债项的损失严重程度，保证商业银行的违约损失估计值在所有可预见的经济条件下都保持稳健和可靠。商业银行应收集区分违约暴露的关键因素、计算违约风险暴露经济损失的因素；违约损失率估计应考虑实际回收数量和支付的成本；考虑风险暴露损失严重程度的周期性变化；考虑债务人风险和抵质押品风险或抵质押品提供方风险之间的相关性。对于零售风险暴露，长期平均违约损失率和违约加权平均违约损失率的估计可以基于长期预期损失率。

商业银行采用内部评级高级法，可在符合相关监管要求的前提下自行认定抵质押品，但应有历史数据证明抵质押品的风险缓释作用；抵质押品的信用风险缓释作用体现在违约损失率的估值中。对合格保证人的类别没有限制，且允许有条件的保证；可以通过调整违约概率或违约损失率的估计值来反映保证和信用衍生工具的信用风险缓释作用，对保证或信用衍生工具覆盖的部分可以采用替代法，也可以采用债务人自身的违约概率和银行内部估计的该类保证人提供保证风险暴露的违约损失率。对同一风险暴露可采用多个信用风险缓释工具，同时应证明此种方式对风险抵补的有效性，并建立合理的多重信用风险缓释工具的处理程序和方法。

【专栏4－5】

内部评级高级法下LGD估计案例

下列为使用过去7年的违约债项的内部回收信息估计LGD。用于支持LGD估计的数据，应能够发现贷款与违约时经济损失程度之间的关系。

$$LGD = 1 - \text{回收率}$$
$$= 1 - (\text{回收金额} - \text{回收费用})/EAD$$

一、收集LGD数据（建立样本数据库）

应收集影响LGD的以下数据：

有无抵押；

抵押品种类，如金融工具、房地产、其他的实物抵押品和保证；

抵押覆盖率；

贷款总量；

债务人信息，如行业、区域、偿还能力等。

二、违约债项分类

根据主要分类要素对违约债项进行分类。然后，计算各类的LGD均值，将LGD均值认定为各类违约资产的LGD估计值。表4－11是根据抵押覆盖率和押品种类分类后各类违约债项的违约损失率。

表4－11　　不同类型下的LGD

抵押覆盖率		抵押品种类	
		房地产	金融资产
高	X%以上	LGD = A%	LGD = B%
中	Y% －X%以上	LGD = C%	LGD = D%
低	Y%以下	LGD = E%	LGD = F%

另外一种估计 LGD 的方法是综合考虑以上要素建立 LGD 评级框架，然后估计平均 LGD。也可采用多变量（如抵押覆盖率、抵押品种类）回收模型直接计算 LGD。由于违约资产的数据有限，所以应考虑资产种类的数目。种类太多会导致每类中违约资产的数量下降，获得统计上有意义的 LGD 估计值的难度增加。

三、经济损失测算

估计 LGD 与 PD 应采用同样的违约定义。此外，LGD 估计基于经济损失而不是会计损失。因此，计量 LGD 时不仅应包括从抵押品处置和保证人回收的金额，而且还要考虑回收成本。违约以后各期的回收额还应通过适当的折现参数折现，以反映回收的不确定性。

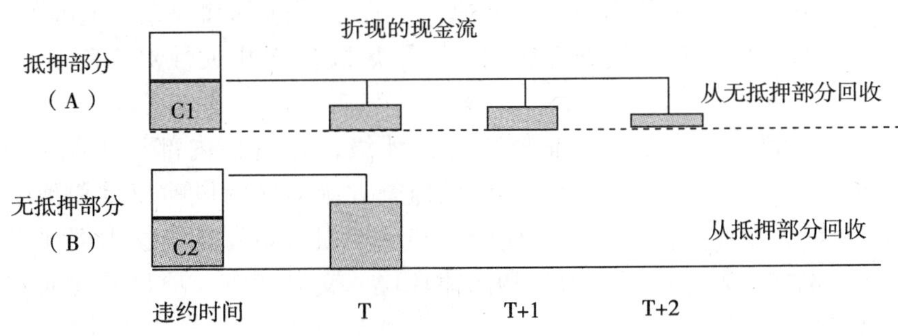

注：C1 是抵押部分（A）回收额的现值；C2 是无抵押部分（B）回收额的现值；LGD = 1 - （C1 + C2）/（A + B）。

图 4 - 7　LGD 计量示意图

四、长期平均 LGD

对过去所有违约债项计算 LGD。LGD 受经济周期的影响，因此，应尽可能收集长期数据，以便估计经济衰退时期的 LGD 和平均 LGD。

3. 违约风险暴露（EAD）的估计

违约风险暴露应包括已使用的授信余额、应收未收利息、未使用授信额度的预期提取数量以及可能发生的相关费用等。估计违约风险暴露的数据应仅包含对违约债务人的风险暴露。采用内部评级高级法的，应估计每笔表内外项目的违约风险暴露；采用内部评级初级法的，可以考虑表内项目净额结算的影响。

对未来提取的零售风险暴露，在全面校验损失估计值之前，要求商业银行考虑历史上的提取状况和预期提取状况。未来提款的可能性或在违约风险暴露估计中考虑，或在违约损失率的估计中考虑。如果零售风险暴露提取金额已经证券化，应该通过信用转化系数估计授信限额中未提取部分的违约风险暴露。

4. 期限（M）的估计

采用内部评级初级法，计算风险加权资产时期限是固定因素，除回购类交易有效期限是0.5年外，其他非零售风险暴露的有效期限为2.5年。

采用内部评级高级法，应将有效期限视为独立的风险因素。在其他条件相同的情况下，债项的有效期限越短，信用风险就越小。对于某些短期交易，有效期限为内部估计的有效期限与1天中的较大值，包括：原始期限1年以内全额抵押的场外衍生品交易、保证金贷款、回购交易和证券借贷；原始期限1年以内自我清偿性的贸易融资；原始期限3个月以内的短期风险暴露。中小企业风险暴露的有效期限可以采用2.5年。

5. 专业贷款风险参数的估计

对专业贷款风险加权资产的计量，银行可以采用内部评级法或监管映射法。

若采用内部评级法，专业贷款内部评级体系除满足一般的监管要求外，在估计违约风险暴露时，还应充分考虑债务人违约后，为促使贷款所形成的资产投入运营而继续发放贷款的影响，以确保风险估计的审慎性。在估计违约概率时，还应注意项目不同阶段违约概率的变化，并谨慎处理违约概率与风险暴露相关性对风险加权资产计算的影响。

若采用监管映射法，首先对专业贷款进行评级，然后将内部评级结果映射到优、良、中、差和违约五个监管评级，根据不同的监管评级对应的风险权重和预期损失比例（见表4－12），计算专业贷款的风险加权资产和预期损失。专业贷款内部评级应综合考虑多方面因素，例如，财务状况、政治和法律环境、交易特点、项目发起人或债务人实力和担保安排等。

表4－12　　监管评级对应的风险权重与预期损失比例

监管评级	风险权重	预期损失
优	70%	0.4%
良	90%	0.8%
中	115%	2.8%
差	250%	8%
违约	0	50%

注：1. 对于产生收入房地产贷款，若未来收入波动性较大，对监管评级为优、良、中的，风险权重分别提高至95%、120%、140%。

2. 对贷款剩余期限不足2.5年，或监管认定授信和评级标准比监管评级标准更为审慎的专业贷款，监管评级为“优”的风险权重为50%，预期损失比例为0；监管评级为“良”的风险权重为70%，预期损失率为0.4%。

五、非零售信用风险暴露评级体系概述

对于非零售风险暴露，应该通过内部评级确定每个非零售风险暴露债务人和债项的风险等级。其中，债务人评级范围要包括所有的债务人与保证人；同一交易对手，无论是作为债务人还是保证人，在商业银行内部只能有一个评级。对债务人的每笔债项均应进行评级。评级可以采用计量模型方法、专家判断方法或综合使用两种方法。

商业银行使用内部评级法，在评级维度、评级结构、评级方法论和评级时间跨度、评级标准、模型使用和文档化管理等方面必须满足一些最低要求：

1. 评级维度

非零售风险暴露的内部评级包括债务人评级和债项评级两个相互独立的维度。其中，债务人评级用于评估债务人违约风险，仅反映债务人风险特征，如债务人的管理水平、经营风险、财务风险、行业和区域风险等，一般不考虑债项风险特征。同一债务人不同债项的债务人评级应保持一致。债项评级则主要用于评估债项违约时发生损失的程度。对债项进行评级时，应考虑影响违约损失率的所有重要因素，包括产品、贷款用途和抵质押品特征等；对违约损失率有一定预测能力的债务人特征，也可以纳入债项评级。

2. 评级结构

为确保对信用风险的有效区分，商业银行应有足够多的债务人级别和债项级别，信用风险暴露在不同债务人级别和债项级别之间合理分布，不能过于集中。

在债务人评级方面，应最少具备 7 个非违约级别、1 个违约级别，债务人级别应按照债务人违约概率的大小排序，并保证较高级别的风险小于较低级别的风险。其中，违约级别的违约概率为 100%，商业银行可以设定 1 个违约债务人级别，也可以根据银行管理需要设定多个违约债务人级别，并按预期损失大小排序。若单个债务人级别风险暴露超过所有级别风险暴露总量的 30%，商业银行应有经验数据向监管机构证明该级别违约概率区间合理并且较窄。

在债项评级方面，应避免同一债项级别内不同风险暴露的违约损失率差距过大。债项评级的标准应基于实证分析，如果风险暴露在特定债项级别的集中度较高，商业银行应保证同一级别内债项的损失严重程度相同。

【专栏 4 -6】

理想的评级结构

确定评级划分方法并没有特别明确的标准，但应考虑两个因素，即债务人违约概率区间和债务人数量。

一般来讲，上述两点属于此消彼长的关系。也就是说，评级划分的区间越多，违约概率区间就会越窄，同质性就会越高，但是该评级所包含的债务人数目越少，违约概率估计误差越大。

理论的方法是设定合理的评级数量及评级划分方法，使得“债务人违约概率的偏差”和“债务人违约概率估计误差”最小化，即各等级违约概率的估计值和各个债务人的违约概率之间差距的总和最小。从业界实践来看，由于内部评级体系在银行经营和管理中发挥了重要作用，评级结果广泛应用于信用审批、风险定价、经济资本积累和绩效考核等领域，评级结构细分有助于银行管理的精细化。因此，从内部管理的角度来看，业界倾向于细分主标尺。

表 4－13　　债务人评级主标尺示例

序号	标准普尔	穆迪	汇丰银行	摩根大通
1	AAA	Aaa	1.1	1+
2	AA+	Aa1	1.2	1
3	AA	Aa2	2.1	2+
4	AA-	Aa3	2.2	2
5	A+	A1	3.1	2-
6	A	A2	3.2	3+
7	A-	A3	3.3	3
8	BBB+	Baa1	4.1	3-
9	BBB	Baa2	4.2	4+
10	BBB-	Baa3	4.3	4
11	BB+	Ba1	5.1	4-
12	BB	Ba2	5.2	5+
13	BB-	Ba3	5.3	5
14	B+	B1	6.1	5-
15	B	B2	6.2	6+
16	B-	B3	7.1	6
17	CCC+	Caa1	7.2	6-
18	CCC	Caa2	8.1	7
19	CCC-	Caa3	8.2	8
20	CC	Ca	8.3	9（违约级）
21	C	C（违约级）	9（违约级）	10（违约级）
22	D（违约级）		10（违约级）	

3. 债务人评级方法论和时间跨度

可以采取时点评级法、跨周期评级法以及介于两者之间的评级方法估计债务人的违约概率。

【专栏 4－7】

时点评级与跨周期评级

评级哲学是银行建立内部评级体系之前首先要考虑的问题，因为它直接影响到违约概率 PD 和违约损失率 LGD 等风险参数的性质和稳定性等方面。

评级哲学是对经济周期的一种态度，反映了信用评级的本质，具体表现在评级使用何种信息、评级针对的期限等方面。目前国际上公认有两种不同的评级哲学：时点评级（Point in Time，PIT）和跨周期评级（Through the Cycle，TTC），它们对信用评级的稳定性和准确性的侧重点不同。

实证研究表明，受经济周期影响，信用状况也呈现明显的周期性，虽然两者的周期不一定完全同步。一般来说，相对于历史平均水平，在经济衰退时，企业的信用状况会有一定程度的恶化，表现为违约概率和违约损失率上升；经济繁荣时，企业的信用状况会有一定程度的好转，表现为违约概率和违约损失率下降。

PIT 评级是基于当前获得的所有信息，包括系统性因素、周期性因素以及公司特定因素，来反映被评级对象的相对信用风险，反映的是对即期信用风险的估计；评级结果随着债项信用状况的变动而相应变动，因此波动性会比较大，调整比较频繁；PIT 评级对于短期违约预测的准确性要高于 TTC 评级。

在进行 TTC 评级时，是通过对企业信用风险进行在一个或多个经济周期内的评估（在压力情形下或者历史平均水平下）来获得的，因此反映的是对企业在整个经济周期信用风险的估计；只有在能够确认影响公司长期信用基本面情况的因素发生变化时，才对其 TTC 评级进行调整，而忽视那些临时性或者周期性因素引发的信用状况波动，例如由宏观经济周期性变动引起的宏观信用周期变动，因此 TTC 评级的波动性较低，调整比较少；TTC 的评级变化可能滞后于市场，对短期违约的预测性不如 PIT，但是 TTC 评级对长期违约预测的准确性要高于 PIT 评级。

4. 评级标准

商业银行应书面规定评级定义、过程和标准，评级定义和标准应合理、直观，且能够有意义地区分风险。

评级定义内容应包括各级别风险程度的描述和各级别之间风险大小的区分标准，对评级定义的描述应详细、可操作，以便评级人员对债务人或债项进行合理划分。

评级标准需要考虑与债务人和债项评级相关的所有重要信息，拥有的信息越少，对债务人和债项的评级应越保守。确保评级标准的一致性也是一条重要的监管要求：评级标准应与商业银行的授信、不良贷款处置等政策保持一致。不同业务条线、部门和地区的评级标准应保持一致；如果存在差异，应对评级结果的可比性进行监测，并及时完善。对采用基于专家判断的评级时，应确保评级标准清晰、透明，以便监管机构、内审部门和其他第三方掌握评级方法、重复评级过程、评估级别的适当性。

商业银行的内部评级可以参考外部评级结果，但不能仅依赖外部评级，应了解外部评级所考虑的风险因素和评级标准，有能力分析外部评级工具的预测能力，并评估使用外部评级工具对内部评级的影响。

【专栏 4-8】

债务人评级模型

债务人评级时，既要基于债务人的财务数据等进行定量评估，也要基于产业特征、公司特征等信息进行定性评估，以此作出综合判断。广义上，评级模型就可定义为上述定量评估、定性评估的系统化实现，是使用与债务人有关的财务和其他信息进行客观评级的工具，在内部评级体系中发挥着核心作用。通过引入评级模型，可以提高评级效率，减少评级人员之间的主观差异。

评级模型由很多具体形式，包括利用公司财务信息进行信用评估的各种财务定量模型、打分模型等。不同模型下，财务数据的使用方法有所差异，可以将数据直接代入计算公式，也可以基于财务数据分析产生某类风险暴露的评分，将信用评分用于模型输入。商业银行可以对不同行业、规模、授信种类选用不同的模型，也可使用单一模型，以保持模型的统一性。前者由于模型较多，每个模型可以使用的估计样本数据就会减少，容易影响模型的可信度。后者通过一个模型做评估，难以捕捉到有用的信息，会影响估计的准确性。银行应综合考虑不同方法的优缺点，结合自身贷款组合的风险状况，选择最为合适的方法。

模型的定量评估一般基于与公司违约高度相关的财务指标建立模型，产生单个债务人量化评估结果。为提高评级的准确性，分析使用的财务信息不限于会计数据，还包括不良资产、未识别损失等反映财务实际状况的实质性财务信息。弥补财务数据信息的不足，则有必要依据定性因素加以修正，定性因素可以采取类似定量评估的打分方法，也可以直接用于调整定量评级结果。此外，评级模型还要考虑债务人所处行业、所处区域以及宏观环境等系统性风险因素。

表 4－14　　债务人评级的定量因素和定性因素

定量评估	规模因素	总资产、总收入、净资产
	财务杠杆	资产负债率、资本化比率
	营运效率	总资产周转率、固定资产周转率
	增长率	利润增长率、总收入增长率
	偿债水平	流动比率、速度比率、利息保障倍数
	盈利能力	总资产收益率、股东回报率
定性评估	管理水平	公司治理、领导者经验
	竞争能力	市场地位、发展前景、技术水平
	资信状况	银行信用、商业信用
系统性风险	行业风险	行业周期性、行业壁垒、行业资产负债率
	区域风险	信用环境、区域发展水平、政府收入水平

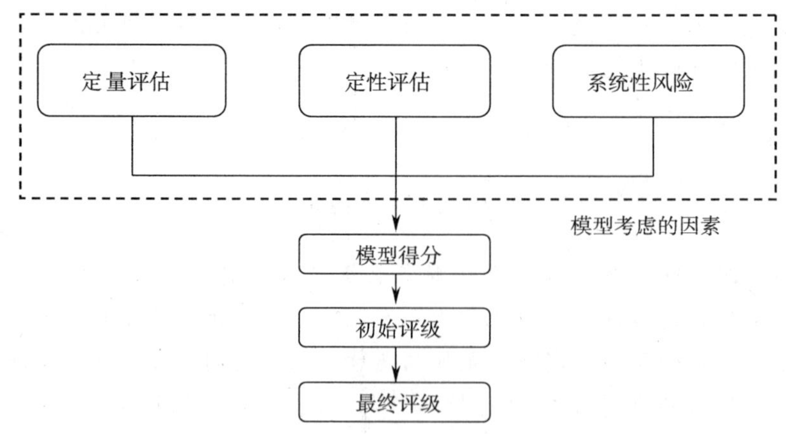

图 4－8　评级模型概要

5. 模型使用

信用风险计量模型应在评估违约特征和损失特征中发挥重要作用。但考虑到模型存在的缺陷（如仅考虑部分信息），也应该重视专家判断的重要性，专家判断应考虑模型未涉及的相关信息。

6. 文档化管理

商业银行应书面记录非零售风险暴露内部评级的设计，建立符合要求的文档。文档内容至少包括以下内容：内部评级的重要过程，评级标准以及各级别的定义，评级模型的方法论、使用范围等。对采用外部模型的，也应满足相应的文档化要求。

六、零售风险暴露风险分池体系的设计

风险分池是指根据风险特征、交易特征和逾期信息等特征将每笔零售风险暴露划入到相应的“资产池”中，在此基础上估计 PD、LGD、EAD 等风险参数。与非零售风险暴露相比，零售风险暴露具有笔数大、单笔风险暴露较小、风险分散的显著特点，这些特点决定了商业银行普遍采用组合的方式对零售业务进行管理。商业银行对零售风险暴露实施内部评级法，应建立零售风险暴露的风险分池体系，确保对每笔零售风险暴露准确、可靠分配到相应的资产池中，同一池中零售风险暴露的风险程度应保持一致。

（一）风险分池因素

选择可靠的风险因素进行风险分池是风险计量的基础。风险特征包括但不限于下列因素：债务人风险特征，包括债务人类别和人口统计特征等（如收入状况、年龄、职业、客户信用评分、地区等）；债项风险特征，包括产品和抵质押品的风险特征（如抵质押方式、抵质押比例、担保、优先性、账龄等）；逾期信息等。

此外，还要求对已违约和未违约的零售风险暴露分别进行风险划分；对不同国家的零售风险暴露分别进行风险划分，如商业银行能够证明不同国家零售风险暴露的风险具有同质性，经监管机构会认可，可不单独分池。数据缺失程度应作为风险分池的一个因素，对于数据缺失的零售风险暴露，要求商业银行充分利用已有数据，并通过风险分池体系的设计弥补数据不足的影响。

分池后，零售风险暴露在资产池之间应该保持合理分布，避免单个池中零售风险暴露过于集中。原则上，单个资产池中风险暴露不应该超过该类零售风险暴露总量的30%。

（二）风险分池标准

要求商业银行建立书面的资产池定义以及风险分池流程、方法和标准，相关规定应明确、直观、详细，确保具有相同信用风险的零售风险暴露划分至同样的资产池。

在风险分池标准的一致性方面，应确保风险分池过程中选择的风险因素，同时用于零售业务信用风险的管理；风险分池的标准与零售业务管理政策保持一致；风险分池结果符合长期经验；不同业务条线、部门和地区的零售风险暴露分池标准执行一致，如果存在差异，应对风险划分结果的可比性进行监测，并及时完善。

要求风险分池考虑所有相关信息，对相关数据有限的，应保守地进行相关分析。考虑债务人违约特征时，包含债务人在不利经济状况或发生预料之外事件时的还款能力和

还款意愿。难以预测将来发生的事件以及事件对债务人财务状况的影响时，应对预测信息持审慎态度。在数据长度方面，应采用长于一年时间跨度的数据，并尽量使用近期数据，确保风险分池的准确性、稳定性。

（三）文档化管理

为了便于持续检查跟踪分池的合理程度，要求商业银行书面记录零售风险暴露分池方法和标准（至少包括分池所使用的方法、数据及原理，资产池的确定依据及其含义，资产池风险同质性分析、集中度分析以及风险划分的合理性、一致性等，违约和损失的定义等）。

对分池中使用计量模型的，应就模型的方法论、使用范围等建立完整的文档（至少包括风险分池所使用模型的方法论、假设、数学及经验基础、建模数据来源，建模数据对零售风险暴露的代表性检验情况，运用统计方法进行模型验证的情况，包括时段外和样本外验证，标示模型有效性受限制的情形，以及解决方法）。

本章小结

1. 信用风险的概念。银行面临的主要风险是信用风险，即借款人或交易对手不能按照事先达成的协议履行义务的可能性。现代意义上的信用风险不仅包括违约风险，当债务人或交易对手的信用状况和履约能力不足即信用质量下降时，市场上相关资产的价格会随之降低，也会导致信用风险损失。

2. 风险与损失。尽管风险与损失联系密切，风险通常采用损失的可能性以及潜在的损失规模来计量，但风险绝不等同于损失本身。损失是一个事后概念，反映的是风险事件发生后造成的实际结果；而风险是一个事前概念，反映损失发生前的不确定状态。

3. 信用风险标准法。指的是根据监管当局规定的信用风险暴露划分方法，采用固定的风险权重计算信用风险加权资产，核心是依赖外部评级结果，以标准化处理方式计量信用风险。

4. 信用风险内部评级法。指的是要求商业银行通过构建自己的内部评级体系，估计各类信用风险暴露的违约概率、违约损失率、违约风险暴露及期限等风险参数，并按照一定的函数关系计算监管资本要求，实现对信用风险的计量。该方法分为内部评级初级法和内部评级高级法。采用内部评级初级法的银行可以自行估计违约概率，但要根据监管部门提供的规则计算违约损失率、违约风险暴露和期限。违约概率、违约损失率、违约风险暴露和期限都可以由采用内部评级高级法的银行自行估计。但对于零售类资产，不再区分初级法和高级法，银行均需自行估计违约概率、违约损失率和违约风险暴露。

5. 我国信用风险权重法的含义。《商业银行资本管理办法（试行）》中提出的权重法是指银行将全部资产按照监管规定的类别进行分类，并采用监管规定的风险权重计量信用风险加权资产的方法。对不实施内部评级法的商业银行，需要运用权重法计算银行表内外资产的信用风险加权资产；对实施内部评级法的银行，内部评级法覆盖的表内外资产使用内部评级法计算信用风险加权资产，未覆盖的表内外资产使用权重法计算信用风险加权资产。

6. 银行账户信用风险暴露分类。商业银行采用内部评级法计算信用风险加权资产，第一步要对银行账户信用风险暴露进行分类，并至少分为以下六类：主权风险暴露、金融机构风险暴露、公司风险暴露、零售风险暴露、股权风险暴露和其他风险暴露。主权风险暴露、金融机构风险暴露和公司风险暴露统称为非零售风险暴露。

7. 非零售风险暴露内部评级体系设计。对于非零售风险暴露，应该通过内部评级确定每个非零售风险暴露债务人和债项的风险等级。可以采用计量模型方法、专家判断方法或综合使用两种方法进行评级。除上述内容外，在评级维度、评级结构、评级方法论和评级时间跨度、评级标准、模型使用和文档化管理等方面也必须满足一些监管最低要求。

8. 零售风险暴露风险分池体系设计。风险分池是指根据风险特征、交易特征和逾期信息等特征将每笔零售风险暴露划入到相应的“资产池”中，在此基础上估计 PD、LGD、EAD 等风险参数。与非零售风险暴露相比，零售风险暴露具有笔数大、单笔风险暴露较小、风险分散的显著特点，这些特点决定了商业银行普遍采用组合的方式对零售业务进行管理。

9. 风险加权资产计算。采用内部评级法的商业银行需要计算内部评级法覆盖部分的风险加权资产、交易对手信用风险加权资产、资产证券化风险加权资产。内部评级法覆盖部分的风险加权资产分为未违约风险暴露和违约风险暴露分别计算，交易对手信用风险和资产证券化则按照银行适用的不同方法分别计算。

本章重要概念

信用风险　信用风险缓释　权重法　标准法　内部评级法　银行账户风险暴露分类　债务人评级　债项评级　风险分池　风险参数估计　违约概率　违约损失率　违约风险暴露　期限　预期损失　非预期损失　极端损失　风险加权资产

思考题

1. 简述信用风险的概念，面对不同类型的信用风险损失，应如何抵补？
2. 简述权重法的含义，采用权重法如何计算表内外信用风险加权资产？
3. 简述内部评级法的含义，内部评级初级法和高级法有什么区别？
4. 银行账户信用风险暴露通常分为哪几类？

本章参考文献

[1] 中国银行业协会编：《解读商业银行资本管理办法》，北京，中国金融出版社，2012。

[2] 王胜邦、陈颖：《新资本协议信用风险的建模、计量和验证》，上海，上海远东出版社，2008。

[3] Basel Committee on Banking Supervision, Core Principles for Effective Banking Su-

pervision, September 1997.

[4] Basel Committee on Banking Supervision, Principles for the Management of Credit Risk, September 2000.

[5] Basel Committee on Banking Supervision, International Convergence of Capital Measurement and Capital Standards: A Revised Framework, Comprehensive Version. June 2006.

第五章

市场风险

市场风险是商业银行面临的主要风险之一，其计量是商业银行监管统计的重要内容。本章在对市场风险的基本概念和计量统计等进行简要介绍的基础上，具体阐述市场风险资本的计量方法和我国商业银行的市场风险计量情况。

第一节 市场风险概述

一、市场风险的概念及其涉及的业务

（一）市场风险的定义

市场风险是指市场价格（利率、汇率、股票价格和商品价格等）的不利变动而使商业银行表内和表外业务发生损失的风险。市场风险存在于银行的交易业务和非交易业务中，其源头是市场价格的变化。市场风险评估是基于对市场价格不确定性的考察，以及对市场价格变化引起的银行金融工具潜在价值变化（即敏感度）的分析，最终通过测量市场参数的波动性和金融工具的敏感度来量化市场风险。

（二）市场风险管理的意义

自20世纪70年代以来，随着布雷顿森林体系的崩溃和金融管制的放松，利率、汇率的波动性明显增强，金融衍生产品市场迅速发展，国际商业银行面临的市场风险不断增大。市场风险导致的金融危机频频发生，从20世纪90年代的长期资本管理公司、巴林银行的倒闭到2008年的雷曼兄弟、美林银行的破产兼并，许多居于领先地位的老牌金融机构纷纷倒下，市场风险已经成为国际金融机构面临的重大风险之一。随着我国银行业改革开放不断深化，以及汇率、利率改革等不断推进，国内金融市场的广度和深度不断发展，国内金融机构越来越多地涉足外汇、有价证券及其衍生品交易，所面临的市场风险种类也不断增加、状况更为复杂。

在这样的背景下，市场风险对我国商业银行的影响正在逐步加大，重视并加强市场风险的管理意义重大。一方面，市场风险对银行传统存贷款业务的影响及挑战正在加大。随着我国利率市场化改革的深入推进，商业银行的定价、风险偏好、经营模式等都

将发生改变，资金价格的不确定性变化将成为常态，市场风险对银行损益的影响将越来越大，并成为商业银行需要重点关注的风险。另一方面，提高市场风险管理能力对银行发展创新业务、推动业务转型的作用越来越突出。利率市场化改革使得商业银行传统的利差收入逐步减少，积极拓展金融产品、中间业务成为必然趋势。但这些业务涉及到大量市场风险，商业银行的市场风险管理能力日益成为其业务转型的关键因素。

（三）市场风险涉及的银行业务

市场风险存在于银行的交易和非交易业务中。交易业务主要包括金融市场业务，如外汇交易、债券投资以及远期、掉期、期权等衍生产品交易等。其特殊之处在于，风险驱动因素（如利率、汇率、期权等）的变化会导致金融投资组合或单笔交易市值的波动，因为此类业务面临的市场风险更为集中复杂，管理要求更高。非交易业务市场风险表现形式体现为银行资产和负债结构（如期限结构、利率结构、币种结构等）不匹配，利率、汇率等发生变动时而遭受损失的风险。市场风险的来源及其影响的业务范围如图5－1所示。

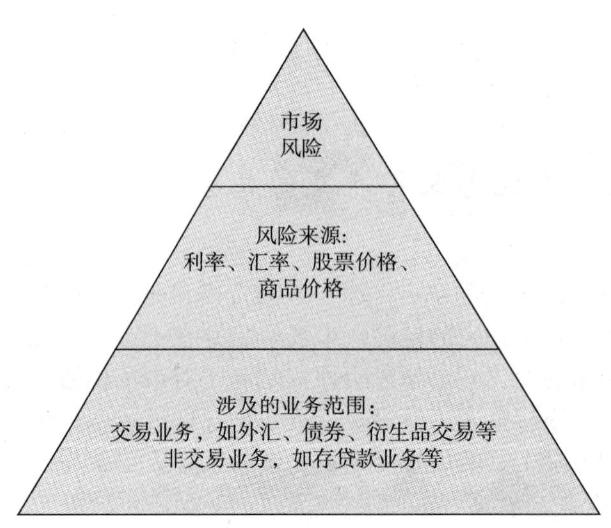

图5－1　市场风险结构图

二、市场风险的类别

按市场价格因素构成不同，市场风险可分为利率风险、汇率风险、股票价格风险、商品价格风险。按价格变动的原因不同，市场风险可分为一般市场风险和特定市场风险。按持有头寸的目的不同，市场风险分为银行账户风险和交易账户风险。

（一）按风险因素分类

1. 利率风险

利率风险是指利率水平的不确定对银行收益或内在经济价值产生不利影响的风险。商业银行是高杠杆企业，资金来源与运用都离不开利率，利率风险是其面临的主要市场风险。按照来源不同，利率风险又分为以下几种。

（1）重新定价风险（Repricing Risk），也称期限错配风险，来源于银行资产、负债和表外业务到期期限或重新定价期限之间存在的差异（即重新定价缺口）。这种重新定价的不对称性使得银行的收益或内在经济价值会随着利率的变动而变化。例如，如果银行以短期存款作为长期固定利率贷款的融资来源，当利率上升时，贷款的利息收入固定不变，而存款的利息支出随着利率上升而增加，从而使银行的未来收益和经济价值降低。一般而言，重新定价缺口越大，银行面临的利率风险越大。如果重新定价资产大于重新定价负债，则为正缺口，商业银行在利率下降时会面临利率风险；否则为负缺口，商业银行在利率上升时面临利率风险。

（2）基准风险（Basis Risk）。即使商业银行的资产、负债和表外业务的重新定价特征相似，但如果各自依据的基准利率不一致，在基准利率发生变化且变动幅度不同时，商业银行的收益或内在经济价值也会遭受不利影响，这类风险称为基准风险。

（3）收益率曲线风险（Yield Curve Risk），也称利率期限结构风险。由于银行资产、负债业务的期限不同，在收益率曲线中对应着不同的利率，当收益率曲线的斜率和形态发生变化（即出现收益率曲线的非平行移动）时，所引发的利率风险即为收益率曲线风险。一般情况下，收益率曲线是短期低长期高，商业银行通常借短贷长来获取利差收益。但当经济环境发生变化时，可能出现意想不到的变化。例如在经济周期扩张阶段，如果货币政策反向操作，短期利率上涨高于长期利率；或者在金融市场恐慌期，长短期利率可能出现倒挂，这些都会减少商业银行的利差收入，恶化其收支状况。

（4）期权性风险（Optionality）。银行的资产、负债和表外业务可能会含有期权性条款，如期权合同、债券或存款的提前兑付条款、贷款的提前偿付权等。当利率发生变化而对期权持有人有利时，期权持有人将重新安排其债务或资产，从而影响银行的收益和内在经济价值。例如，当利率上升时，借款人将会提取存款并重新存入以获取更高存款收益；当利率下降时，贷款人归还贷款并重新借贷以获得更低的贷款利率。当前，金融创新日新月异，具有期权性质的金融产品越来越多。由于这些金融产品具有较高的杠杆效应，其交易可能会放大期权性风险，从而对银行的财务状况产生不利影响。

2. 汇率风险

汇率风险来源于银行表内外业务的货币错配。在某一时段，银行某一币种（黄金被视为一个币种）的多头头寸与空头头寸不一致时，两者的差额就形成了外汇敞口，汇率变动可能会给银行的当期收益或经济价值带来损失，从而形成汇率风险。

（1）外汇交易业务的风险敞口源于以下业务活动：一是银行为客户提供外汇交易服务时未能立即对冲形成的外汇敞口头寸；二是银行根据外币走势预判而主动持有的外汇敞口头寸。

（2）外汇结构性风险是指由银行结构性资产或负债形成的非交易性汇率风险。结构性资产或负债是指银行在经营上必然要持有的策略性外币资产或负债，如经扣除折旧后的固定资产和物业、与记账本位币所属货币不同的资本（营运资金）和法定储备、对海外附属公司和关联公司的投资以及为维持资本充足率稳定而持有的头寸等。

3. 股票价格风险

股票价格风险是指股票价格变动而导致亏损或收益的可能性。根据我国《商业银行法》规定，银行不得在境内从事证券经营业务，因而我国商业银行面临的股票价格风险很少。但随着越来越多的商业银行向国际市场进军，其境外子公司可能从事证券投资业务，从境内外全口径来看，我国商业银行仍然存在一定的股票价格风险。

4. 商品价格风险

商品价格风险是指商品价格波动导致商品头寸价值受损的风险，主要是指农产品、能源和贵金属（不包括黄金）等。

总体来说，由于受业务和规模的限制，我国商业银行主要面临的是利率和汇率风险，商品和股票风险相对较小。

（二）按价格变动原因分类

1. 一般风险

一般市场风险是由一般市场行为导致的市场价格的变动，其大小可以用风险因素的函数来刻画。如银行持有与外汇和商品有关的工具，由于其价格变化完全取决于一般市场的变化，其价格变动对头寸价值的影响就是一般市场风险。

2. 特定风险

特定风险是与单笔证券（Single Security）交易相关的市场风险，是工具发行人有关的因素使得金融工具的市场价格变动产生的风险。特定风险是每笔金融交易特有的风险，又可分为特有风险和事件风险。特有风险是由于债券或股票发行人个体特定风险因素导致相应证券价值与一般市场变化的偏离，也就是单个证券的非系统性风险。事件风险是由于发行人相关的突然事件，如并购、“违约”等，导致单个证券与一般市场状况相比产生剧烈波动的风险。债券及股票头寸的价值波动风险，既包含一般市场风险，也包含特定市场风险。

（三）按头寸账户分类

根据监管机构的资产分类要求，商业银行的表内外资产可划分为银行账户和交易账户两大类。相应地，市场风险也可以分为交易账户风险和银行账户风险。

1. 交易账户风险

交易账户记录的是银行为了交易或管理交易账户其他项目的风险而持有的可自由交易的金融工具和商品头寸，包括如自营头寸、代客买卖头寸和做市交易（Market Making）形成的头寸等。记入交易账户的头寸必须在交易方面不受任何条款的限制，或者能够完全规避自身的风险。银行应当对交易账户头寸经常进行估值，并积极管理投资组合。

2. 银行账户风险

与交易账户相对应，银行的其他业务归入银行账户，最典型的是存贷款业务。银行账户中的项目则通常按历史成本计价。

银行业务划分为银行账户和交易账户，是准确计算市场风险监管资本的基础。巴塞尔委员会于1996年1月颁布的《市场风险资本监管补充规定》将市场风险纳入资本要求的范围，市场风险计算范围包括交易账户中的利率风险和股票价格风险以及银行账户和交易账户中的汇率风险和商品价格风险。商业银行应该正确划分交易账户和银行账户，并按照具体业务的目的、风险性质等实施差别化管理，采取相应的市场风险识别、计量、监测和控制方法。

表5－1列示了巴塞尔新资本协议第一支柱下市场风险资本计提的种类和范围。

表5－1　　市场风险资本计提的种类和范围

类别		利率风险	汇率风险	股票价格风险	商品价格风险
交易账户	一般市场风险	✓	✓	✓	✓
	特定市场风险	✓	×	✓	×
银行账户	一般市场风险	×	✓	×	✓
	特定市场风险	×	×	×	×

注：✓为监管要求规定的需要进行资本计提的风险类别。

第二节　市场风险计量及主要监管指标

一、市场风险计量的基本原理

（一）市场风险计量的目标和原则

市场风险计量是指在充分识别市场风险因素的前提下，运用不同计量方法，计算市场风险相关指标与市场风险资本的过程。市场风险计量的目标是根据业务性质、规模和复杂程度，选择适当的、普遍接受的计量方法，基于合理的假设和参数设定，尽可能准确地计算可以量化的市场风险和评估难以量化的市场风险，为市场风险的监测和管理夯实基础。

市场风险的计量需满足以下三个原则。

（1）完整性原则。开展市场风险计量工作前应充分了解计量对象的风险特征，充分掌握资产组合的交易策略结构，充分识别相关市场风险因素，并将资产组合涉及的所有市场风险因素纳入计量范围。

（2）审慎性原则。在市场风险计量过程中，应根据业务性质、规模和复杂程度，选择适当的、普遍接受的计量方法，审慎估计计量模型的相关参数。

（3）全面性原则。应综合采用多种市场风险计量技术开展市场风险计量工作，不同计量方式所得结果互为补充，共同作为市场风险分析和管理的依据。

（二）市场风险计量基础技术

银行业市场风险计量较早采用的基础技术主要是敏感性分析。敏感性分析是指在保持其他条件不变的前提下，研究单个市场风险因素（利率、汇率、股票价格和商品价格等）的变化可能会对金融工具或资产组合的收益或经济价值产生的影响。常见的敏感性分析方法包括缺口分析、久期分析和外汇敞口分析等。敏感性分析度量的是资产组合的收益或经济价值相对市场要素的线性变化，在市场因素变动较小时，其计量结果较为准确。敏感性分析的优点主要是计算简便，不依赖于概率统计模型，结果直观、方法透明且易于理解，局限性在于上述方法主要针对单一风险因素，不能反映多种风险因素间的相关性和基差风险，且计算依赖较多近似假设，分析较为粗略。

1. 缺口分析

缺口分析是银行业较早采用的利率风险计量方法，用来衡量利率变动对银行当期收益的影响。缺口分析的具体方法为：将银行的所有生息资产和付息负债按照重新定价的期限，划分到不同的时间段，如1个月以下、1~3个月、3个月~1年、1~5年、5年以上等；在每个时间段内，将利率敏感性资产减去利率敏感性负债，再加上表外业务头寸，得到该时间段内的重新定价“缺口”；以该缺口乘以假定的利率变动，便可得出这一利率变动对净利息收入变动的大致影响。当某区间内的负债大于资产（包括表外业务头寸）时，就产生了负缺口，即负债敏感型缺口。在这种情况下，市场利率上升会导致银行净利息收入下降。相反，当某一时段内的资产（包括表外业务头寸）大于负债时，就产生了正缺口，即资产敏感型缺口。在这种情况下，市场利率下降会导致银行净利息收入下降。各区间假定的利率变动在缺口分析中非常重要，银行可通过历史分析、专家判断和利率模型预测等方式来确定利率变动的大小和方向。

2. 久期分析

久期分析也称为持续期分析或期限弹性分析，是衡量利率变动对银行经济价值影响的一种方法。久期分析的具体方法为：对各时段的缺口赋予相应的敏感性权重，得到加权缺口；对所有时段的加权缺口进行汇总，估算给定利率变动（通常小于1%）可能会对银行经济价值产生的影响（用经济价值变动的百分比表示）。各个时段的敏感性权重通常是由假定的利率变动乘以该时段头寸的假定平均久期来确定。一般而言，金融工具的到期日或距下一次重新定价日的时间越长，并且在到期日之前支付的金额越小，则久期的绝对值越大。久期越大，未来利率变动对银行经济价值的影响越大。随着计算机技术的日益成熟，银行可对上述久期分析法进行改进，通过计算每项资产、负债和表外头寸的精确久期来替代头寸的平均久期，从而消除加总头寸时可能产生的误差。

3. 外汇敞口分析

外汇敞口分析是衡量汇率变动对银行当期收益影响的一种方法。外汇敞口分析包括对单币种敞口头寸的分析和对银行总敞口头寸的分析。其中，单币种敞口头寸是指每种货币的即期净敞口头寸、远期净敞口头寸、期权敞口头寸以及其他敞口头寸之和，反映单一货币的外汇风险；总敞口头寸则是各个币种敞口头寸的加总，反映的是整个货币组合的外汇风险。总敞口头寸一般采用短边法计算，具体步骤为：将多头币种的外汇头寸和空头币种的外汇头寸分别相加，得到净多头头寸之和与净空头头寸之和；比较二者的大小，选取绝对值较大者作为总敞口头寸。

（三）高级市场风险计量技术

伴随着金融工程和计算机技术的发展，以风险价值为代表的计量技术逐渐成为被银行业广泛采用的市场风险高级计量方法。其主要特点是，采用了概率统计模型，分析粒度可精细化到单笔头寸层面，能够反映不同风险因素间的相关性等，但也存在一定的模型风险和方法论上的局限性。在市场风险管理中，需要将高级计量技术与基础计量技术结合使用。

1. 风险价值

风险价值（Value at Risk，VaR）是指在一定的持有期内、给定的置信水平下，市场风险因素发生变化可能对组合造成的最大损失值。如图 5 – 2 所示，以 1 天持有期为例，图中曲线代表某组合未来 1 天内损益的概率分布情况，左侧的白色区域对应的是钟形区域面积的 1%，X 轴上的分位点即对应的 VaR 值，表示在 1 天持有期内，该组合的最大损失有 99% 的概率不会超过 VaR 值。

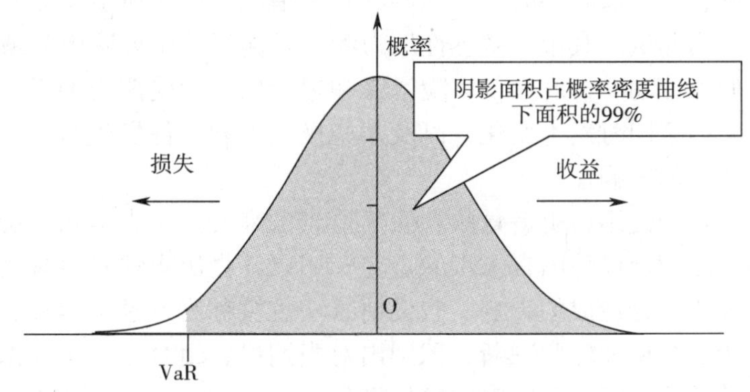

图 5 – 2　风险价值（VaR）的图例说明

VaR 有三个重要参数：持有期、置信水平和观察期。持有期是指银行持有组合的时间长度，如 1 天、10 天等，与之对应的潜在假设是银行有意愿并有条件在该持有期内卖出该组合。置信水平指 VaR 计算过程中采用的概率水平。从置信水平角度看，VaR 值实际上是对应于某一指定概率的最大损失预测值。观察期是指历史数据选取的时段范围，又称历史数据窗口。VaR 的计量需要建立对市场风险因素未来变动的概率统计模型，根据模型的构建方法和假设的不同，VaR 的计量方法又可分为历史模拟法、蒙特卡罗模拟法和参数法。VaR 具有简单直观、便于理解的优点，只用一个直观的数字（货币金额）即可反映金融机构面临的风险状况；同时，VaR 不仅能计算单个金融工具的风险，而且能计算由多个金融工具组成的组合风险，并充分考虑其中的相关性。但是，VaR 也存在一定缺陷。一是难以反映超过 VaR 值部分的极端损失的分布情况。VaR 是一定置信水平下的最大损失估计，但无法反映当损失超过 VaR 后，造成的损失到底有多大。二是难以反映市场发生极端变化的情景。VaR 主要适用于正常市场条件下对于市场风险的衡量，无法体现极端情况下的风险和损失。

2. 尾部预期损失

尾部预期损失（Expected Shortfall）是指在一定的置信水平和给定的时段内，损失超过 VaR 时的期望值。例如，某资产组合 99% 置信度，1 天持有期下的 VaR 为 400 万元，而预期尾部损失为 500 万元，表明该资产组合有 1% 的概率在 1 天后损失超过 400 万元，但在这种情况发生时，该资产组合的平均损失会达到 500 万元。尾部预期损失的计算一般可采用历史模拟法和蒙特卡罗模拟法。尾部预期损失在一定程度上克服了 VaR 模型的缺点，不仅考虑了超过 VaR 的频率，而且考虑了损失超过 VaR 的条件期望，在一定程度上解决了 VaR 模型在处理损失厚尾分布时存在的不足。

3. 压力测试

VaR 主要适用于正常市场条件下的市场风险衡量，而对于极端情况下的风险衡量无能为力，不能反映市场小概率事件发生情况下尾部损益的大小和分布情况。作为 VaR 的重要补充，市场风险压力测试是一种估算突发的小概率事件等极端不利情况可能对市场风险组合造成的潜在损失的定性分析方法。银行可针对压力测试结果，前瞻性地为可能面临的风险做好准备，采取必要的风险规避和管控措施。市场风险压力测试包括敏感性压力测试和情景压力测试。其中，敏感性压力测试是测量单个风险因素或少数关系密切的风险因素发生假设变动时，对银行风险暴露和银行风险承受能力的影响；情景压力测试是假设多个风险因素同时发生变化，以及某些极端不利事件发生时，对银行风险暴露和银行风险承受能力的影响。

先进银行通常综合使用历史情景法和假定情景法来设计压力情景。历史情景法是指根据历史数据的变化判定风险因素未来的走势，用以计量历史情景再现时，相关风险因素的变动对当前投资组合造成的影响。假设情景法也被称为专家决策法，需要由市场风险管理专家根据历史数据和经验判断，识别出对当期投资组合影响重大的风险因素，并对风险因素的变动趋势进行预测，完成情景设计。

二、市场风险监管统计指标

（一）利率重新定价风险的监管统计指标

利率重新定价指标主要统计银行业金融机构资产、负债和衍生产品交易业务头寸在各种定价期限时段内的敏感性缺口，并进行敏感性分析，即在利率平行上升 200 个基点的假定前提下，分别从利率变动对盈利水平的影响和对经济价值的影响两个角度衡量银行业金融机构潜在的利率风险水平。该项统计要求区分银行账户和交易账户，并分币种填报。

具体计算方法是：在每个时段内，将利率敏感性资产减去利率敏感性负债，再加上衍生产品交易业务头寸（多头减去空头），得到该时段内的利率敏感性缺口；将利率敏感性缺口分别乘以设定的“一年内净利息收入的时间权数”和“利率风险权数”，分别得到利率上升 200 个基点对未来 12 个月净利息收入的影响程度和对机构净值的影响程度。统计报表如表5－2所示。

表5－2　　　　　　　　利率重新定价风险情况表主要内容

	项目	A	B	C	D	E	F	G
		账面金额	自报告日起到最近可重新定价日或到期日的期限					
			1个月	1～3个月	3～6个月	6个月至1年	1年至2年	其他
1	1. 生息资产							
2	1.1 金融机构间融资形成的资产							
3	1.2 计息的各项贷款							
4	1.3 债券投资							
5	2. 非生息资产							
6	3. 资产方合计							
7	4. 付息负债							
8	4.1 金融机构间融资形成的负债							
9	4.2 活期存款							
10	4.3 定期存款							
11	4.4 发行债券							
12	5. 非付息负债							
13	6. 所有者权益							
14	7. 负债及所有者权益总计							
15	8. 项目【1】至【7】的利率敏感性缺口（＝【1】－【4】）							
16	9.1 利率掉期合约多头							
17	9.2 利率掉期合约空头							
18	9.3 货币掉期合约多头							
19	9.4 货币掉期合约空头							
20	9. 项目【9.1】至【9.4】的利率敏感性缺口							
21	10. 利率敏感性缺口（＝【8】＋【9】）							
22	11. 一年内净利息收入的时间权数（%）							
23	12. 利率上升200个基点对净利息收入的影响（＝【10】×【11】）							
24	13. 利率敏感性累计缺口							
25	14. 利率风险权数（%）							
26	15. 利率上升200个基点对机构净值的影响（＝－【10】×【14】）							
27	16. 机构净值变化值占资本净额的比例（＝【15】/【17】×100%）（%）							

表5-2可分为两部分，上半部分是对利率敏感性缺口的数据统计，下半部分是对利率风险的敏感性分析（即分别计算利率平行上升200个基点对盈利水平和经济价值的影响程度）。上半部分的行项目包括资产、负债、所有者权益以及衍生产品交易业务的多头和空头。其中，资产分为生息资产和非生息资产，负债分为付息负债和非付息负债，衍生产品交易业务分为远期外汇合约等6个种类。非生息资产、非付息负债、所有者权益不参与利率敏感性缺口计算。本表列项目为账面金额，资产、负债或衍生产品交易业务头寸的重新定价期限共划分为“1个月”、“1~3个月”，直到“20年以上”等13个时段，距报告日越近，时段分得越细。

监管人员应当重点关注以下两个监管指标。一是利率风险敏感度，即利率上升200个基点对填报机构净值的影响/资本净额×100%，反映在基准利率大幅上升的压力环境下，商业银行经济价值所遭受的损失对银行资本的侵蚀程度，从而衡量银行抵抗利率风险的能力。该指标超过15%时，利率风险应引起关注。二是利率上升200个基点对净利息收入的影响，当影响值超过税前利润的20%或资本净额的4%时，利率风险应引起关注。

（二）外汇风险的监管统计指标

外汇敞口分析是银行业金融机构较早采用的计量外汇风险的方法，主要衡量汇率变动对银行业金融机构当期收益的影响，具有计算简便、清晰易懂的优点。外汇敞口主要来源于银行业金融机构表内外业务中的货币错配。当在某一时段内，银行业金融机构某一币种的多头头寸与空头头寸不一致时，所产生的差额就形成了外汇敞口。在存在外汇敞口的情况下，汇率变动可能会给银行业金融机构的当期收益或经济价值带来损失，从而形成外汇风险。

根据外汇风险的来源，外汇风险大致可以分为外汇交易风险和外汇结构风险。银行业金融机构的外汇交易风险主要来自两方面：一是为客户提供外汇买卖服务而未能立即进行对冲的外汇敞口头寸；二是银行业金融机构对外币走势有某种预期而持有的外汇敞口头寸。外汇结构风险来自银行业金融机构以下业务活动的币种不匹配：（1）以外币购买固定资产和物业；（2）对关联公司和海外附属机构的外币股本投资；（3）海外分行的外币营运资本和法定储备；（4）借入外币资本，如永久性后偿债项。上述四类业务活动形成的资产（负债）通称为结构性资产（负债）。此外，银行业金融机构其他的资产与负债、资本的币种不匹配也会引起外汇结构风险。其统计报表的主要内容如表5-3所示。

表5-3　　外汇风险敞口情况表主要内容

	货币币种折人民币	A	B	C	D	E	F	G	H	I	J	K	L
		境内分支机构外汇风险敞口							风险敞口净额				内部敞口额度
		即期资产	即期负债	远期买入	远期卖出	调整后的期权头寸	敞口头寸=A-B+C-D+E	结构性资产（负债）	海外分行	附属公司	合计敞口	合计结构性资产（负债）	
1	美元USD												
2	欧元EUR												

续表

	货币币种折人民币	A	B	C	D	E	F	G	H	I	J	K	L
		境内分支机构外汇风险敞口							风险敞口净额				内部敞口额度
		即期资产	即期负债	远期买入	远期卖出	调整后的期权头寸	敞口头寸 =A－B+C－D+E	结构性资产（负债）	海外分行	附属公司	合计敞口	合计结构性资产（负债）	
3	日元 JPY												
4	英镑 GBP												
5	黄金												
6	其他净额为多头的外币												
7	其他净额为空头的外币												
8	外币总敞口												

监管人员应当重点关注以下两个监管指标。一是累计外汇敞口头寸比例，用以衡量汇率风险导致的盈利或损失对银行净资产的影响。该指标是将各币种敞口折成人民币，按多头、空头分别加总，比较孰大后形成的外汇总敞口占资本净额的比例。二是美元敞口头寸比例。该指标是将美元折成人民币敞口占资本净额的比例。在使用和分析累计外汇敞口头寸比例时，应注意把握其局限性。由于外汇总敞口是所有外汇敞口折成人民币表示的外汇敞口总额，因此其数值大小有时难以揭示汇率风险的真正来源。例如，尽管两家银行具有相同的外汇总敞口，但是甲银行持有的外汇头寸是强势货币，而乙银行持有的外汇头寸是弱势货币，实际上甲银行的汇率风险要低于乙银行。此外，该指标忽略了各币种汇率变动的相关性，难以揭示由于各币种汇率变动的相关性所带来的汇率风险。

根据监管政策的发展变化，市场风险监管统计的内容也随之丰富完善。2012 年，随着《商业银行资本管理办法（试行）》等新资本监管法规的实施，银监会组织设计了“新资本充足率报表”，并于 2013 年开始正式报送。在市场风险方面，“新资本充足率报表”涵盖了市场风险资本计量的基本内容。银行填报的相关报表反映了对其使用标准法或内部模型法计量市场风险资本的过程和结果，为监管机构提供了监测和分析的依据。

第三节　市场风险加权资产统计

经过监管当局允许后，商业银行可以选择使用标准法或内部模型法计量市场风险。

标准法采用“搭积木”累加的方式，分别计算特定风险和一般市场风险。多数内部模型侧重关注银行的一般市场风险暴露，特定风险的计量则采用单独的信用风险计量系统。使用内部模型法的银行仍需另外安排资本，覆盖模型中未反映的特定风险，这部分资本要求的金额大小与该银行模型覆盖的特定风险的程度有关。

在过渡期内，银行可以混合使用标准法和内部模型法计量市场风险，但这种“局部”模型应覆盖一个完整的风险类别（如利率风险或外汇风险），即不能同时使用两种方法计量同一类风险。然而，鉴于全球大多数银行目前仍在进一步改进自身的风险管理模型，巴塞尔委员会认为在经过监管当局批准的情况下，银行可以灵活决定是否对于同一风险类别的全球业务用同一种计量方法。监管当局应警惕银行在计量同类风险时，从自身利益出发选择使用标准法或内部模型法。使用内部模型法计量单一风险类别的银行应使其模型逐步覆盖全部业务，并最终采用统一模型（即能够识别全部市场风险类别的模型）。一般来说，已经使用内部模型法的银行不允许再回到标准法。但是，即使是使用统一模型计量市场风险的银行仍会碰到其内部交易风险管理模型无法识别的风险，如在偏远地区、小币种或某些业务量极少的领域[①]。这类不被模型覆盖的风险应使用标准法单独计量和报告。

一、标准法

（一）利率风险

本部分介绍交易账户中债券或其他利率相关工具所产生的风险的计量方法。这类金融工具包括所有固定利率和浮动利率债券以及类似金融工具，包括不可转换优先股[②]。对于可按约定价格转换成普通股的可转换债券，若该可转债作为债券进行交易，则将其当作债券处理；若该可转债作为股票进行交易，则将其当作股票处理。

利率风险最低资本要求由两部分资本组成：一部分反映每种证券的“特定风险”（无论多头还是空头）；另一部分反映整个证券组合的利率风险（称为“一般市场风险”），计算该部分资本时，不同证券和工具的多空头可以冲销。同时，银行应根据下列方法决定相关交易组合（Correlation Trading Portfolio）的特定风险资本要求，计算：（1）只适用于相关交易风险暴露净多头的特定风险总资本要求；（2）只适用于相关交易风险暴露净空头的特定风险总资本要求；二者中的较大值即为相关交易组合的特定风险资本要求。

1. 特定风险

特定风险资本要求是为了抵御单一证券的价格由于单一发行人的原因而出现不利波动。计量特定风险时，只有相同证券的匹配头寸（包括衍生品头寸）才可进行冲销。即使是同一发行人发行的不同证券也不能进行冲销，因为不同证券的息票率、流动性、赎

---

① 例如，如果一家银行几乎不从事商品交易，则该行不必要建模计量其商品风险。

② 已交易的抵押证券和抵押衍生产品因其提前偿还风险而具有独特的性质。因此，目前对这类证券没有统一的处理方法，各国监管当局可自行决定。回购协议或证券借贷协议下的证券应视为该证券仍属于拆出方，也就是说仍可将该证券以与其他证券头寸相同的方式处理。

回条款都会使价格在短期内发生偏离。

表 5－4　　针对发行人风险的特定风险资本要求

类别	外部信用评级	特定风险资本要求
政府证券	AAA 级至 AA－级	0
	A＋级至 BBB－级	0.25%（剩余期限不超过 6 个月） 1.00%（剩余期限在 6 个月至 24 个月，包括 24 个月） 1.60%（剩余期限超过 24 个月）
	BB＋级至 B－级	8.00%
	B－级以下	12.00%
	未评级	8.00%
合格证券		0.25%（剩余期限不超过 6 个月） 1.00%（剩余期限在 6 个月至 24 个月，包括 24 个月） 1.60%（剩余期限超过 24 个月）
其他证券	与本框架标准法下的信用风险资本要求相似 如： BB＋级至 B－级　8.00% B－级以下　12.00% 未评级　8.00%	

（1）对“政府证券”的资本要求

“政府证券”包括各种政府[①]票据，如政府债券、国库券和其他政府发行的短期金融工具等。但各国监管当局有权对某些外国政府发行的证券，特别是不以发行国货币计价的证券规定不同的特定风险权重。若政府票据以本国货币计价且通过银行以同种货币融资，各国可灵活决定是否对其计提较低的特定风险资本。

（2）对“合格证券”的资本要求

“合格证券”包括公共部门实体和多边开发银行发行的证券，以及满足下列条件的其他证券：

被至少两家本国监管当局指定的信用评级机构评为投资级[②]；或被一家评级机构评为投资级，同时被一家本国监管当局指定的评级机构评为不低于投资级（须受到监管当局监督）；或经监管当局批准，未评级但报告行认为其达到相当于投资级的质量，且其发行人已有证券在受认可的交易所挂牌交易。

各国监管当局应负责监督上述标准的应用，特别是最后一条标准，因为证券的最初分类是由报告行决定的。各国监管当局也可自行决定是否将已实施新资本协议的国家的银行发行的证券纳入“合格证券”，条件是当这类银行无法满足资本协议下的资本要求

① 各国可自行决定是否包含满足本框架零权重规定的地方政府。

② 如被穆迪公司评为 Baa 级或以上级别，并被标准普尔公司评为 BBB 级或以上级别。

时，监管当局能够及时采取补救措施。同样地，监管当局也可自行决定是否将符合同等条件的证券公司发行的债券纳入“合格证券”。另外，“合格证券”应包括等同于投资级且在新资本协议下受到监管约束的机构发行的证券。

（3）对不合格发行人的特定风险要求

不合格发行人发行的金融工具的特定风险权重与新资本协议标准法下非投资级企业借款人的信用风险权重相同。然而，由于某些债务工具相对政府债券具有较高的赎回收益率，在某些情况下其特定风险可能被低估，因此各国监管当局有权对此类金融工具计提较高的特定风险资本要求，且/或在计量一般市场风险时不允许在此类金融工具和其他债务工具间进行对冲。

（4）资产证券化头寸的特定风险处理规则

除了下面特别说明的情况，交易账户上资产证券化头寸特定风险的计算方法与银行账户上该类头寸的计算方法一致。在资产证券化风险暴露标准法框架下，对头寸的特定风险资本要求详见表5－5。该要求适用于采用信用风险标准法的银行。对于长期评级为B＋级及以下的头寸和短期评级不是A－1/P－1、A－2/P－2或A－3/P－3的头寸，应进行资本扣除。

表5－5　　标准法下基于外部信用评级的特定风险资本要求

外部信用评级	AAA级到AA－级 A－1/P－1	A＋级到A－级 A－2/P－2	BBB＋级到BBB－级 A－3/P－3	BB＋级 到BB－级	BB－级以下和A－3/ P－3以下或未评级
资产证券化风险暴露	1.60%	4%	8%	28%	扣除
再资产证券化风险暴露	3.20%	8%	18%	52%	扣除

标准法下未评级资产证券化头寸的特定风险资本要求为8%加权平均风险权重乘以集中度率。若集中度率大于等于12.5，该头寸应从资本中扣除。“集中度率”等于所有头寸的名义金额总和除以级别低于或等于该头寸的名义金额总和。按此方法计算出的特定风险资本要求不得低于任何更高优先级头寸的特定风险资本要求。如果银行不能按照上述方法确定特定风险资本要求或者未使用上述方法处理该头寸，则从资本中扣除该头寸。

（5）对有信用衍生品对冲的头寸的特定风险资本要求

①满足下列条件，且价值变动方向相反、变动幅度大致相同的多头和空头可以完全冲销：（a）双方由完全相同的金融工具组成，或（b）用总收益互换（Total Return Swap）对冲现金多头头寸（反之亦然），且双方的参考债务和基础工具（即现金头寸）能够完全匹配[①]。在上述情况下，无须对头寸双方计提特定风险资本要求。

②若用信用违约互换（Credit Default Swap）或信用联系票据（Credit－linked Note）对冲现金多头头寸，且参考债务和信用衍生品的到期日和基础工具的币种完全相同，则变动方向相反、变动幅度略有差异的多头和空头可以冲销80%。此外，信用衍生合约的关键要素（如信用事件定义、清算机制）不应使信用衍生品价格的波动明显偏离现金头

① 互换合约自身的到期日可以与基础工具不同。

寸的价格波动。以对冲交易转移的风险为限（即考虑限制性支付条款，如固定支付和付款的临界值标准），交易中资本要求高的一方可扣减80%的特定风险资本，而另一方特定风险资本要求为零。

③满足下列条件，且价值变动方向相反的多头和空头可以部分冲销：（a）该头寸满足上述第①点的（b）条件，但参考债务和基础工具间存在资产错配；（b）该头寸满足上述第①点的（a）或第②点条件，但信用保护和基础资产间存在币种或期限错配；（c）该头寸满足上述第②点条件，但现金头寸和信用衍生品间存在资产错配。同时，基础资产应包含在信用衍生合约的（可交割）债务中。应用上述三点规则时应注意：交易双方（即信用保护和基础资产）中只有资本要求高的一方才须计提特定风险资本，而不是将双方的特定风险资本要求相加。不适用上述三种情况的头寸双方都须计提特定风险资本要求。

④第n次违约信用衍生品（n-th-to-default Credit Derivatives）的特定风险资本要求。第n次违约信用衍生品是指损益取决于一篮子基础参考工具中第n个资产违约情况的合约。一旦第n次违约发生，交易结束并进入清算。（a）首次违约信用衍生品（First-to-default Credit Derivatives）的特定风险资本要求为以下较小者：篮子中单一参考信用衍生工具的特定风险资本要求之和；合约发生信用事件时的最大可能支付额。若银行有一个信用工具风险头寸，且该信用工具是首次违约信用衍生品的基础参考工具，则该信用衍生品可用于对冲银行的风险头寸，银行可以不计提该信用衍生品及其基础信用工具可对冲部分特定风险资本。若银行在首次违约信用衍生品的基础信用工具上有多个头寸，则只能对冲特定风险资本要求最低的那部分基础参考信用工具。（b）第n次违约信用衍生品（n>1）的特定风险资本要求为以下较小者：篮子中单一参考信用衍生工具的特定风险资本要求之和，但不包括特定风险资本要求最低的n-1个债务；合约发生信用事件时的最大可能支付额。对于n>1的第n次违约信用衍生品，不允许与任何基础参考信用工具进行特定风险资本要求对冲。（c）若首次或其他第n次违约信用衍生品存在外部评级，则需使用衍生品的评级计算特定风险资本要求，并使用表5-5列出的适当的资产证券化风险权重。（d）每个第n次违约信用衍生品净头寸的特定风险资本要求与净头寸是多头或空头（即接受保护或提供保护）无关。

银行应将信用衍生品和资产证券化工具单一头寸的资本要求限制在最大可能损失之内。对于空头而言，该限额为由于基础工具发生无风险违约造成的价值变动。对于多头而言，最大可能损失为当所有基础工具全部违约且无法弥补时造成的价值变动。最大可能损失须按每个头寸分别计算。

2. 一般市场风险

一般市场风险资本要求是为了反映因市场利率变动而产生损失的风险。计量风险时有到期日法（Maturity Method）和久期法（Duration Method）两种方法可供选择。对于这两种方法，资本要求都为以下四部分之和：整个交易账户的净多头或净空头头寸；每时段（Time-band）中匹配头寸的较小一部分（称为“垂直资本要求”，Vertical Disallowance）；不同时段间匹配头寸的较大一部分（称为“横向资本要求”，Horizontal Disallowance)；对期权头寸的净资本要求。

下面将分别介绍到期日法和久期法计量一般市场风险的步骤。

（1）到期日法

用到期日法计算一般市场风险时，每种货币应使用单独的到期日阶梯（Maturity Ladder），并分别计算所需资本，然后逐项相加，不同币种间符号相反的头寸不允许冲销。对于业务量极小的币种则无需使用单独的到期日阶梯，可建立一个到期日阶梯用以填报各小币种的净多头合计或净空头合计。

到期日阶梯由13个时段（对于息票率低的金融工具有15个时段）组成，计算一般市场风险时应将债券和其他利率风险暴露的多头头寸或空头头寸分别填入这13个（或15个）时段中。固定利率工具按距到期日的剩余期限填报，浮动利率工具按距下一重新定价日的剩余期限填报。同种债券（不包括同一发行人发行的不同债券）金额相同的一对相反头寸无需填入到期日阶梯。各项净头寸，无论是多头还是空头，都应在相应的时段内加总得到一个总头寸数据。其计算步骤如下：

第一步：根据各时段头寸对假定利率变动的价格敏感性设定相应的风险权重。各时段的风险权重如表5－6所示。零息债券和大幅折价债券（息票率小于3%的债券）的风险权重应根据表中的第二列分配。

表5－6　　时段与权重（到期日法）

息票率不小于3%	息票率小于3%	风险权重	假定收益率变化（%）
不超过1个月	不超过1个月	0	1.00
1～3个月	1～3个月	0.20%	1.00
3～6个月	3～6个月	0.40%	1.00
6～12个月	6～12个月	0.70%	1.00
1～2年	1.0～1.9年	1.25%	0.90
2～3年	1.9～2.8年	1.75%	0.80
3～4年	2.8～3.6年	2.25%	0.75
4～5年	3.6～4.3年	2.75%	0.75
5～7年	4.3～5.7年	3.25%	0.70
7～10年	5.7～7.3年	3.75%	0.65
10～15年	7.3～9.3年	4.50%	0.60
15～20年	9.3～10.6年	5.25%	0.60
20年以上	10.6～12年	6.00%	0.60
	12～20年	8.00%	0.60
	20年以上	12.50%	0.60

第二步：将各时段内加权后的多头和空头进行轧差，得到各时段的净多头或净空头头寸，并计算垂直资本要求。由于每个时段内可能包含不同种类的金融工具和不同到期日，因此应对时段内可对冲部分（无论多头还是空头）计提10%的资本，以反映基差风

险（Basis Risk）和期差风险（Gap Risk）。例如，若一个时段内的加权多头头寸合计为1亿美元，加权空头合计为9 000万美元，则该时段的“垂直资本要求”为9 000万美元的10%，即900万美元。

第三步：将同一时区内不同时段的净多头或净空头头寸进行轧差，并计算时区内横向资本要求。该步骤对第二步计算后得到的各时段净多头或净空头头寸进行“横向对冲”，对冲在每个时区内（0~1年、1~4年和4年以上①）分别进行。同时仍应对可对冲部分按比率计提一部分横向资本要求，计提比率见表5-7。

第四步：将不同时区的净多头或净空头头寸进行轧差，并计算时区间横向资本要求。该步骤对第三步计算后得到的各时区剩余净头寸与其他时区的相反头寸进行“横向对冲”，并对可对冲部分按比率计提一部分横向资本要求，计提比率见表5-7。对冲先在相邻时区间进行，再在1区和3区间进行。本轮轧差后剩下的净多头或净空头即为整个交易账户的加权净头寸。

表5-7　　横向资本要求

<table>
<tr><th>时区</th><th>时段</th><th>同一区内</th><th>相邻区之间</th><th>1区和3区之间</th></tr>
<tr><td rowspan="4">1区</td><td>0~1个月</td><td rowspan="4">40%</td><td rowspan="4">40%</td><td rowspan="13">100%</td></tr>
<tr><td>1~3个月</td></tr>
<tr><td>3~6个月</td></tr>
<tr><td>6~12个月</td></tr>
<tr><td rowspan="3">2区</td><td>1~2年</td><td rowspan="3">30%</td><td rowspan="9">40%</td></tr>
<tr><td>2~3年</td></tr>
<tr><td>3~4年</td></tr>
<tr><td rowspan="6">3区</td><td>4~5年</td><td rowspan="6">30%</td></tr>
<tr><td>5~7年</td></tr>
<tr><td>7~10年</td></tr>
<tr><td>10~15年</td></tr>
<tr><td>15~20年</td></tr>
<tr><td>20年以上</td></tr>
</table>

利率一般市场风险资本要求即为上述四个步骤计算出的各部分资本要求和整个交易账户的加权净头寸的绝对值之和（对期权头寸的处理方法将在后文单独叙述）。

（2）久期法

经监管当局批准，具备必要能力的银行可使用久期法，通过分别计算每个头寸的价格敏感性（即久期）更精确地计量一般市场风险。银行必须持续选择并使用同一种方法，并接受监管当局的监督。久期法的计算步骤如下：

第一步：根据金融工具的到期日，计算利率变化0.6~1.0个百分点时每种工具的价

① 对于息票率小于3%的债券，时区划分为0~1年、1~3.6年和3.6年以上。

格敏感性（见表5－8）。

第二步：将得出的敏感性指标填入分为15个时段的久期阶梯表（见表5－8）。

第三步：对各时段的多头和空头头寸计提5%垂直资本要求，以覆盖基差风险。

第四步：对各时段的净头寸进行横向对冲，并根据表5－7列出的比率计提资本要求。横向对冲法与到期日法相同。

表5－8　　时段和假定收益率变化（久期法）

	假定收益率变化		假定收益率变化（%）
1区		3区	
0～1个月	1.00	3.6～4.3年	0.75
1～3个月	1.00	4.3～5.7年	0.70
3～6个月	1.00	5.7～7.3年	0.65
6～12个月	1.00	7.3～9.3年	0.60
		9.3～10.6年	0.60
2区		10.6～12年	0.60
1～1.9年	0.90	12～20年	0.60
1.9～2.8年	0.80	20年以上	0.60
2.8～3.6年	0.75		

对于其他小币种在各时段的总头寸，若采用标准法，则按照表5－7列出的风险权重进行计算；若采用久期法，则按照表5－8列出的假定收益变化进行计算。头寸不再进行进一步轧差。

3. 对利率衍生品的处理方法

利率一般市场风险的计量应包括交易账户上所有受利率变化影响的利率衍生品和表外金融工具（如远期利率协议、其他远期合约、债券期货、利率互换、交叉货币互换和远期外汇头寸，对期权头寸的处理方法将在后文单独叙述）。衍生品应转换为相应的基础工具头寸，并按前文所述方法计算特定风险和一般市场风险资本要求。

（1）衍生品头寸填报方法

① 期货和远期合约，包括远期利率协议（Forward Rate Agreement，FRA）。此类金融工具应视为名义政府债券的一个多头头寸和一个空头头寸组合。期货和远期利率协议的到期日是指距合约交割或执行的时间加上基础金融工具的存续期。例如，一份6月生效的三个月期利率期货多头（4月记账）应计为一个五个月期的政府债券多头和一个两个月期的政府债券空头。若有多种金融工具可用于交割履约，则银行可灵活选择其中一种可交割债券填入到期日阶梯或久期阶梯，但应考虑交易所规定的转换系数。对于公司债券指数期货，其头寸应按名义基础债券组合的市场价值计算。

② 互换（Swap）。互换应视为具有不同到期日的两个政府债券的名义头寸。例如，若银行在一份利率互换中收取浮动利息并支付固定利息，则该互换应视为一个浮动利率金融工具多头（到期日为距下一利率定价日）和一个固定利率金融工具空头（到期日为

该互换的剩余期限）。

（2）标准法下衍生品的资本计算要点

① 匹配头寸允许冲销。发行人、息票率、币种和到期日完全相同的金融工具的一对相反头寸可以不填入利率到期日阶梯。期货、远期及其相应基础工具的匹配头寸可以完全冲销[①]，无需计算资本。若期货或远期由多种可交割金融工具组成，则只能与最便宜交割债券（Cheapest-to-deliver，交割该债券对于持有空头的交易者最有利，此类债券的价格和期货价格走势相同）进行冲销。不同币种的头寸不允许冲销；交叉货币互换（Cross-currency Swap）或远期外汇交易应视为相关金融工具的名义头寸并在各币种的到期日阶梯中分别计算。同类金融工具[②]的相反头寸在某些情况下可被视为匹配头寸并完全冲销，条件是必须基于同种基础工具，名义金额相同，且以同种货币计价[③]。此外：（a）对于期货：与期货挂钩的名义或基础金融工具的冲销头寸必须是完全相同的产品且到期日相距不超过7天；（b）对于互换和远期利率协议：参考利率（对于浮动利率头寸而言）必须完全相同且息票率必须近似匹配（即相差不超过15个基点）；且（c）对于互换、远期利率协议和其他远期：下一利率定价日或剩余期限（对于固定利率头寸和远期）必须符合下列限制条件：

- 少于一个月的：同一天；
- 一个月期到一年期的：相差不超过7天；
- 一年期以上的：相差不超过30天。

② 部分衍生品无需计提特定风险资本。利率和货币互换、远期利率协议、远期外汇合约和利率期货不必计提特定风险资本。此做法同样适用于利率指数（如LIBOR）期货。然而，如果期货合约的基础工具是债券，或是代表一篮子债券的指数，则应按照表5－4列出的发行人风险权重计提特定风险资本。

③一般市场风险计算方法与即期头寸相同。除前文提到的相同金融工具的完全匹配或高度匹配头寸可以不计提一般市场风险资本外，各种金融工具头寸都应按照适用于即期头寸的规则填入到期日阶梯。

表5－9总结了对利率衍生品市场风险计量的处理方法。

表5－9　利率衍生品处理方法总结

金融工具	是否计提特定风险资本	是否计提一般市场风险资本
场内交易的期货		
—政府债券	是	是，记两笔头寸
—公司债券	是	是，记两笔头寸
—利率指数（如LIBOR）	否	是，记两笔头寸

① 表示距期货合约到期日的那部分头寸仍应填报。

② 包括期权的delta加权头寸。上限期权（caps）和下限期权（floors）产生的delta加权头寸在符合本段要求的情况下也可相互对冲。

③ 不同互换合约的各部分头寸只要符合上述条件也可视为“匹配”。

续表

金融工具	是否计提特定风险资本	是否计提一般市场风险资本
场外远期合约		
—政府债券	是	是，记两笔头寸
—公司债券	是	是，记两笔头寸
—利率指数	否	是，记两笔头寸
远期利率协议、互换	否	是，记两笔头寸
远期外汇	否	是，每个币种记一笔头寸
期权		二者选一：
—政府债券	是	（a）与其相关对冲头寸一起剔除出来单独计算 —简易法 —情景分析法 —内部模型法
—公司债券	是	（b）根据 delta + 法计算一般市场风险资本（gamma 和 vega 资本要求需单独计算）
—利率指数	否	
—远期利率协议、互换	否	

（二）股票风险

本部分介绍覆盖交易账户上股票头寸风险所需的最低资本要求。本部分适用于市场行为类似股票的所有金融工具的多空头头寸，但不包括不可转换优先股（不可转换优先股的资本要求见利率风险部分）。本部分涉及的金融工具包括普通股（无论是否有投票权）、类似股票的可转换证券和买卖股票的承诺。同一股票的多空头可以按轧差后的净额计算。

1. 特定风险和一般市场风险资本要求

同债券一样，股票的最低资本要求由分别计算出的两部分组成，一是对单个证券多头或空头头寸的“特定风险”资本要求，二是反映市场整体情况的“一般市场风险”资本要求。特定风险被定义为股票头寸总额（即所有股票多头和所有股票空头头寸之和），而一般市场风险被定义为各股票市场多头头寸和空头头寸的差额（即各股票市场的净头寸）。多头头寸或空头头寸必须逐个市场计算，即必须分别计算银行在各个国家的市场上持有的股票头寸。特定风险资本要求和一般市场风险资本要求均为8%。

2. 对股票衍生品的处理方法

受股票价格变动影响的股票衍生品和表外项目头寸都应纳入风险计量体系中，包括基于单个股票和股票指数的期货和互换（对期权头寸的处理方法将在后文单独叙述）。

（1）股票衍生品头寸填报方法

衍生品应转换为相应基础工具的头寸，具体填报方法如下[①]：

- 涉及单个股票的期货和远期合约原则上应以当前市价填报。
- 股指期货应以名义标的股票组合的盯市价值填报。
- 股票互换应视为两个名义头寸[②]。
- 股票期权和股指期权可以与相关基础工具分开单独处理，也可以按照 delta + 法纳入一般市场风险的计量中。

（2）股票衍生品的资本计算要点

① 匹配头寸允许冲销。各市场中衍生品及其基础股票或基础股票指数的匹配头寸可以完全冲销，得到一个净多头或净空头头寸。例如，基于某只股票的期货可以与同只股票的相反现货头寸完全对冲。

② 指数相关头寸的特定风险资本要求。除了一般市场风险，对于由多样化股票组成的指数还应计提 2% 的特定风险资本要求。这部分资本要求是为了覆盖执行风险（Execution Risk）等因素。各国监管当局应注意，2% 的资本权重仅适用于高度多样化的股票指数，而不适用于产业指数。

③采取套利策略时的处理方法。有时银行会运用基于某种综合指数的期货合约进行如下套利策略：

- 就同种指数在不用日期或不同市场建立相反头寸。
- 在日期相同、标的指数种类不同但相似的合约中持有相反头寸。监管当局应监督这两种指数是否包含足够多的共同部分以满足对冲条件。

若该期货合约与一篮子股票相匹配，则在满足下列条件的情况下头寸双方都无需计提资本要求：

- 此类交易是有意进行的，且分别进行控制。
- 一篮子股票的组成部分至少能代表 90% 的指数成分。

在这种情况下应计提多头敞口 2% 和空头敞口 2% 的资本要求以覆盖分散风险（Divergence Risk）和执行风险。同时，一篮子股票价值超过期货合约价值的部分应视为多头敞口，期货合约价值超过一篮子股票价值的部分应视为空头敞口。

若银行针对某一基础股票头寸或不同市场上的相同股票头寸建立一个方向相反的存托凭证（Depository Receipt）头寸，则这两个头寸可以冲销（即无需计提资本），但要充分考虑转换成本[③]。

表 5 - 10 总结了对股票衍生品市场风险计量的处理方法。

---

① 若股票作为远期合约、期货或期权（收取或支付一定数量股票）的一部分，则合约其他部分的利率风险或外汇风险暴露应按照利率风险或外汇风险部分的规则处理。

② 例如，一份股票互换（银行根据某只特定股票或股票指数价格的变动收取一定金额并按另一不同的指数支付一定金额）应视为收取方的多头和支付方的空头。若其中一方涉及收取/支付固定利率或浮动利率，则该部分风险暴露应按照利率风险部分的规则填入利率相关金融工具的重新定价时段中。股票指数的处理方法与单一股票相同。

③ 这些头寸产生的外汇风险应按照外汇风险部分的规则填报。

表 5-10　股票衍生品处理方法总结

金融工具	是否计提特定风险资本[a]	是否计提一般市场风险资本
场内或场外期货		
—单只股票	是	是，根据基础工具计提
—股票指数	2%	是，根据基础工具计提
期权		二者选一：
—单只股票	是	(a) 与其相关对冲头寸一起剔除出来单独计算 —简易法 —情景分析法 —内部模型法
—股票指数	2%	(b) 根据 delta + 法计算一般市场风险资本（gamma 和 vega 资本要求需单独计算）

注：a 特定风险资本要求与金融工具发行人相关。在现有的信用风险规则下，还应单独计算交易对手风险资本要求。

（三）外汇风险

本部分介绍为覆盖因持有或建立外币头寸（包括黄金①）产生风险的最低资本要求。计算外汇风险资本要求需要两个步骤：首先是计算单币种头寸的风险暴露；其次是计算不同币种多空头头寸组合的内在风险。

1. 计算单币种风险暴露

银行单币种的净敞口头寸应为下列项目之和：

- 即期净头寸（即以某币种计价的所有资产项目减去所有负债项目，包括应计利息）；
- 远期净头寸（即远期外汇交易下所有应收款减去所有应付款，包括未计入即期头寸的外汇期货及外汇互换的本金）；
- 肯定会被执行且不可撤销的保证（或类似金融工具）；
- 非应计但已完全对冲的净未来收入/费用（由报告行自行判断）；
- 根据不同国家的特殊会计处理方法，任何表示外汇损益的科目；
- 所有账户上外汇期权的 delta 净额头寸②。

计量敞口头寸时，合成货币头寸应单独填报，可以将其本身当成一种货币处理，也可将其分解为各组成货币（分解方法须保持一致）。计算黄金③敞口头寸时，银行首先须采用黄金的标准计量单位（克、盎司等）表示即期和远期黄金头寸，再将黄金净头寸按

① 黄金头寸应被视为外汇头寸而不是商品头寸，因为黄金的波动性更类似于外汇，且银行对黄金的管理方式类似外汇。

② 按照巴塞尔协议Ⅱ文本，外汇期权还应按照 718（LIX）-718（LXII）段的要求单独计算 gamma 和 vega 的资本要求；或者期权及其相关基础工具可按 718（LVI）-718（LXIX）段所述的另一种方法计算。

③ 按照巴塞尔协议Ⅱ文本，若黄金头寸作为远期合约（收取或支付一定数量黄金）的一部分时，合约其他部分的利率风险或外汇风险暴露应按照 709-718（XVIII）段和 718（XXXII）段处理。

照当前价格转换成本国货币。

在计算单币种敞口头寸时，应注意以下三个方面：

（1）利息、其他收入和费用的处理方法

应计利息（已赚取但尚未收到）和应计费用应包含在头寸的计算中。未赚取但可预期的未来利息和可预期的未来费用可以不纳入头寸计算，除非金额是确定的且银行已采取对冲措施。若银行将预期未来收入/费用纳入头寸计算，则应保持一致的做法，不得只挑选那些能降低其敞口头寸的现金流。

（2）远期外汇头寸和远期黄金头寸的计量

远期外汇头寸和远期黄金头寸通常应按当前市场汇率估值。在会计管理上使用净现值的银行在计量远期外汇头寸和远期黄金头寸时，应同样用净现值法对各头寸进行估值，采用当前利率进行贴现并用当前即期汇率进行估值。

（3）结构性头寸的处理方法

完全匹配的外汇头寸可使银行免受汇率波动损失，但不一定能保护该行的资本充足率。假设某家银行的资本以本币计价，且外汇资产负债组合完全匹配。如果本币贬值，则会造成资本充足率下降。为避免出现这种情况，银行可以通过建立一个本币空头头寸对冲本币贬值的风险。当本币贬值时，该空头获益，资本充足率得到保护。

监管当局可以允许银行采取上述方法保护其资本充足率。因此，银行为对冲汇率对资本充足率产生的不利影响而有意建立的头寸可以不纳入净外汇敞口头寸的计算。但此类头寸应满足下列条件：

- 头寸应是“结构性”的，即非交易性的（精确的定义由各国监管当局根据本国会计准则和实践确定）；
- 监管当局必须确认该“结构性”头寸仅用于保护资本充足率；
- 此类头寸应持续从外汇敞口中扣除，并在资产存续期内维持处理方法不变。

某些资本扣减项（如对非并表附属公司的投资）和以历史成本法记账的外币长期投资无需计提资本要求。此类项目也可被视为结构性头寸。

2. 计算总净敞口头寸

标准法下，银行应采用“短边法”计算总净敞口头寸。计算时首先将各种货币和黄金净头寸的名义金额（或净现值）按即期汇率转换成报告币种[①]。总净敞口头寸为下列项目之和：

- 净多头头寸之和与净空头头寸之和中较大的一方[②]；加上
- 黄金净头寸（无论多头或空头）。

外汇风险资本要求为以上总净敞口头寸的8%。

下面举例说明外汇风险资本要求的计算方法。

---

① 当银行计量并表外汇风险时，在技术上可能难以将境外分行和附属公司的一些业务量极小的外汇业务纳入计算。在此情况下，可以用每个币种的内部限额代表此类头寸。在对此类实际头寸进行充分事后监控的基础上，应将限额值（无论正负号）加到各相应币种的净敞口头寸上。

② 另一种产生相同结果的计算方法是将报告币种作为多空头差额，取所有多头（或空头）头寸之和。

表 5－11　　用短边法计算外汇风险的例子

日元	欧元	英镑	加拿大元	美元	黄金
+50	+100	+150	-20	-180	-35
+300			-200		35

资本要求为净多头头寸和净空头头寸较大的一方（本例中为 300）和黄金净头寸（本例中为 35）的 8% =335 ×8% =26. 8。

若一家银行的外汇业务量很小且账户上没有外汇空头头寸，则经过监管当局批准后，可不对这些头寸计提外汇风险资本，但需要满足下列条件：

• 该行的外汇业务，即所有外币多头头寸合计和空头头寸合计较大的一方，不超过合格资本的 100%；且

• 总净敞口头寸不超过合格资本的 2%。

（四）商品风险

本部分介绍为覆盖因持有或建立商品头寸产生风险的最低资本要求。商品包括贵金属，但不包括黄金（黄金被视为一种外币按外汇风险部分的规则处理）。商品指的是可在二级市场上交易的实物产品，如农产品、矿物（包括石油）以及贵金属。

商品价格风险通常比汇率和利率风险更复杂、波动性更大，商品市场也比外汇和利率市场缺乏流动性，因此供求关系的变化对商品价格及其波动性的影响更明显①。这些特征会使价格透明度和有效对冲商品风险变得困难。

对于即期或实物交易，由现货价格变动引起的方向性风险是最主要的风险。然而，采用远期之类的衍生品组合策略的银行还会面对一系列额外风险，这些风险可能比即期价格变动的风险要大得多。这些风险包括：

• 基差风险（相似商品之间价格的关系随时间推移而发生变化的风险）；

• 利率风险（持有远期头寸和期权的成本发生变化的风险）；

• 远期缺口风险（Forward Gap Risk，远期价格由于利率变动以外的原因发生变化的风险）。

商品头寸资金还可能使银行面临利率或外汇风险暴露，在此情况下，相关头寸应分别纳入利率风险和外汇风险计量②。

标准法下，银行可采用到期日阶梯法或简易法计量商品风险。对于这两种方法，每种商品在计算敞口头寸时都可按净头寸填报，不同种商品的头寸不能进行冲销。但各国监管当局可自行决定是否允许银行在同类商品的不同子类③头寸间进行轧差。若这些商

① 银行还应预防因空头头寸在多头头寸之前到期而引起的风险。由于某些市场缺乏流动性，可能难以对空头头寸进行平仓，银行可能因此受到市场挤压。

② 若商品作为远期合约（收取或支付一定数量商品）的一部分时，合约其他部分的利率风险或外汇风险暴露应按照利率风险或外汇风险部分的规则处理。纯粹的存货融资头寸（即已卖出远期实物存货，且融资成本在远期合约出售日已经锁定）可以不计算商品风险资本，虽然它将面临利率风险和交易对手风险资本约束。

③ 商品可按属、种、亚种和个体进行分类。例如，一个商品属可以是能源类商品，其中碳氢化合物是一个种类，原油是一个亚种，而西得克萨斯中质油、阿拉伯轻原油和布伦特原油是单个商品。

品子类之间相互具有高度可替代性，且价格波动的相关系数在至少一年的时期内都大于等于0.9，则也可认为是可冲销的。

1. 到期日阶梯法

使用该方法计算商品风险资本，银行首先须采用标准计量单位（桶、千克、克等）表示各种商品头寸（包括即期和远期），再将每种商品的净头寸按照当前即期价格转换成本国货币。

其次，为了反映一个时段内的远期缺口利率风险（有时被合称为曲度/价差风险），应对每个时段中的匹配多空头头寸计提资本。这种方法类似于对利率相关金融工具的处理方法，将不同商品的头寸（以标准计量单位表示）按到期日分别分配给相应时段（实物存货填入第一时段），每种商品应分别填入一个单独的到期日阶梯①。对于每个时段，匹配的多空头寸合计应首先乘以商品的即期价格，再乘以该时段相应的价差率（如表5－12所示）。

表5－12　　时段与价差率

时段	0～1月	1～3月	3～6月	6～12月	1～2年	2～3年	3年以上
价差率	1.5%	1.5%	1.5%	1.5%	1.5%	1.5%	1.5%

然后，相邻时段的头寸按从近到远逐步进行轧差，即第一时段和第二时段先进行轧差，轧差后的净头寸再与第三时段轧差，依此类推。由于不同时段头寸的轧差是不准确的，因此应对轧差后的净头寸计提额外0.6%的资本。同时，每笔匹配头寸仍应按上段要求计提资本。完成这一步骤后，银行将只有多头头寸或只有空头头寸，再对这部分头寸计提15%的资本。

所有商品衍生品和受到商品价格变动影响的表外项目头寸应纳入上述计量框架，包括商品期货、商品互换和采用“delta＋法”（后文将单独描述）计量的期权。为了计量风险，商品衍生品应转换为名义商品头寸并按下列要求分配到期日：

- 基于单个商品的期货和远期合约应以桶、千克等名义数量纳入计量体系，并根据距合约到期日的时间填入到期日阶梯。
- 一方为固定价格而另一方为当前市场价格的商品互换应视为与合约名义金额相等的一系列头寸，每个头寸对应互换的一笔支付金额，并分别填入到期日阶梯。若银行支付固定价格并收取浮动价格则视为多头，若银行收取固定价格并支付浮动价格则视为空头②。
- 若商品互换双方涉及不同商品，则应分别填入相应的到期日阶梯。在此情况下不允许做任何对冲，除非这两种商品属于符合条件的同一子类。

2. 简易法

① 对于每日交割的市场，到期日相距10天之内的任何反向合约均可进行对冲。

② 若互换的一方涉及收取/支付固定或浮动利率，则风险暴露应根据重新定价日填入利率相关金融工具的到期日阶梯中。

商品交易业务量很少的银行可以采用更简单的简易法计量商品风险。简易法下商品风险资本要求由以下两部分组成：

- 方向性风险资本要求，为每种商品净多头或净空头头寸的15%。
- 基差风险、利率风险和远期缺口风险资本要求，为每种商品总头寸（多头加上空头）的3%。

（五）期权风险

标准法下有两种方法可用于计量期权风险。仅购买期权[①]的银行可以使用简易法；同时出售期权的银行应采用中级方法（delta + 法或情景分析法）。期权交易量越大，银行应采用越复杂的方法。

在简易法下，期权及其基础工具的现金头寸或远期头寸都应单独计算一般市场风险和特定风险的资本要求，然后把计算出的风险额加到相应风险类别（即利率相关金融工具、股票、外汇和商品）的资本要求中。delta + 法使用敏感性参数或与期权相关的“希腊字母”计量市场风险和资本要求。在这种方法下，各期权的 delta 等值头寸成为前面四种风险敞口头寸的一部分，要计提相应的一般市场风险资本，然后再单独对期权头寸的 gamma 和 vega 风险计提资本。情景分析法用模拟技术来计算由基础工具价格水平和波动率变动引起的期权组合的价值变动。根据这种方法，一般市场风险资本由引起最大损失的情景“网格”（即基础工具和波动率变动的特定组合）决定。对于 delta + 法和情景分析法，特定风险资本要求由每份期权 delta 等值乘以利率风险和股票风险部分规定的特定风险权重决定。

1. 简易法

只进行期权购买业务的银行可采用简易法处理这些交易，具体处理方法如下：

（1）持有现货多头和看跌期权多头（或现货空头和看涨期权多头）。

资本要求为基础证券[②]的市值乘以其特定风险和一般市场风险资本要求之和[③]，减去期权处于实值的金额（若有），以零为下限[④]。

（2）持有看涨期权多头（或看跌期权多头）。

资本要求为以下中较小者：①基础证券的市值乘以其特定风险和一般市场风险资本要求之和；②期权市值[⑤]。

下面举例说明计算步骤：

---

① 只有在出售的期权头寸与相同期权的多头头寸完全匹配的情况下无需计提市场风险资本。

② 在某些情况下（如外汇），可能难以分辨哪一方为“基础证券”，此时“基础证券”即为期权履约时收到的资产。另外，若基础工具的市值为零（如上限期权和下限期权、互换期权的某些情况），则应取其名义金额。

③ 有些期权（如基础工具为利率、单一货币或单一商品的期权）没有特定风险，但某些利率相关工具期权（如公司债券期权或公司债券指数期权）和股票期权、股指期权存在特定风险。货币期权的资本要求为8%，商品期权的资本要求为15%。

④ 对于剩余期限在六个月以上的期权，应将行权价格与远期价格而非当前价格作比较。无法做此处理的银行应将期权的实值部分金额视为零。

⑤ 对于不属于交易账户的期权头寸（即某些不属于交易账户的外汇期权或商品期权头寸），可用其账面价值替代。

假设某银行持有 100 股当前每股市值 10 美元的股票，同时持有一份行权价格为 11 美元的等值看跌期权，则资本要求为：1 000 美元 ×16%（即 8% 特定风险加上 8% 一般市场风险）=160 美元，减去期权处于实值的部分（11 美元 -10 美元）×100 = 100 美元，即资本要求为 60 美元。基础工具为外汇、利率相关金融工具或商品的期权的处理方法与此类似。

2. 中级方法

（1）delta + 法

出售期权的银行应计算期权 delta 加权头寸，并将其纳入前面四种风险的计量框架中。期权 delta 加权头寸按基础工具市值乘以其 delta 值填报。然而，由于 delta 不足以充分覆盖期权头寸相关风险，银行还应计量 gamma（用于计量 delta 的变化率）和 vega（用于计量期权价值对波动率变动的敏感性）敏感性，从而得出总资本要求。这些敏感性指标应根据交易所模型或受到本国监管当局监督①的银行的期权定价模型进行计算。

①delta 风险

以债券或利率作为基础工具的 delta 加权头寸应填入利率风险部分的到期日阶梯中。填报时应采用“双边法”，即在基础工具合约生效时记一笔头寸，然后在基础工具合约到期时再记一笔头寸。例如，购入一份 6 月生效的三个月期利率期货期权，在 4 月时应被视为一个剩余期限五个月的 delta 等值多头头寸和一个剩余期限两个月的 delta 等值空头头寸②。出售的期权可视为一个两个月期的多头头寸和一个五个月期的空头头寸。带有上限或下限的浮动利率工具应被视为浮动利率证券和一系列欧式期权的组合。例如，持有一份基于六个月期 LIBOR，带有 15% 上限的三年期浮动利率债券应被视为：（a）一份六个月后重新定价的债券；和（b）五份基于参考利率为 15% 的远期利率协议的看涨期权空头，每个头寸在该远期利率协议生效时带负号，在其到期时带正号③。

股票期权的资本要求也应以 delta 加权头寸为基础，纳入股票风险部分的计量框架。计算时应将每个国家市场上的股票视为单独的基础工具。

外汇和黄金期权头寸的资本要求应按照外汇风险部分的规则进行计算，将外汇和黄金头寸的净 delta 等值纳入各币种（或黄金）头寸风险暴露的计量框架中。

商品期权的资本要求应基于商品风险部分介绍的简易法或到期日阶梯法进行计算。其 delta 加权头寸应纳入商品风险的计量框架中。

②gamma 风险

对于单个期权，“gamma 效应值”应根据泰勒展开式计算如下：gamma 效应值 $=1/2\times \text{gamma}\times (\text{VU})^2$，其中 VU = 期权基础工具的变化值。VU 的计算方法如下：

---

① 监管当局希望经营某些奇异期权（如障碍期权和数字期权）或临近到期日时处于平价的期权业务的银行采用情景分析法或内部模型法。这两种方法可提供更详细的重估值方法。

② 一份两个月期的债券期货看涨期权，债券交割日在 9 月，则在 4 月时应被视为持有债券多头和一个五个月期的存款空头（两个头寸均为 delta 加权值）。

③ 适用于高度匹配头寸的规则在此同样适用。

- 仅购买期权[1]的银行可以使用简易法。对于利率期权，若基础工具为债券，则应将基础工具市值乘以表5－6列出的风险权重；若基础工具为利率，基础工具市值乘以表5－6列出的假定相应收益率。
- 对于股票期权和股指期权头寸，应将基础工具市值乘以8%[2]。
- 对于外汇和黄金期权头寸，应将基础工具市值乘以8%。
- 对于商品期权，应将基础工具市值乘以15%。

进行上述计算时，下列头寸应视为同种基础工具：

- 表5－6[3]中各时段的利率工具[4]。
- 各国市场上的股票和股票指数。
- 每个货币对和黄金。
- 每种商品。

基于相同基础工具的每份期权都会得到一个或正或负的gamma效应值。应将各gamma效应值相加，得到每种基础工具的净gamma效应值，该值或正或负。只有负的净gamma效应值才纳入资本计算中。gamma风险资本要求总额等于按上述方法计算得出的净负gamma效应值之和。

③vega风险

对于波动性风险，银行计算资本要求时应将基于同种基础工具的所有期权的vega值之和乘以±25%的波动率比例性变化。vega风险的资本要求总额为单项vega风险资本要求的绝对值之和。

（2）情景分析法

复杂程度较高的银行可以采用情景矩阵分析法计算期权组合及其相关对冲头寸的市场风险资本要求。这个方法通过确定期权组合风险因素的一个固定变动范围，计算期权组合在这个“网格”各点上的价值变动情况。计算资本要求时，银行应根据期权基础工具利率（或价格）变动值和该基础工具利率（或价格）波动率变动值组成的矩阵，对期权组合进行重新估值。每种基础工具都应建立不同的矩阵。监管当局也可酌情批准期权交易量大的银行使用至少六组时段计算利率期权。当使用该方法时，最多只能将三个时段（见表5－6或表5－8）合并为一组。

期权及其对冲头寸的价值围绕当前基础工具的价值在一定范围内上下浮动。利率的浮动范围与表5－6列出的假定收益变化一致。银行使用合并时段的方法处理利率期权时，应使用每组时段中最大的假定收益变化值[5]。其他金融工具的浮动范围为：股票±8%、外汇和黄金±8%、商品±15%。对于所有风险类别，至少应使用7个观察值

① 只有在出售的期权头寸与相同期权的多头头寸完全匹配的情况下无需计提市场风险资本。

② 在此阐述的关于利率和股票期权的基本规则在计算gamma资本要求时不反映特定风险。然而，本国监管当局可要求某些特定银行这么做。

③ 使用久期法的银行应使用表5－8列出的时段。

④ 头寸应按币种分别填入不同到期日阶梯。

⑤ 例如，若时段3～4年、4～5年和5～7年被并为一组，则这三个时段中最大的假定收益变化值为0.75。

（包括当前观察值），将波动范围分为间隔相等的几个区间。

期权的第二个维度反映期权基础工具利率（或价格）波动率的变化。在大多数情况下，只需考虑相当于±25%波动率的单一变动。然而，监管当局可根据实际需要，要求银行采用不同的波动率变化值，并（或）计算网格上的中点值。

对矩阵进行计算后，每个数值都表示期权及其基础对冲金融工具的净损益。每个基础工具的资本要求即为矩阵中计算得出的最大损失值。

任何银行采用情景分析法需得到监管当局批准，并符合内部模型法下提到的与其业务性质相适应的定性标准。

二、内部模型法

用标准法计量市场风险简单但不够严谨，最明显的问题是标准法忽略了不同风险间的可分散化，而分散化是可以降低风险的，这是风险计量及管理理论方面所依赖的基本规律。内部模型法规定银行可以自行开发模型计量市场风险，从而克服标准法的缺陷。银行实施内部模型法需要得到监管当局的批准，但对于开展期权等复杂金融业务较多的银行，应逐步过渡到采用全面的风险价值（VaR）模型。

（一）使用内部模型法的定性条件

按巴塞尔委员会新资本协议规定，监管当局在允许银行使用内部模型法之前，要求银行必须达到一系列定性标准。银行在多大程度上能达到这些标准，将影响到监管当局设定的模型相关参数（比如最小乘数因子）的大小。这些定性标准包括：

1. 银行应有独立的风险控制部门来负责银行风险管理系统的设计和运行。该部门必须独立于业务交易部门之外，定期分析银行风险计量模型输出结果，并直接向银行高级管理层汇报。

2. 风险控制部门应定期进行“返回检验”，即对模型生成的风险计量值与资产组合价值的每日实际变化与假设变化进行事后比较。

3. 风险控制部门还应对内部模型进行初始验证和持续验证。

4. 董事会和高级管理层应该积极参与风险控制过程，必须将风险控制视为业务活动的重要方面。独立风险控制部门的日报必须由足够级别的高级管理人员审阅，该管理人员须有权降低单个交易员头寸和银行总体风险暴露。

5. 银行内部风险计量模型必须被整合到银行的日常风险管理过程中。模型输出结果应该成为计划、监测和控制银行市场风险状况的一个有机组成部分。

6. 风险计量系统应当与内部交易及风险暴露限额结合使用。交易限额管理应与风险计量系统保持持续、稳定的联系，并被交易人员和高级管理人员充分理解。

7. 银行应例行严格的压力测试，作为对基于风险计量模型风险分析的补充。压力测试的结果应由高级管理层定期核查，用于内部资产充足率评估。

8. 在银行内部审计程序中，应定期对风险计量系统进行独立审核。

（二）使用内部模型法的定量条件

银行使用模型计量资本要求时，必须采用下述最低标准。各银行及其监管当局可以酌情使用更加严格的标准。

1. “风险价值”必须每日计算。

2. 在计算风险价值时，使用99%置信度的单侧置信区间。

3. 计算风险价值时，使用等同于10天价格变化的瞬时价格冲击，即最短“持有期限”为10个交易日。使用此方法的银行必须定期验证方法合理性并得到监管当局的认可。

4. 为计算风险价值而选择的历史观测期（样本期）最短限于1年。

5. 银行必须每个月至少更新一次数据集，且只要市场价格发生重大变化，就要对其重新评估。如果监管当局认定价格波动性显著上升，也可以要求银行使用更短的观测期计算其风险价值。

6. 对于使用的模型方法没有预先的规定。银行可以自由地使用“方差—协方差矩阵”、“历史模拟法”或者“蒙特卡罗模拟法”等模型。

7. 银行可以酌情辨别各类风险类别之间的实证相关性。

8. 银行模型必须准确反映各项大的风险种类中与期权相关的特殊风险。银行模型必须体现期权头寸的非线性价格特征，银行应最终能对期权头寸或有期权特性的头寸应用10天价格冲击，每家银行的风险计量系统都必须有一组风险因子，以反映期权基础工具的利率、汇率和价格波动性。

9. 银行必须计算“压力状态下的风险价值”，即假设相关市场因素经历一段时期的金融压力时，银行现有资产组合的风险价值。该计算以10天持有期、99%单侧置信区间为基础，使用现有资产组合在连续12个月显著金融压力情景下的校准历史数据，输入风险价值模型计算得到。

10. 银行必须每日都达到资本要求。银行采用内部模型法，其市场风险资本要求为一般风险价值与压力风险价值之和，即 $K = Max(VaR_{t-1}, m_c \times VaR_{avg}) + Max(sVaR_{t-1}, m_S \times sVaR_{avg})$，其中，VaR为一般风险价值，是以下两项中的较大值：一是根据内部模型计量的上一交易日的风险价值（VaR_{t-1}）；二是最近60个交易日风险价值的均值（VaR_{avg}）乘以 m_C，m_C最小为3，根据返回检验的突破次数可以增加附加因子。sVaR为压力风险价值，是以下两项中的较大值：一是根据内部模型计量的上一交易日的压力风险价值（$sVaR_{t-1}$）；二是最近60个交易日压力风险价值的均值（$sVaR_{avg}$）乘以 m_s，m_s最小为3。

（三）市场风险因子的设定

设定适当的市场风险因子集，即影响银行交易头寸价值的市场利率和价格，是银行内部市场风险计量系统的重要组成部分。市场风险计量系统中的风险因子应足以反映银行表内外交易头寸组合的内含风险。银行设定内部模型的风险因子，应当满足以下准则。

1. 关于利率，对于银行具有利率敏感性的表内外头寸中每个币种的利率，都必须有一套相应的风险因子。风险计量系统应该使用某种被广泛接受的方法，建立收益曲线模型。对于主要货币和市场上利率波动的较大风险暴露，银行必须使用至少六个风险因子建立收益曲线模型。风险计量系统必须包含单独的风险因子以反映利差风险。

2. 对于汇率（可包括黄金价格），风险计量系统应包含与银行各币种外汇头寸相对应的风险因子。对于风险暴露较大的每种外汇，都必须有风险因子与该币种汇率相对应。

3. 对于股票价格，应该有风险因子与银行持有大量头寸的各个股票市场相对应。至少应设计一个风险因子反映整个市场的股价变动（如股市指数）。单个证券或板块指数中的头寸，可用其相对于整个市场指数的"beta 等值"来表示。最完全的方法是将风险因子对应每只股票的波动性。对既定的市场，建模技术的复杂程度和特性应当与银行在整个市场上的暴露以及市场中个股的集中度对应。

4. 对于商品价格，应当有风险因子与银行持有大量头寸的每个商品市场相对应。对于以商品为基础的金融工具头寸相对有限的商业银行，可以对有风险暴露的每种商品的价格都确定一个对应的风险因子，如商业银行持有的总商品头寸较小，也可采用一个风险因子作为一系列相关商品的风险因子。对于交易比较活跃的商品，内部模型应考虑衍生品头寸和实物商品之间"便利收益率"① 的不同。银行选择模型法计量商品价格风险时，模型至少应覆盖：方向性风险，以反映由净敞口头寸引起即期价格变动的风险暴露；远期缺口和利率风险，以反映由期限错配引起即期价格变动的风险暴露；基差风险，以反映两种相似但不完全相同的商品之间的价格关系发生变化的风险暴露；特别重要的是，模型应充分考虑市场特征——尤其是价格日期和可供交易者选择平仓的范围。

（四）压力测试要求

使用内部模型法计量市场风险资本要求的银行，必须有一套严格而全面的压力测试程序。压力测试用于识别可能对银行造成重大冲击的事件和影响。压力测试情景需涵盖一系列可能对交易组合产生重大损失或收益的，或者使该组合风险难以控制的因素。这些因素包括所有主要风险类型中的小概率事件。压力测试情景应反映此类事件对具有线性和非线性价格特征的头寸造成的影响。

银行压力测试应该具有定量和定性方面的特征，综合考虑市场风险和市场动荡时的流动性风险。定量标准应能识别银行风险暴露可能性的压力测试情景。定性标准应该着重于压力测试的两个重要目标，即评估银行资产吸收潜在巨额损失的能力和寻求可以降低风险和保护资本的措施。压力测试的结果应定期与高级管理层和董事会沟通。

银行应结合使用监管压力情景和银行自身开发的压力测试，以反映银行特定的风险特征。具体地，监管当局可以要求银行提供以下三方面的压力测试信息：

1. 银行无须模拟的监管情景

银行应将报告期内所经历的最大损失信息提供给监管当局审查。损失信息应同银行内部计量系统计算得到的资本水平相比较。例如，这类信息能使监管当局了解到给定风

① 便利性收益反映从有形商品的直接所有权获得的收益（如从暂时的市场短缺而获利的能力），并受市场条件及诸如实物储存费用等因素的影响。

险价值的估计值可覆盖高峰时期中多少天的损失。

2. 要求银行模拟的情景

银行应将其资产组合置于一系列模拟的压力情景之下，并向监管当局报告结果。这些情景包括现有组合在历史上重大金融动荡时期的测试结果，并结合考虑大幅的价格波动和由于这些事件导致的流动性剧减。第二种类型的情景将评估银行的市场风险暴露对于假设的波动性和相关性变化的敏感度。进行这种测试需要对波动性和相关性变化的历史范围进行评估，同时需要使用历史范围极值对银行现有头寸进行评估。应该考虑剧烈市场动荡时期几天内发生的急剧变化，如在市场最动荡的几天内，可能出现的各风险因子之间的相关性系数接近 1 或 –1 的极端情形。

3. 银行自行开发的反映其资产组合特性的情景

除上述监管当局规定的情景外，银行还应自行开发压力测试，以其资产组合特征为基础，识别最不利的情况（如油价剧烈波动导致的世界关键区域发生问题）。银行应向监管当局报告用于识别和开发此类情景的方法和基于这些情景所产生的结果。

压力测试结果应当定期交由高级管理层审查，并反映在管理层和董事会制定的政策和限额中。此外，如果压力测试反映出银行在给定环境中的特殊脆弱性，监管当局应当要求银行立即采取措施有效管理风险（如对结果进行对冲或者降低风险暴露的规模）。

（五）外部验证及返回检验要求

外部审计人员和（或）监管当局对模型准确性进行验证时，至少应包括以下步骤：

1. 确认内部验证程序是否得到有效执行。

2. 保证用于计算以及对期权和其他复杂金融工具进行定价的公式都通过了某独立于交易部门机构的验证。

3. 检查内部模型的结构相对于银行的业务活动和经营区域范围是否充分。

4. 检查银行的内部计量系统的返回检验结果（即比较风险价值的估计和实际损益），以确保模型能够在长时间内对潜在损失进行可靠计量。

5. 确保风险计量系统的数据流和程序是透明和可获得的。

银行应比较每日的损益数据与内部模型产生的风险价值数据，进行返回检验，依据最近一年内突破次数确定市场风险资本计算的附加因子。按照过去 250 个交易日的返回检验突破次数，其结果可分为绿区、黄区和红区三个区域。

1. 绿区，包括 0 至 4 次突破事件。绿区代表返回检验结果并未显示商业银行的内部模型存在问题。

2. 黄区，包括 5 次至 9 次突破事件。黄区代表返回检验结果显示商业银行的内部模型可能存在问题，但有关结论尚不确定，因此，模型是准确或不准确均有可能。通常情况下，随着出现突破事件次数由 5 次增加至 9 次，模型不准确的可能性会逐步增大。

3. 红区，包括 10 次或以上突破事件。红区代表返回检验结果显示商业银行的内部模型存在问题的可能性极大。

市场风险返回检验突破次数、分区及资本附加因子的对应关系见表 5 – 13。

表 5－13　突破次数与附加因子的关系

分区	过去 250 个交易日的返回检验突破次数	资本附加因子
绿区	少于 5 次	0
黄区	5 次	0.40
	6 次	0.50
	7 次	0.65
	8 次	0.75
	9 次	0.85
红区	10 次或以上	1.00

（六）特定风险的处理

1. 采用内部模型法计量特定市场风险资本要求的条件

银行可以采用内部模型法计量利率风险和股票风险的特定市场风险资本要求。采用内部模型法计量特定市场风险资本要求时，内部模型应包含能反映所有引起价格风险的重要因素，并且可对市场状况和交易组合变化作出反应，并符合以下要求：可解释交易组合的历史价格变化，可反映集中度风险，在不利的市场环境下保持稳健，可反映与基础工具相关的基差风险，可反映事件风险，已通过返回检验验证。银行模型必须保守地估计缺乏流动性的头寸和在真实的市场情景中价格不完全透明的头寸的风险。此外，模型必须达到最低数据标准。采用代理变量仅在可用数据不充分或不能反映头寸或资产组合的真实波动性时使用，并且应审慎使用。此外，随着技术和领先行为的不断发展，银行应当利用这些新进展。

2. 模型的返回检验要求

使用模型估计特定风险的银行，按照要求应通过返回检验评估是否准确反映了特定风险。银行应该用某子资产组合的每日数据进行独立的返回检验来验证特定风险估计。如果银行将其交易资产组合划分为更细的小类（如新兴市场、可交易的公司债券等），就应当保留这些区分以满足资产组合的返回检验要求。按照要求，银行应该确定某子资产组合结构并一直沿用，除非向监管人员证明有必要变更。银行应建立相关机制来分析在特定风险返回检验中发现的异常情况。这套机制是银行在其特定风险模型不准确时进行改进的基本手段。如果在子资产组合层面特定风险模型的结果产生了上文所定义的"红色区域"的异常情况，该模型将是"不可接受的"。若银行的特定风险模型"不可接受"，将被要求立即采取措施修正模型，并且确保有充足的资本来吸收返回检验展示的没有被充分考虑的风险。

3. 计量新增风险资本的要求

商业银行如采用内部模型法计量特定市场风险资本要求，应同时使用内部模型计量新增风险资本要求。新增风险是指未被风险价值模型计量的与利率类及股票类产品相关的违约和评级迁移风险。

银行采用内部模型法计算新增风险，应覆盖利率类和股票类新增风险。新增风险资本计算的持有期为 1 年，置信区间为 99.9%。

新增风险的资本要求为以下两项中的较大值：过去十二周的新增风险均值；最近一次计算得到的新增风险价值。银行计量新增风险的模型应满足在 1 年持有期内恒定风险水平的假设条件，并根据集中度、风险对冲策略和期权特征加以调整；同时也应反映可能影响多个证券发行人的市场性事件。

银行的新增风险模型应充分考虑产品或组合的流动性期限。流动性期限是指在压力市场条件下，以不影响市场价格为前提，平仓或完全对冲新增风险所需的期限。流动性期限可以按照头寸或者组合为单位进行估计；如果以组合为单位估计流动性期限，应对组合的划分方法予以清晰定义，以合理反映不同组合的流动性期限差异。对非投资级产品、二级市场流动性不足的产品和从未大幅下跌过的产品的流动性期限应予以审慎估计。流动性期限不得低于 3 个月。银行的新增风险模型应充分考虑违约和评级迁移事件的相关性，但不得考虑新增风险与其他市场风险因素的对冲或分散化效应。

4. 相关性交易组合的风险资本计量要求

相关交易组合（Correlation Trading Portfolio）指符合以下说明的证券化类别风险承担或第 n 次违约信用衍生工具合约，或两者的组合：

（1）合约不属于证券化类别风险承担，也不属于某证券化份额的收益中不提供按比例摊分的证券化类别风险承担的衍生工具。证券化类别风险承担的组成项目，或第 n 次违约信用衍生工具合约的参照义务，不属于监管零售风险承担，也不属于零售风险承担的内部评级法标的的承担；同时也不属于为购买一间或多于一间住宅物业提供或再提供融资而以有关物业作为抵押的信贷融通，或为购买一间或多于一间商业物业提供或再提供融资而以有关物业作为抵押的信贷融通。

（2）任何对冲（1）段中提及的证券化类别风险承担或第 n 次违约信用衍生工具合约的持仓。该次持仓不属于证券化类别风险承担或第 n 次违约信用衍生工具合约。

根据监管当局批准，银行可以将其相关性交易组合嵌入内部开发方法以充分反映新增的违约和迁移风险以及所有价格风险（综合风险计量）。

（七）模型验证要求

银行应当设定程序，确保内部模型由独立于开发过程之外的合格验证团队进行充分验证，这是非常重要的，以保证模型概念的合理性并充分反映所有实质性风险。验证应当在模型初始设计及对模型有重大改变时进行。并且，这种验证还应定期进行，特别是当市场结构发生显著变化以及资产组合的构成改变可能导致模型的适用性明显下降时。而当特定风险被模型化时，实施更加广泛的验证尤为重要。模型验证不应局限于返回检验，而至少应包括以下的内容：

1. 验证内部模型的任何假设都是恰当的，不会低估风险。这可能包括正态分布的假设、使用时间平方根对 1 天到 10 天持有期的计算或使用内推法或外推法的技术，或者定价模型。

2. 除常规的返回检验程序外，模型验证必须使用假定日末头寸不变的情况下资产组合风险价值的变化。其不包括费用、手续费、买卖价差、净利息收入和日内交易。此外，其他检验也有必要，例如，比常规返回检验要求的时期更长（比如3年）的检验。较长时期通常可以增强返回检验的功效。而如果风险价值模型或市场状况发生改变，使得历史数据的长度不再有关系，较长时间的检验则没有必要。

3. 使用假定资产组合以确保模型可以反映可能出现的特殊结构特性，比如，对于特定金融工具数据长度没有达到规定的定量标准，以及银行必须映射这些头寸到代理变量，银行必须确保代理在相关的市场情景下得出保守的结果。确保实质性的基差风险被充分反映。这可能包括由期限或发行人导致的多头和空头的错配。确保模型反映非多元化资产组合中可能出现的集中风险。

第四节　我国市场风险的计量与统计

从历史上看，由于利率、汇率等市场价格长期受到管制等原因，我国商业银行的市场风险管理起步较晚，计量水平相对落后。但随着国际上对银行业市场风险监管的加强，以及我国金融体制市场化程度及开放程度的不断提高，我国对银行市场风险的监管要求不断提高，国内商业银行在市场风险管理和计量方面也取得了长足的进步。

一、我国市场风险计量相关监管政策的演进

我国银行业市场风险计量相关监管政策以市场风险资本计量为核心，积极跟进国际监管要求的发展变化，顺应国内银行业和金融市场的发展趋势。其演进可以分为两个阶段。

（一）2007 年金融危机前

在这一阶段，我国商业银行市场风险的审慎监管框架初步形成。中国银监会于2005年先后发布了《商业银行资本充足率管理办法》和《商业银行市场风险管理指引》，并在2007年对《商业银行资本充足率管理办法》进行了修订。

在《商业银行资本充足率管理办法》中，市场风险相关内容大体上反映了1996年到2006年巴塞尔协议对市场风险资本计量的原则性要求，但在计量的具体规定方面较为简略。考虑到当时国内银行的实际情况，该办法仅要求交易账户总头寸高于表内外总资产的10%的商业银行或超过85亿元人民币的商业银行对市场风险计提相应的监管资本。

《商业银行市场风险管理指引》对商业银行建立市场风险管理体系提出了一系列基本要求和全面建议。在市场风险计量方面，对市场风险一般计量和资本计量涉及的各类方法进行了明确解释，提出了银行进行市场风险计量时所需满足的定性和定量要求。

（二）2007 年金融危机后

伴随着此次金融危机后巴塞尔协议市场风险框架的修订，以及我国银行业实施新资本协议的进程，中国银监会陆续发布了市场风险资本计量方面的有关监管文件，反映了国际监管的最新要求。2009年底，中国银监会发布《商业银行市场风险资本计量内部模型法监管指引》，反映了2009年“第2.5版巴塞尔协议”的新变化，从定性和定量两个

方面明确了商业银行使用内部模型法计量市场风险资本时应该达到的标准和要求。

2012 年 6 月，中国银监会在全面借鉴吸收巴塞尔协议最新进展的基础上，结合中国银行业实际，制定发布了《商业银行资本管理办法（试行）》（以下简称《资本办法》），并于 2013 年起正式实施。该办法吸收了《商业银行市场风险资本计量内部模型法监管指引》中的大部分监管要求，取消了《商业银行资本充足率管理办法》对计提市场风险监管资本的银行交易账户总头寸的要求，规定所有银行都要为承担的市场风险计提监管资本，并对标准法和内部模型法下的市场风险资本计量作出了更为明确、详尽和严格的规定。该办法是目前我国市场风险资本计量方面最为权威的监管政策文件①。

二、我国银行市场风险资本计量与国际标准间的差异

根据国际标准中有关各国监管当局自由裁量权的规定，为达到兼顾审慎性和可操作性的立法目标，我国《资本办法》中有关市场风险计量方法要求并没有完全照搬国际标准，有关技术要求方面的差异主要体现在以下几方面：

1. 第二版巴塞尔协议规定，标准法下对股指期货和股指期权特定风险的计提比例是 2%，而我国《资本办法》统一规定为 8%。

2. 第 2.5 版巴塞尔协议规定，对冲基金的公开股权、私人股权投资、部分证券化资产、持有的房产应放在银行账户；我国《资本办法》对此无特别规定。在标准法下，《资本办法》有关结构性外汇风险暴露增加了经扣除折旧后的固定资产和物业。发行人、息票率、币种和到期日完全相同的金融工具的多空头头寸可以不填入利率到期日阶梯，因此无需计算资本，同类金融工具的相反头寸即使不完全匹配也可在某些情况下被视为匹配头寸并完全冲销，但我国《资本办法》无此规定。

3. 第二版巴塞尔协议规定，标准法下对商品风险可采用简单法和到期日阶梯法，而我国《资本办法》仅允许采用简单法。

4. 第二版巴塞尔协议规定，标准法下对期权风险处理可采用简单法、中间法和情景法，而我国《资本办法》未包括情景法。

5. 第 2.5 版巴塞尔协议增加了关于相关性交易组合的规定，而我国《资本办法》未做规定。

6. 在第二版巴塞尔协议中，标准法允许不同账户之间的信用衍生产品进行对冲，而我国《资本办法》不允许对冲。

7. 第 2.5 版巴塞尔协议增加了对流动性较差产品的公允价值估值调整的内容，而我国《资本办法》没有具体规定。

8. 与第二版巴塞尔协议相比，我国《资本办法》有关交易账户与银行账户的划分的政策程序不够具体。

9. 与第二版巴塞尔协议相比，关于市场风险内部模型法，我国《资本办法》对银

① 《商业银行资本管理办法（试行）》下发后，《商业银行资本充足率管理办法》和《商业银行市场风险资本计量内部模型法监管指引》同时废止，但《商业银行市场风险管理指引》仍然有效。

行内审的要求不够具体，没有对期权风险的要求，没有对外部验证的要求。

10. 第二版巴塞尔协议规定，与期货相关的套利策略中，如果银行就同种指数在不同日期或不同市场建立相反头寸，或在日期相同、标的指数种类不同但相似的合约中持有相反头寸，最低资本要求为4%（即双方头寸总价值的2%），以覆盖差异风险和执行风险；我国《资本办法》无此规定。

三、我国商业银行市场风险计量的实践

（一）我国商业银行市场风险计量的实施状况

1. 我国商业银行市场风险管理和计量体系的建立

我国早在1995年就明确提出了利率市场化改革的基本设想，并先后放开了对银行同业拆借利率、银行间债券市场回购和现券交易、商业银行贷款利率上限和存款利率下限等部分利率的管制。同时，汇率改革也逐步推进。从2005年7月21日起，人民币汇率开始实行以市场供求为基础、参考一篮子货币进行调节、有管理的浮动汇率制度。在此期间，国内银行间债券市场和外汇市场也迅速发展起来。利率、汇率市场化改革的稳步推进和银行间金融市场的迅速发展，使我国银行业面临的市场风险明显增大。

在此背景下，中国银监会参照国际监管要求和领先实践，2005年起相继出台了《商业银行市场风险管理指引》等相关监管政策，并开展市场风险管理专项检查，推出市场风险计量相关的监管统计报表，督促商业银行提高市场风险管理水平。从2005年开始，按照银监会监管要求，我国主要国有和股份制商业银行先后成立了负责市场风险管理的专职部门或团队，完善市场风险管理组织架构，建立市场风险的识别、计量、监测和控制流程体系。在市场风险计量方面，运用外汇敞口、久期和敏感度分析等工具进行风险计量和管理，并逐步探索市场风险高级计量方法的实施，从方法研究、数据积累、IT系统建设和专业人员培养等方面不断夯实基础条件，提升市场风险计量水平。

2. 我国市场风险资本计量内部模型法的实施

2004年6月，巴塞尔委员会发布第二版巴塞尔资本协议。为履行国际义务，提升我国银行业抵御风险的能力，我国监管机构积极推动第二版巴塞尔资本协议在中国银行业的实施。2007年2月，中国银监会发布《中国银行业实施新资本协议指导意见》，2009—2012年，根据巴塞尔协议的最新变化，又相继出台了相关实施指引和《商业银行资本管理办法（试行）》等监管法规以及配套的监管报表体系。在市场风险方面，监管机构鼓励有条件的银行在审慎基础上使用内部模型法计量市场风险资本。

以此为契机，我国商业银行2007年起积极推进市场风险内部模型法建设，在满足监管要求的同时，提高自身风险计量和管理水平。主要国有大型银行和股份制银行先后在市场风险内部模型法系统建设、内部组织架构和政策流程梳理等方面，投入了大量的人力物力。在计量系统实施路径上，除中国工商银行外，各银行普遍采用了外购成熟的市场风险计量引擎，通过本地客制化开发，进行系统集成的实施方式。在系统实施落地的基础上，各银行系统建设体现在对系统和模型的验证、优化和扩展升级，以及内部政策制度的完善和计量成果的应用推广等多个方面。总体来看，我国商业银行在市场风险内

部模型法资本计量实施和风险计量水平提升方面，已取得很大进步。截至2012年末，国有大型银行和多数股份制商业银行均建立或初步建立了市场风险内部模型。其中，中国银行、中国农业银行、中国工商银行、中国建设银行和交通银行还在年度报告中，对其交易账户的风险价值数据进行了披露。

（二）我国商业银行市场风险计量面临的问题和挑战

与国际银行业市场风险计量的先进实践相比，我国商业银行市场风险管理和计量体系建设起步较晚，金融市场成熟程度不高，在市场风险计量方面仍然面临一些问题和挑战，需要进一步加以改进和克服。

一是风险计量所需的部分市场数据不够完善。由于我国金融市场，特别是金融衍生品市场发展较为滞后，部分市场数据，如期权隐含波动率曲面、信用利差曲线，以及部分收益率曲线和信用评级数据等，或存在数据缺失，或因流动性较差，不能反映真实的市场交易价格，使得相关交易产品的估值和风险计量难度较大。

二是外购计量引擎的本地化面临挑战。我国商业银行大多外购国外系统厂商提供的成熟计量引擎系统。但由于这些外购系统一般针对国外成熟市场产品设计，往往难以反映中国市场部分金融产品和市场的特殊属性，其本地化实施面临一定挑战。

三是数据管理不健全，数据质量有待提高。基础信息数据的真实性和完整性是进行有效的市场风险计量的前提。目前我国商业银行对相关业务和市场数据的管理尚不够健全，数据缺乏规范性，对数据的采集维护和清洗检查缺少严格流程约束，数据质量不高，使市场风险计量的准确性受到一定影响。

本章小结

1. 市场风险是指市场价格（利率、汇率、股票价格和商品价格等）的不利变动而使商业银行表内和表外业务发生损失的风险。

2. 重视并加强市场风险的管理意义重大，一方面，市场风险对银行传统存贷款业务的影响及挑战正在加大；另一方面，提高市场风险管理能力对银行发展创新业务、推动业务转型的作用越来越突出。

3. 市场风险存在于银行的交易和非交易业务中。其中，交易业务主要包括金融市场业务，如外汇交易、债券投资以及远期、掉期、期权等衍生产品交易等；非交易业务主要指存贷款业务。

4. 基于不同的维度，市场风险可以进行不同的分类。按市场价格因素构成不同，市场风险可分为利率风险、汇率风险、股票价格风险、商品价格风险；按价格变动的原因不同，市场风险可分为一般市场风险和特定市场风险；按持有头寸的目的不同，市场风险分为银行账户风险和交易账户风险。

5. 商业银行市场风险管理的目标是将市场风险控制在银行可以承受的合理范围内，并实现经风险调整的收益率的最大化。

6. 商业银行市场风险管理应当遵循以下六个原则：独立性原则、授权原则、审慎性原则、集中化与专业化原则、创新原则和激励相容原则。

7. 对商业银行来说，完善的市场风险管理应当包括以下五个基本要素：有效的董事会和高级管理层治理架构，全面的市场风险管理政策和流程，完善的市场风险识别、计量、监测和控制程序，可靠的内部控制和独立的外部审计，适当的市场风险资本分配机制。

8. 市场风险计量是指在充分识别市场风险因素的前提下，运用不同的计量方法，计算市场风险相关指标与市场风险资本的过程。

9. 市场风险计量的基础技术主要是敏感性分析。敏感性分析是指在保持其他条件不变的前提下，研究单个市场风险因素（利率、汇率、股票价格和商品价格等）的变化可能会对金融工具或资产组合的收益或经济价值产生的影响。常见的敏感性分析方法包括缺口分析、久期分析和外汇敞口分析等。

10. 市场风险的高级计量方法包括风险价值、尾部预期损失和压力测试。

11. 利率重新定价风险的监管统计主要是指统计银行业金融机构资产、负债和衍生产品交易业务头寸在各种定价期限时段内的敏感性缺口，并进行敏感性分析。该项统计要求区分银行账户和交易账户，并区分不同币种。

12. 在外汇风险敞口的监管统计中，监管人员应当重点关注以下两个监管指标：一是累计外汇敞口头寸比例，用以衡量汇率风险导致的盈利或损失对银行净资产的影响；二是美元敞口头寸比例。

13. 利率风险最低资本要求由两部分资本组成：一部分反映每种证券的“特定风险”（无论多头还是空头）；另一部分反映整个证券组合的利率风险（称为一般市场风险），计算该部分资本时，不同证券和工具的多头和空头可以冲销。

14. 用内部模型法计量市场风险时应考虑以下几个因素：定性条件、定量条件、市场风险因子的设定、压力测试的要求、外部验证及返回检验要求、特定风险的处理和模型验证要求等。

本章重要概念

市场风险　市场风险管理　市场风险计量　市场风险计量基础技术　市场风险的监管统计　外汇风险敞口　市场风险的资本计量　标准法　特定风险　一般市场风险　中级方法　内部模型法

思考题

1. 什么是市场风险，它有哪些种类？
2. 什么是市场风险管理，它需要遵循哪些原则？
3. 如何计量市场风险，有哪些主要方法？
4. 什么是市场风险监管统计，它包括哪些方面的监管统计？
5. 什么是标准法，它主要应用于哪些风险计量中？
6. 什么是内部模型法，使用这一个方法需要考虑哪些因素？
7. 我国银行市场风险资本计量与国际标准存在哪些差异？

本章参考文献

[1] 朱忠明：《金融风险管理学》，北京，中国人民大学出版社，2004。

[2] 中国银行业监督管理委员会：《商业银行市场风险管理指引》，2005。

[3] 中国银行业监督管理委员会：《商业银行资本管理办法（试行）》，2012。

[4] 中国银行业协会：《解读商业银行资本管理办法》，北京，中国金融出版社，2012。

第六章

操作风险

操作风险是银行三大主要风险之一，本章主要结合巴塞尔资本协议以及我国《商业银行资本管理办法（试行）》（以下简称《资本办法》）等监管要求，介绍操作风险计量与统计的主要方法。

第一节　操作风险概述

一、操作风险基本概念

（一）操作风险定义

操作风险是指由不完善或有问题的内部程序、员工和信息科技系统，以及外部事件所造成损失的风险，包括法律风险，但不包括策略风险和声誉风险。

商业银行操作风险的表现形式主要有：职员欺诈、失职违规、违反用工法律等；流程不健全、流程执行失败、控制和报告不力、文件或合同缺陷、担保品管理不当、产品服务缺陷、泄密、与客户纠纷等；信息科技系统和一般配套设备不完善；外部欺诈、自然灾害、交通事故、外包商不履责等。

据巴塞尔委员会估计，在银行业所有风险中，操作风险所造成的损失已经仅次于信用风险。从世界范围看，实施新资本协议的国家都按照巴塞尔委员会的要求，明确将操作风险纳入资本监管的范畴，并根据巴塞尔委员会加强银行操作风险管理的最佳做法或监管指引，形成了较为广泛的操作风险监管共识。

（二）操作风险的主要特点

操作风险具有分散性、多样性和内生性三个特点。

1. 分散性

操作风险涉及银行经营管理中的各个环节和所有分支机构。集中、垂直的风险控制体系可以有效地对信用风险和市场风险实施统一管控，但对于操作风险却只能发挥有限作用。同时，银行可以借助分散化效应降低整体信用风险和市场风险，改善风险回报分布，但由于业务复杂会导致操作和管理难度变大，业务分散化不仅不能降低操作风险，反而可能放大风险。

2. 多样性

各个业务领域操作风险的表现方式存在很大差异，如信贷业务面临的操作风险就显著不同于电子银行，一些业务规模小、交易量小、结构变化不太迅速的业务领域操作风险损失不一定低。这要求操作风险管理必须针对不同业务的差异性采取不同措施，并强调业务部门是操作风险管理的第一责任人和主要责任人。

3. 内生性

除自然灾害、恐怖袭击等外部事件外，操作风险的很大比例来源于银行的业务操作，属于银行的内生风险，这要求风险管理将视角由外转内，注重管理的科学性和精细化程度。

【专栏6－1】

银行业发生的重大操作风险事件

1994 年，美国信孚银行，客户以信孚银行未向其充分揭示复杂的互换交易风险而导致 1.57 亿美元损失为由起诉。

1995 年，英国巴林银行，交易员隐瞒报告日经 225 指数期货交易的亏损，最终损失 14 亿美元。

2006 年，我国某国有银行支行行长违规发放虚假个人贷款，涉案金额 26 674 万元。

2007 年，我国某大型国有银行金库被盗现金 5 100 万元。

2008 年，法国兴业银行，交易员欺诈导致 72 亿美元损失。

2009 年，我国某市农村商业银行被外部诈骗分子伙同银行内部员工利用伪造证明材料骗取银行贷款 7.08 亿元。

2010 年，某国有银行某支行发现一起虚假存单案件，涉案 9 000 万元。

2011 年，某国有银行某支行发生一起持刀抢劫案，被抢 3.99 万元，2 名员工遇害。

2012 年，汇丰控股，就反洗钱与美国监管当局达成和解，支付罚金 19.2 亿美元。

二、操作风险类型

(一) 由人员因素引发的操作风险

人员因素引起的操作风险是指由于银行内部员工的行为不当（包括无意行为和故意行为）、人员流失或关系到员工利益的事件发生从而给银行带来损失的情况，具体包括:

1. 员工操作失误，是由员工业务操作过程中的非主观失误造成的，具有发生频率高，难以事先预测和非员工故意行为的特征。

2. 员工违法行为，是由银行内部员工利用具有的信息、身份优势进行违法活动造成的，银行员工的“内部人”身份使得银行员工内部作案更加难以防范。这类行为包括挪用客户资金、欺骗客户、诈骗（内部员工欺诈和内外勾结欺诈）、蓄意破坏银行声誉、洗钱、偷窃银行财产（实物资产和知识产权）等。

3. 违反用工法，是指在银行业人力资源管理的实际操作中，违反《劳动法》、《劳动合同法》等相关法规或者没有按照规定的程序直接解除劳动合同的做法，如非法终止合同、歧视政策或差别待遇、虐待员工、违反健康与安全规定等，引起劳动合同纠纷，从而给银行造成一定的损失。

4. 员工越权行为，是指员工滥用职权，对客户交易进行误导或者支配超出其权限的资金额度，或者从事未经授权的交易等，致使银行发生损失的风险。

5. 关键人员流失，是指掌握大量技术和重要信息的关键人员的流失给银行带来的损失。这类事件对银行的影响通常要经过一段时间以后才能体现出来，且难以量化。

6. 劳动力中断，是指罢工等劳工行动造成的银行因人员不足而无法正常运转的情况。科技的飞速发展并不能完全取代人的作用，关键技术、岗位、信息必须有合适的人来运作，劳动力中断给银行带来的损失是非常巨大的。

（二）由流程因素引发的操作风险

流程因素引发的操作风险是指由于银行业务流程设计不合理或流程没有被严格执行而造成的风险。具体包括：

1. 流程设计不合理，不仅影响银行的经营效率，流程中的漏洞还有可能被不法分子利用，从而给银行造成损失。

2. 流程执行不严格，导致的操作风险主要包括在业务执行过程中缩减步骤和随意加插不必要的人员或程序两种情况。

（三）由系统因素引发的操作风险

系统因素引发的操作风险是指 IT 技术系统、机具设备因技术故障、设备失灵造成系统服务中断或错误服务，以及由于系统数据风险影响业务正常运行而导致损失的风险。例如，IT 系统开发不完善、系统（软硬件）失灵或瘫痪、系统本身的漏洞以及客户信息安全性出现重大事故等。

（四）由外部事件因素引发的操作风险

外部事件因素引发的操作风险是由于外部主观或客观的破坏性因素导致损失的风险。银行的经营都处于一定的政治、社会、经济环境中，经营环境的变化、外部突发事件都会影响到银行的经营活动，甚至会产生损失。外部事件引起银行损失的范围非常广泛，包括外部欺诈、外部突发事件和外部经营环境的不利变化。

1. 外部欺诈是指外部人员的蓄意欺诈行为。这类行为是给银行造成的损失最大、发生次数最多的操作风险之一。外部人员精心设计的骗局和陷阱常常令商业银行防不胜防。

2. 外部突发事件可能导致银行经营的突然中断，并因此引起损失。这类事件具有不可预测的特点，包括自然灾害、外部人员的犯罪行为等。

3. 经营场所的安全性包括银行设施出现故障给客户或银行员工造成身体的伤害或财产损失，如银行经营场所发生抢劫等突发事故，银行一些设备老化引发火灾事故等。因此，必须认识到，银行有义务对在其经营场所内的客户的人身安全负责。

第二节　操作风险计量——基本指标法和标准法

巴塞尔资本协议规定银行可以使用三种方法计量操作风险：基本指标法、标准法和高级计量法，这三种方法的复杂程度和风险敏感度依次上升。巴塞尔委员会提出，国际活跃银行以及操作风险较大的银行所选用的操作风险计量方法应与其风险轮廓和机构自身的复杂程度相适应，银行可以对某些业务采用基本指标法或标准法，同时对另一些业务采用高级计量法。银行使用高级方法需经过监管当局的提前核准，而且一旦采用了高级法，在未经监管当局许可前不能退回使用相对简单的方法。如果监管当局认定一家已采用高级法的银行不再满足该方法的条件时，可以要求该银行对其部分或全部业务退回到相对简单的方法，直至该银行符合监管当局规定的重新返回高级法的条件为止。

一、基本指标法

1. 计量方法

基本指标法以总收入为计量基础，总收入定义为银行的净利息收入与净非利息收入之和。

在基本指标法下，操作风险资本等于银行前三年总收入的平均值乘上一个固定比例（用 α 表示，15%）。资本计量公式为：

$$K_{BIA} = \frac{\sum (GI_i \times \alpha)}{n}$$

式中，K_{BIA}为按基本指标法计量的操作风险资本要求；GI 为过去三年中每年正的总收入；n 为过去三年中总收入为正的年数；α 为 15%。

2. 基本指标法的特点

总体上看，基本指标法计量方法简单，资本与收入呈线性关系，银行的收入越高，操作风险资本要求越大，资本对风险缺乏敏感性，对改进风险管理作用有限。

【专栏 6 -2】

基本指标法资本计算示例

步骤 1：计算总收入

总收入定义为净利息收入加净非利息收入，不扣除拨备，也不扣除营业费用（如对外包商支付的费用），但要扣除银行账户上“持有至到期日”和“可供出售”证券实现的损益，扣除非正常项目收入和保险收入。

一般而言，银行通过损益表计算得出总收入表，其计算过程如下：

	会计计算方法	总收入计算方法
利息收入	100	100
利息支出	-70	-70
净利息收入	30	30
手续费净收入	5	5
其他业务收入	5	5
投资收益（债券、股权等）	5	5
银行账户证券的损益	5	不考虑
净非利息收入	20	15
营业费用支出	-25	不考虑
非正常项目损益	5	不考虑
减值准备	-3	不考虑
所得税	-7	不考虑
	净收入 = 20	总收入 = 45

步骤2：计算资本

基本指标法资本为过去三年平均正的总收入除以总收入为正的年数，如某年总收入为负，则分子、分母都不考虑。

这会造成一种情况，即如果银行的收益低，经常连续出现负的总收入，则可能低估操作风险的资本要求。此时，需要监管部门通过第二支柱的监管措施来保障银行资本水平的审慎性。计算过程如下：

	总收入 GI	资本要求（乘以15%）
第一年	80	12
第二年	-20	0
第三年	120	18
总和	200	30
平均	（80 + 120）/2 = 100	100 × 15% = 15

二、标准法

1. 计量方法

标准法以各业务条线的总收入为计量基础，与基本指标法类似，总收入是一个广义的指标，代表业务经营规模，因此也大致代表了各业务条线的操作风险暴露。业务条线分为8个：公司金融（Corporate Finance）、交易和销售（Trading & Sales）、零售银行业务（Retail Banking）、商业银行业务（Commercial Banking）、支付和清算（Payment & Settlement）、代理服务（Agency Services）、资产管理（Asset Management）和零售经纪

（Retail Brokerage）。

标准法操作风险资本等于银行各条线前三年总收入的平均值乘上一个固定比例（用β_i表示）再加总，计算公式为：

$$K_{TSA} = \{\sum_{i=1}^{3} \text{Max}[\sum_{i=1}^{9}(GI_i \times \beta_i), 0]/3\}$$

式中，K_{TSA}为按标准法计量的操作风险资本要求；Max $[\sum_{i=1}^{9}(GI_i \times \beta_i), 0]$ 是指各年为正的操作风险资本要求；GI_i为各业务条线总收入；β_i为各业务条线的操作风险资本系数，具体如表 6 - 1 所示。

表 6 - 1　　各业务条线 β 系数

业务条线	β 系数
公司金融	18%
交易和销售	18%
零售银行业务	12%
商业银行业务	15%
支付和清算	18%
代理服务	15%
资产管理	12%
零售经纪	12%

2. 标准法各业务条线的归类原则

为提高各国标准法操作风险资本的一致性及可比性，巴塞尔委员会进一步明确了业务条线的九条归类原则。

一是所有业务活动必须按 1 级目录规定的 8 个业务条线对应归类，相互不重合，列举须穷尽。

二是对业务条线框架内业务起辅助作用的银行业务或非银行业务，如果无法按业务条线直接对应归类，必须归入其所辅助的业务条线。如果辅助多个业务条线，则必须采用客观标准归类。

三是在将总收入归类时，如果此业务无法与某一特定业务条线对应，则适用资本要求最高的业务条线。此业务条线也同样适用于任何相关的辅助业务。

四是如果银行总收入（按基本指标法计算）仍等于 8 个业务条线的总收入之和，银行可以使用内部定价方法在各业务条线间分配总收入。

五是因计算操作风险将业务按业务条线归类时采用的定义，必须与计算其他类风险（如信用风险）监管资本所采用的定义相同。一旦背离此原则，则需引起异议并明确记录。

六是银行采用的对应流程应有明确的文字说明。尤其是业务条线的书面定义应清晰、详尽，使第三方可以复制业务条线对应的做法。文字说明中必须规定对违反情况应引起异议并保持记录。

七是必须制定新业务或产品对应的流程。

八是需由高级管理层负责制定业务条线对应政策。

九是业务条线对应流程必须接受独立审查。

巴塞尔委员会还对主要业务的业务条线归属进行了明确，公布了业务条线对应表（Mapping of Business Lines），如表 6－2 所示。

表 6－2　　业务条线对应表

<table>
<tr><th>1 级目录</th><th>2 级目录</th><th>业务群组</th></tr>
<tr><td rowspan="4">公司金融</td><td>公司金融</td><td rowspan="4">兼并与收购，承销、私有化，证券化，研究，债务（政府、高收益），股本，银团，首次公开发行上市，配股</td></tr>
<tr><td>市政/政府金融</td></tr>
<tr><td>商人银行</td></tr>
<tr><td>咨询服务</td></tr>
<tr><td rowspan="4">交易和销售</td><td>销售</td><td rowspan="4">固定收入，股权，外汇，商品，信贷，融资，自营证券头寸，贷款和回购，经纪，债务，经纪人业务</td></tr>
<tr><td>做市</td></tr>
<tr><td>自营头寸</td></tr>
<tr><td>资金业务</td></tr>
<tr><td rowspan="3">零售银行业务</td><td>零售银行业务</td><td>零售贷款和存款，银行服务，信托和不动产</td></tr>
<tr><td>私人银行业务</td><td>私人贷款和存款，银行服务，信托和不动产，投资咨询</td></tr>
<tr><td>银行卡服务</td><td>商户/商业/公司卡，零售店品牌（Private Labels）和零售业务</td></tr>
<tr><td>商业银行业务</td><td>商业银行业务</td><td>项目融资，不动产，出口融资，贸易融资，保理，租赁，贷款，担保，汇票</td></tr>
<tr><td>支付和结算</td><td>外部客户</td><td>支付和托收，资金转账，清算和结算</td></tr>
<tr><td rowspan="3">代理服务</td><td>托管</td><td>第三方账户托管，存托凭证，证券贷出（消费者），公司行为（Corporate Actions）</td></tr>
<tr><td>公司代理</td><td>发行和支付代理</td></tr>
<tr><td>公司信托</td><td></td></tr>
<tr><td rowspan="2">资产管理</td><td>可支配基金管理</td><td>集合，分散，零售，机构，封闭式，开放式，私募基金</td></tr>
<tr><td>非可支配基金管理</td><td>集合，分散，零售，机构，封闭式，开放式</td></tr>
<tr><td>零售经纪</td><td>零售经纪业务</td><td>执行指令等全套服务</td></tr>
</table>

3. 标准法下业务条线归类示例

标准法业务归类示例主要包括以下内容：

一是零售银行业务的总收入包括对零售客户和按零售客户对待的中小企业放贷和垫款产生的净利息收入，再加上传统零售业务收费、用于零售银行账户保值的互换和衍生产品净收入、收购的零售客户应收账款产生的收入。在计算零售银行业务的净利息收入时，银行应把贷款和垫款利息收入减去贷款资金的加权平均成本。

二是商业银行业务的总收入包括向公司（及按公司对待的中小企业）、银行同业、主权客户放贷和垫款产生的净利息收入和收购的公司应收账款产生的收入，再加上传统商业银行业务的收费（包括承诺、担保、汇票），银行账户持有证券的收入，拥有商业银行业务账户保值的互换和衍生产品损益。同理，净利息收入等于向公司、银行同业和主权客户放贷和垫款产生的利息收入减去贷款资金加权平均成本。

三是交易和销售业务的总收入等于因交易而持有的工具的损益（在按市场价格计价的账户上），减去资金成本，加上批发经纪业务的收费。

四是其他 5 个产品线的总收入主要包括各类产品线的净收费/佣金收入。支付和结算收入包括为批发业务对手方提供支付/结算服务的收费。资产管理收入是为他人管理资产的收入。

五是总收入中不应忽略营运开支。

4. 标准法的替代形式

基于定量影响分析结果，巴塞尔委员会为贷存息差较高的国家或地区的银行提出了标准法的替代方法。各国监管当局可根据本国情况决定是否允许银行采用标准法的替代形式，只要银行能够说服监管当局该方法有所改进，如能够防止风险重复计算（avoid double counting of risk）。一旦银行获准使用标准法的替代形式，未经监管当局批准，不得再使用标准法。

标准法的替代形式的计算规则为，对于零售银行和商业银行两个产品线，用贷款和垫款额（Loans and Advances）乘以一个固定系数 m 代替总收入作为风险暴露指标。零售银行和商业银行两个产品线的 β 系数与标准法的 β 系数一样。对于其他产品线计算操作风险资本的方法与标准法相同。

5. 标准法的特点

标准法与基本指标法具有类似的特征，简单、线性，收入越高，操作风险资本要求越大。但其每一业务条线的 β 系数均由巴塞尔委员会测算得出，风险敏感程度比基本指标法有一定提高。此外，标准法对银行的操作风险管理提出了较高的要求，如需建立操作风险管理框架，要收集损失数据进行分析，应用操作风险管理工具等，对提高银行操作风险管理有积极的现实意义。

【专栏 6 -3】

标准法资本计算示例

一、标准法

步骤 1：识别总收入

此步骤与基本指标法计算方法一致。

步骤 2：映射业务条线

将组成总收入按照业务条线对应表映射至相应条线。

步骤 3：汇总平均收入并计算资本

需要注意的是，每年各条线正的收入可抵销负的收入，但是如果出现一年的总收入为负（如下表第三年），则该年的总收入以 0 计算。

资本要求则为三年的平均总收入除以3，这里的分母与基本指标法不同，不随总收入为正的年数变动。计算示例如下表：

	第一年	第二年	第三年	β系数
总收入	70	180	-270	
公司金融	10	20	-30	8%
交易和销售	-10	20	-30	18%
零售银行	1	20	-30	12%
商业银行	10	20	-30	15%
支付和结算	10	20	-30	18%
代理服务	10	0	-30	15%
资产管理	10	20	-30	12%
零售经纪	10	20	-30	12%
其他业务	10	20	-30	18%
过去三年平均总收入	70+180+0=250			
资本要求	250/3=83.33			

二、替代标准法

在替代标准法中，零售银行和商业银行两个产品线不用总收入指标，改用贷款和垫款余额乘以3.5%代替，计算过程如下表：

业务条线	总收入	贷款和垫款	m乘数	β系数	资本要求
公司金融	100			18%	18
交易和销售	100			18%	18
零售银行	300	5 000	0.035	12%	21
商业银行	300	4 000	0.035	15%	21
支付和结算	100			18%	18
代理服务	100			15%	15
资产管理	100			12%	12
零售经纪	100			12%	12
总计					135

三、基本指标法和标准法的实施条件

操作风险计量需与银行的业务复杂程度和操作风险管理能力相匹配，越复杂的计量方法其实施前提条件越复杂，风险计量的基础也应越稳固。

（一）基本指标法实施条件

基本指标法比较简单，巴塞尔委员会未对采用该方法的银行提出具体标准，但是鼓励采用此法的银行遵循2003年2月发布的《操作风险管理和监管的稳健做法》。

（二）标准法实施条件

银行实施标准法必须至少符合监管当局以下规定：银行的董事会和高级管理层适当积极参与操作风险管理框架的监督；银行的操作风险管理系统概念稳健，执行正确有效；有充足的资源支持在主要产品线上和控制及审计领域采用标准法。

国际活跃银行还需满足更高的要求：

1. 银行的操作风险管理系统必须对操作风险管理功能进行明确的职责界定，包括：开发识别、监测、控制/缓释操作风险的策略；制定整个银行操作风险管理和控制的政策和程序；设计并实施银行的操作风险评估方法；设计并实施操作风险报告系统。

2. 银行必须系统地跟踪与操作风险相关的数据，包括各产品线发生的巨额损失。必须将操作风险评估系统整合入银行的风险管理流程。评估结果必须成为银行操作风险状况监测和控制流程的有机组成部分。例如，该信息必须在风险报告、管理报告和风险分析中发挥重要作用。银行必须在全行范围采取激励手段鼓励改进操作风险管理。

3. 银行必须定期向业务管理层、高级管理层和董事会报告操作风险暴露情况，包括重大操作损失。必须制定流程，规定如何针对管理报告中反映的信息采取适当行动。

4. 银行的操作风险管理系统必须文件齐备，必须有日常程序确保符合操作风险管理系统内部政策、控制和流程等文件的规定，且应规定如何对不符合规定的情况进行处理。

5. 银行的操作风险管理流程和评估系统必须接受验证和定期独立审查。这些审查必须涵盖业务部门的活动和操作风险管理岗位的情况。

6. 银行操作风险评估系统（包括内部验证程序）必须接受外部审计师和监管当局的定期审查。

四、中国银监会对操作风险基本指标法和标准法的实施要求

（一）总体要求

总体上看，我国操作风险计量要求有以下特点：

一是在政策导向上，基本指标法和标准法体现规则导向，银监会明确了计量规则，保证各行结果可比，避免套利；高级法体现原则导向，银监会仅明确数据、计量原则，商业银行自行选择计量方法，体现对风险管理较好银行的激励。

二是在核准思路上，核准前，对银行实施准入监管，仅核准符合要求的银行实施较为高级的方法；核准后，体现持续监管原则，持续监测高级方法体系的运行情况，及时要求银行整改，并对整改不到位的银行采取监管措施，直至取消实施资格。

三是在审慎监管方面，银监会认定商业银行内部控制不健全、操作风险管理薄弱的，可要求商业银行提高操作风险资本。

（二）计量方法

《资本办法》在标准法部分取消了标准法的替代形式，其余主要计量方法与巴塞尔新资本协议保持一致。

在具体细节方面，一是明确了基本指标法和标准法总收入的计量口径，出台了总收

入构成说明，具体如表 6-3 所示。

表 6-3　　总收入构成说明

	项目	内容
1	利息收入	金融机构往来利息收入，贷款、投资利息收入，其他利息收入等
2	利息支出	金融机构往来利息支出、客户存款利息支出、其他借入资金利息支出等
3	净利息收入	1-2
4	手续费和佣金净收入	手续费及佣金收入-手续费及佣金支出
5	净交易损益	汇兑与汇率产品损益、贵金属与其他商品交易损益、利率产品交易损益、权益衍生产品交易损益等
6	证券投资净损益	证券投资净损益等，但不包括银行账户“拥有至到期日”和“可供出售”两类证券出售实现的损益
7	其他营业收入	股利收入、投资物业公允价值变动等
8	净非利息收入	4+5+6+7
9	总收入	3+8

二是结合中国银行业业务实际，制定了业务条线归类目录，如表 6-4 所示。

表 6-4　　业务条线归类目录

1 级目录	2 级目录	业务种类示例
公司金融	公司和机构融资	并购重组服务、包销、承销、上市服务、退市服务、证券化，研究和信息服务，债务融资，股权融资，银团贷款安排服务，公开发行新股服务、配股及定向增发服务、咨询见证、债务重组服务、财务顾问与咨询，其他公司金融服务等
	政府融资	
	投资银行	
	咨询服务	
交易和销售	销售	交易账户人民币理财产品、外币理财产品、在银行间债券市场做市、自营贵金属买卖业务、自营衍生金融工具买卖业务、外汇买卖业务、存放同业、证券回购、资金拆借、外资金融机构客户融资、贵金属租赁业务、资产支持证券、远期利率合约、货币利率掉期、利率期权、远期汇率合约、利率掉期、掉期期权、外汇期权、远期结售汇、债券投资、现金及银行存款、中央银行往来、系统内往来、其他资金管理等
	做市商交易	
	自营业务	
	资金管理	
零售银行	零售业务	零售贷款、零售存款、个人收入证明、个人结售汇、旅行支票、其他零售服务
	私人银行业务	高端贷款、高端客户存款收费、高端客户理财、投资咨询、其他私人银行服务
	银行卡业务	信用卡、借记卡、准贷记卡、收单、其他银行卡服务

续表

1级目录	2级目录	业务种类示例
商业银行	商业银行业务	单位贷款、单位存款、项目融资、贴现、信贷资产买断卖断、担保、保函、承兑、委托贷款、进出口贸易融资、不动产服务、保理、租赁、单位存款证明、转贷款服务、担保/承诺类、信用证、银行信贷证明、债券投资（银行账户）、其他商业银行业务
支付和结算	客户	债券结算代理、代理外资金融机构外汇清算、代理政策性银行贷款资金结算、银证转账、代理其他商业银行办理银行汇票、代理外资金融机构人民币清算、支票、企业电子银行、商业汇票、结售汇、证券资金清算、彩票资金结算、黄金交易资金清算、期货交易资金清算、个人电子汇款，银行汇票、本票、汇兑、托收承付、托收交易、其他支付结算业务
代理服务	托管	证券投资基金托管、QFII 托管、QDII 托管、企业年金托管、其他各项资产托管、交易资金第三方账户托管、代保管、保管箱业务、其他相关业务
	公司代理服务	代收代扣业务、代理政策性银行贷款、代理财政授权支付、对公理财业务、代客外汇买卖、代客衍生金融工具业务、代理证券业务、代理买卖贵金属业务、代理保险业务、代收税款、代发工资、代理企业年金业务、其他对公代理业务
	公司受托业务	企业年金受托人业务、其他受托代理业务
资产管理	全权委托的资金管理	投资基金管理、委托资产管理、私募股权基金、其他全权委托的资金管理
	非全权委托的资金管理	投资基金管理、委托资产管理、企业年金管理、其他全权委托的资金管理
零售经纪	零售经纪业务	执行指令服务、代销基金、代理保险、个人理财、代理投资、代理储蓄国债、代理个人黄金业务、代理外汇买卖、其他零售经纪业务
其他业务	其他业务	无法归入以上8个业务条线的业务种类

（三）实施条件

按照规定，商业银行采用基本指标法不需经银监会核准。采用标准法应满足以下十项要求并经银监会核准。

1. 治理架构清晰

商业银行应当建立清晰的操作风险管理组织架构、政策、工具、流程和报告路线。董事会应承担监控操作风险管理有效性的最终责任，高级管理层应负责执行董事会批准的操作风险管理策略、总体政策及体系。商业银行应指定部门专门负责全行操作风险管理体系的建设，组织实施操作风险的识别、监测、评估、计量、控制、缓释、监督与报告等。商业银行应在全行范围内建立激励机制鼓励改进操作风险管理。

2. 信息系统适用

商业银行应当建立与本行的业务性质、规模和产品复杂程度相适应的操作风险管理系统。该管理系统应能够记录和存储与操作风险损失相关的数据和操作风险事件信息，能够支持操作风险及控制措施的自我评估和对关键风险指标的监测。该管理系统应配备完整的制度文件，规定对未遵守制度的情况进行合理的处置和补救。

3. 数据收集全面

商业银行应当系统性地收集、跟踪和分析与操作风险相关的数据，包括各业务条线的操作风险损失金额和损失频率。商业银行收集内部损失数据应符合相关规定。

4. 风险评估有效

商业银行应当制定操作风险评估机制，将风险评估整合入业务处理流程，建立操作风险和控制自我评估或其他评估工具，定期评估主要业务条线的操作风险，并将评估结果应用到风险考核、流程优化和风险报告中。

5. 风险监测敏感

商业银行应当建立关键风险指标体系，实时监测相关指标，并建立指标突破阈值情况的处理流程，积极开展风险预警管控。

6. 连续性管理体系健全

商业银行应当制定全行统一的业务连续性管理政策措施，建立业务连续性管理应急计划。

7. 报告体系稳健

商业银行负责操作风险管理的部门应定期向高级管理层和董事会提交全行的操作风险管理与控制情况报告，报告中应包括主要操作风险事件的详细信息、已确认或潜在的重大操作风险损失等信息、操作风险及控制措施的评估结果、关键风险指标监测结果，并制定流程对报告中反映的信息采取有效行动。

8. 内部审查严格

商业银行的操作风险管理系统和流程应接受内部独立审查，内部审查应覆盖业务部门活动和全行各层次的操作风险管理活动。

9. 内控内审充分

商业银行应当投入充足的人力和物力支持在业务条线实施操作风险管理，并确保内部控制和内部审计的有效性。

10. 配合监管

商业银行的操作风险管理体系及其审查情况应接受银监会的监督检查。

第三节　操作风险计量——高级计量法

操作风险高级计量法模型包括内部衡量法、损失分布法和打分卡法。目前，损失分布法是商业银行的主流选择。

一、高级计量法的主要方法

（一）内部衡量法

内部衡量法是基于银行损失数据计算操作风险监管资本的一种方法，对每一业务线/事件类型组合分别计算预期损失（EL），并引入换算因子将 EL 转化为非预期损失（UL）。

内部衡量法操作风险资本计算公式为：操作风险资本（UL）＝换算因子×预期损失＝换算因子×（操作风险暴露×损失概率×损失程度）。

为解决各银行操作风险损失分布与银行业整体损失分布存在差异的问题，巴塞尔委员会引入了风险特征指数（RPI）来体现各银行风险管理水平的高低。

内部衡量法是银行由基本的由上至下模型向复杂的操作风险资本计量模型过渡的方法，计算简便。但该方法也存在一定缺陷，例如，换算因子是监管部门根据银行业整体的操作风险状况设定的统一标准，不一定普遍适用所有银行；预期损失（EL）和非预期损失（UL）之间不一定满足该方法假设的线性关系。这些因素都限制了内部衡量法的推广使用。

（二）损失分布法

在损失分布法下，银行利用过去的内部数据分别来估计每个产品或每种风险类型的两个概率分布函数，一是单一事件冲击下的条件概率分布，即每件风险事件损失严重程度的概率分布，常用的统计分布模型包括对数正态分布、韦伯分布、广义帕累托分布等；二是关于下一年度的事件发生频率的条件概率，即在未来一定时期内会发生多少件风险事件的概率分布，常用的统计分布模型包括泊松分布、负二项分布等。在两种预测分布的基础上，银行可以整合出总损失的概率分布函数，常用的整合方法包括蒙特卡罗模拟、快速傅立叶变换等。给定置信度水平，在总损失分布中可计算出一定置信度下的 VaR 值。

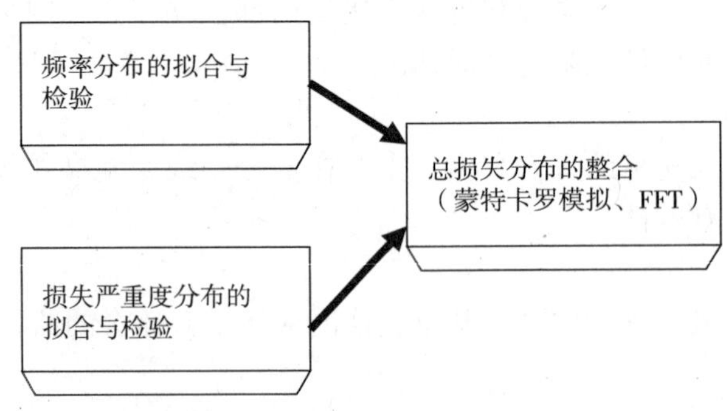

图 6－1　操作风险损失计量框架

为了使计量更加精确，巴塞尔委员会将操作风险损失事件库按照 7 种事件类型和 8 个业务条线划分为 7×8 的矩阵，先对矩阵中的每一个单元格计量 VaR 值，再对 56 个单元格进行加总。在加总时要考虑到单元格之间的相关性，例如可以采用 Copula 函数在考虑相关性的前提下进行加总。56 个单元格的划分并不是绝对的，银行可以根据具体损失数据数量和数据的同质性情况对单元格进行合并或者拆分。

由于这一方法非常复杂，银行需要事先估计操作风险事故发生的频率和操作风险事件的损失幅度，而且如果银行计划采用损失分布法，必须符合银行监管部门规定的各项假设标准。

与内部衡量法相比，损失分布法主要优势在于：第一，损失分布法直接度量非预期损失，而不是通过假定预期损失与非预期损失之间的线性关系简单计算，更符合实际损失分布；第二，损失分布法中，银行自主决定业务线/事件类型的组合和各类风险参数，能较好地体现银行的业务特性，避免了监管干预可能造成“一刀切”的问题。损失分布法预示了操作风险计量技术的发展趋势。

【专栏 6－4】

高级计量法中损失分布法的基本方法论

损失分布法，是基于保险精算技术发展而来的方法。在该方法框架下，银行对其每个业务部门/事件类型组合分别估计频率和严重程度两个概率分布函数，用蒙特卡罗模拟方法拟合出一定置信水平（99.9%）和区间（一年）的操作风险 VaR 值。

损失分布法的基本假设如下：假设共有 m 个单元，每个单元的损失总额为 $L_k = \sum_{i=1}^{N_k} S_{ki}$。其中：

（1）N_k 和 S_k 是独立的，S_k 是由单元内损失事件的损失金额构成的集合；

（2）S_k 之间是独立的；

（3）S_k 服从同样的分布。

——假设（2）和（3）是求解严重程度概率分布函数的基本要求，即只有每个样本点相互独立且均服从同一分布 F（x），才能称 F（x）为这些样本点的总体分布函数；

——假设（1）是对频率和严重程度进行蒙特卡罗随机抽样的基本条件，即两者随机抽取的样本是独立的，否则，会造成一方的概率分布形式随另一方的抽样结果的不同而改变。

（三）打分卡法

在打分卡方法下，银行根据历史损失数据和打分卡数据（表示操作风险管理的质量等级）来确定操作风险资本，然后通过打分卡不断修正使其更能反映潜在风险和适应不同业务线的风险控制环境。与其他高级计量法模型相比，打分卡法尽管采用了部分历史数据，但更多偏重于定性分析，其主要目标是以前瞻性的眼光，捕捉各业务线的风险特征与控制环境，掌握潜在风险，进而降低操作风险损失事件发生频率与严重度。打分卡法的主要缺点在于主观性太强，过于依赖风险管理人员的经验和知识。

二、高级计量法实施条件

（一）高级计量法专门要求

2011 年 6 月，针对资本协议中对高级计量法仅有原则性要求、迫切需要具体的国际监管标准这一情况，巴塞尔委员会在 2008 年损失数据统计工作的基础上，出台了《操作风险高级计量法指引》，总结了国际实践经验，回答了业界关心的重要问题。《操作风险高级计量法指引》包括治理、数据、模型三方面内容。

1. 治理方面

首先，明确操作风险核验（Verification）及操作风险验证（Validation）框架，核验针对操作风险管理框架，旨在确保整体操作风险管理的有效性和适当性。验证针对操作风险计量体系，操作风险计量体系是操作风险管理框架的组成部分，验证工作旨在确保操作风险计量的准确性。其次，强调计量与管理有机融合。操作风险计量不能仅服务于监管合规，应有利于加强操作风险管理，应有利于改善内部控制环境，应有利于准确设立风险偏好，应随业务发展不断优化升级。

2. 数据方面

（1）内部数据

主要包括四方面政策：

一是解释损失数据口径，明确总损失、回收后净损失、保险缓释后净损失的定义及要素，规定银行不得用保险缓释后净损失建模，建议重大损失回收期较长的银行采用总损失建模。

二是要求银行建立适当的数据阈值，可就数据收集和建模制定不同阈值，但应避免建模阈值大大高于收集阈值，并就阈值情况进行合理解释说明。

三是分析不同数据采集时点的差异，银行可以在计量时选择发生日、发现日、核算日（准备计提日），其他时间不被接受。如果使用发生日建模，则需保证使用这个参考时间不会导致重大的操作风险数据遗漏。对于法律事件，进入模型的时间不得晚于核算日（准备计提日）。

四是明确合并及分拆规则，基于审慎性考虑，一次事件多次损失、有因果关系的多次损失应合并计量。不具有因果关系的事件一般不汇总计量。

【专栏 6－5】

总损失、净损失和损失回收的定义

一、总损失（Gross Loss）是在扣除任何形式的损失回收之前的损失。

二、净损失（Net Loss）是考虑了损失回收影响之后的损失，包括保险缓释前净损失和保险缓释后净损失两个口径。

三、损失回收（Recovery）是指与初始损失事件相关，但在不同时间获得来自第三方的资金或收益的独立事件。

（2）外部损失数据和情景分析等方面的要求

外部数据不仅应用于资本计量，而且是情景分析的重要输入内容。银行在使用外部数据时应根据本行的风险轮廓，适当、合理地对数据进行筛选及调整，并明确筛选、调整流程。

情景分析是操作风险计量体系的重要内容，银行需确保有充分的书面记录、可重复的流程、良好的情景分析数据准备、经验丰富的协调人员和业务管理专家，并在情景分析中及时反映内外部环境的变化。

经营环境和内部控制要素方面，指出目前的主要做法是以间接方式纳入模型或对模型的输出做调整，其最低应用要求是要纳入情景分析工作中。

3. 模型方面

一是明确了模型精细度（即模型单元格的切分规则和数量）的选择，要求与业务结构适应，每个单元格的历史数据量充足，有助于资本配置和考核，如模型失效，银行应首先考虑单元格是否合理。

二是明确了相关性处理的基本规则，指出相关性不仅影响频率，而且影响损失严重程度，相关性不得因精细度选择而受影响（如一般假设单元格内部相关性为0，则单元格越少，相关性就被考虑得越少），对于适用内部数据进行相关性建模的银行，应使用发生日而不是发现日。

三是明确了分布选择的总体要求，包括：实际性，即不需为拟合分布而调整数据；适当性，即选择的分布可较好地反映实际数据形态；灵活性，即可一定程度满足较广范围的数据分布；简单性，即易于实施。

四是要求保险模型相对分离，如银行欲就保险得到资本缓释，则其计量模型应可以单独计算缓释前、缓释后的资本，以确定资本缓释水平。

（二）高级计量法实施的监管核准

银行实施高级计量法必须经过监管部门的提前核准，且满足定性和定量两方面标准，其中定性部分与标准法基本一致并进一步严格，定量部分则主要针对数据、模型及相关计量支撑体系。

1. 定性标准

银行在采用高级计量法计算操作风险资本之前必须符合以下定性标准：

第一，必须具备独立的操作风险管理岗位，用于设计和实施银行的操作风险管理框架。操作风险管理功能用于制定银行一级的操作风险管理、控制政策和程序；设计并实施银行的操作风险计量方法；设计并实施操作风险报告系统；开发识别、计量、监测、控制/缓释操作风险的策略。

第二，必须将操作风险评估系统整合入银行的日常风险管理流程。评估结果必须成为银行操作风险轮廓监测和控制流程的有机组成部分。例如，这类信息必须在风险报告、管理报告、内部资本分配和风险分析中发挥重要作用。银行必须在整个银行范围内具备对主要产品线分配操作风险资本的技术，并采取激励手段鼓励改进操作风险管理。

第三，必须定期向业务管理层、高级管理层和董事会报告操作风险暴露和损失情况。银行必须制定流程，规定如何针对管理报告中反映的信息采取适当行动。

第四，风险管理系统必须文件齐备。银行必须有日常程序确保符合操作风险管理系统内部政策、控制和流程等文件的规定，且应规定如何对不符合规定的情况进行处理。

第五，操作风险管理流程和计量系统必须定期接受内部和外部审计师的审查。这些审查必须涵盖业务部门的活动和操作风险管理岗位情况。

第六，外部审计师和监管当局对银行操作风险计量系统的验证必须核实内部验证程序运转正常、确保风险计量系统的数据流和流程透明且使用方便。认为有必要并在适当的程序下，审计人员和监管当局要能轻易获得系统的规格和参数信息。

2. 定量标准

鉴于操作风险计量方法处于不断演进之中，巴塞尔委员会未规定用于操作风险计量和计算监管资本所需的具体方法和统计分布假设，但要求银行必须表明所采用的方法考虑到了潜在较严重的概率分布“尾部”损失事件。无论采用哪种方法，银行必须表明，操作风险计量方式符合与信用风险内部评级法一致的稳健标准（例如，相当于内部评级法，持有期 1 年，99.9% 置信区间），且必须有操作风险模型开发和模型独立验证的严格程序。具体标准如下：

（1）总体要求

一是银行的操作风险定义及损失事件类型划分须与资本协议规定一致。

二是银行需通过加总预期损失（EL）和非预期损失（UL）得出监管资本要求，除非银行表明在内部业务实践中足以准确计算出预期损失。

三是银行的风险计量系统必须足够“分散”（granular），以便考虑主要操作风险的尾部形态。

四是在计算最低监管资本要求时，应将不同操作风险估计的计量结果加总。加总计量时，如果银行能证明其系统能在估计各项操作风险损失之间相关系数方面计算准确、实施合理有效，且高度可信，并符合监管当局要求，监管当局可允许银行使用内部确定的相关系数。同时，银行必须验证其相关性假设。

五是操作风险计量系统必须具备四类关键要素，以符合稳健标准。四类要素包括内部数据、相关的外部数据、情景分析和反映银行经营环境和内部控制系统情况的其他因素。银行需要在总体操作风险计量系统中拥有一个可信、透明、文件齐备且可验证的流程，以确定各基本要素的相关重要程度。该方法应在内部保持一致并避免对定性评估或风险缓释工具的重复计算。

（2）内部数据

对内部损失事件数据的跟踪记录，是开发出可信的操作风险计量系统并使其发挥作用的前提。在高级计量法框架下，除资本计量外，内部损失数据还是风险估计实证分析的基础，验证银行风险计量系统输入与输出变量的手段，以及实际损失与风险管理、控制决策之间的桥梁。

银行使用高级计量法，无论内部损失数据直接用于损失计量还是用于验证，其数据至少应具备 5 年的观测期。如果是初次使用高级计量法，可使用 3 年的历史数据。

银行收集内部损失数据的流程必须符合以下标准，才可用于计算监管资本：将内部损失历史数据按照监管当局规定的组别对应分类，并按监管当局要求随时提供这些数据；银行的内部损失数据必须综合全面，涵盖所有重要的业务活动，反映所有相应的子系统和地区的风险暴露情况。银行必须要证明，任何未包含在内的业务活动或风险暴露，无论是单个还是加总，都不会对总体风险估计结果产生重大影响；除了收集总损失数额信息外，银行还应收集损失事件发生时间、总损失中收回部分等信息，以及致使损失事件发生的主要因素或起因的描述性信息。描述性信息的详细程度应与总的损失规模相称；如果损失是由某一中心控制部门（如信息技术部门）引起或由跨业务类别的活动及跨时期的事件引起的话，银行应确定如何分配损失的具体标准；如果操作风险损失与信用风险相关，并在过去已反映在银行的信用风险数据库中（如抵押品管理失败），在计算最低监管资本时应将其视为信用风险损失，不计算操作风险资本，但应记录，并单独标记。

（3）外部数据

银行采用高级计量法，必须利用相关的外部数据（无论是公开数据还是行业数据），尤其是当有理由相信银行面临非经常性、潜在的严重损失时。外部数据应包含实际损失金额数据、发生损失事件的业务范围信息、损失事件的起因和情况或其他有助于评估银行损失事件相关性的信息。

银行必须建立系统性的流程，以确定什么情况下必须使用外部数据以及使用方法（例如，放大倍数、定性调整或告知情景分析的改进情况）。同时，应定期对外部数据的使用条件和使用情况进行检查，修订有关文件并接受独立检查。

（4）情景分析

银行使用高级计量法，需开展情景分析工作，求出严重风险事件下的风险损失。情景分析依赖于有经验的业务经理和风险管理专家。情景分析结果应通过与实际损失的对比，随时进行验证和重新评估，以确保其合理性。

（5）业务经营环境和内部控制因素

除了使用实际损失数据或情景分析损失数据外，银行还必须考虑到关键的业务经营环境和内部控制因素，因为它们会改变银行的操作风险轮廓。这些因素将使银行的风险评估更具前瞻性，更能直接反映银行的控制和经营环境的质量，有助于银行前瞻性地计量风险资本，更及时地发现操作风险的改善和恶化情况。银行在高级计量法框架中使用业务经营环境和内部控制因素时必须符合以下标准：

一是要根据自身情况形成有意义的风险要素，并将这些因素转换成为可计量的定量指标，以便进行验证。

二是各因素间的相对权重必须合理，除了反映风险控制改善外，还必须反映因业务更加复杂或业务量扩大导致的潜在风险上升问题。

三是应当有充足的文件支持，并接受银行内部和监管当局的独立审查。

四是银行应随时间变化，通过与内部损失的实际结果、相关外部数据和所做的适度调整相对照，对流程和评估结果进行验证。

（6）风险缓释

高级计量法允许银行认可保险的风险缓释影响，但保险的缓释作用不超过操作风险总资本要求的20%。巴塞尔委员会针对此风险缓释条款，设立了关于保险的最低标准：保险人的理赔支付能力评级最低为A（或相当的评级）；保单的初始期限必须不低于1年。对于剩余期限少于1年的保单，银行必须作出适当折扣以反映保单剩余期限的递减，剩余期限为90天以下时做100%全部折扣；对撤销保险合同或对合同不进行续保的情况，保单上须规定最少多长时间提前通知；无论是对银行采取的监管措施，还是对于倒闭银行的接管方或清算人来说，保单都不规定除外条款或限制条件；保险覆盖的项目与银行的实际操作风险损失暴露之间对应关系明确；保险由第三方实体提供。在涉及银行的专属保险公司或附属保险公司的情况下，风险暴露应划到符合资格标准的独立第三方实体，例如通过再保险方式；认可保险作用的框架合理，文件齐备；银行应披露保险作用而减少的操作风险资本要求；银行还需要通过折扣系数等措施反映以下要素：保单剩余期限、保单的撤销和不续保的期限安排、赔付的不确定性以及保单覆盖范围的错配现象等。

（三）高级计量方法的验证

验证是指对操作风险计量及相关支持体系进行持续检查，完善自我纠偏机制，确保资本充分反映风险的过程。验证包括投产前全面验证、定期持续监控和投产后全面验证三个阶段，各阶段均应包括政策验证、流程验证、数据验证、模型验证等方面。

1. 操作风险验证的总体原则

完善的操作风险验证体系主要体现以下原则：增强高级计量法的稳健性和可靠性；建立纠正机制，增强高级计量法的风险预测能力，促进方法和体系的持续改进；增进相关人员对计量模型的理解，充分认识模型的局限性，完善模型结果运用，确保资本充分反映风险水平。

2. 操作风险的政策验证

政策验证包括以下方面：是否制定了明确的高级计量体系政策并在全行有效推行；是否明确规定了有效的公司治理、计量流程、计量方法与模型、计量结果及应用、计量报告等内容；是否涉及操作风险管理框架的有效性；是否包括对操作风险管理框架的检查和更新程序，并要求操作风险管理框架相关标准以及本银行政策和程序的合规性；是否要求高级计量方法在不同业务条线的一致性。

3. 操作风险的流程验证

流程验证应关注以下内容：是否制定了高级计量管理体系的管理流程并在全行有效推行；管理流程是否明确包括识别、评估、监测、控制和缓释以及报告等环节；识别环节是否明确包括对业务经营环境和内部控制要素等关键风险要素的评估；是否明确定义风险计量的范围；是否明确内部和外部数据源及其收集程序和存储；是否制定了损失数据标准等；评估环节是否明确包括对数据输入标准设定及数据清洗、模型假设和参数、建模过程、结果输出的评估；是否明确对操作风险资本要求估值调整的测试和核查，包括操作风险暴露及其所含假设、高级计量模型和操作风险资本要求等；监测环节是否明确包括定义操作风险管理系统监控的操作风险范围；评价操作风险管理系统是否监控所有重大活动和风险暴露；关键风险要素、损失数据、合规报告以及风险估值是否与定性自我评估结果相一致；监测操作风险管理系统的表现和稳健性，并对系统内含的统计关系和假设进行检查等；在控制环节中，当业务经营环境和内部控制要素发生重大变化、模型假设和参数进行重大调整、出现新产品和新业务等情况时，是否有包括控制标准和控制流程等的应对预案；在缓释环节中，业务经营环境和内部控制要素重大变化、模型假设和参数重大调整、新产品和新业务等出现时，商业银行应急预案是否涵盖缓释措施以应对残余风险，包括暂停某些业务、实施特定的投保安排以及适当提高操作风险资本要求等；报告环节是否包括明确书面验证程序以记录风险量化分析模型的开发、运行等情况；文档化工作是否完整；是否有明确的报告路线及是否遵从管理信息报告程序等。

4. 操作风险的数据验证

对数据的验证应包括对内部数据、外部数据、情景分析数据、与业务经营环境和内部控制要素有关的数据的验证。数据验证重点考虑以下内容：内外部数据标准化方法；外部数据使用条件的确定流程；生成情景分析数据的标准以及银行数据精细度的合适水平，情景数据假设的合理性；业务经营环境和内部控制要素选择的适当性及整合到计量系统的方法。

5. 操作风险的模型验证

由于银行可选择不同的方法开发操作风险高级计量法模型，对模型验证的要求也分为一般性要求和针对不同模型的具体要求两部分：

（1）一般性要求

模型验证应确保模型的输入参数和输出结果之间的关系稳定，概念、假设和参数设置合理可行，内部数据、外部数据、情景分析数据、业务经营环境和内部控制因素在操作风险计量系统中所占权重的合理性；应检查高级计量模型对分布函数的选择，确保分布函数符合银行当前和今后一段时期面临的操作风险损失分布状况；应检查高级计量模型对低频高损事件反映的充分性，特别是检查银行操作风险压力测试结果反映低频高损事件的稳健性和敏感性；应检查操作风险的预期损失和非预期损失计算的准确性。预期损失和非预期损失之间的逻辑应直观合理；应检查变量之间的相关系数，确保相关系数假设合理，确保历史数据或情景数据的相关系数符合实际情况；应检查各条线资本要求加总的合理性。确保高级计量模型对各条线资本要求加总考虑了不同分布、相关性以及时间差异等因素；应检查模型输出结果，分析模型结果与实际结果的差异及原因。

（2）针对不同模型的具体要求

使用打分卡技术计量操作风险时，应侧重验证专家的主观判断、定性评估数据、映射逻辑关系等的准确性和稳健性。使用内部衡量法计量操作风险时，应侧重验证风险暴露指标、损失概率与事件损失值设置的准确性和稳健性。采取损失分布技术计量操作风险时，应侧重验证内部损失数据和外部数据清洗与混合使用、损失概率的分布函数与事件损失强度、不同业务条线的损失分布的重要统计特征，包括时间差异、异质性和相关性等；应验证内部数据、外部数据、情景分析、业务经营环境和内部控制等要素在总体操作风险计量中的权重。

三、中国银监会对操作风险高级法实施的要求

按照《商业银行资本管理办法（试行）》要求，实施操作风险高级计量法的银行必须经银监会核准。除满足第二节介绍的标准法的实施条件外，还须满足如下要求。

（一）治理架构

银行应将操作风险管理作为主要风险管理职能纳入全行风险管理体系，逐步建立起权责明晰、制约平衡、运行高效的操作风险管理架构。董事会及董事会风险管理委员会要负责制定风险管理战略和风险管理基本制度，承担操作风险管理的最终责任。高管层及高管层风险管理委员会要负责执行董事会批准的操作风险战略和体系，审议操作风险管理的重大事项，解决操作风险管理中出现的重大问题。操作风险管理的牵头部门要负责统筹和协调全行操作风险计量和管理工作。各专业部门按职能分工，分别负责相关业务条线的操作风险管理。内部审计部门负责监督评价操作风险治理架构的合理性、内控体系的有效性及管理流程的适用性。

【专栏6－6】

操作风险治理的“三道防线”

治理是管理的基础，巴塞尔委员会及中国银监会均十分重视风险治理在风险管理和计量中发挥的基础性作用，要求银行建立适应于本行资产规模、业务特色和风险轮廓的操作风险治理框架。良好的治理架构应包括权责明晰、相互制衡的“三道防线”：

一、风险承担者自负责任的业务条线管理

银行各个业务条线是操作承担者和第一责任人，必须时刻关注潜在风险和控制有效性，有效地识别操作风险，并及时采取必要控制措施。

二、专门的全行操作风险管理职能

一般由专门的操作风险管理部门来承担全行操作风险的管理职能（CORF）。操作风险管理部门可运用专业的操作风险管理工具，向下对各级分行和各个业务条线提供风险识别和管理工具、收集内部损失数据、动态监控关键风险指标（KRI）、汇集风险报告等；向上为全面风险管理委员会和高管层提供风险报告、计量操作风险资本、提出风险管理改进建议等。

三、独立的验证审计团队

验证审计包括两项职能：一是确保操作风险管理框架及其所有构成要素的有效性，并与董事会批准的政策保持一致；二是保证银行的操作风险计量体系是充分健全的，并且保证数据输入、模型假设、计量流程和输出结果的一致性，尤其要保证银行的风险计量技术能反映银行操作风险轮廓，得到对操作风险资本的可信的估计。

（二）制度体系

银行要结合监管要求和本行实际，按照以风险识别、评估、计量、监测、控制与报

告为核心内容的操作风险管理流程，建立健全覆盖各业务条线和各管理层级的操作风险管理制度体系。总的框架方面，要有本行的操作风险管理规定、内部控制规定及合规管理规定；职能分工方面，要出台操作风险管理委员会工作规则及风险管理“三道防线”的职责边界；管理工具方面，要制定操作风险与控制自我评估、损失数据收集、关键风险指标监测等管理办法；资本计量方面，要根据商业银行选择的资本计量方法起草实施细则；其他操作风险管理方面，要制定业务连续性管理、新产品风险评估、外包业务管理、员工违规违纪行为处理等一系列制度体系，保证整个银行操作风险管理工作有章可循、运行高效。

（三）工具应用

银行要全面应用操作风险损失数据收集、风险与控制自我评估、关键风险指标监测等操作风险管理工具，实施高级计量法的银行还需开展情景分析工作。

1. 损失数据收集

损失数据收集是银行对因操作风险引起的损失事件进行收集、报告并管理的相关工作。损失收集工作要明确损失的定义、损失形态、统计标准、职责分工和报告路径等内容，保障损失数据统计工作的规范性。

在工作开展过程中，要坚持以下原则：一是重要性，即在统计操作风险损失事件时，要对损失金额较大和发生频率较高的操作风险损失事件进行重点关注和确认；二是及时性，即应及时确认、完整记录、准确统计操作风险损失事件所导致的直接财务损失，避免因时效问题造成当期统计数据不准确；三是统一性，即操作风险损失事件的统计标准、范围、程序和方法要保持相对一致，以确保统计结果客观、准确和具有可比性；四是谨慎性，即对操作风险损失事件进行确认时，要谨慎、客观、公允地进行统计，准确计量损失金额；五是全面性，操作风险损失事件统计内容应至少包含：损失事件发生的时间、发现的时间及损失确认时间、业务条线名称、损失事件类型、涉及金额、损失金额、缓释金额、非财务影响、与信用风险和市场风险的交叉关系等。

2. 风险与控制自我评估

风险与控制自我评估是银行对自身经营管理中存在的操作风险点进行识别，评估固有风险，再通过分析现有控制活动的有效性，评估剩余风险，进而提出控制优化措施的工作。

自我评估工作要坚持全面性、及时性、客观性、前瞻性和重要性原则。自我评估范围应包括各级行的操作风险相关机构，原则上覆盖所有业务品种。自我评估工作应及时开展，评估结果应及时报送，管理行动应及时实施，对实施效果应及时追踪；应当谨慎、客观，从而保证作出恰当的决策并采取适当的管理行动；还应当充分考虑银行内部、外部环境变化因素。自我评估应以操作风险管理薄弱或者风险易发、高发环节为主。

3. 关键风险指标监测

关键风险指标是代表某一业务领域操作风险变化情况的统计指标，是识别、计量操作风险的重要工具。设计良好的关键风险指标体系要满足整体性、重要性、敏感性、可靠性原则，且须明确数据口径、门槛值、报告路径等要素。

4. 情景分析

情景分析是银行对业务中潜在的重大操作风险事件进行分析，评估事件发生的可能性和造成的影响，并采取相应的控制措施的方法。开展情景分析工作，有助于评估银行面临的重要风险因素，为操作风险资本计量及分配提供数据支持。

情景分析的范围既包括当前面临的各种社会、经济、法律等宏观情景因素，也包括业务经营中人员、流程等微观情景。情景分析应当综合考虑目前及未来的内部、外部环境变化因素。同时，应当谨慎、客观，从而保证作出恰当的决策并采取适当的管理行动。此外，还要根据银行内部、外部环境变化对既定情景的变化进行密切关注，必要时进行重新分析。

（四）信息系统

银行应建设操作风险应用管理系统，系统要支持损失事件收集（LDC）、操作风险与控制自我评估（RCSA）和关键风险指标（KRI）等操作风险管理工具的电子化操作，同时支持操作风险监管资本的自动化计量。通过系统建设，应逐步形成商业银行统一的操作风险数据集市，提升整个银行操作风险管理工作的信息化和标准化水平。

（五）成果应用

实施标准法的银行要将资本计量工作与操作风险管理实现有机融合，有效提高全行的操作风险量化管理能力。完善资本和绩效考核体系，将资本向分行进行分配，并将结果用于分行经营绩效考核。积极推广应用各项操作风险管理工具，主动分析内外部环境变化因素并评估风险大小，提升整个银行操作风险管理的科学性、敏感性和前瞻性。对银行操作风险管理现状进行系统梳理，优化操作风险管理流程，完善制度办法，强化业务培训和风险文化教育，提升全员参与的风险管理理念。实施高级法的银行，还要进一步将操作风险资本纳入风险定价、RAROC、保险等领域，体现“应用测试”原则。

（六）量化基础

量化基础主要包括治理基础和数据基础。治理基础主要强调操作风险计量应成为操作风险管理流程的重要组成部分，相关计量体系应能促进商业银行改进整个银行和各业务条线的操作风险管理，支持向各业务条线配置相应的资本。银行应当建立对操作风险资本计量系统严格的独立验证程序，验证应包括操作风险高级计量模型及支持体系，证明高级计量模型能够充分反映低频高损事件风险，审慎计量操作风险的监管资本。商业银行的操作风险管理系统和流程还应接受第三方的验证，验证应覆盖业务条线和整个银行的操作风险管理。

数据基础方面则主要明确银行操作风险计量系统的建立应基于内部损失数据、外部损失数据、情景分析、业务经营环境和内部控制四个基本要素，并对其在操作风险计量系统中的作用和权重作出书面合理界定。四项基本要素应分别至少符合以下要求：

1. 内部损失数据

应当具备至少 5 年观测期的内部损失数据。初次使用高级计量法的商业银行，可使用 3 年期的内部损失数据。

应当书面规定对内部损失数据进行加工、调整的方法、程序和权限，有效处理数据质量问题。

内部损失数据应全面覆盖对银行风险评估有重大影响的所有重要业务活动，并应设置合理的损失事件统计金额起点。

操作风险计量系统使用的内部损失数据应与业务条线归类目录和损失事件类型目录建立对应关系。

除收集损失金额信息外，还应收集损失事件发生时间、损失事件发生的原因等信息。

对由一个中心控制部门（如信息科技部门）或由跨业务条线及跨期事件引起的操作风险损失，应制定合理具体的损失分配标准。

应当建立对损失事件的跟踪和检查机制，及时更新损失事件状态和损失金额等的变化情况。

应当收集记录没有造成任何损失影响或带来收益的事件，此类事件可不用于建模，但应通过情景分析等方法评估其风险及损失。

对因操作风险事件（如抵押品管理缺陷）引起的信用风险损失，如已将其反映在信用风险数据库中，应视其为信用风险损失，不纳入操作风险监管资本计量，但应将此类事件在操作风险内部损失数据库中单独作出标记说明。

对因操作风险事件引起的市场风险损失，应反映在操作风险的内部损失数据库中，纳入操作风险监管资本计量。

操作风险内部损失数据收集情况及评估结果应接受银监会的监督检查。

2. 外部损失数据

操作风险计量系统应使用相关的外部数据，包括公开数据、银行业共享数据等。

应书面规定外部数据加工、调整的方法、程序和权限，有效处理外部数据应用于本行的适应性问题。

应包含实际损失金额、发生损失事件的业务规模、损失事件的原因和背景等信息。

实施高级计量法的银行之间可以适当的形式共享内部数据，作为操作风险计量的外部数据来源。银行之间汇总、管理和共享使用内部数据，应遵循事先确定的书面规则。有关规则和运行管理机制应事先报告银监会。

外部数据的使用情况应接受银监会的监督检查。

3. 情景分析

应当综合运用外部数据及情景分析来估计潜在的操作风险大额损失。

应当对操作风险计量系统所使用的相关性假设进行情景分析。商业银行应及时将事后真实的损失结果与情景分析进行对比，不断提高情景分析的合理性。

4. 业务经营环境和内部控制因素

在运用内部、外部损失数据和情景分析方法计量操作风险时，还应考虑到可能使操作风险状况发生变化的业务经营环境、内部控制因素，并将这些因素转换成为可计量的定量指标纳入操作风险计量系统。

（七）计量模型

由于操作风险模型还处在发展成熟阶段，巴塞尔新资本协议和我国《资本办法》均只对操作风险高级计量法模型提出原则性要求，未指定具体的模型形式。主要原则如下：

1. 用于计量操作风险资本要求模型的置信度应不低于99.9%，观测期为1年。

2. 操作风险计量系统应具有较高的精确度，考虑到了非常严重和极端损失事件发生的频率和损失的金额。

3. 如不能证明已准确计算出了预期损失并充分反映在当期损益中，应在计量操作风险资本时综合考虑预期损失和非预期损失之和。

4. 在加总不同类型的操作风险资本时，可以自行确定相关系数，但要书面证明所估计的各项操作风险损失之间相关系数的合理性。

5. 可以将保险作为操作风险高级计量法的缓释因素。保险的缓释最高不超过操作风险资本要求的20%。

四、操作风险损失数据

巴塞尔资本协议要求银行在操作风险高级计量法中使用相关的外部数据，作为潜在严重损失事件参与模型建立等工作。常用的外部数据来源主要有两种，从数据供应商处购买，如SAS、IBM等在市场上提供有关产品和服务；或加入同业数据交换组织。

操作风险同业数据交换组织提供的数据有时也称为行业协会数据，主要由参与银行按照“分享、使用、保密”的原则向协会定期提供发生在本行的操作风险损失事件，并获取发生在其他银行的操作风险损失事件，银行获得的损失事件是匿名的，但每一事件均会有唯一的识别码，帮助银行从中剔除本行数据。目前主要的同业数据交换组织有由数家银行发起的操作风险数据交换组织（ORX）、英国银行家协会的全球操作风险数据库（GOLD）、美国银行家协会的行业数据库以及韩国、巴西等国的同业数据交换组织。一般而言，同业数据交换组织运作更为严格，如果一家银行想成为同业数据交换组织的会员，这家银行必须满足组织的数据标准，并证明自已有足够的数据采集能力。

目前，ORX是全球影响最大的操作风险同业数据交换组织，ORX由美国银行、巴克莱银行、德意志银行、荷兰国际集团、苏格兰皇家银行、汇丰控股等18家知名大型银行于2002年发起，目前成员包括来自18个国家的63家银行。截至2012年末，ORX数据库已采集数据29万余件，总损失金额超过1 520亿欧元。ORX还定期公开发布操作风险数据标准、操作风险统计信息汇总等报告。

本章小结

1. 操作风险是指由不完善或有问题的内部程序、员工和信息科技系统，以及外部事件所造成损失的风险，包括法律风险，但不包括策略风险和声誉风险。

2. 操作风险与信用风险、市场风险相比，具有分散性、多样性和内生性三个特点。

3. 操作风险资本应在巴塞尔资本协议第一支柱框架下计量，银行可以使用三种方法计量操作风险：基本指标法、标准法和高级计量法，这三种方法的复杂程度和风险敏感度依次上升。

4. 巴塞尔委员会鼓励商业银行自主开发适合自身特点的高级计量法模型，并推荐了内部衡量法、损失分布法和打分卡法三种计量模型。目前，损失分布法是商业银行的主流选择。

5. 操作风险计量系统的建立应基于内部损失数据、外部损失数据、情景分析、业务经营环境和内部控制四个基本要素。

6. 损失数据收集是银行对因操作风险引起的损失事件进行收集、报告并管理的相关工作。

7. 风险与控制自我评估是银行对自身经营管理中存在的操作风险点进行识别，评估固有风险，再通过分析现有控制活动的有效性，评估剩余风险，进而提出控制优化措施的工作。

8. 关键风险指标是代表某一业务领域操作风险变化情况的统计指标，是识别、计量操作风险的重要工具。

9. 情景分析是银行对业务中潜在的重大操作风险事件进行分析，评估事件发生的可能性和造成的影响，并采取相应的控制措施的方法。

本章重要概念

操作风险　操作风险基本指标法　操作风险标准法　操作风险高级计量法　保险缓释　操作风险损失数据　操作风险与控制自我评估　操作风险情景分析　关键风险指标监测

思考题

1. 简述操作风险的概念，与信用风险、市场风险相比操作风险有什么特点？
2. 操作风险如何分类，银行应如何管理操作风险？
3. 简述基本指标法、标准法的含义，这两种方法如何计算总收入？
4. 简述高级计量法的含义，目前常用的高级计量法模型有哪些？
5. 什么是操作风险高级计量体系的四要素？
6. 简述国内银行业实施标准法的前提条件。
7. 简述国内银行业实施高级计量法的前提条件。
8. 与高级计量法相比，基本指标法和标准法的主要缺点是什么？
9. 操作风险计量结果如何应用？
10. 对操作风险的验证应重点关注哪些领域？

本章参考文献

[1] 中国银行业监督管理委员会：《商业银行资本管理办法（试行）》，北京，中国金融出版社，2012。

[2] 巴塞尔银行监管委员会:《统一资本计量和资本标准的国际协议：修订框架》，中文版，北京，中国金融出版社，2004。

[3] 中国银行业协会：《解读商业银行资本管理办法》，北京，中国金融出版社，2012。

第七章

流动性风险

第一节 流动性风险概述

一、流动性的概念

按照《新帕尔格雷夫经济学大辞典》的观点，“流动性是一种高度复杂的现象，其具体形式深受金融机构及其实际活动变化的影响，这些变化在近几十年来异常之快”。因此，对流动性的定义也很多，如凯恩斯在《就业、利息和货币通论》中把流动性定义为最能代表财富支付能力的货币和现金。后来随着经济金融的发展，流动性扩大到广义的货币、各类证券及衍生品等金融资产。但从银行业看，权威的定义是巴塞尔委员会提出的：流动性是指银行在不引起无法接受的损失的情况下，应对资产增长和履行到期债务的能力。这样银行的流动性涉及三个方面：资产的流动性、市场的流动性与机构的流动性。资产的流动性是对流动性最常见的一种理解，指资产迅速变现而不受损失的能力（Keynes，1930），托宾（1965）将流动性资产定义为“那些可以马上以市场价值变现的资产”。市场的流动性是指市场使投资者迅速、低成本地交易金融资产的能力，也有学者将其定义为立即执行交易的成本。机构的流动性则主要指企业特别是金融机构的流动性，即机构能够保证经营正常支付的能力，Decker（2000）将其定义为机构在合理的价格下及时偿还负债和满足资产增长的能力。其中资产的流动性是流动性概念的核心，也是后两种流动性的基础，因为任何流动性市场都是由流动性资产构成的，同时资产的流动性是机构流动性的根本保证（Lore and Borodosky，2000）。

二、流动性风险的内涵与特征

（一）流动性风险的内涵

根据中国银监会的定义，流动性风险是指商业银行无法以合理成本及时获得充足资金，用于偿付到期债务、履行其他支付义务和满足正常业务开展的其他资金需求的风险。

通俗地讲，流动性风险是指商业银行无力为负债的减少或资产的增加提供融资而造成损失或破产的风险。当商业银行流动性不足时，它无法以合理的成本迅速增加负债或变现资产获取足够的资金，从而影响其日常经营，极端情况下会导致商业银行破产。由于商业银行随时持有的、用于支付需要的流动资产只占负债总额的很小部分，如果商业银行的大量债权人同时要求兑现债权，例如出现大量存款人的挤兑行为，商业银行就可能面临流动性危机，这时的流动性风险危害较大。

流动性风险既可能来自商业银行的资产负债期限错配，以及信用风险、市场风险等其他类别风险向流动性风险的转化，也可能来自市场流动性对银行流动性风险的负面影响，即由于外部融资市场深度不足或市场动荡，导致商业银行无法及时用合理价格变现或抵押资产以获得流动性支持。可以说，流动性风险是一种综合性风险，它是其他风险在金融机构整体经营方面的综合体现。

流动性风险包括金融工具买卖的流动性或现金流与资金需要不匹配两种情况。第一种情况是指金融工具不能及时变现或由于市场效率低下而无法按正常的市场价格交易；第二种情况是指金融机构的现金流不能及时满足支出的需求而导致金融机构违约或发生财务损失的可能性，这种情况往往迫使金融机构提前清算，从而使账面上的潜在损失转化为实际损失，甚至导致机构破产。

（二）流动性风险的基本特征

与金融风险中的市场风险、信用风险和操作风险相比，流动性风险的基本特征如下：

1. 流动性风险一般表现为结果性风险

由于商业银行的信用风险、市场风险、操作风险与流动性风险是高度相关和互相影响的，因此，流动性风险是次级风险，是一种间接的综合性风险，是银行所有风险的最终表现，即是一种结果性风险。也就是说，虽然流动性风险是银行倒闭的直接原因，但可能并不完全是由流动性管理本身引起的，如果其他各类风险长期潜伏、积聚而得不到有效控制，最终都会以流动性风险的形式表现和爆发出来，如由市场信心缺失带来的挤兑风波就是声誉风险演变为流动性风险的一种形式。

2. 流动性风险具有很强的传染性、系统性和破坏性

随着金融业综合经营及金融市场的发展，金融机构之间、金融机构与金融市场之间的关联度越来越大，单一机构的流动性不足，不仅减弱对市场流动性的提供，还导致市场价格波动，引发恐慌心理，可能对整个银行业乃至金融系统产生系统性的负面影响，不断扩大风险范围，导致全局性、全球性的金融危机。这种传染性、相关性、系统性的流动性风险，加上爆发时具有突发性，对金融系统的破坏往往是致命的，大多被迫进行合并、被收购甚至破产清算。次贷引发的流动性危机不仅使许多中小银行破产，即使像花旗等风险管理水平较高的国际性银行也遭受巨大损失。

3. 流动性风险要求的保证金与其他金融风险的保证金不同

在现代银行风险管理中，通常通过持有资本（经济资本或者监管资本）来防范净资产价值的潜在损失。在著名的 VaR 框架中，要求银行持有的资本数量由 VaR 决定，即计算一定的时间内（1 天、5 天、10 天）的损失分布，然后根据这个损失分布在一定置信

水平（95%、99%）下的分位数，决定预防意外损失需要持有的权益资本的数量。

但利用 VaR 框架并不能很好地解决流动性风险问题。对于流动性风险而言，资本的使用价值是有限的。在解决流动性问题时，银行需要的是现金的流入，这比筹集资本更为容易。银行可以通过减少现金流出累计净值（Net Cash Outflow，NCO）与出售无抵押的合格资产这两种方法获取现金流入、保护流动性。但是，银行出售无抵押的合格资产以弥补现金流出累计净值的能力，取决于银行的总资产负债状况、银行在市场中的头寸和市场吸收这些资产的能力。因此，尽管资本充足是银行获得高信用评级的前提，但如果不改善银行的融资成本和能力，那么在流动性危机发生时资本或许不是合适的缓冲工具，资本雄厚的银行在发生流动性危机时并不一定能迅速出售资产产生流动性，同理，一个银行可能有充足的流动性资产，但经济或者监管资本却很少。因此，流动性风险分析必须基于特定银行和市场情景进行。

三、流动性风险等级的评估标准

在流动性风险管理中，一般把它分为三个等级并确定不同的评价标准。

（一）高风险

银行流动性风险明显偏高且可能给银行带来较大损失，评价标准：

1. 流动性比例经常违反监管比例要求，偏离度较高，纠正存在困难，近期还有进一步恶化的趋势。

2. 流动性缺口率大大低于指标要求，存在严重的到期日、币种错配问题，未覆盖负缺口并超出其市场融资能力。

3. 资金来源与资产配置比例超标，且无改善迹象。

4. 缺少广泛、稳定的资金来源，过度依赖某一市场，交易对手集中度过高，易受市场波动、个别交易对手行为影响；存在较为严重的以短期资金来源支持中长期资产业务问题，且无改善迹象。

5. 压力测试结果较差，在特定情景下商业银行能应对存款支付需求的天数低于一周。

（二）中度风险

银行流动性风险可以接受，但在压力情况下仍可能给银行带来损失。评价标准：

1. 流动性比例总体比较稳定，偶尔出现低于监管比例要求的情况，偏离度较低，能够及时纠正。

2. 存在一定的流动性负缺口，但银行能以可靠的、不受市场供求影响的资金来源覆盖。

3. 存贷比例达到监管要求，但接近最高限额。

4. 核心负债比例虽未达到指标要求，但高于同质同类机构平均水平，且与其业务特点相适应；交易对手集中度接近或略高于同质同类机构平均水平，并针对市场波动、个别交易对手行为的负面影响建立了行之有效的风险管理制度和应急预案；既有业务存在以短期资金来源支持中长期资产业务的问题，但在新业务叙做过程中期限配比能够遵循审慎性原则。

5. 压力测试结果可接受，在特定情景下银行能应对存款支付需求的天数高于一周，但低于一个月。

（三）低风险

银行流动性风险较低，即使在压力情况下也不会给银行带来损失。评价标准：

1. 流动性比例稳定，从未出现监管比例不达标的情况。

2. 90 天内到期流动性缺口率为正值，“次日”、“2～7 日”、“8～30 日”三个期间的流动性缺口虽为负值，但银行能以可靠的、不受市场供求影响的资金来源全面覆盖。

3. 存贷比例达到监管要求，并处于与其业务特点相适应的合理范围内。

4. 核心负债比例达到监管指标要求，且高于同质同类机构平均水平；资金来源集中度较低，不易受市场波动、个别交易对手行为的影响。

5. 压力测试结果较好，在特定情景下银行能应对存款支付需求的天数达到或高于一个月。

第二节　流动性风险管理

一、流动性风险管理体系

商业银行的流动性风险管理框架应包括董事会及高级管理层的有效监控和治理结构，完善的流动性风险管理策略、政策和程序，有效的流动性风险识别、计量、监测和控制程序，完善的内部控制和有效的监督机制，全面科学的管理信息系统，有效的危机处理机制。商业银行应当加强对经济金融形势的研究，提高政策敏感性和快速反应能力，正确预期和判断货币政策的变化，把握市场先机，建立多层次的流动性屏障，应根据资产负债的不同流动性，以现金备付、二级备付、三级备付、法定准备等多级流动性准备，实现弹性的、多层次的资产负债期限结构匹配，能通过中央银行公开市场、全国银行间债券市场、同业机构等获取资金，建立多渠道的流动性补充方式，用多道防线抵御可能发生的流动性风险。

流动性风险管理体系应当包括以下基本要素：

1. 有效的流动性风险管理治理结构。

2. 完善的流动性风险管理策略、政策和程序。

3. 有效的流动性风险识别、计量、监测、控制。

4. 完备的管理信息系统。

二、流动性风险管理政策和程序

商业银行应当根据其经营战略、业务特点、财力实力、融资能力、总体风险偏好及市场影响力等因素确定本行的流动性风险偏好，并根据流动性风险偏好制定书面的流动性风险管理策略、政策和程序，并将其落实到流动性管理系统当中，这些应当涵盖表内外各项业务以及境内外所有可能对其流动性风险产生重大影响的业务部门、分支机构和附属机构，并包括正常和压力情景下的流动性风险管理。

流动性风险管理政策和程序包括但不限于：

1. 流动性风险识别、计量和监测，包括现金流测算和分析；
2. 流动性风险限额管理；
3. 融资管理；
4. 日间流动性风险管理；
5. 压力测试；
6. 应急计划；
7. 优质流动性资产管理；
8. 跨机构、跨境以及重要币种的流动性风险管理；
9. 对影响流动性风险的潜在因素以及其他类别风险对流动性风险的影响进行持续监测和分析。

三、流动性风险内部控制体系

商业银行应建立多情景、多方法、多币种和多时间跨度的流动性风险内部监控指标体系，制定商业银行流动性风险管理措施，完善内部控制和信息管理系统，加强日常监测，定期评估相应措施的有效性，建立适当的考核及问责机制，并根据需要及时进行调整。

1. 检查分支机构或主要业务条线内部控制制度，以识别、计量、监测和评估各业务条线流动性风险。

2. 在引入新产品、新技术或建立新机构前，在可行性研究中应充分评估其对流动性风险产生的影响。

3. 根据业务发展和市场变化适时更新有关政策和程序，并报董事会及高级管理层批准。

4. 针对流动性风险管理建立明确的内部评价考核机制，将各分支行或主要业务条线形成的流动性风险与其收益挂钩，从而有效防范因过度追求短期内业务扩张和会计利润而放松对流动性风险控制所造成的风险，并逐步将流动性风险纳入内部转移定价机制。

5. 商业银行应当对流动性风险实施限额管理，根据其业务规模、性质、复杂程度、流动性风险偏好和外部市场发展变化情况，设定流动性风险限额。流动性风险限额管理包括风险限额设定、风险限额监测、风险限额预警、风险限额调整、风险限额突破次数记录等。流动性风险限额包括但不限于现金流缺口限额、负债集中度限额、集团内部交易和融资限额。

商业银行应当制定流动性风险限额管理的政策和程序，建立流动性风险限额设定、调整的授权制度、审批流程和超限额审批程序，至少每年对流动性风险限额进行一次评估，必要时进行调整；应当对流动性风险限额遵守情况进行监控，超限额情况应当及时报告。对未经批准的超限额情况应当按照限额管理的政策和程序进行处理，并保留书面记录。

应明确商业银行董事会及其专门委员会、监事会、高级管理层以及相关部门在流动性风险管理中的职责和报告路线。商业银行董事会应承担流动性风险管理的最终责任；高级管理层应制定流动性风险的管理策略、政策和程序，确定组织架构，明确各部门职责分工，确保流动性风险管理的相关内容在内部得到有效沟通和传达；流动性风险管理部门识别、计量和监测流动性风险，组织开展流动性风险压力测试等事宜；同时应加强对流动性风险的内部审计。

四、流动性风险日常报告

银监会要求从商业银行资产负债期限错配情况、融资来源的多元化和稳定程度、无变现障碍资产、重要币种流动性风险状况以及市场流动性等方面，定期对商业银行和银行体系的流动性风险进行分析和监测，要求充分考虑单一的流动性风险监管指标或监测工具在反映商业银行流动性风险方面的局限性，综合运用多种方法和工具对流动性风险进行分析和监测。

银监会要求定期监测商业银行的所有表内外项目在不同时间段的合同期限错配情况，涵盖从隔夜、7 天、14 天、1 个月、2 个月、3 个月、6 个月、9 个月、1 年、3 年、5 年到超过 5 年等多个时间段，相关参考指标可以包括上述各个时间段的流动性缺口和流动性缺口率。

银监会要求定期监测商业银行负债的多元化和稳定程度，并分析其对流动性风险的影响。应当按照重要性原则，分析商业银行的表内外负债在融资工具、交易对手、币种等方面的集中度。相关参考指标可以包括核心负债比例、同业市场负债比例、最大十户存款比例及最大十家同业融入比例等。对负债集中度的分析，应当涵盖 1 个月以下、1 ~3 个月、6 个月至 1 年和 1 年以上等多个时间段。

（一）当日流动性日报

流动性日报是每日早晨向商业银行董事会及高级管理层必须报送的报表，主要是对当日的流动性状况进行分析说明。当日流动性日报应从全行现金流入和现金流出两个角度考虑，通过当天不断计算设定时间段的资金缺口，持续动态调整资金流入、流出和缺口，最终达到完成当日所有存款、贷款、债券、黄金等业务并且不透支的状态。资金流入包括从人民银行提取的现金、汇入资金、贷款到期、本行大额存款资金流入、通过市场融入和拆入的资金、卖出的债券、同业存放款项、收回不良资产等，资金流出包括上缴人民银行的现金、补缴存款准备金、汇出资金、发放贷款并转出、通过债券市场融出和拆出的资金、买入的债券、存放同业款项、购买黄金资产等。目前商业银行的流动性大部分是通过全国银行间债券市场的回购、拆借、同业等业务来进行头寸调剂的，但当债券市场出现“钱荒”时，容易导致商业银行出现普遍的当日流动性困难。

（二）次日流动性日报

次日流动性日报是今天对明天资金状况的分析和说明，在分析时首先要对明天的已到期正逆回购等业务进行梳理，将已知业务和已预测业务进行列报，计算出资金缺口，然后对次日资金头寸进行分析、预测并提出建议，确保具有充足的日间流动性头寸和相关融资安排，及时满足正常和压力情景下的日间支付需求。

［**案例7-1**］甲商业银行债券部门次日流动性日报见表7-1。

表7-1　　　　**次日流动性日报**

填报机构：甲商业银行　　填报日期：2013年12月31日　　单位：万元

项目	明日资金来源	项目	明日资金运用	资金缺口
	进账		出账	
甲农信联社归还逆回购到期资金	35 000	应归还丙银行到期的正回购	50 000	
乙银行归还逆回购到期资金	42 000	应归还丁银行到期的正回购	31 000	
T+1达成的明日卖出债券040004	55 000	一级市场中标的央票需缴款	40 000	
次日将收到020005的债券利息	625	应划转的代理户的利息	425	
预计凭证式国债提前兑付本息	85	T+1达成的明日买入0881104	2 000	
分销出债券0800019	3 000	中标的国开行债需缴款	5 000	
从行内拆入资金	45 000	分销入债券080020	3 000	
		2008年第五期凭证式国债缴款	22 000	
		归还行内已拆借资金	67 000	
合计	180 710		220 425	-39 715

填表人：　　复核人：　　负责人：

日报表明，已知的进账与出账业务形成的资金缺口为-39 715万元，进账资金明显少于出账资金，因此第二天需要借入正回购资金4亿元（取整数），此时应查可用债券的数量，对次日流动性管理进行计划安排。

五、商业银行流动性风险前瞻性预警指标

商业银行应当根据业务规模、性质、复杂程度及风险状况，监测可能引发流动性风险的特定情景或事件，采用适当的预警指标，前瞻性地分析其对流动性风险的影响。具体包括内部预警信号、外部预警信号、融资预警信号三种。

（一）商业银行流动性风险内部预警信号

商业银行流动性风险内部预警信号主要包括商业银行内部有关风险水平、盈利能力、资产质量以及其他可能对流动性产生中长期影响的指标的变化，例如某项或多项业务/产品的风险水平增加；资产或负债过于集中、资产质量下降、盈利水平下降、快速增长的资产的主要资金来源为全国银行间债券市场融资等。

（二）商业银行流动性风险外部预警信号

商业银行流动性风险外部预警信号主要包括第三方评级、所发行的有价证券的市场表现等指标的变化，例如，市场上或媒体出现关于商业银行的负面传言，客户大量求证；外部评级下降；所发行的股票价格明显下跌，所发行的可流通债券（包括次级债、

二级资本债券、混合债）的交易量上升且买卖价差扩大；交易/经纪商不愿买卖债券而迫使银行寻求熟悉的交易/经纪商支持等。

（三）商业银行融资预警信号

商业银行应当建立并完善融资策略，提高融资来源的多元化和稳定程度。商业银行的融资管理应当符合以下要求：

1. 分析正常和压力情景下未来不同时间段的融资需求和来源；

2. 加强负债品种、期限、交易对手、币种、融资抵（质）押品和融资市场等的集中度管理，适当设置集中度限额；

3. 加强融资渠道管理，积极维护与主要融资交易对手的关系，保持在市场上的适当活跃程度，并定期评估市场融资能力和资产变现能力；

4. 密切监测主要金融市场的交易量和价格等变动情况，评估市场流动性对商业银行融资能力的影响。

商业银行应当加强融资抵（质）押品管理，确保其能够满足正常和压力情景下日间和不同期限融资交易的抵（质）押品需求，并且能够及时履行向相关交易对手返售抵（质）押品的义务。按照公允价值评估抵（质）押品的融资能力，反映其价格敏感度，在考虑压力情景下的折扣率等因素的基础上提高抵（质）押品的多元化程度。

融资预警信号具体包括商业银行的负债稳定性和融资能力的变化等。例如，存款大量流失，债权人（包括存款人）提前要求兑付造成支付能力出现不足，融资成本上升，融资交易对手开始要求补足抵（质）押物价值且不愿提供中长期融资，愿意提供融资的对手数量减少且单笔融资的金额显著上升；被迫从市场上购回已发行的债券等。

六、流动性风险监测

巴塞尔协议Ⅲ提出了五项监测工具指标，帮助监管当局评估和监控银行业的流动性风险。该五项指标为：合同期限错配、融资集中度、可用的无变现障碍资产、以重要货币计价的流动性覆盖率、与市场有关的监测工具。

（一）合同期限错配

对商业银行资产负债及现金流入流出匹配情况进行评估的基本方法工具就是合同期限错配，即把商业银行表内表外所有项目中现金和证券的流入流出数量，按照其合同约定的到期日分别列入对应的时间段内，能比较精确地掌握商业银行在未来不同时间段内的流动性缺口情况以及需要补充的流动性总量。

为此一般需要事先制定详细的数据要求，包括数据报送时间、资产分类、时间段分类等。其中，资产分类应至少包含计算流动性覆盖率（LCR）所需的资产种类，时间段一般可分为隔夜、7 天、14 天、1 个月、2 个月、3 个月、6 个月、9 个月、1 年、2 年、3 年、5 年、10 年、15 年、20 年、30 年、50 年以及永续债权等。

同时，还需要对现金流设定若干假设条件，一是在时间段归类方面，对于资产，假定银行不能签订任何新合同，资产现金流根据其可能的最晚流入时间报告；对于负债，假定现有负债不能展期，负债现金流按照其可能的最早流出时间报告。对于任何到期日不确定、可赎回、可退售或可延期发放的合同现金流，都应根据其可能的最早偿还日期进行分析。没有具体期限的工具分开单独报告，对其到期日不作假设，但需要报告该工具有关详细情况。二是在现金流数量确定方面，对于可能引起波动的或有负债风险暴露（例如受基础证券价格变动或银行评级下降等事件影响的衍生品交易合同），需要按照影响事件类别分组，对各自的风险暴露详细报告。三是所有银行内部的现金流动和债权债务要根据公认会计准则先进行扣除。

收到银行报送的现金流数据后，监管当局将数据进行标准化处理，对整个银行业流动性风险状况进行分析评估，判断哪些环节比较容易受到流动性风险的冲击。同时，结合正常情形和压力情形下可能的变化因素，监管当局或者商业银行都可以设定相应的假设条件，以此来对商业银行流动性缺口进行动态分析，并制定弥补流动性缺口的融资计划。

对于流动性的期限结构必须建立台账体系和数据仓库，只有期限结构越丰富商业银行才越能发现流动性容易出现问题的关键环节，这种期限结构的划分需要多种维度进行，当某一期限的缺口出现低谷或高峰时，必然意味着有资金摆布不均衡之处，会有未来巨额集中到期的资金，增大了到期后的融资压力，应通过调整资产负债结构削峰填谷，使各剩余期限资产与负债均衡地分布在商业银行资产负债的各个时间段内。目前有的商业银行对存款、贷款、债券资产的剩余期限划分过于简单，注重短期流动性，不容易发现流动性的一些中期、长期缺口，因此有必要从监管的角度对商业银行流动性的短中长期缺口进行监测，促使商业银行丰富流动性的期限结构，补足短中长期缺口，达到金融体系的安全稳健。

（二）融资集中度

对商业银行来说，一些大额融资来源是需要特别重视的，因为一旦这些资金撤出，极易引发银行的流动性问题。为了准确计量大额融资潜藏的流动性风险，并鼓励商业银行按照稳健经营的原则将资金来源多元化，尤其对资金的一级批发商应有分散机制，避免融资过于集中引发流动性风险。巴塞尔协议Ⅲ推荐使用“融资集中度”作为专项监测工具，具体分为三项指标：

指标1：从单个重要交易对手吸收的负债资金／银行资产负债表总量。

该指标主要反映商业银行对具体某个重要交易对手的流动性依赖程度。所谓重要交易对手，是指该单个交易对手或一组相互关联交易对手提供的融资量超过银行总负债的1%。在计算该指标时，对于集团内部的存款和关联方存款都要算上，因为在压力条件下，就算是集团内部的交易也并不畅通。

指标2：通过单个重要产品或工具吸收的负债资金／银行资产负债表总量。

该指标主要反映商业银行对某项融资工具的流动性依赖程度，例如商业银行对于债券回购或同业拆借两项工具的流动性依赖程度往往是比较大的。

指标3：每种重要货币计价的资产和负债清单。

即每种以重要外汇计价的资产和负债的流动性匹配情况，该指标主要反映商业银行的外汇风险和货币错配的风险。

在使用融资集中度指标时，监管当局和商业银行需要观察融资敞口的百分比数及其增长情况，监管当局可以设定一个基准线，以便于进行比较和及时预警。同时，要考虑压力情形下存在的羊群效应问题，因为一个融资来源的枯竭可能引发多个融资来源同时枯竭，此时实际情况可能比指标所反映的水平更严重。此外，还要考虑双边融资行为对集中度的影响。例如，银行与某个重要交易对手之间可能是互相提供融资的，如果该重要交易对手发生问题，银行不仅失去一个重要的融资来源，向其提供的资金也可能无法及时收回。

（三）可用的无变现障碍资产

可用的无变现障碍资产是指可以在二级市场进行抵押融资或被中央银行接受作为经常性融资便利担保品的资产。商业银行用这些资产作抵押，可以比较容易地从二级市场或中央银行筹措更多的资金，使银行获得潜在的额外融资来源。在计量该指标时，商业银行根据抵押资产变现的操作程序计算确定资产量，同时还要向监管当局报告各类以重要货币计价的资产项目。"重要货币"是指以该货币计价的无变现障碍资产总额超过了可用作（二级市场和中央银行）融资担保的所有无变现障碍资产总额的1%。此外，商业银行还需要估计并报告可用的无变现障碍资产所适用的折扣率，并根据折扣率计算资产的预期可变现价值（而不是名义价值）。

通过该指标，监管当局可以有效掌握商业银行可用的无变现障碍资产的数量、类型、存放位置等关键信息，以及在当前状态下适用的折扣率和预期可变现价值。需要注意的是，当宏观政策相对宽松、二级市场融资活跃的时候，该指标可能提供虚假信号，使商业银行认为这些资产的实际可变现价值比想象的更高。但是一旦发生系统性事件或某个突发事件，市场对于资产的管理政策和折扣率都可能发生变化，而该指标并不能反映这些潜在的动态信息。因此为了获得更全面的信息，监管当局需要将该指标与期限错配指标以及其他资产负债数据结合起来分析。

（四）以重要货币计价的流动性覆盖率

除了监测各币种汇总后银行总体流动性覆盖率外，必要时还应分币种计算主要币种的流动性覆盖率并进行风险监测。后文有详细阐述。

（五）与市场有关的监测工具

高频且连续的市场数据可用作监测商业银行潜在流动性困难的早期预警指标，也是对上述定量方法的有价值的补充。一般需要重点监测三个层面的数据：市场整体信息、金融行业信息、特定银行信息。

对于市场整体信息，监管当局需要随时关注当前市场的运行状况及其发展趋势，考虑其对金融领域和单个银行可能造成的潜在影响，这对于评估商业银行的流动性缺口融资计划的可行性是至关重要的。一般来说，有价值的市场监测信息包括：股票市场价格及流动性（如股市整体指数和各行业指数）、债券市场价格及流动性（包括货币市场、政府债券市场、中期票据、长期债务、衍生工具、信用掉期互换的价差指数等），外汇市场价格及流动性，商品市场价格及流动性，以及某些与特定产品有关的指数（例如某些证券化产品指数）。

对于金融行业信息，监管当局需要跟踪监测金融部门受市场波动的影响程度，判断是否有银行处于困境，因此需要监测的信息包括整体金融部门以及特定金融领域（包括指数）的权益和债务市场信息。

对于特定银行信息，监管当局需要评估整个市场对该特定银行的信心，因而有必要收集二级市场上有关该银行的股票价格、信用违约掉期（CDS）价差、货币市场融资利率、各种期限融资的展期和价格情况、该银行发行的债券和次级债务的价格等信息。

第三节　流动性风险常用评估及预测方法

银行流动性风险的评估与预测要全面考虑，综合评估，主要考虑以下因素：(1) 存贷款趋势预测；(2) 存贷款季节性因素预测；(3) 存贷款周期性因素预测；(4) 债券市场政策性因素预测；(5) 债券市场收益率曲线预测；(6) 债券市场回购利率曲线预测；(7) 流动性需求预测 = 贷款变化的预测值 + 法定准备金变化值 − 存款变化的预测值 + 现券买卖变化值 + 正逆回购变化值。在对这些因素进行分析时，应掌握以下评估预测的方法。

一、流动性比率/指标法

（一）现金头寸指标 =（现金头寸 + 应收存款）/总资产

该指标越高意味着商业银行满足即时现金需要的能力越强。

（二）核心存款指标 = 核心存款/总资产

对同类商业银行而言，该比率高的商业银行流动性也相对较好。

（三）贷款总额与总资产的比率 = 贷款总额/总资产

该比率较高暗示商业银行的流动性能力较差，而比率较低则反映了商业银行具有较大的贷款增长潜力。尽管资产证券化使得商业银行借款的流动性增强，但传统观念仍然认为贷款是商业银行的盈利资产中流动性最差的资产。但该指标一方面忽略了银行贷款以外其他资产的流动性，另一方面也没有考虑负债的流动性，因此该指标难以准确地衡量商业银行的流动性风险。

（四）贷款总额与核心存款的比率 = 贷款总额/核心存款

该比率越小则表明商业银行存储的流动性越高，流动性风险也相对越小。

（五）流动资产与总资产的比率 = 流动资产/总资产

该比率越高表明商业银行存储的流动性越高，应付流动性需求的能力也就越强。

（六）易变负债与总资产的比率 = 易变负债/总资产

该比率衡量了商业银行在多大程度上依赖易变负债获得所需资金。易变负债是指那些受利率等经济因素影响较大的资金来源，当市场发生对商业银行不利的变动时，这部分资金来源容易流失。在其他条件相同的情况下，该比率越大则商业银行面临的流动性风险越高。

（七）大额负债依赖度＝（大额负债－短期投资）/（盈利资产－短期投资）

对大型商业银行来说，该比率为50%很正常，但对主动负债比例较低的大部分中小商业银行来说，大额负债依赖度通常为负值。因此，大额负债依赖度仅适合用来衡量大型特别是国际大型银行的流动性风险。

二、现金流分析法

通过商业银行对短期内现金流入和现金流出的预测和分析，可以评估商业银行短期内的流动性状况，一般表现为流动性剩余或赤字。当流动性出现“剩余”时，商业银行必须考虑这种流动性剩余头寸的机会成本；若商业银行出现流动性“赤字”，则必须考虑这种“赤字”可能给自身运营带来的风险。为了合理地预计流动性需求，可以将流动性“剩余”或“赤字”与融资需求在不同时段进行比较，其目的是预测新贷款净增加值、存款净流量以及其他资产和负债的净流量。然后将上述流量预测值加总，再与期初余额相加，获得未来时段内的流动性头寸。

1. 商业银行应当在涵盖表内外各项业务的基础上，按照本外币合计和重要币种，区分正常和压力情景，并考虑资产负债未来增长，分别测算未来不同时间段的现金流入和流出，并形成现金流量报告。通过计量、监测、控制现金流量和期限错配情况，发现融资缺口和防止过度依赖短期流动性供给。

2. 未来现金流可分为确定到期日现金流和不确定到期日现金流。确定到期日现金流是指有明确到期日的表内外业务形成的现金流。不确定到期日现金流是指没有明确到期日的表内外业务（如活期存款）形成的现金流。商业银行应当按照审慎原则测算不确定到期日现金流。

3. 商业银行应当合理评估未提取的贷款承诺、信用证、保函、银行承兑汇票、衍生产品交易、因其他履约事项可能发生的垫款、为防范声誉风险而超出合同义务进行支付等所带来的潜在流动性需求，将其纳入现金流测算和分析，并关注相关客户信用状况、偿债能力和财务状况变化对潜在流动性需求的影响。

4. 商业银行在测算未来现金流时，可以按照审慎原则进行交易客户的行为调整。商业银行所使用的行为调整假设应当以相关历史数据为基础，经充分论证和适当程序审核批准，并进行事后检验，以确保其合理性。

5. 商业银行各个时间段的现金流缺口为该时间段的现金流入与现金流出的差额。根据重要性原则，商业银行可以选定部分现金流量少、发生频率低的业务不纳入现金流缺口的计算，但应当经其内部适当程序审核批准。

6. 商业银行应当由负责流动性风险管理的部门设定现金流缺口限额，确保现金流缺口限额与流动性风险偏好相适应，并经其内部适当程序审核批准。商业银行应当至少每年对现金流缺口限额进行一次评估，必要时予以修订。

7. 商业银行应当按照以下原则设定未来特定时间段的现金流缺口限额：

（1）商业银行应当预测其未来特定时间段内的融资能力，尤其是来自银行或非银行机构的批发融资能力，并依据压力情景下的调减系数对上述预测进行适当调整。

（2）商业银行应当按照合理审慎的方法计算优质流动性资产变现所能产生的现金流入。

（3）商业银行设定现金流缺口限额时应当充分考虑支付结算、代理和托管等业务对现金流的影响。

对于商业银行的债券资产同样可以使用资金来源和资金运用的现金流方法进行当日和次日的头寸预测，资金来源主要有：质押式正回购、买断式正回购、卖出债券、分销出债券、债券到期兑付本息等；资金运用主要有：质押式逆回购、买断式逆回购、买入债券、一级市场中标债券缴款、凭证式国债缴款等，当持有的债券资产是确定时，现金流即是明确的。

现金流分析有助于真实、准确地反映商业银行在未来短期内的流动性状况。但是随着商业银行经营规模的扩大和业务的日渐复杂，现金流量数据的可得性和准确性随之降低。在实际操作中，现金流分析法和缺口分析法通常一起使用、互为补充。

三、缺口分析法

缺口分析法针对未来特定时段，计算到期资产（现金流入）和到期负债（现金流出）之间的差额，即流动性缺口，以判断商业银行在不同时段内的流动性是否充足。需要注意的是，在特定时段内虽没到期，但可以不受损失或承担较少损失就能出售的资产应当被计入到期资产。为准确计算商业银行的流动性需求（融资缺口），需要对资产、负债和表外项目的未来现金流进行全面分析。

商业银行通常将特定时段内包括活期存款在内的平均存款作为核心资金，为贷款提供融资来源。虽然活期存款持有者在理论上可以随时提取存款，但统计分析表明，绝大多数活期存款都不会在短期内一次性全部支取，而且平均存放时间在一年以上。

商业银行在未来特定时段内的贷款平均额和核心存款额之间的差额构成了融资缺口，即：融资缺口＝贷款平均额－核心存款平均额。

如果缺口为正，商业银行通常需要出售流动性资产或在全国银行间债券市场进行融资，即：融资缺口＝－流动性资产＋借入资金。

合并上述两个公式可得：借入资金（流动性需求）＝融资缺口＋流动性资产＝（贷款平均额－核心存款平均额）＋流动性资产。

商业银行在每日需要借入的资金规模（流动性需求）是由一定水平的核心存款、新增的贷款、债券资产买卖、回购增减变动等决定的，融资缺口扩大可能意味着商业银行的存款流失增长，贷款因客户增加而上升。贷款需要企业和个人客户按期偿还本金和利息，一旦无法偿还则面临严重的流动性风险。

四、久期分析法

利率波动将直接影响商业银行资产和负债的价值变化，进而造成流动性状况发生变化。久期分析法可以评估利率变化对商业银行流动性状况的影响，市场风险管理中的久期缺口也可用来评估利率变化对商业银行某个时期的流动性状况的影响。

1. 当久期缺口为正值时，如果市场利率下降，则资产价值增加的幅度比负债价值增加的幅度大，流动性也随之增强；如果市场利率上升，则资产价值减少的幅度比负债价值减少的幅度大，流动性也随之减弱。

2. 当久期缺口为负值时，如果市场利率下降，流动性也随之减弱；如果市场利率上升，流动性也随之增加。

3. 当久期缺口为零时，利率变动对商业银行的流动性没有影响。这种情况极少发生。

总之，久期缺口的绝对值越大，利率变化对商业银行资产和负债的价值影响越大，对其流动性的影响也越显著。

第四节　流动性风险监管指标和监测参考指标

目前我国对于商业银行的流动性监管主要有银监会规定的监管指标和监测参考指标构成，通过银监会报表体系进行内部管理与监管。

一、流动性风险监管指标

流动性风险监管指标包括流动性覆盖率、存贷比和流动性比例。

（一）流动性覆盖率

流动性覆盖率反映银行压力情景下自身持有的高质量优质流动性资产能否“覆盖”未来一个月的现金净流出。该指标也是此次国际金融危机后巴塞尔协议Ⅲ中提出的最新流动性指标。后文有专门论述。

（二）存贷款比例

存贷款比例是指商业银行各项贷款余额与各项存款余额之间的比率。它用来反映银行总体流动性状况和存贷款的匹配情况。计算公式：

$$存贷款比例 = 各项贷款余额 / 各项存款余额 \times 100\%$$

监管标准：该指标应当不高于75%。

指标解读：（1）各项存款是指商业银行吸收的单位和居民个人的外币、人民币存款。具体包括企业存款、私营及个体存款、事业单位存款、机关团体部队存款、居民储蓄存款、保险公司存放、2009年1月1日前签署的邮政储蓄协议存款、住房公积金机构存款、保证金存款、应解汇款及临时存款等。各项贷款是指填报机构对借款人融出货币资金形成的资产。主要包括贷款、贸易融资、票据融资、融资租赁、从非金融机构买入返售资产、透支、各项垫款等。（2）存贷款比例之所以要控制在一定区间范围内，一方面是由于商业银行所吸收的一般性存款除用于发放贷款外，还要应付日常现金支取和日常结算，满足日常流动性管理要求，因此必须留有一定比例的非贷款类金融资产，如库存现金、存款准备金、短期债券等；另一方面由于商业银行的存贷款比例会影响货币乘数，并影响商业银行的货币创造，将存贷款比例指标控制在一定区间范围内，可以抑制商业银行通过发放贷款派生过多的流动性。

存贷款比例的优点：存贷款比例反映了商业银行的资产负债结构，用于流动性管理，有利于从总量上把握和控制商业银行的资产负债结构，具有计算简单、直接、准确度高及可比性强的特点，既便于监管机构的监测检查，可以按日监测，也便于商业银行的内部管理。存贷款比例指标操作性强，是控制商业银行放贷冲动的最好、最有效的抓手，也具有一定的经济导向作用。

存贷款比例的局限性：存贷款比例只是考虑了存款、贷款业务，对商业银行日益增多的债券、理财等业务没有反映，对商业银行的表外业务也没有反映，同时没有考虑存贷款的类别、性质、期限结构、利率结构、资产质量，没有特定的压力情景设置，不能够对多元化的商业银行业务进行精细化管理。

（三）流动性比例

流动性比例是指商业银行一个月内到期的流动性资产与流动性负债的比率，是衡量商业银行短期流动性状况的主要监管指标之一。计算公式为：

流动性比例 = 一个月到期的流动资产/一个月到期的流动负债 ×100%

其中，一个月到期的流动资产 = 现金 + 黄金 + 超额准备金存款 + 一个月内到期的同业往来款项轧差后的资产方净额 + 一个月内到期应收利息及其他应收款 + 一个月内到期的合格贷款 + 一个月内到期的债券投资 + 在国内外二级市场上可随时变现的证券投资 + 其他一个月内到期可变现的资产。

一个月到期的流动负债 = 活期存款 + 一个月内到期的定期存款 + 一个月内到期的同业往来款项轧差后的负债方净额 + 一个月内到期的已发行债券 + 一个月内到期的应付利息和各项应付款 + 一个月内到期的中央银行借款 + 其他一个月内到期的负债。

监管标准：商业银行的流动性比例应当不低于25%。

指标解读：(1) 流动性比例是在资产负债比例管理框架下，商业银行衡量流动性风险程度的重要指标之一。正常情况下，该指标数值越高，商业银行短期（一个月内）流动性越好。(2) 该指标分子、分母项衡量一个月内按剩余期限计算的资金流入量和资金流出量，可反映银行流动性负债备付水平。(3) 流动性比例从剩余期限的角度反映了银行短期流动性风险状况，结合流动性缺口率等指标，可以综合反映银行短期资金流匹配情况。

[**案例7-2**] 甲商业银行流动性比例监测表如表7-2所示。

表7-2　　G22流动性比例监测表

填报机构：甲商业银行　　报表日期：2013年6月30日　　货币单位：万元、%

序号	项目	A
		人民币
1	1. 流动性资产	
2	1.1 现金	6 012.35
3	1.2 黄金	3 012.51
4	1.3 超额准备金存款	35 625.51
5	1.4 一个月内到期的同业往来款项轧差后资产方净额	20 000.00

续表

序号	项目	A
		人民币
6	1.5 一个月内到期的应收利息及其他应收款	180.00
7	1.6 一个月内到期的合格贷款	158 201.09
8	1.7 一个月内到期的债券投资	35 000.00
9	1.8 在国内外二级市场上可随时变现的证券投资（不包括项目 1.7 的有关项目）	392 641.00
10	1.9 其他一个月内到期可变现的资产（剔除其中的不良资产）	236.65
11	1.10 流动性资产总和（项目 1.1 至项目 1.9 之和）	650 909.11
12	2. 流动性负债	
13	2.1 活期存款（不含财政性存款）	629 365.43
14	2.2 一个月内到期的定期存款（不含财政性存款）	233 562.56
15	2.3 一个月内到期的同业往来款项轧差后负债方净额	450 000.00
16	2.4 一个月内到期的已发行的债券	500 000.00
17	2.5 一个月内到期的应付利息和各项应付款	652 658.25
18	2.6 一个月内到期的向中央银行借款	40 000.00
19	2.7 其他一个月内到期的负债	26 589.54
20	2.8 流动性负债总和（项目 2.1 至项目 2.7 之和）	2 532 175.78
21	3. 流动性比例（项目 1.10/项目 2.8 ×100%）	25.71%
22	4. 本月平均流动性资产	632 388.56
23	5. 本月平均流动性负债	2 482 186.54
24	6. 本月平均流动性比例（项目 4/项目 5 ×100%）	25.48%

填表人：　　　　复核人：　　　　负责人：

为了填报并管理好此表，在实际工作中应对银行的信贷资产、债券资产、拆出资金、存放同业、逆回购、应收利息等各类资产的剩余期限进行详细划分，并对活期存款、定期存款、拆入资金、同业存放、正回购、应付债券等各类负债的剩余期限也进行详细划分，使用科学的信息系统进行管理。还应建立与会计账相关联的信贷资产电子台账、债券资产电子台账、不良资产电子台账、固定资产电子台账等信息系统作为补充，保证电子台账与会计核算的结果一致，因为仅有会计账是无法说明期限结构、流动性风险管理等内容的。对负债也可采用相同的方法。

二、流动性风险监测参考指标

中国银监会在《商业银行流动性风险管理办法（试行）》中发布了主要的监测参考指标：流动性缺口、流动性缺口率、核心负债比例、同业市场负债比例等指标，用于商业银行分析、评估流动性风险，从不同的维度防范流动性风险的发生。

（一）流动性缺口

流动性缺口是指以合同到期日为基础，按特定方法测算未来各个时间段到期的表内外资产和负债，并将到期资产与到期负债相减获得的差额。

计算公式：

未来各个时间段的流动性缺口 = 未来各个时间段到期的表内外资产 - 未来各个时间段到期的表内外负债

计算口径：

未来各个时间段到期的表内外资产 = 未来各个时间段到期的表内资产 + 未来各个时间段到期的表外收入

未来各个时间段到期的表内外负债 = 未来各个时间段到期的表内负债 + 未来各个时间段到期的表外支出

在计算到期的表内负债时，活期存款中的稳定部分按规定方法进行审慎估算。

（二）流动性缺口率

流动性缺口率是指未来各个时间段的流动性缺口与相应时间段到期的表内外资产的比例。计算公式：

流动性缺口率 = 未来各个时间段的流动性缺口 / 相应时间段到期的表内外资产 × 100%

计算口径：相应时间段到期的表内外资产 = 相应时间段到期的表内资产 + 相应时间段到期的表外收入。

流动性缺口率指标反映的是商业银行一定期限内到期的资金名义缺口状况，银行可观测连续期限的流动性缺口率。在其他条件类似的情况下，流动性缺口率越大，银行流动性风险越低，例如，流动性缺口率为 0 的银行流动性要好于流动性缺口率为 -5% 的银行。资金期限错配（短借长贷）是商业银行盈利的重要来源，故从期限缺口上看，一般是先呈现短期负债大于资产，而后缺口逐步缩小的情况。累计到期期限缺口率一般表现为递增或递减规律，并逐步收敛于零，如果该时间序列数据呈现其他的规律，应进一步核实。

监管标准：《商业银行风险监管核心指标（试行）》规定，流动性缺口率应不低于 -10%；一年内流动性缺口比例暂无监管标准。

流动性缺口率指标与流动性比例指标反映的都是资产负债管理框架下银行静态流动性水平，不考虑表内外统计口径的差异，两者间存在固定公式关系，流动性比例 = 1/(1 - 一个月流动性缺口率)，在一定范围内，流动性缺口率越大，流动性比例越高。在目前监管标准下，25% 的流动性比例对应的一个月流动性缺口率是 -300%。

（三）核心负债比例

核心负债比例是指中长期较为稳定的负债占总负债的比例。计算公式：

核心负债比例 = 核心负债 / 总负债 × 100%

计算口径：核心负债包括距离到期日三个月以上（含）的定期存款和发行债券，以及活期存款中的稳定部分。该指标应大于 60%。总负债是资产负债表中负债总计的余额。活期存款中的稳定部分按规定方法进行审慎估算。

监管标准：《商业银行风险监管核心指标（试行）》明确规定，该指标不应低于60%。

指标解读：核心负债比例指标能够较好地反映商业银行负债的稳定性状况。若银行的核心负债比例较高，则说明该银行负债的稳定性较好，在其他类似的情况下，银行流动性风险也较小。

对一家商业银行而言，既要评价其是否具有稳定的负债来源，又要评价它的资产结构状况，两者应结合起来进行分析流动性。目前核心负债中不包含通知存款和同业存款，但随着人们理财意识的不断提高和金融市场的快速发展，通知存款和同业存款已经成为商业银行重要的负债来源，其中较稳定的部分也可视为核心负债，在分析时可综合考虑银行这两类存款的稳定程度，对指标进行补充调整。

（四）同业市场负债比例

同业市场负债比例是指商业银行通过同业机构交易对手获得的资金占总负债的比例。计算公式：

同业市场负债比例 =（同业拆借 + 同业存放 + 卖出回购款项）/ 总负债 × 100%

指标解读：相比于一般公司存款和储蓄存款，同业负债具有灵活快速的特点，商业银行可以通过同业市场举债主动调整自身负债结构，但由于同业市场融资成本较高，且同业负债对利率变动敏感性高，资金来源的稳定性不足，尤其是在发生系统性金融风险的情况下，同业负债非常不可靠。该指标值越高，说明该银行负债来源对同业市场依赖程度越高，表明银行负债结构不合理，流动性风险水平会较高。因此，商业银行负债管理不能过分依赖同业市场，该指标值若过高应引起关注。

该指标还为测度系统性危机提供了线索。国际金融危机的经验表明，银行过度依赖市场筹集资金，在面对突发冲击时容易产生流动性危机，进而导致系统性风险。对于系统性重要银行，该指标值偏高会对金融体系的宏观稳定产生不利影响。

指标关注点：（1）要关注同业负债的结构。在同业负债中，一些同业存款是由于银行间市场清算等正常业务往来产生的负债，这类负债结构相对稳定；同业拆入、卖出回购款项则是银行解决短期流动性问题的重要手段，该数值过大则可能是银行流动性出现问题的征兆。（2）该指标分本外币合计、人民币合计、外币合计三个币种维度。分析时，可按币种考察银行负债对同业的依存程度，更准确地反映流动性状况。（3）考察商业银行同业负债稳定性，除了从“量”上考察同业负债占总负债比重的大小，还应结合同业负债交易对手资质从“质”上考察同业负债的稳定性，若负债主要来自大型资质较好的客户，负债资金稳定，则同业负债的可靠性会相对较高。同时要分析银行同业市场资金运用方向，若银行同业往来为净运用，则该比例高亦不说明流动性水平偏低，需要与现有流动性、总负债比率结合起来分析使用。

（五）最大十户存款比例

最大十户存款比例是指商业银行前十大存款客户存款合计占各项存款的比例。计算公式：

最大十户存款比例 = 最大十家存款客户存款合计 / 各项存款 × 100%

指标解读：最大十户存款比例指标衡量的是银行存款集中度水平，反映了商业银行存款稳定性情况。该指标数值越高，说明商业银行存款对主要大客户的依赖程度越高，部分大客户的行为对银行流动性产生的影响越大。通常情况下，银行存款稳定性与集中度水平呈反向相关，如果一家商业银行的存款集中度水平过高，单一客户存款的提取可能导致其存款水平出现较大波动，对其流动性造成不利影响。最大十户存款比例与核心负债比例都是对商业银行负债结构的监测，核心负债比例主要是从负债稳定性看商业银行的负债结构情况，最大十户存款比例指标是从负债集中度对商业银行存款结构进行分析，分析角度不同，两者结合起来更能完整地反映商业银行负债的稳定性水平。

指标关注点：该指标受银行经营区域结构、规模大小、产品丰富程度的影响较大，不同特点银行的指标值差异可能较大。一般来说，大型商业银行存款来源多样化，其对于主要大客户存款的依赖程度不如中小商业银行大。在应用该指标时，应重点对中小商业银行的指标进行动态监测。

（六）最大十家同业融入比例

最大十家同业融入比例是指商业银行通过同业拆借、同业存放和卖出回购款项等业务从最大十家同业机构交易对手获得的资金占总负债的比例。计算公式：

最大十家同业融入比例 =（最大十家同业机构交易对手同业拆借 + 同业存放 + 卖出回购款项）/ 总负债 × 100%

指标解读：该指标体现了银行对同业市场资金的依赖程度以及对资金交易对手的集中程度。由于同业拆入资金及回购资金在金融市场发生流动性危机时受冲击较大，是很不稳定的负债来源，因此银行过多依赖同业市场融资、融资集中度较高都会对流动性状况产生不良影响。若该比例较高，银行负债的稳定性会较差，流动性风险较大。

与同业市场负债比例类似，该指标也为测度系统性危机提供了线索。该指标数值较大的银行，若流动性产生危机会对同业造成较大影响，要高度关注其对金融市场的冲击，避免产生系统性问题。

指标关注点：该比例受银行网点规模、产品结构影响较大，在不同类型银行间比较时应注意区别对待。大型银行资产负债规模大，机构网点多，在吸收存款上具有绝对优势，多为市场上资金的供给方，同业拆入和回购余额较其他银行偏小，而分母总负债规模又偏大，因此通常情况下该指标会小于其他银行。

（七）超额备付金率

超额备付金率是指商业银行的超额备付金与各项存款的比例。

超额备付金 = 商业银行在中央银行的超额准备金存款 + 库存现金

超额备付金率 = 超额备付金 / 各项存款 × 100%

该指标评价银行的人民币支付能力。公式中的准备金存款指银行为保证存款的正常提取和业务的正常开展而存入中央银行的各种存款。库存现金指银行的库存现金或现金业务收支活动的结余数，不含银行内部门周转使用的备付金。各项存款指活期存款、定期存款、活期储蓄存款、定期储蓄存款、应解汇款、保证金之和，不含财政性存款和委托存款。有关项目的具体含义见《金融企业会计制度》（财会〔2001〕49 号）。法定存款准备金率参照中国人民银行的法定存款准备金率要求以及对各行的差别准备金要求。

监管标准：该指标合理区间为2% ~5%。

（八）重要币种的流动性覆盖率

重要币种的流动性覆盖率是指对某种重要币种单独计算的流动性覆盖率。

计算公式：

同本章第五节流动性覆盖率计算公式。

三、其他可参考指标

除了《商业银行流动性风险管理办法（试行）》中规定的八项监测指标外，实际工作中还可参考其他指标，比如存款增长率。

存款增长率是指商业银行报告期末各项存款余额较报告期初各项存款余额的增长比例，主要反映银行业金融机构主要负债来源的增长情况。计算公式：

存款增长率 =（报告期末各项存款余额 - 报告期初各项存款余额）/报告期初各项存款余额 ×100%

指标解读：（1）存款增长率指标衡量的是商业银行存款增长水平，比例越高，说明该商业银行在本报告期内存款增长越快。一般认为存款增长越快，表明该商业银行新增负债来源越强，能够提供未来现金流，从而增强其负债的稳定性。（2）一般情况下，存款是银行业金融机构的主要资金来源，可以通过分析存款的增长情况来关注银行的流动性状况，包括分析存款的增长趋势、存款的结构、存款的集中度、存款的稳定性，并与同业进行比较，确定银行存款对银行流动性状况的影响。（3）存款增长率还可以用于相同时期内商业银行之间的监测比较、分析。不同时期由于市场情况的变化，可能导致存款的拓展难度起伏，而通过存款增长率的横向比较可以考察银行机构的负债政策取向和存款拓展能力。

第五节　流动性覆盖率和净稳定融资比例

2007 年的全球金融危机表明商业银行流动性风险管理的不足，为此巴塞尔协议Ⅲ提出了流动性覆盖率和净稳定融资比例两个新指标，对商业银行的流动性进行前瞻、精细管理。

一、流动性覆盖率

流动性覆盖率是银行优质流动性资产储备除以未来 30 日的资金净流出量。该指标主要反映短期（未来 30 天内）特定压力情景下（体现在对资产和负债项目赋予不同的折算率），银行持有的高流动性资产应对资金流失的能力。

流动性覆盖率旨在确保商业银行在设定的严重流动性压力情景下，能够保持充足的、无变现障碍的优质流动性资产，并通过变现这些资产来满足未来30日的流动性需求。

$$流动性覆盖率 = \frac{合格优质流动性资产}{未来30日现金净流出量} \times 100\%$$

合格优质流动性资产是指满足银监会规定的现金类资产，以及能够在无损失或极小损失的情况下在金融市场快速变现的各类资产。

未来30日现金净流出量是指在银监会规定的压力情景下，未来30日的预期现金流出总量减去预期现金流入总量的差额。

商业银行的流动性覆盖率应当不低于100%。

流动性覆盖率报表见表7－3、表7－4。

表7－3　　**G25第Ⅰ部分 流动性覆盖率**

填报机构：　　报表日期：　年　月　日　　单位：万元

序号	项目	A	B	C
		金额	折算率	折算后金额
Ⅰ. 基础数据				
1	1. 优质流动性资产			
2	1.1 一级资产			
3	1.1.1 现金		100%	
4	1.1.2 压力条件下可动用的央行准备金		100%	
5	1.1.3 风险权重为零的证券			
6	1.1.3.1 主权国家发行的		100%	
7	1.1.3.2 主权国家担保的		100%	
8	1.1.3.3 央行发行或担保的		100%	
9	1.1.3.4 其他机构发行或担保的		100%	
10	1.1.4 非零权重，由银行母国或银行承受流动性风险的国家和地区，以本币发行的政府债券或央行债券		100%	
11	1.1.5 非零权重，以外币发行的政府债券或央行债券，且仅限于与银行在当地经营所需的货币数量相匹配的部分		100%	
12	1.1.6 一级资产调整额		100%	
13	1.2 二级资产			
14	1.2.1 非金融公司的债券（评级AA－级及以上）		85%	
15	1.2.2 非自身发行的资产担保债券（评级AA－级及以上）		85%	
16	1.2.3 风险权重为20%的证券			
17	1.2.3.1 主权国家发行的		85%	

续表

序号	项目	A 金额	B 折算率	C 折算后金额
18	1.2.3.2 主权国家担保的		85%	
19	1.2.3.3 央行发行或担保的		85%	
20	1.2.3.4 其他机构发行或担保的		85%	
21	1.2.4 二级资产调整额		85%	
22	2. 净资金流出			
23	2.1 资金流出			
24	2.1.1 零售存款的资金流出			
25	2.1.1.1 有保险制度的存款			
26	2.1.1.1.1 事务账户或关联账户		5%	
27	2.1.1.1.2 非事务账户和非关联账户		10%	
28	2.1.1.2 无保险制度的存款		10%	
29	2.1.2 无担保批发资金流出			
30	2.1.2.1 小企业			
31	2.1.2.1.1 事务账户或关联账户的、有保险制度的存款		5%	
32	2.1.2.1.2 非事务账户和非关联账户的、有保险制度的存款		10%	
33	2.1.2.1.3 无保险制度的存款		10%	
34	2.1.2.2 大中型企业			
35	2.1.2.2.1 有业务关系且无存款保险		25%	
36	2.1.2.2.2 有业务关系且有存款保险		5%	
37	2.1.2.2.3 无业务关系		75%	
38	2.1.2.3 金融机构			
39	2.1.2.3.1 有业务关系的银行存款		25%	
40	2.1.2.3.2 有业务关系的其他金融机构存款		25%	
41	2.1.2.3.3 无托管、清算及现金管理目的，合作银行网络中其他银行的存款		25%	
42	2.1.2.3.4 其他没有业务关系的金融机构存款		100%	
43	2.1.2.4 主权国家、央行、公共部门实体和多边开发银行			
44	2.1.2.4.1 有业务关系且无存款保险		25%	
45	2.1.2.4.2 有业务关系且有存款保险		5%	
46	2.1.2.4.3 无业务关系		75%	
47	2.1.2.5 未包含在以上无担保批发现金流出分类的其他类别		100%	
48	2.1.2.6 填报机构发行的 30 天内到期债务		100%	
49	2.1.3 担保融资流出			

续表

序号	项目	A 金额	B 折算率	C 折算后金额
50	2.1.3.1 由一级资产担保的融资交易		0	
51	2.1.3.1.1 抵押品市场价值			
52	2.1.3.2 由二级资产担保的融资交易		15%	
53	2.1.3.2.1 抵押品市场价值			
54	2.1.3.3 由其他资产担保的融资交易			
55	2.1.3.3.1 交易对手为本国主权实体和中央银行		25%	
56	2.1.3.3.1.1 抵押品市场价值			
57	2.1.3.3.2 其他交易对手		100%	
58	2.1.3.3.2.1 抵押品市场价值			
59	2.1.4 附加要求			
60	2.1.4.1 衍生品应付净额		100%	
61	2.1.4.2 融资交易、衍生品和其他合约因信用评价下调所需增加的抵押品		100%	
62	2.1.4.3 衍生品或其他交易中抵押品估值潜在变化所引起的流动性补充需求			
63	2.1.4.3.1 现金和其他一级资产		0	
64	2.1.4.3.2 其他所有非一级资产的抵押品		20%	
65	2.1.4.4 资产支持证券、担保债券等结构性融资工具		100%	
66	2.1.4.5 资产支持商业票据、管道工具、证券投资工具等融资活动			
67	2.1.4.5.1 30 天内到期债务		100%	
68	2.1.4.5.2 30 天以上或无到期日但均内含期权的债务		100%	
69	2.1.4.5.2.1 其中：属于理财产品的部分			
70	2.1.4.6 对以下机构已承诺未动用的信用和流动性便利			
71	2.1.4.6.1 零售客户和小企业		5%	
72	2.1.4.6.2 大中型企业			
73	2.1.4.6.2.1 信用便利		10%	
74	2.1.4.6.2.2 流动性便利		100%	
75	2.1.4.6.3 主权国家、中央银行、公共部门实体和多边开发银行			
76	2.1.4.6.3.1 信用便利		10%	
77	2.1.4.6.3.2 流动性便利		100%	
78	2.1.4.6.4 金融机构及其他		100%	
79	2.1.4.6.4.1 其中：属于理财产品的部分			
80	2.1.4.7 因衍生品或其他交易头寸市值变化而增加的流动性需求		100%	
81	2.1.4.8 其他 30 日内放款的契约性债务			

续表

序号	项目	A 金额	B 折算率	C 折算后金额
82	2.1.5 其他或有融资义务			
83	2.1.5.1 无条件可撤销的信用及流动性便利		0	
84	2.1.5.2 保函		2.5%	
85	2.1.5.3 信用证		2.5%	
86	2.1.5.4 其他贸易融资工具		2.5%	
87	2.1.5.5 非契约性义务		2.5%	
88	2.1.5.5.1 其中：属于理财产品的部分			
89	2.1.5.6 有附属经纪人和经销商的银行尚未偿付的到期日超过30天的所有本行债券		2.5%	
90	2.1.6 其他所有没有包含在以上类别中的本金、利息等资金流出		100%	
91	2.2 资金流入			
92	2.2.1 逆回购与证券借入			
93	2.2.1.1 抵押品未用于再抵押（买断式）			
94	2.2.1.1.1 以一级资产为担保		0	
95	2.2.1.1.1.1 抵押品市场价值			
96	2.2.1.1.2 以二级资产为担保		15%	
97	2.2.1.1.2.1 抵押品市场价值			
98	2.2.1.1.3 以其他资产为担保		100%	
99	2.2.1.1.3.1 抵押品市场价值			
100	2.2.1.2 抵押品未用于再抵押（质押式）			
101	2.2.1.2.1 以一级资产为担保		100%	
102	2.2.1.2.1.1 抵押品市场价值			
103	2.2.1.2.2 以二级资产为担保		100%	
104	2.2.1.2.2.1 抵押品市场价值			
105	2.2.1.2.3 以其他资产为担保		100%	
106	2.2.1.2.3.1 抵押品市场价值			
107	2.2.1.3 抵押品用于再抵押			
108	2.2.1.3.1 以一级资产为担保		0	
109	2.2.1.3.1.1 抵押品市场价值			
110	2.2.1.3.2 以二级资产为担保		0	
111	2.2.1.3.2.1 抵押品市场价值			
112	2.2.1.3.3 以其他资产为担保		0	

续表

序号	项目	A	B	C
		金额	折算率	折算后金额
113	2.2.1.3.3.1 抵押品市场价值			
114	2.2.2 完全正常履约的协议性现金流入			
115	2.2.2.1 零售客户		50%	
116	2.2.2.2 小企业		50%	
117	2.2.2.3 大中型企业		50%	
118	2.2.2.4 金融机构			
119	2.2.2.4.1 有业务关系的款项		0	
120	2.2.2.4.2 无业务关系，存放在合作网络中央机构的款项		0	
121	2.2.2.4.3 其他借款和现金流入		100%	
122	2.2.2.5 其他机构		50%	
123	2.2.3 其他资金流入			
124	2.2.3.1 衍生品净应收额		100%	
125	2.2.3.2 其他现金流入		100%	

填表人：　　　　复核人：　　　　负责人：

无数据或不需填报部分

可自动生成不填写数据

表 7－4　　汇总计算

Ⅱ. 汇总计算		
1	1. 优质流动性资产（汇总计算）	
2	1.1 一级资产（汇总计算）	
3	1.2 二级资产（汇总计算）	
4	2. 净资金流出（汇总计算）	
5	2.1 资金流出（汇总计算）	
6	2.1.1 零售存款的资金流出（汇总计算）	
7	2.1.2 无担保批发资金流出（汇总计算）	
8	2.1.3 担保融资流出（汇总计算）	
9	2.1.4 附加要求（汇总计算）	
10	2.1.5 其他或有融资义务（汇总计算）	
11	2.1.6 其他所有没有包含在以上类别中的本金、利息等资金流出（汇总计算）	
12	2.2 资金流入（汇总计算）	
13	2.2.1 逆回购与证券借入（汇总计算）	
14	2.2.2 完全正常履约的协议性现金流入（汇总计算）	
15	2.2.3 其他资金流入（汇总计算）	
16	3. 流动性覆盖率	

填表人：　　　　复核人：　　　　负责人：

（一）压力情景

流动性覆盖率通过对各类流动性资产及资金流入与流出项给予不同的折算率，来设定特定的流动性压力。流动性覆盖率所设定的压力情景包括影响商业银行自身的特定冲击以及影响整个市场的系统性冲击，如：

1. 一定比例的零售存款流失；

2. 无抵（质）押批发融资能力下降；

3. 以特定抵（质）押品或与特定交易对手进行短期抵（质）押融资的能力下降；

4. 银行信用评级下调 1 ~3 个档次，导致额外契约性现金流出或被要求追加抵（质）押品；

5. 市场波动造成抵（质）押品质量下降、衍生产品的潜在远期风险暴露增加，导致抵（质）押品扣减比例上升、追加抵（质）押品等流动性需求；

6. 银行向客户承诺的信用便利和流动性便利在计划外被提取；

7. 为防范声誉风险，银行可能需要回购债务或履行非契约性义务。

（二）合格优质流动性资产

合格优质流动性资产是指在流动性覆盖率所设定的压力情景下，能够通过出售或抵（质）押方式，在无损失或极小损失的情况下在金融市场快速变现的各类资产。合格优质流动性资产应当具有以下基本特征，并满足相关操作性要求。

1. 基本特征

（1）属于无变现障碍资产；

（2）风险低，且与高风险资产的相关性低；

（3）易于定价且价值稳定；

（4）在广泛认可、活跃且具有广度、深度和规模的成熟市场中交易，市场波动性低，历史数据表明在压力时期的价格和成交量仍然比较稳定；

（5）市场基础设施比较健全，存在多元化的买卖方，市场集中度低；

（6）从历史上看，在发生系统性危机时，市场参与者倾向于持有这类资产。

2. 操作性要求

商业银行应当具有变现合格优质流动性资产的政策、程序和系统，能够在流动性覆盖率所设定的压力情景下，在 30 天内随时变现合格优质流动性资产，以弥补现金流缺口，并确保变现在正常的结算期内完成。

（1）合格优质流动性资产应当由商业银行负责流动性风险管理的部门控制。负责流动性风险管理的部门持续具有法律和操作权限，可以将合格优质流动性资产作为应急资金来源单独管理，或者能够在流动性覆盖率所设定的压力情景下，在 30 天内随时变现合格优质流动性资产并使用变现资金，而且不与银行现有的业务和风险管理策略相冲突。

（2）商业银行应当具有相关政策和程序，能够获得合格优质流动性资产所在地域和机构、托管账户和币种等信息，并且每天能够确定合格优质流动性资产的构成。

（3）商业银行可以对合格优质流动性资产的市场风险进行套期保值，但应当考虑由于套期保值提前终止而引发的现金流出。

（4）商业银行应当定期测试合格优质流动性资产的变现能力，确保其具有足够的流动性，并避免在压力情景下出售资产而可能带来的负面影响，必要时应当加大测试频率。

（5）商业银行变现合格优质流动性资产，不应当导致其违反相关法律法规和监管要求。

（6）如果合格优质流动性资产中的部分资产出现不符合《商业银行流动性管理办法（试行）》所规定条件的情形，商业银行可以在不超过30天的期限内继续将其计入合格优质流动性资产。

3. 构成和计算

合格优质流动性资产由一级资产和二级资产构成。

（1）一级资产

一级资产按照当前市场价值计入合格优质流动性资产，包括：

①现金。

②存放于中央银行且在压力情景下可以提取的准备金。

③由主权实体、中央银行、国际清算银行、国际货币基金组织、欧盟委员会或多边开发银行发行或担保的，可在市场上交易且满足以下条件的证券：

第一，按照银监会的资本监管规定，风险权重为0；

第二，在规模大、具有市场深度、交易活跃且集中度低的市场中交易；

第三，历史记录显示，在市场压力情景下仍为可靠的流动性来源；

第四，最终偿付义务不是由金融机构或其附属机构承担。

④当银行母国或银行承担流动性风险所在国家（地区）的主权风险权重不为0时，由上述国家的主权实体或中央银行发行的本币债券。

⑤当银行母国或银行承担流动性风险所在国家（地区）的主权风险权重不为0时，由上述国家的主权实体或中央银行发行的外币债券，但仅限于流动性覆盖率所设定的压力情景下，银行在其母国或承担流动性风险所在国家（地区）的该外币现金净流出。

（2）二级资产

二级资产由2A资产和2B资产构成。合格优质流动性资产中二级资产占比不得超过40%，2B资产占比不得超过15%。

2A资产在当前市场价值基础上按85%的折扣系数计入合格优质流动性资产，包括：

①由主权实体、中央银行、公共部门实体或多边开发银行发行或担保的，可在市场上交易且满足以下条件的证券：

第一，按照银监会的资本监管规定，风险权重为20%。

第二，在规模大、具有市场深度、交易活跃且集中度低的市场中交易。

第三，历史记录显示，在市场压力情景下仍为可靠的流动性来源，在严重的流动性压力时期，该证券在30天内价格下跌不超过10%或回购交易折扣率上升不超过10个百分点。

第四，最终偿付义务不是由金融机构或其附属机构承担。

②满足以下条件的公司债券和担保债券：

第一，不是由金融机构或其附属机构发行的公司债券。

第二，不是由本行或其附属机构发行的担保债券。

第三，经银监会认可的合格外部信用评级机构给出的长期信用评级至少为 AA－级；或者缺乏长期信用评级时，具有同等的短期信用评级；或者缺乏外部信用评级时，根据银行内部信用评级得出的违约概率与外部信用评级 AA－级及以上对应的违约概率相同。

第四，在规模大、具有市场深度、交易活跃且集中度低的市场中交易。

第五，历史记录显示，在市场压力情景下仍为可靠的流动性来源，在严重的流动性压力时期，该债券在 30 天内价格下跌不超过 10% 或回购交易折扣率上升不超过 10 个百分点。

2B 资产在当前市场价值基础上按 50% 的折扣系数计入合格优质流动性资产，包括满足下列条件的公司债券：

第一，不是由金融机构或其附属机构发行的公司债券；

第二，经银监会认可的合格外部信用评级机构给出的长期信用评级为 BBB－级至 A＋级；或者缺乏长期信用评级时，具有同等的短期信用评级；或者缺乏外部信用评级时，根据银行内部信用评级得出的违约概率与外部信用评级 BBB－级至 A＋级对应的违约概率相同。

第三，在规模大、具有市场深度、交易活跃且集中度低的市场中交易。

第四，历史记录显示，在市场压力情景下仍为可靠的流动性来源，在严重的流动性压力时期，该债券在 30 天内价格下跌不超过 20% 或回购交易折扣率上升不超过 20 个百分点。

商业银行应当具有监测和控制 2B 资产潜在风险的政策、程序和系统。

商业银行收到的符合合格优质流动性资产条件的抵（质）押品，如果根据法律和合同可以用于再抵（质）押融资，则可以纳入本行合格优质流动性资产计算，但交易对手根据合同有权在 30 天内收回该抵（质）押品的除外。

（3）上限计算规则

商业银行应当将 30 天内到期的涉及合格优质流动性资产的抵（质）押融资、抵（质）押借贷以及抵（质）押品互换交易还原，相应调整各类合格优质流动性资产的数量，包括：将以合格优质流动性资产交换一级资产的上述交易还原，得到调整后一级资产数量；将以合格优质流动性资产交换 2A 资产的上述交易还原，得到调整后 2A 资产数量；将以合格优质流动性资产交换 2B 资产的上述交易还原，得到调整后 2B 资产数量。计算 2A 资产和 2B 资产数量时，应当采用相应的折扣系数。

商业银行应当按照以下公式计算 2B 资产调整项和二级资产调整项。

2B 资产调整项＝Max｛调整后 2B 资产－15/85×（调整后一级资产＋调整后 2A 资产），调整后 2B 资产－15/60×调整后一级资产，0｝

二级资产调整项＝Max｛调整后 2A 资产＋调整后 2B 资产－2B 资产调整项－2/3×

调整后一级资产，0｝

（4）合格优质流动性资产的计算

①合格优质流动性资产 = 一级资产 + 2A 资产 + 2B 资产 − 2B 资产调整项 − 二级资产调整项，或者

②合格优质流动性资产 = 一级资产 + 2A 资产 + 2B 资产 − Max ｛（调整后 2A 资产 + 调整后 2B 资产）− 2/3 × 调整后一级资产，调整后 2B 资产 − 15/85 ×（调整后一级资产 + 调整后 2A 资产），0｝

（三）现金净流出量

1. 定义及计算

现金净流出量是指在流动性覆盖率所设定的压力情景下，未来 30 天的预期现金流出总量与预期现金流入总量的差额。预期现金流出总量是在流动性覆盖率所设定的压力情景下，相关负债和表外项目余额与其预计流失率或提取率的乘积之和。预期现金流入总量是在流动性覆盖率所设定的压力情景下，表内外相关契约性应收款项余额与其预计流入率的乘积之和。可计入的预期现金流入总量不得超过预期现金流出总量的 75%。《商业银行流动性风险管理办法（试行）》中预计流失率、提取率、流入率统称为折算率。

2. 现金流出：项目及折算率

（1）零售存款

零售存款是指自然人存放于商业银行的存款，分为稳定存款和欠稳定存款。稳定存款是指被有效存款保险计划完全覆盖或由公开保证提供同等保护，并且存放于交易性账户（如自动存入工资的账户）或者存款人与商业银行之间由于存在其他关系使得提取可能性很小的存款。欠稳定存款包括未被有效存款保险计划完全覆盖的存款、易被迅速提走的存款（如网上存款）等。若难以判定某项存款为稳定存款，则应当将其视为欠稳定存款。

表 7 − 5　　零售存款折算率

零售存款项目	折算率
活期存款和剩余期限在 30 天内到期的定期存款 （1）稳定存款	5%
满足有效存款保险计划的附加标准	3%
（2）欠稳定存款	10%
剩余期限或提款通知期超过 30 天，且存款人无权在 30 天内提款或者提前提款导致的罚金显著超过利息损失的定期存款	0

有效存款保险计划是指有能力迅速赔付、保险覆盖范围明确且公众广泛知晓的存款保险计划。有效存款保险计划的保险人应当具有履行职责的正式法定授权，并在操作上具有独立性、透明度和问责机制。

有效存款保险计划的附加标准包括：

①保险人能够定期从接受保险的商业银行预先收取费用；

②保险人具有充足的手段确保在发生大额偿付需求时，能够及时获取额外资金，如获得明晰且具有法律约束力的政府担保或从政府借款的常设授权；

③存款保险计划被触发后，存款人可在7个工作日内获得保险偿付。

零售定期存款的剩余期限或提款通知期超过30天，但商业银行允许存款人在不支付相应罚金的情况下提前提取，可提前提取的部分应当按活期存款处理。

（2）无抵（质）押批发融资

无抵（质）押批发融资是指由非自然人客户提供，且未用本行拥有的、可在丧失清偿能力、破产清算或处置期间被行使权利的资产作为抵（质）押品的融资。客户有权在30天内收回、最早合同到期日在30天内和无确定到期日的无抵（质）押批发融资项目应当纳入流动性覆盖率计算。客户有权在合同到期日之前收回，但合同明确规定且有约束力的提款通知期超过30天的批发融资项目，不纳入流动性覆盖率计算。对于商业银行有权在未来30天内提前偿还的无抵（质）押批发融资，若商业银行不行使该提前还款权可能导致市场认为其面临流动性压力时，商业银行为防范声誉风险将被迫行使该提前还款权，相关的预期现金流出应当纳入流动性覆盖率计算。

表7－6　　无抵（质）押批发融资折算率

无抵（质）押批发融资项目	折算率
小企业客户的活期存款和剩余期限在30天内的定期存款	
（1）稳定存款	5%
满足有效存款保险计划的附加标准	3%
（2）欠稳定存款	10%
业务关系存款（不包括代理行业务）	25%
由存款保险计划或提供同等保护的公开保证所覆盖的部分	5%
满足有效存款保险计划的附加标准	3%
由非金融机构、主权实体、中央银行、多边开发银行和公共部门实体提供的非业务关系存款	40%
该存款全额被有效存款保险计划或提供同等保护的公开保证覆盖	20%
其他法人客户提供的融资	100%

小企业客户是指在商业银行的存款总额（并表口径）不超过800万元并被视同零售存款管理的非金融机构客户，如商业银行对该客户存在信用风险暴露，该客户还应当满足银监会资本监管规定中的微型和小型企业条件。剩余期限或提款通知期超过30天的小企业客户定期存款比照零售定期存款处理。

业务关系存款是指商业银行为非自然人客户［满足《商业银行流动性风险管理办法（试行）》规定的小企业客户除外］提供清算、托管和现金管理服务所产生的存款。商业银行对业务关系存款的认定应当经银监会认可。

清算服务是指客户通过直接参与境内支付结算系统的商业银行间接地将资金（或证券）转移给最终接受方，仅限于对客户支付指令的传送、对账和确认，日间透支、隔夜融资和结算后账户维护，以及日间和最终结算头寸的确定。托管服务是指在客户交易或持有金融资产的过程中，商业银行代表客户对资产进行保管、报告、处理或者对相关营运和管理活动提供便利，仅限于证券交易结算、契约性支付的转移、抵押品处理与托管相关的现金管理服务，以及股利和其他收入的收取、客户申购赎回、资产和公司信托服务、资金管理、第三方保管、资金转移、股票转移、支付结算等代理服务（不含代理行业务）和存托凭证。现金管理服务是指商业银行向客户提供现金流管理、资产和负债管理等以及客户日常经营所必需的金融服务，仅限于汇款、收款、资金归集、工资支付管理和资金支出控制。

清算、托管和现金管理服务及相关的业务关系存款应当满足以下条件：

①客户在未来 30 天内对商业银行的清算、托管和现金管理服务存在实质性依赖。如客户具有充足的备份安排，则不满足该项条件。

②商业银行与客户之间签订了具有法律效力的清算、托管和现金管理服务合同。

③客户终止上述服务合同的提前通知期至少为 30 天，或者客户转移相关存款的成本（如交易成本、信息技术成本、提前终止成本或法律成本）较高。

④业务关系存款存放于专门账户，该账户向客户提供的收益不足以吸引客户存放超出其清算、托管和现金管理所需的多余资金。客户提供该存款的主要目的为利用银行提供的上述服务，而非获取利息收入。

商业银行应当采用适当方法（如账户余额与支付结算规模的比值、账户余额与托管资产规模的比值等指标）识别业务关系存款账户中的多余资金，并将其按照非业务关系存款处理。商业银行不具备多余资金识别方法的，应当将全部存款按照非业务关系存款处理。

如果银监会认为商业银行业务关系存款的客户集中度过高，可以要求对这部分存款按照非业务关系存款处理。

（3）抵（质）押融资

抵（质）押融资是指以本行拥有的，可在丧失清偿能力、破产清算或处置期间被行使法定权利的资产作为抵（质）押品的融资。所有将在 30 天内到期的抵（质）押融资项目应当纳入流动性覆盖率计算。银行为满足客户空头头寸而借给客户抵（质）押品，应当按照抵（质）押融资处理。

表 7－7　　抵（质）押融资折算率

抵（质）押融资项目	折算率
以一级资产作为抵（质）押品或以中央银行为交易对手	0
以 2A 资产作为抵（质）押品	15%
以本国主权实体、多边开发银行或风险权重不高于 20% 的本国公共部门实体为交易对手，且不是以一级资产和 2A 资产作为抵（质）押品	25%
以 2B 资产作为抵（质）押品	50%
其他	100%

（4）其他项目

表 7－8　　其他项目折算率

其他项目	折算率/现金流出
衍生产品交易的净现金流出	100%
融资交易、衍生产品以及其他合约中包含降级触发条款所导致的流动性补充需求	银行评级下调 1～3 个（含）档次所增加的抵（质）押品要求或者导致的现金流出
衍生产品及其他交易市值变动导致的流动性补充需求	前 24 个月内出现的 30 天内抵（质）押品净流出最大值
衍生产品及其他交易中非一级资产抵（质）押品估值变化导致的流动性补充需求	20%
根据合同能被交易对手随时收回的超额非隔离抵（质）押品导致的流动性补充需求	100%
抵（质）押品对外交付义务导致的流动性补充需求	100%
合同允许交易对手以非合格优质流动性资产替换合格优质流动性资产抵（质）押品导致的流动性补充需求	100%
30 天内到期的资产支持证券、担保债券及其他结构性融资工具	100%
30 天内到期的资产支持商业票据、管道工具、证券投资载体和类似融资工具	100%
未来 30 天内交易对手可以行使权利的未提取的不可无条件撤销的信用便利和流动性便利	
（1）提供给零售和小企业客户	5%
（2）提供给非金融机构、主权实体和中央银行、多边开发银行和公共部门实体	
信用便利	10%
流动性便利	30%
（3）提供给受到审慎监管的银行	40%
（4）提供给其他金融机构（包括证券公司、保险公司、受托人、受益人等）	
信用便利	40%
流动性便利	100%
（5）提供给其他法人客户以及管道工具、特殊目的载体等	100%
未来 30 天内其他契约性放款义务	
（1）未来 30 天内对金融机构的契约性放款总额	100%
（2）未来 30 天内对零售客户和非金融机构客户的契约性放款总额超过客户契约性现金流入总额 50% 的部分	100%
未来 30 天内其他契约性现金流出（不含与商业银行运营成本相关的现金流出）	100%
或有融资义务	

续表

其他项目	折算率/现金流出
（1）无条件可撤销的信用便利和流动性便利	0
（2）保函、信用证、其他贸易融资工具	2.5%
（3）非契约性义务	2.5%
（4）拥有附属交易商或做市商的发行机构未偿付的超过30天的债券	2.5%
（5）以其他客户抵（质）押品覆盖客户空头头寸所导致的非契约性负债	50%

信用便利和流动性便利是指商业银行在未来向客户提供资金的契约性融资便利。流动性便利是指商业银行向发行债务融资工具的客户提供的契约性备用融资便利，当客户无法在金融市场滚动发行该债务融资工具时，可以提取该流动性便利。为公司客户提供的日常流动资金融资便利（如循环信用便利）为信用便利。

不可无条件撤销的信用便利和流动性便利是指商业银行不可撤销或者只能有条件撤销该融资便利。债务融资工具将于未来30天内到期部分所对应的不可无条件撤销流动性便利应当纳入流动性覆盖率计算，债务融资工具将于30天以后到期部分所对应的不可无条件撤销流动性便利不纳入流动性覆盖率计算，其余的不可无条件撤销流动性便利按照信用便利处理。

客户为不可无条件撤销的信用便利和流动性便利提供（或根据合同规定，在提取信用便利和流动性便利时需要提供）符合合格优质流动性资产条件的抵（质）押品的，如果该抵（质）押品满足以下条件，则可以从未提取的不可无条件撤销信用便利和流动性便利中扣减其价值。

①未计入商业银行的合格优质流动性资产；

②市场价值与信用便利和流动性便利是否提取的相关性不高；

③客户使用信用便利和流动性便利后，商业银行利用其进行再抵（质）押融资不存在法律和操作障碍。

对于未纳入商业银行并表范围的被投资金融机构，如果在压力时期，商业银行出于防范声誉风险等原因成为其流动性的主要提供者，商业银行应当将可能需要提供的流动性视为其他或有融资义务，按照经银监会认可的审慎方法计算相应的现金流出。

3. 现金流入：项目及折算率

①抵（质）押借贷，包括逆回购和借入证券（见表7－9）。

表7－9　　抵（质）押借贷折算率

由以下资产担保在30天内到期的抵（质）押借贷	折算率	
	抵（质）押品未用于再抵（质）押融资	抵（质）押品用于再抵（质）押融资
一级资产	0	0
2A资产	15%	0

续表

由以下资产担保在30天内到期的抵（质）押借贷	折算率	
	抵（质）押品未用于再抵（质）押融资	抵（质）押品用于再抵（质）押融资
2B资产	50%	0
由其他抵（质）押品担保的保证金贷款	50%	0
其他抵（质）押品	100%	0

②来自不同交易对手的其他现金流入（见表7－10）。

表7－10　　不同交易对手其他现金流入折算率

来自不同交易对手的其他现金流入	折算率
完全正常履约且30天内到期的所有付款（包括利息支付和分期付款）	
（1）来自零售和小企业客户、非金融机构、主权实体、多边开发银行和公共部门实体的现金流入	50%
（2）来自金融机构和中央银行的现金流入	100%
30天内到期的、未纳入合格优质流动性资产的证券产生的现金流入	100%
存放于其他金融机构的业务关系存款	0

③信用便利、流动性便利和或有融资便利。

商业银行从其他机构获得的信用便利、流动性便利和或有融资便利产生的现金流入适用0的折算率。

④其他项目（见表7－11）。

表7－11　　其他项目折算率

其他项目	折算率
衍生产品交易的净现金流入	100%
其他30天内到期的契约性现金流入（不含非金融业务收入产生的现金流入）	由银监会视情形确定

商业银行应当只计算来自完全正常履约且预计未来30天内不会违约的契约性现金流入。现金流入应按合同允许的最晚时间计入。商业银行基于循环信用便利所发放的贷款应当按照展期处理，不计算现金流入。无确定到期日的贷款不计算现金流入，但如果存在30天内对本金、费用或利息的最低支付要求，则应当根据不同交易对手，适用相应的现金流入折算率。其他30天内到期的契约性现金流入（不含非金融业务收入产生的现金流入）的折算率由银监会视具体情形确定。

商业银行在计算流动性覆盖率时应当避免重复计算。如果某项资产已被计入合格优质流动性资产，不再计算与其相关的现金流入。可以计入多个现金流出项目的业务，应当将其划入预期现金流出量最大的项目。

银监会可以根据商业银行表内外项目的流动性风险状况调整其折算率，增加现金流出项目和减少现金流入项目。

在计算银行集团的并表流动性覆盖率时，除境外分支机构和附属机构的零售和小企业客户存款采用东道国监管机构规定的折算率外，其他项目应当遵循《商业银行流动性风险管理办法（试行）》的规定。

存在以下情形时，银行集团境外分支机构和附属机构的零售和小企业客户存款应当采用《商业银行流动性风险管理办法（试行）》规定的折算率：

①东道国监管机构对零售和小企业客户存款没有规定折算率；

②东道国监管机构未实施流动性覆盖率监管标准；

③《商业银行流动性风险管理办法（试行）》规定的折算率比东道国更为审慎。

（四）关于商业银行流动性覆盖率低于最低监管标准的相关说明

当商业银行流动性覆盖率降至最低监管标准以下时，银监会应当要求其提交流动性风险分析报告，包括导致流动性覆盖率降至最低监管标准以下的原因、已经和即将采取的措施、对持续时间的预测等，并根据持续时间确定是否增加报告要求。

银监会应当分析以下因素，确定需要采取的措施：

1. 商业银行流动性覆盖率降至最低监管标准以下的具体原因，包括银行自身和金融市场整体流动性方面的原因及其影响程度。

2. 商业银行的整体稳健程度和风险状况。

3. 商业银行合格优质流动性资产减少的幅度、持续时间和频率。

4. 为维持流动性覆盖率不低于最低监管标准所采取的措施可能对金融体系和市场流动性产生的影响。

5. 其他应急资金来源的可获得性。

6. 其他相关因素。

银监会应当根据上述分析，确定是否要求商业银行采取减少流动性风险暴露、加强流动性风险管理和改进流动性应急计划等措施。

当发生严重的系统性风险时，银监会应当考虑所采取措施可能对整个金融体系产生的影响和顺周期效应。在要求商业银行采取措施恢复流动性水平时，可以给予适当时间，防止对商业银行和整个金融体系造成负面影响。

银监会采取的上述措施应当与其审慎监管整体框架保持一致。

（五）流动性覆盖率对全国银行间债券市场中买断式回购交易的处理

1. 大于30天的买断式正回购交易

大于30天的买断式正回购交易和债券借出交易（商业银行将债券登记在表外，收到现金）：买断式正回购首期卖出债券，收到资金，商业银行在报告日实际持有到期日大于30天的交易产生的现金流入可以视为流动性资产储备。同时，交易所涉及的标的债券在资产项里不反映，因为该债券由交易对手方持有。

2. 小于30天（含）的买断式正回购交易

小于30天的买断式正回购交易和债券借出交易：买断式正回购首期卖出债券，收到资金，在该交易起始阶段商业银行将收到的现金，当且仅当银行在报告日实际持有交易产生的现金资产的条件下，商业银行可以将该现金视为流动性资产储备。同时，应在

"担保资金流出"的相应项目中考虑计算交易终止时可能产生的现金流出。由于涉及的标的债券由交易对手持有，因而不计入流动性资产。

3. 大于30天的买断式逆回购交易

大于30天的买断式逆回购交易和债券借入交易（商业银行将现金出表，收到债券）：对于剩余到期日大于30天的交易，其对应的债券资产应计入优质流动性资产储备。由于预计的现金流入日期已大于流动性覆盖率指标的计算期间，因而不考虑该交易的现金流入。

4. 小于30天（含）的买断式逆回购交易

小于30天的买断式逆回购交易和债券借入交易：交易余额计入"担保贷款/逆回购现金流入"相应项目，以反映交易终止所产生的现金流入。同时，该类交易涉及的标的债券资产由商业银行持有，应包括在优质流动性资产中。

（六）理财产品在流动性覆盖率中的处理

巴塞尔委员会新的流动性标准非常重视非契约性或有融资债务，即银行可能出于降低声誉风险的考虑，需要将更多的资金用于支持先前已售出的产品或已提供的服务。这些产品和服务要么与机构自身相关，要么就是机构自己办理的业务，从而可能引起资产负债表的计划外扩张。我国商业银行发行的理财产品存在上述特征，有损失垫付和流动性支持的可能。

我国监管机构在流动性覆盖率报表中还增设了理财产品的备忘项目，商业银行应在"与结构性资产投资工具等其他金融载体相关且由于内嵌期权银行可能需购回的资产"和"银行发起的未偿付债务余额"项目下填报其中属于理财产品的部分，以反映商业银行由于产品内嵌期权或为避免声誉风险而需购回所引发的资金流出。

（七）商业银行在压力状况下流动性覆盖率低于最低监管标准的监管措施

在压力状况下，若商业银行流动性覆盖率降至最低监管标准以下，监管机构应当考虑当前和未来国内外经济金融状况，分析影响单家银行和金融市场整体流动性的因素，根据商业银行流动性覆盖率降至最低监管标准以下的原因、严重程度、持续时间和频率等采取相应措施。监管机构应当分析以下因素：

1. 商业银行流动性覆盖率降至最低监管标准以下的具体原因，包括银行自身和金融市场整体流动性方面的原因及其影响程度。

2. 商业银行的整体稳健程度和风险状况。

3. 商业银行合格优质流动性资产减少的幅度、持续时间和频率。

4. 为维持流动性覆盖率不低于最低监管标准所采取的措施可能对金融体系和市场流动性产生的影响。

5. 其他应急资金来源的可获得性。

6. 其他相关因素。

监管机构应当要求商业银行提交流动性风险分析报告，包括导致流动性覆盖率降至最低监管标准以下的原因、已经和即将采取的措施、对持续时间的预测等，并根据持续时间确定是否增加报告要求。

监管机构根据上述分析，可以确定是否要求商业银行采取减少流动性风险暴露、加强流动性风险管理和改进流动性应急计划等措施。当发生严重的系统性风险时，监管机构应当考虑所采取措施可能对整个金融体系产生的影响和顺周期效应。在要求商业银行采取措施恢复流动性水平时，可以给予适当时间，防止对商业银行和整个金融体系造成负面影响。监管机构采取的上述措施应当与其审慎监管整体框架保持一致。

二、银监会对净稳定融资比例的总体要求

净稳定融资比例指标旨在考察银行在设定的压力情景下，未来 1 年内权益和负债类等稳定资金来源支持其表内外业务发展的能力（详见表 7 - 12）。该报表横向展示填报机构各资产负债表项目，报表纵向为各业务余额的剩余期限分布，不同剩余期限折算率以及折算金额统计。报表将剩余到期期限划分为小于 3 个月、3 ~ 6 个月、6 ~ 9 个月、9 ~ 12 个月、小于 1 年、大于等于 1 年六类，从更加精细的时间维度对银行的资金来源与运用，以及流动性风险暴露的期限结构进行揭示，鼓励银行通过结构调整减少短期融资的期限错配、增加长期稳定资金来源。

表 7 - 12　　　　G25 第Ⅱ部分 净稳定融资比例

填报机构：　　　　报表日期：　　年　　月　　日　　　　单位：万元

序号	项目	A	B	C	D	E	F	G	H	I	J	K
		剩余期限						折算率		折算后金额		
		<3 个月	3 ~ 6 个月	6 ~ 9 个月	9 ~ 12 个月	<1 年小计	≥1 年	<1 年	≥1 年	<1 年	≥1 年	合计
1	Ⅰ. 可用的稳定资金											
2	1. 一级资本和二级资本工具							0	100%			
3	2. 其他优先股							0	100%			
4	3. 资本扣减项及不合格资本							0	0			
5	4. 零售和小企业：有保险的事务账户或关联账户存款							90%	100%			
6	5. 零售和小企业：除 4. 以外的其他存款							80%	100%			
7	6. 银行发行的无担保债券							0	100%			
8	7. 无担保批发负债											
9	7.1 大中型企业							50%	100%			
10	7.2 主权国家、中央银行、公共部门实体和多边开发银行							50%	100%			
11	7.3 金融机构及其他							0	100%			
12	8. 合作银行网络成员存放在中心机构的有效最低存款							100%	100%			

续表

序号	项目	A	B	C	D	E	F	G	H	I	J	K
		剩余期限						折算率		折算后金额		
		<3个月	3~6个月	6~9个月	9~12个月	<1年小计	≥1年	<1年	≥1年	<1年	≥1年	合计
13	9. 担保借款和负债							0	100%			
14	10. 衍生品净应付款							0	0			
15	11. 以上未包括的所有其他负债和权益							0	0			
16	Ⅱ. 业务所需的稳定资金											
17	1. 现金							0				
18	2. 货币市场工具和短期无担保工具（到期日<1年）							0				
19	3. 买断式逆回购中作为抵押品的证券							0	0			
20	4. 金融机构贷款							0	100%			
21	5. 其他证券											
22	5.1 符合 LCR 一级资产定义的证券							0	5%			
23	5.2 符合 LCR 二级资产定义的证券							0	20%			
24	5.3 非金融公司债（评级为 A-级至 A+级）							0	50%			
25	5.4 非自身发行的资产担保债券（Covered Bond）（评级为 A-级至 A+级）							0	50%			
26	5.5 其他							0	100%			
27	6. 黄金							50%	50%			
28	7. 在交易所上市且涵盖在主要股票指数里的非金融机构股权（权益性证券）							50%	50%			
29	8. 大中型企业贷款							50%	100%			
30	9. 主权国家、中央银行、公共部门实体及多边开发银行等贷款							50%	65%			
31	10. 个人住房抵押贷款							65%	65%			
32	11. 零售和小企业贷款							85%	100%			

续表

序号	项目	A	B	C	D	E	F	G	H	I	J	K
		剩余期限						折算率		折算后金额		
		<3个月	3~6个月	6~9个月	9~12个月	<1年小计	≥1年	<1年	≥1年	<1年	≥1年	合计
33	12. 有变现障碍的资产（抵押期>1年）								100%			
34	13. 衍生品净应收款							100%	100%			
36	14. 其他所有未包括在内的资产							100%	100%			
37	15. 有条件撤销及不可撤销的信用和流动性便利							5%	5%			
38	16. 无条件可撤销的信用和流动性便利							0	0			
39	17. 其他或有融资负债											
40	17.1 保函							2.5%	2.5%			
41	17.2 信用证							2.5%	2.5%			
42	17.3 其他贸易融资工具							2.5%	2.5%			
43	17.4 非契约性义务							2.5%	2.5%			
44	Ⅲ. 净稳定融资比例											
45	1. 可用的稳定资金（汇总计算）											
46	2. 业务所需的稳定资金（汇总计算）											
47	3. 净稳定融资比例（=可用的稳定资金/业务所需的稳定资金）											

填表人：　　　　　　　　　　复核人：　　　　　　　　　　负责人：

（一）净稳定融资比例指标解读

“稳定资金”是指在持续压力情景下，1年内都能保证作为稳定资金来源的权益类和负债类资金。一家银行机构对这类资金的需求量是其所持有各类资产的流动性特征、表外业务引发的或有风险暴露和其开展业务情况的函数。

净稳定融资比例侧重于衡量较长期的结构性流动性错配情况，是流动性覆盖率的有力补充，促使商业银行使用更长期的结构性资金来源以支持资产负债表内、表外风险暴露和资本市场业务活动，确保长期资产具有与其流动性风险状况相匹配，且至少满足最低稳定负债限额的资金来源。

该指标根据银行在一个年度内资产和业务的流动性特征设定可接受的最低稳定资金量，它作为一个强制执行的最低要求，是流动性覆盖率指标的一个补充，并鼓励银行通过结构调整减少短期融资的期限错配、增加长期稳定资金来源，提高监管措施的有效性，防止银行在市场繁荣、流动性充裕时期过度依赖短期批发性融资。

净稳定融资比例的目标是为防止商业银行在市场繁荣、流动性充裕时期过度依赖短期批发资金，如规模较大银行作为一级资金批发商所融出的 7 天逆回购资金，鼓励其对表内外资产的流动性风险进行更充分的评估。净稳定融资比例指标也有助于抑制商业银行使用期限刚好大于流动性覆盖率规定的 30 日时间区段的短期资金建立其流动性资产储备。

（二）压力情景

净稳定融资比例监管指标的目的是确保银行在持续处于自身压力状态并且其投资者和客户都意识到其遇到以下情况时，仍然有稳定的资金来源支持其持续经营和生存 1 年以上：

1. 因大量信用风险、市场风险或操作风险和（或）其他风险暴露所造成的盈利能力或清偿力大幅下降；

2. 被任何一家全国范围内认可的评级公司调低了债务评级、交易对手信用评级或贷款评级；

3. 某一重大事件使人们对银行的声誉或信用度产生了怀疑。

（三）可用的稳定资金

1. 含义和构成

可用的稳定资金是指在持续压力情景下，1 年内都能保证作为稳定资金来源的权益类和负债类资金，包括以下项目：

（1）资本；

（2）期限大于等于 1 年的优先股；

（3）有效期大于等于 1 年的债务；

（4）无确定到期日的存款和（或）期限小于 1 年但在出现异质性压力事件时仍不会被取走的定期存款；

（5）期限小于 1 年但在银行出现异质性事件时仍不会被取走的批发资金。

2. 折算率的设定

对于可用的稳定资金，其稳定性越强，到期时间越长，对应的 ASF 系数越高。例如，一级资本和二级资本工具，1 年以上批发借款及负债均对应 100% 的系数；1 年以内的存款按照客户属性，零售及小企业存款对应 80% 的系数，公司存款对应 50% 的系数。

（四）业务所需的稳定资金

1. 含义和构成

业务所需的稳定资金总量等于商业银行所持有的资产价值与该类资产特定的稳定资金需求系数的乘积，再加上表外风险暴露项目（或潜在流动性风险暴露）与其相应稳定资金需求系数的乘积。

各类资产所对应的业务所需稳定资金是指该类资产在持续1年的流动性紧张环境下无法通过出售或抵押借款而变现的资产数量。许多潜在的表外流动性风险暴露在席卷整个市场或异质性压力情景下，也可能导致严重的流动性枯竭。给各类表外业务项目赋予稳定资金需求，相当于要求银行建立一个稳定的资金“储备”，用于支持那些按照净稳定融资比例其他部分的规定本不需要稳定资金支持的资产。

2. 折算率的设定

稳定资金需求系数是指各类资产或表外风险暴露项目中监管当局认定需要由稳定资金支持的价值占比。相对而言，流动性较强、在压力环境下较容易转换为流动性来源的资产可以被赋予较低的稳定资金需求系数（也就是需要较少的稳定资金支持），而在压力环境下流动性较差的资产，则需要更多的稳定资金支持。例如，现金、余期不足1年且无变现障碍的短期无担保工具和交易所需的稳定资金为0。1年内到期的对主权国家、中央银行和大型公司等机构的贷款适用50%的折算率。1年以上零售贷款、资产担保证券、与衍生品相关的应收款和其他非流动性资产等，适用100%的折算率。

3. 指标关注点

该指标较为全面精细，但计算准确程度取决于获取数据的质量以及对未来合理的预计。净稳定融资比例指标涵盖面广，几乎涉及银行资产负债的所有风险暴露；分类更加精细，不仅按科目细分，而且根据不同客户的风险状况加以区分，设置不同系数。运用该比例要注意核实商业银行的数据来源，并要求商业银行对估算的数据附带可以回溯检验的方法。

三、流动性覆盖率与净稳定融资比例综合分析

2013年10月11日，为促进商业银行加强流动性风险管理，维护银行体系的安全稳健运行，银监会起草了《商业银行流动性风险管理办法（试行）》（征求意见稿），要求商业银行的流动性覆盖率应当于2018年底前达到100%。

（一）银监会流动性监管时间表

表7－13　　流动性监管时间表

工具	监管要求	国际标准	时间表	国际标准
流动性	流动性覆盖率 LCR≥100%			
净稳定融资比例（NSFR）≥100%	100%	100%	实施时间待定	
2014年底前达到LCR最低监管要求				
2017年底前达到NSFR最低监管要求	2011年1月1日开始观察			
2015年1月1日生效				
2018年1月1日生效				

（二）流动性新标准计量框架图解

【专栏6－7】

流动性新标准计量框架图解

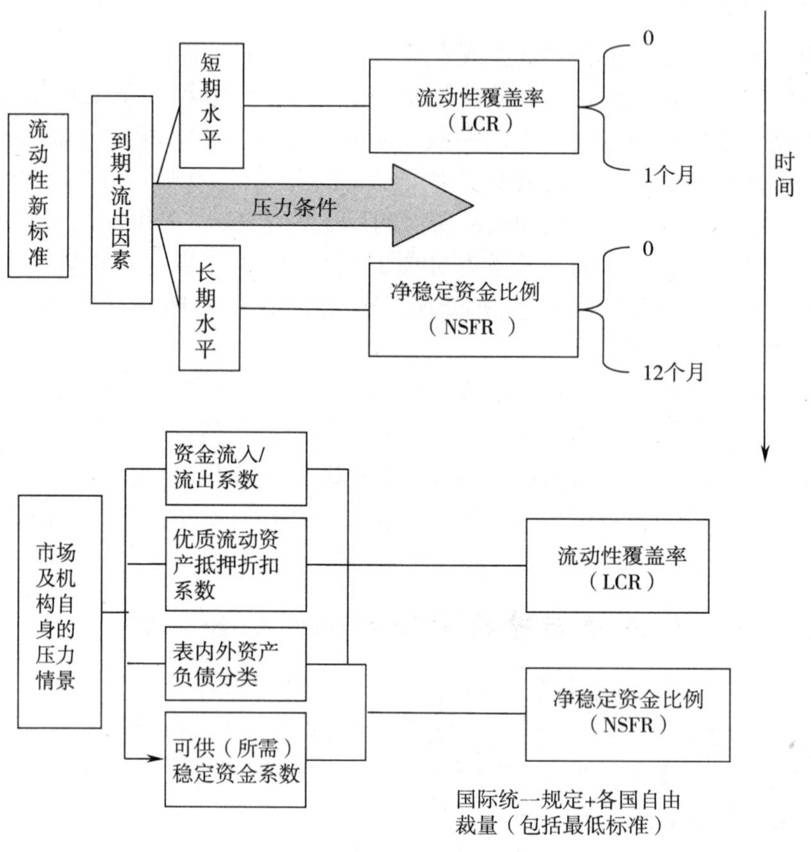

（三）流动性覆盖率和净稳定融资比例实例

［**案例7－3**］以下是甲商业银行流动性覆盖率和净稳定融资比例明细表，表明甲商业银行流动性覆盖率由2010年底的128%提高至2011年3月的167%，净稳定融资比例在2011年3月大幅下降。

表7－14　　甲商业银行流动性覆盖率及净稳定融资比例表

填报机构：甲商业银行　　填报日期：2011年3月31日　　货币单位：亿元

项目	2010年12月31日	2011年3月31日	变化额
1. 流动性资产	83.13	62.11	-21.02
1.1 优质流动性资产	74.88	55.21	-19.67
1.2 附加资产	8.25	6.90	-1.35
2. 净资金流出	64.85	37.19	-27.66

续表

项目	2010 年 12 月 31 日	2011 年 3 月 31 日	变化额
2.1 资金流出	81.09	57.03	-24.06
2.1.1 零售存款的资金流出	6.28	6.61	0.33
2.1.2 无担保批发资金流出	74.58	50.17	-24.41
2.1.3 担保资金流出	0.00	0.00	0.00
2.1.4 附加要求	0.08	0.05	-0.03
2.1.5 其他或有融资义务	0.10	0.19	0.09
2.1.6 其他资金流出	0.05	0.01	-0.04
2.2 资金流入	16.24	19.84	3.60
2.2.1 零售客户	6.53	3.40	-3.13
2.2.2 无担保批发和其他	4.93	8.09	3.16
2.2.3 担保贷款/逆回购现金流入	4.78	8.35	3.58
流动性覆盖率	128.19%	167.02%	
可用稳定资金	241.79	229.55	-12.23
业务所需稳定资金	227.09	295.40	68.31
净稳定融资比例	106.47%	77.71%	

填表人：　　　　复核人：　　　　负责人：

第六节　流动性压力测试

一、流动性情景分析

国际清算银行（BIS）把“情景”定义为“对未来看法的综合描述”，强调商业银行应采用大量“如果—那么”的情景来分析流动性，因为压力测试是构成流动性风险计量、评估和应急计划的重要组成部分。国际清算银行（BIS）把压力测试定义为压力测试情景或敏感性压力测试，进而把压力测试情景定义为变量测试，既能以过去的重大事件为基础进行历史情景测试，也能以假设情景为基础开展。由于银行不可能为不可能发生的事件随时保持足够的流动性，所以压力测试在实践中多是针对小概率事件和极端情况，重点分析风险点，发生风险的时间、后果及延续时间等问题，以便提前识别并及时反应处置。

情景分析有助于商业银行深刻理解并预测在多种风险因素共同作用下，其整体流动性风险可能出现的不同状况。商业银行通常可能面临的市场条件分为正常、最好和最坏三种情景，分析时尽可能考虑到每种情景下可能出现的有利或不利的重大流动性变化。深入分析最坏情景（即面临流动性危机）的意义最大，通常分为两种情况：

一是商业银行的自身问题。商业银行绝大多数流动性危机的根源在于自身管理能力和专业技术水平存在致命的薄弱环节。而且情景分析在流动性风险计量和管理中的应用要远远多于在信用、操作等风险中的应用，因此，商业银行应高度重视。因为不同的经营环境对流动性的需求大不相同，其潜在风险的差异也很大，具有不同的特点和规模。特别是在某些情景下有效的管理技术在另一些情景下常常因为条件约束，导致有效性不足甚至难以或无法使用。如流动性资产在市场泡沫破裂时不能很快出售。

二是市场危机。即当市场不能以低成本提供价格信号，实现资源的顺利交换和风险转移等市场功能时，市场流动性突然蒸发，交易过程的中断更加剧了价格的波动，甚至交易无法达成，找不到交易对手，学界也把这种现象称为“流动性黑洞”。假如全国银行间债券市场发生危机，债券现券交易、回购等流动性管理工具的效用就会被削弱，基于持续的市场流动假设将失效，严重影响商业银行的资金管理，这时商业银行自身信用等级的高低将决定对手方是否愿意融资的决心。

二、压力测试参考情景

测试结果一般有两类：一是确定型情景，主要是商业银行正常业务进程情景和商业银行体系的筹资困境，如1997年亚洲金融风暴和2007年以来的金融危机，就是典型的系统性危机困境；二是概要性情景或假设性情景，如假定内部风险所引起的谣言，从而间接造成客户集中取款和对外融资困难等。

商业银行应当根据业务规模、性质、复杂程度及风险状况，监测可能引发流动性风险的特定情景或事件，采用适当的预警指标，前瞻性地分析其对流动性风险的影响。流动性风险压力测试的参考压力情景如下：

1. 流动性资产变现能力大幅下降，如流动性资产价值的侵蚀变质；
2. 批发和零售存款大量流失；
3. 批发和零售融资的可获得性下降；
4. 融资期限缩短和融资成本提高；
5. 表外业务、复杂产品和交易对流动性造成损耗；
6. 交易对手要求追加抵（质）押品或减少融资金额；
7. 主要交易对手违约或破产；
8. 信用评级下调或声誉风险上升；
9. 母公司或集团内其他机构出现流动性危机；
10. 市场流动性状况出现重大不利变化；
11. 跨境或跨机构流动性转移受到限制；
12. 中央银行融资渠道发生重大变化；
13. 银行支付清算系统突然中断运行；
14. 模拟国际资本市场危机的各种情景；
15. 国家主权风险变化。

三、流动性风险压力测试的管理

1. 压力测试的频度应与规模、风险水平及在市场上的影响相适应。至少每月或每季度进行一次常规压力测试。在出现市场剧烈波动等情况或在监管机构的要求下，针对特定压力情景进行临时性、专门压力测试。

2. 结合商业银行业务特点、复杂程度，针对流动性风险集中的产品、业务、机构、分支机构开展压力测试。

3. 压力测试应遵循审慎原则，充分考虑各类风险与流动性风险的内在关联性，深入分析假设情景对其他流动性风险要素的影响及其反作用。

4. 压力测试应基于专业判断，书面记录所有压力测试情景、条件假设、结果和回溯分析。详细说明选择情景、条件假设的基本原则及理由，并报商业银行董事会或经其授权的机构审核确认，确保董事会或经其授权机构对压力测试的局限性有充分的了解。

5. 压力测试结果广泛应用于董事会、高级管理层的各类决策过程，包括风险管控、风险承受能力、风险限额、战略发展计划、资本计划和流动性计划的制定等。

6. 根据压力测试结果及时调整资产负债结构，持有充足的高质量流动性资产以缓冲流动性风险，建立有效的应急计划。

7. 明确设立自身事件引发流动性危机情况下抵御危机的最短生存期，最短不低于一个月。

[案例 7－4] 甲商业银行对 2008 年、2009 年、2010 年三个年度的 7 天流动性缺口进行压力测试，通过资产、负债、流动性累计缺口进行计算、对比、分析，查看本行 7 天这一重要的短期流动性缺口的压力状况，并形成经验值。7 天是全国银行间债券市场进行回购、拆借、同业往来的重要期限，一般商业银行间的回购都是以 7 天为期限滚动叙做的，7 天资金一旦断档，则会出现透支。另外当 7 天资金的到期日摆布不平衡时，会出现某一天集中到期的现象，造成当日资金压力过大，集中爆发的到期会使流动性出现困难，应当使资金均衡地分布在周一至周五的每一天，尤其对跨节假日后第一天的集中到期资金应加强管理。因此对 7 天流动性缺口的管理尤为重要。

表 7－15　　甲商业银行三个年度 7 天流动性缺口表

填报机构：甲商业银行　　填报日期：2010 年 12 月 31 日　　货币单位：万元

项目	2008 年				2009 年				2010 年			
	2008/3/31	2008/6/30	2008/9/30	2008/12/31	2009/3/31	2009/6/30	2009/9/30	2009/12/31	2010/3/31	2010/6/30	2010/9/30	2010/12/31
备付金	70 362	86 695	77 401	267 603	104 900	81 839	21 5451	290 825	94 309	166 517	139 184	239 134
买入返售资产	26 860	0	65 485	85 300	78 540	178 890	0	22 370	0	91 017	0	20 010
各项贷款	20 049	32 316	20 485	34 791	11 330	7 987	11 964	20 037	7 870	47 073	5 712	7 731

续表

项目	2008 年				2009 年				2010 年			
	2008/3/31	2008/6/30	2008/9/30	2008/12/31	2009/3/31	2009/6/30	2009/9/30	2009/12/31	2010/3/31	2010/6/30	2010/9/30	2010/12/31
债券及债权投资	0	0	0	0	1 993	2 930	0	0	0	0	0	0
其他有确定到期日的资产	3 128	2 258	2 909	37 676	7 697	4 970	20 356	33 561	69 645	97 821	22 758	43 228
流动资产总计	120 399	121 269	166 280	425 370	204 460	276 616	247 771	366 793	171 824	402 428	167 654	310 103
同业资金	4 089	43	68	71	24 116	10 221	30 209	312	10 308	5 309	311	160 296
卖出回购款项	0	97 200	0	0	0	0	0	0	0	0	0	0
各项存款	1 305 766	1 362 463	1 424 887	1 845 330	1 694 980	1 642 663	1 885 702	2 357 745	2 084 423	2 266 956	2 368 185	2 788 569
其他有确定到期日的负债	30 591	29 320	19 919	1 567	999	1 171	1 399	1 289	74 317	51 599	1 362	1 468
流动负债总计	1 340 446	1 489 026	1 444 874	1 846 968	1 720 095	1 654 055	1 917 310	2 359 346	2 169 048	2 323 864	2 369 858	2 950 333
流动性累计缺口	-1 220 047	-1 367 757	-1 278 594	-1 421 598	-1 515 635	-1 377 439	-1 669 539	-1 992 553	-1 997 224	-1 921 436	-2 202 204	-2 640 230
表外收入项目	0	0	0	0	0	0	0	0	0	0	0	0
表外支出项目	29 364	35 638	76 295	54 680	44 200	43 059	63 726	53 420	17 304	38 299	24 383	8 039
流动性累计缺口（含表外）	-1 249 411	-1 403 395	-1 354 889	-1 476 278	-1 559 835	-1 420 498	-1 733 265	-2 045 973	-2 014 528	-1 959 735	-2 226 587	-2 648 269

填表人： 复核人： 负责人：

［**案例 7-5**］甲商业银行对 2008 年、2009 年、2010 年三个年度的流动性比例、核心负债比例、流动性缺口、流动性缺口率进行对比、分析，发现甲商业银行的流动性比例呈现不稳定状况，核心负债依存度比较高，流动性缺口始终存在。

表 7－16　　**甲商业银行三个年度流动性缺口明细表**

填报机构：甲商业银行　　填报日期：2010 年 12 月 31 日　　货币单位：万元

项目	2008 年				2009 年				2010 年			
	2008.03	2008.06	2008.09	2008.12	2009.03	2009.06	2009.09	2009.12	2010.03	2010.06	2010.09	2010.12
流动性资产	422 419	366 492	537 694	1 027 939	609 505	649 545	655 856	1 017 941	680 232	724 244	752 689	912 310
流动性负债	1 432 017	1 448 280	1 532 193	1 934 644	1 804 008	1 704 355	2 014 742	2 462 920	2 240 209	2 400 750	2 493 997	2 897 097
流动性比例	29.50%	25.31%	35.09%	53.13%	33.79%	38.11%	32.55%	41.33%	30.36%	30.17%	30.18%	31.49%
总负债	2 012 755	2 353 019	2 275 602	2 669 484	2 565 139	2 572 865	2 896 735	3 264 550	3 138 349	3 298 456	3 313 071	3 881 086
90 天以上定期存款	325 666	478 878	457 794	466 375	499 191	578 889	545 110	492 581	464 178	472 104	472 717	466 345
活期存款	1 207 016	1 270 549	1 314 013	1 726 447	1 587 070	1 515 795	1 738 840	2 197 934	1 943 143	2 132 178	2 181 130	2 618 140
核心负债	929 174	1 114 153	1 114 801	1 329 599	1 292 726	1 336 787	1 414 530	1 591 548	1 435 750	1 538 193	1 563 282	1 775 415
核心负债比例	46.16%	47.35%	48.99%	49.81%	50.40%	51.96%	48.83%	48.75%	45.75%	46.63%	47.19%	45.75%
流动性缺口	－1 423 365	－1 406 763	－1 479 366	－1537 202	－1 553 795	－1 712 849	－1 998 805	－2 137 703	－2 259 586	－2 310 047	－2 454 883	－2 633 018
90 天到期的表内外资产	320 424	515 579	545 317	810 287	569 029	448 823	540 215	776 645	600 541	786 684	594 928	942 038
流动性缺口率	－444.21%	－272.85%	－271.29%	－189.71%	－273.06%	－381.63%	－370.00%	－275.25%	－376.26%	－293.64%	－412.64%	－279.50%
流动性缺口	－142.34	－140.68	－147.94	－153.72	－155.38	－171.28	－199.88	－213.77	－225.96	－231.00	－245.49	－263.30
缺口变化		1.66	－7.26	－5.78	－1.66	－15.91	－28.60	－13.89	－12.19	－5.05	－14.48	－17.81
90 天到期的表内外资产	32.04	51.56	54.53	81.03	56.90	44.88	54.02	77.66	60.05	78.67	59.49	94.20
资产变化		19.52	2.97	26.50	－24.13	－12.02	9.14	23.64	－17.61	18.61	－19.18	34.71

填表人：　　复核人：　　负责人：

四、流动性风险的应急处理

（一）流动性风险触发应急计划的情景

流动性风险触发应急计划的情景包括但不限于：

1. 流动性临时中断，如电子支付系统突然出现运作故障或者其他紧急情况；
2. 信用评级大幅下调或出现重大声誉风险；
3. 交易对手大幅减少融资金额或主要交易对手违约或破产；
4. 特定的流动性风险内部监测指标达到触发值；
5. 本机构发生挤兑事件；
6. 母公司或集团内其他机构出现流动性危机并可能导致流动性风险传染；
7. 市场大幅震荡，流动性枯竭。

（二）流动性风险触发应急措施

1. 资产方应急措施包括但不限于：变现货币市场资产，出售原定持有到期的证券，出售长期资产、固定资产或某些业务条线（机构）等。

2. 负债方应急措施包括但不限于：使用中央银行融资便利，从货币市场融资等。

（三）危机期间内外部信息沟通和报告

1. 危机处理小组的构成、职责分工和联系方式。

2. 相应的制度和系统支持，确保董事会、高级管理层及时收到相关报告，了解银行流动性风险的严重程度。

3. 银行高级管理层、负责流动性风险管理的部门、其他相关部门以及员工之间的信息沟通。

4. 危机处理小组与外界，包括政府部门、监管机构、分析师、投资者、中介机构、媒体、主要客户和其他利益相关者的沟通。

（四）危机处理方案

规定商业银行各部门沟通或传输信息的程序，明确在危机情况下各自的分工和应采取的措施，以及制定在危机情况下资产和负债的处置措施。危机处理方案还应当考虑如何处理与利益持有者的关系。危机时刻商业银行必须牺牲某些利益持有者的局部利益以换取整体所必需的流动性。因此有必要事先划分利益持有者的重要程度，以决定在危机的不同阶段应当重点保障哪些利益持有者的需求。此外维持良好的公共关系将有利于树立积极的公众形象，防止危机变得更糟。

当发生影响单家机构或全国银行间债券市场等其他市场的重大流动性事件时，银监会有权与境内外相关部门加强协调合作，适时启动流动性风险监管应急预案，降低其对金融体系及宏观经济的负面冲击。

本章小结

1. 银监会定义的流动性风险是指商业银行无法以合理成本及时获得充足资金，以偿付到期债务、履行其他支付义务和满足正常业务开展的资金需求的风险。流动性风险具有高、中、低三个等级标准。

2. 流动性风险的管理框架应包括管理政策，治理结构，识别、计量、监测、控制和报告体系，流动性风险管理系统，流动性风险限额和处理程序，现金流量分析，各业务条线的流动性管理方法，压力测试和情景分析，应急计划及流动性风险缓释工具管理。

3. 流动性风险监测的五项指标包括合同期限错配、融资集中度、可用的无变现障碍资产、以重要货币计价的流动性覆盖率、与市场有关的监测工具。

4. 流动性风险的常用评估方法主要有流动性比率法/指标法、现金流分析法、缺口分析法、久期分析法。

5. 银监会定义的流动性常用监管指标主要有：流动性比例、流动性缺口率、核心负债比例等，银监会要求商业银行建立多维度的流动性风险监管标准和监测指标体系，建立多情景、多方法、多币种和多时间跨度的流动性风险内部监控指标体系。

6. 流动性覆盖率旨在衡量商业银行在银监会设定的严重压力情景下，是否能够将无障碍变现的优质流动性资产保持在一个合理的水平，通过将这些资产变现满足30天内的流动性需求。

7. 净稳定融资比例侧重于衡量较长期的结构性流动性错配情况，是流动性覆盖率的有力补充，促使商业银行使用更长期的结构性资金来源以支持资产负债表内、表外风险暴露和货币市场业务活动，确保长期资产具有与其流动性风险状况相匹配，且至少满足最低稳定负债限额的资金来源。

8. 流动性情景分析是预测商业银行在多种风险因素的共同作用下，其整体流动性风险可能出现的不同状况，尽可能考虑到正常、最好、最坏等情景下可能出现的有利或不利的重大流动性变化，深入分析最坏情景，即真正面临的流动性危机时的应对措施。本章列出了可以进行流动性风险压力测试的参考压力情景。

9. 本章描述了流动性压力测试的内容。通过压力测试分析商业银行承受压力事件的能力，考虑并预防未来可能的流动性危机，以提高商业银行在流动性压力情况下履行支付义务的能力。

本章重要概念

流动性风险　流动性风险管理框架　流动性风险前瞻性预警指标　流动性风险监测　流动性比例　存贷款比例　现金流分析法　缺口分析法　久期分析法　流动性缺口　流动性缺口率　核心负债比例　同业市场负债比例　最大十户存款比例　最大十家同业融入比例　超额备付金率　流动性覆盖率　净稳定融资比例　流动性压力测试

思考题

1. 什么是流动性风险，流动性风险监测指标有哪些？
2. 流动性风险的常用评估方法有哪些，每一种方法具体怎样运用？
3. 流动性风险常用监管指标有哪些，这些指标的计算公式是什么？

4. 什么是流动性覆盖率和净稳定融资比例，如何计算？

5. 流动性风险的压力测试如何实施？

本章参考文献

［1］中国银行业监督管理委员会：《商业银行资本管理办法（试行）》，北京，中国金融出版社，2012。

［2］中国银行业协会：《解读商业银行资本管理办法》，北京，中国金融出版社，2012。

［3］本书编写组：《2011 非现场监管指标使用手册（2011 年版）》，北京，中国金融出版社，2011。

［4］《商业银行流动性管理办法》，中国银行业监督管理委员会网站。

［5］伦纳德．麦茨（Leonard Matz）等：《流动性风险计量与管理》，北京，中国金融出版社，2010。

［6］Avinash D. Persaud：《流动性黑洞——理解、量化与管理金融流动性风险》，姜建清译，北京，中国金融出版社，2007。

第八章

资产负债及盈利性统计

第一节　资产负债统计

银行的资产负债表能够反映某一时点银行总体财务情况和经营情况，能够为数据使用者提供银行最基础、最主要的财务和风险信息。银行的所有者、债权人和其他利益相关者都十分关注银行资产负债情况，监管当局也通过定期收集资产负债信息对银行经营和风险状况进行判断。本节分别从会计角度和监管视角介绍银行资产负债表和对银行资产负债的统计。

一、会计角度的资产负债表

（一）资产与负债的确认

资产和负债的确认是会计领域一项非常重要的基础性问题。按照国际会计准则理事会 2010 年 9 月发布的《国际财务报告准则——概念框架》（The IFRS Framework），所谓资产是指企业实际控制的，由过去事项形成的、能为企业带来未来可预期经济利益流入的资源，所谓负债是指企业由于过去交易或者事项形成的、预期会导致经济利益流出企业的现时义务，所有者权益是指企业资产扣除负债后由所有者享有的剩余权益。

我国 2006 年发布的《企业会计准则——基本准则》中对资产、负债、所有者权益等会计要素的规定与《国际财务报告准则》高度趋同。其中第二十条给出了资产的定义，同样规定“资产是指企业过去的交易或者事项形成的、由企业拥有或者控制的、预期会给企业带来经济利益的资源。”同时就这一定义中三项内容作出明确规定：第一，企业过去的交易或者事项包括购买、生产、建造行为或其他交易或者事项。预期在未来发生的交易或者事项不形成资产。第二，由企业拥有或者控制，是指企业享有某项资源的所有权，或者虽然不享有某项资源的所有权，但该资源能被企业所控制。第三，预期会给企业带来经济利益，是指直接或者间接导致现金和现金等价物流入企业的潜力。《企业会计准则——基本准则》的第二十一条明确了资产的确认标准，规定满足以下条件时，确认为资产：一是与该资源有关的经济利益很可能流入企业；二是该资源的成本或者价值能够可靠地计量。第二十二条明确了资产在资产负债表中的列示，规定符合资产定义和资产确认条件的项目，应当列入资产负债表；符合资产定义，但不符合资产确认条件的项目，不应当列入资产负债表。

《企业会计——基本准则》中对负债也有明确的规定。其中第二十三条规定了负债的定义，负债是指企业过去的交易或者事项形成的、预期会导致经济利益流出企业的现时义务。同时明确：现时义务是指企业在现行条件下已承担的义务。未来发生的交易或者事项形成的义务，不属于现时义务，不应当确认为负债。第二十四条和第二十五条明确了负债的确认和在资产负债表中的列示。规定符合本准则第二十三条规定的负债定义的义务，在同时满足以下条件时确认为负债：一是与该义务有关的经济利益很可能流出企业；二是未来流出的经济利益的金额能够可靠地计量。同时规定，符合负债定义和负债确认条件的项目，应当列入资产负债表；符合负债定义，但不符合负债确认条件的项目，不应当列入资产负债表。

《企业会计准则——基本准则》中同时明确了所有者权益相关要求，规定所有者权益是指企业资产扣除负债后由所有者享有的剩余权益。所有者权益的来源包括所有者投入的资本、直接计入所有者权益的利得和损失、留存收益等。直接计入所有者权益的利得和损失，是指不应计入当期损益、会导致所有者权益发生增减变动的、与所有者投入资本或者向所有者分配利润无关的利得或者损失。利得是指由企业非日常活动所形成的、会导致所有者权益增加的、与所有者投入资本无关的经济利益的流入。损失是指由企业非日常活动所发生的、会导致所有者权益减少的、与向所有者分配利润无关的经济利益的流出。同时规定所有者权益金额取决于资产和负债的计量，所有者权益项目应当列入资产负债表。

上述规定适用于一般企业，也同样适用于银行机构。

（二）资产负债表的主要内容

资产负债表是银行最基本的财务报表之一，也是监管当局关注的重要内容。目前银行会计资产负债表的主栏反映主要的资产负债项目，宾栏主要反映不同项目的期初余额和期末余额（详见表 8-1）。报表项目主要包括以下内容：其中第 1 项至第 16 项是银行的表内资产，第 17 项至第 28 项是表内负债，第 29 项至第 34 项是所有者权益。此外，表外业务在第九章中还要详细介绍。

1. 现金及存放中央银行款项，主要反映银行库存现金和存放在中央银行的各项准备金存款，包括法定存款准备金和超额准备金。

2. 存放同业款项，反映商业银行与同业之间资金往来而存放于境内外其他银行机构的资金。

3. 贵金属，反映银行在业务范围内购入的黄金、白银等贵金属。

4. 拆出资金，反映银行与其他银行之间进行的资金拆借中拆出的款项。

5. 以公允价值计量且其变动计入当期损益的金融资产，也称交易性金融资产，反映银行为短期获利目的而持有的债券投资、股票投资、基金投资等交易性金融资产的公允价值。

6. 衍生金融资产，各类衍生金融工具、套期金融工具以及被套期项目中属于衍生金融资产部分的借方余额。如余额在贷方，则计入衍生金融负债。

7. 买入返售款项，反映银行与交易对手签订返售协议，先买入再按照固定价格返售的金融资产的摊余成本，有关资产包括票据、证券、贷款等。

8. 客户贷款及垫款，反映银行发放的各类贷款以及信用证、银行承兑汇票等而发生的垫款。这也是通常情况下我国银行资产负债表中金额最大的项目。

9. 可供出售金融资产，反映银行持有的可供出售金融资产的公允价值。

10. 持有至到期投资，反映银行准备持有，且有能力持有至到期类资产的摊余成本。

11. 长期股权投资，反映银行持有的，按照成本法和权益法核算的长期股权投资。

12. 应收利息，反映银行因存放中央银行、拆出资金、买入返售资产、交易性金融资产、持有至到期投资、可供出售金融资产、发放贷款等资产形成的应收利息。在资产负债表中，应收利息可以单独列示，也可分别计入相关资产中列示。

13. 固定资产，反映商业银行持有的自用及非自用固定资产的净值。

14. 在建工程，反映尚未完工的在建工程。

15. 递延所得税资产，反映商业银行按照资产负债表债务法确认的可抵扣暂时性差异产生的所得税资产。

16. 其他资产，指除以上项目外，银行其他表内资产，如存出保证金、其他应收款等。

17. 向中央银行借款，反映商业银行尚未归还的中央银行借款余额。

18. 同业及其他金融机构存放款项，反映银行为支付清算以及其他目的从银行和其他金融机构吸收的存款金额。

19. 拆入资金，反映银行为了调节头寸等目的从境内外金融机构拆入的资金余额。

20. 以公允价值计量且其变动计入当期损益的金融负债，也称交易性金融负债，反映商业银行承接的交易性金融负债的公允价值。

21. 衍生金融负债，指银行根据衍生金融工具科目的贷方余额填报，如果衍生金融工具科目余额在借方，则反映在“衍生金融资产”项目中。

22. 卖出回购款项，反映银行与其他机构按照合同或协议，卖给交易对手一批金融资产，到约定日期后，再买回该笔资产。同时，卖出的资产不反映在资产负债表中资产的减少。

23. 客户存款，反映银行吸收的各类存款的余额，包括单位存款、居民储蓄存款和财政性存款等。

24. 应付职工薪酬，反映银行应支付给职工的各种薪酬，包括工资、福利、补贴、解除劳动关系的补偿以及现金结算的股份支付等。

25. 应交税费，反映银行根据税法的规定计算应交纳的各种税费，包括营业税、所得税、土地增值税、城市维护建设税、房产税、土地使用税、教育费附加和车船使用税等。

26. 已经发行债务证券，也称应付债券，反映银行发行在外的债券余额，包括长期债券和短期债券，也包括普通债券和次级债券。

27. 递延所得税负债，反映银行确认的应纳税暂时性差异产生的所得税负债。

28. 其他负债，反映银行除上述以外的其他负债。

29. 股本，反映商业银行实际收到的资本总额。

30. 资本公积，反映商业银行的资本公积，包括资本溢价以及相关资产负债价值变动引起的所有者权益变化。

31. 盈余公积，反映银行按照规定从净利润中提取并留存的各种积累资金，根据其用途不同分为公益金和一般盈余公积两类。

32. 一般准备，反映商业银行根据规定从净利润中提取，用于弥补尚未识别但未来可能发生的风险的准备金。

33. 未分配利润，反映银行盈利中尚未分配的部分，包括当期利润和历年未分配利润。

34. 外币报表折算差额，反映银行由于外币折算对银行资产负债以及资本带来的影响。

表 8－1　　　　商业银行资产负债表（示意）

资产方项目	期末余额	上期余额	负债及权益方项目	期末余额	上期余额
现金及存放中央银行款项			向中央银行借款		
存放同业款项			同业及其他金融机构存放款项		
贵金属			拆入资金		
拆出资金			以公允价值计量且其变动计入当期损益的金融负债		
以公允价值计量且其变动计入当期损益的金融资产			衍生金融负债		
衍生金融资产			卖出回购款项		
买入返售款项			客户存款		
客户贷款及垫款			应付职工薪酬		
可供出售金融资产			应交税费		
持有至到期投资			已经发行债务证券		
长期股权投资			递延所得税负债		
应收利息			其他负债		
固定资产			负债合计		
在建工程			股本		
递延所得税资产			资本公积		
其他资产			盈余公积		
			一般准备		
			未分配利润		
			本外币折算价差		
			所有者权益合计		
资产合计			负债及所有者权益合计		

此外，对会计资产负债表还有几点说明：一是对于资产的各项减值准备不再统一列

示，而是分别计入相关资产中分别列示。二是合并的资产负债表中所有者权益部分，通常会列示“归属于母公司股东的权益”和“少数股东权益”。三是进一步突出了资产负债表附注的作用，对有关项目的计量方法、数据变化等进行说明。四是除了上述介绍的企业资产负债表外，一般情况下银行还提供详细的“分部信息”，对不同业务条线、不同国家地区、不同币种等详细的资产负债情况进行说明。五是对于或有事项、授信承诺、委托代理以及银行其他重要的表外或有事项，通常也在财务报告中进行列示和披露。

二、监管角度的资产负债统计

（一）资产负债监管统计的目的要求

资产负债表能反映银行最基础的经营情况和财务信息，这些信息对于监管者也十分重要。除了会计资产负债表外，监管当局还需要更为详细的资产负债统计信息，用于满足以下三方面监管工作的要求。

第一，满足微观监管工作的需要。银行监管当局通过定期对每一家银行的财务报表、统计数据以及其他相关信息进行分析，对其风险进行评估和监测，并以此为基础确定现场检查等监管工作的内容和重点，根据检查结果和日常掌握的情况，对银行风险高低、风险管理能力强弱等作出监管判断、开展监管评级，并采取相应的监管措施。这一整套持续监管的流程需要以监管统计为支撑，而资产负债统计又是监管统计中的一项重要内容。通过资产负债统计，一是可以了解银行总体情况，包括业务规模、发展速度等；二是可以确定银行的发展模式，比如资产是以公司业务为主还是以零售业务为主，负债是以客户存款为主还是以同业融资或发行债券为主；三是可以分析银行的风险状况，比如通过不良贷款多少以及减值准备金额分析信用风险情况，通过资产负债期限结构分析流动性风险情况，通过资本总量和结构分析风险抵御能力的高低。

第二，满足宏观审慎监管工作的需要。宏观审慎管理与对单家银行机构开展的微观审慎监管相对应，是指从宏观的、逆周期的视角采取措施，防范由金融体系顺周期波动和跨部门传染导致的系统性风险，维护货币和金融体系的稳定。与微观审慎监管相比，宏观审慎监管更关注整个银行体系甚至金融体系的运行情况。资产负债有关的监管统计信息虽然是基于每一个微观银行机构，但通过不同的加工汇总，可以反映一个经济体内部银行运行情况，能够在宏观审慎监管中发挥重要作用。比如对某一国家或地区内银行机构资产总量和增长速度进行分析，可以对金融泡沫化程度有一个总体判断；又如对主要银行机构的资产、复杂性、关联性、可替代性等进行分析，可以确定区域性或全球性系统重要性银行，并采取相应的监管措施；再如，将每一家银行面临的共同敞口（如房地产贷款等）进行加总分析，可以判断银行体系面临的总体风险；还比如将每一家银行对其他主要银行的同业资产负债进行分析，可以判断银行体系之间的关联度和传染性，从而对银行体系的脆弱性进行评价。

第三，满足宏观经济调控的要求。银行信贷是货币政策传导的重要渠道，银行资产结构也直接影响经济结构优化调整。银行监管当局通常也或多或少参与宏观经济决策和宏观调控，为此，监管当局也需要对单家银行的资产负债统计信息进行加工分析，研究银行业务发展变化可能对宏观经济的影响，判断宏观经济形势波动可能给银行带来的冲击。这其中监管当局着重关注以下几方面资产负债统计信息：一是资产方信贷总量和结构的变化，信贷增长直接影响货币派生，与货币政策中介目标和最终目标有着重要的相关性；二是负债方，特别是存款的变化情况，存款根据其性质分别计入不同层次的货币总量，构成货币政策的中介目标和短期调控目标；三是表外业务变化情况，比如银行开出的承兑汇票，可以视为广义流动性，与总供给和总需要有密切联系；四是金融服务情况，或者是包容性金融服务对实体经济的影响情况，比如小微企业贷款增长情况、"三农"贷款增长情况等，以体现信贷结构对经济结构调整的影响情况。

通过以上分析可见，资产负债的监管统计十分重要，是监管当局依法履职的重要基础。

（二）资产负债统计的具体内容

监管统计中对于资产负债的统计内容很广泛，根据不同国家和地区监管当局的目标职责有所差别，总体看是为了满足前一部分介绍的三大监管工作目标。资产负债监管统计的表现形式也有所不同，可以是在会计资产负债表的基础上进行细化，特别是对存款、贷款、投资等主要项目进行细化，也可以在资产负债表之外增加新的统计报表，以反映某一项或几项资产负债的明细要求。总体看，资产负债监管统计的内容包括以下十个方面。

1. 资产负债总量统计

资产负债总量统计主要是为了反映一家银行以及某一国家或地区银行体系资产负债总量以及增长速度情况。在微观监管统计中，要特别注重并表监管的要求以及会计并表和监管并表的差异性。在对数据进行汇总加工时，可以根据情况，对不同银行间同业业务形成的资产负债进行轧差处理。除了将一国银行业资产负债全部进行汇总以外，还可以根据需要对不同类型的银行机构，比如全国性、区域性、外资银行、政策性银行等分别进行汇总，分析不同类型银行机构资产负债市场占比和增长变化情况。

2. 资产负债结构统计

除了总量以外，资产负债监管统计中还特别关注资产负债的结构，并可能根据需要对会计资产负债表进行调整。比如可能将表内信贷与表外授信业务进行加总统计，反映银行的风险敞口；再比如可以对会计报表中的"存放同业"、"拆放同业"、"买入返售款项"等统一进行分析，还可以将拆放同业根据不同交易对手进行细化统计；还比如监管统计中通常将投资等相对重要的项目进一步按照投资的主体、类型等做进一步细化统计。

3. 资产负债分部统计

分部统计不仅是会计财务报告的一项内容，也是资产负债监管统计的重要要求。比如将银行贷款按照国民经济行业分类标准进行统计，反映银行不同行业贷款余额和发展情况；再比如将银行资产分币种进行统计，反映不同货币业务发展情况和币种错配情况；还比如可以将资产负债按照境内外进行统计，反映银行国际化程度，等等。

4. 贷款质量统计

贷款质量是反映银行信用风险的一项重要指标。会计资产负债表中重点反映信贷类资产总量减去相关减值准备后的净额，而通常监管统计中要对贷款质量进行细化统计。比如贷款本金或利息逾期长短能够反映贷款质量基本情况，可以根据逾期情况分别统计逾期30天、60天、90天、180天等不同逾期时间长短的贷款；再比如贷款五级分类数据是反映贷款质量的重要指标，可以将贷款分为正常类、关注类、次级类、可疑类和损失类分别进行统计，其中后三类合计称为“不良贷款”。有的国家监管当局还要求对正常类和关注类贷款做进一步细分统计。监管实际中，还可以将贷款五级分类情况与逾期长短情况进行交叉分析，除了反映贷款质量外，还从一个侧面反映出银行贷款分类的审慎程度（详见表8－2）。

表8－2　银行贷款五级分类与逾期情况交叉分类统计表（示意）

本金和利息逾期情况	正常类贷款	关注类贷款	次级类贷款	可疑类贷款	损失类贷款
未逾期					
逾期小于30天					
逾期30～90天					
逾期90～180天					
逾期180～360天					
逾期360天以上					

贷款五级分类与逾期情况交叉类统计表，不仅可以分别反映贷款五级分类结构、不良贷款情况和逾期长短情况，而且可以反映不同逾期长短的贷款分类明细结果。比如，当数据反映某一家银行逾期90～180天贷款中正常类贷款明显高于同业水平，监管人员可以对这家银行贷款分类结果进行现场检查，特别是对逾期90～180天的贷款逐笔核查，对其五级分类的审慎情况进行判断。

贷款质量分类统计是对银行资产负债表中“贷款”这一项目进行的细化统计。其中还有一项重要的内容是统计贷款质量迁徙情况（详见表8－3）。

表8－3　贷款质量迁徙情况表（示意）

期末 / 期初	正常类贷款	关注类贷款	次级类贷款	可疑类贷款	损失类贷款
正常类					
关注类					
次级类					
可疑类					
损失类					

贷款迁徙统计反映银行期初各类贷款在期末的迁徙变化情况。比如银行期初有关注类贷款 10 亿元，到期末（比如一年后）分别迁徙到五类中，正常类（1 亿元）、关注类（7 亿元）、次级类（1.5 亿元）、可疑类（0.2 亿元）、损失类（0.3 亿元）。可以得出关注类贷款向上迁徙比率为10%，向下迁徙比率为20%。将不同类别贷款数据加总，可以得出一家银行贷款总体向上和向下的迁徙率。通过历史数据分析，可以对银行当前贷款质量恶化以及未来可能发生的损失进行判断。当然，监管工作中贷款迁徙率的实际统计比较复杂，还涉及贷款的当期发放、当期收回、当期处置等，表 8 –3 只是对贷款迁徙的主要内容进行示意。

5. 风险集中

风险集中是指银行资产及表外业务在某一方面过于集中，以及可能由此引发的信用风险。风险集中度有多种表现形式，包括银行信贷在某一行业或领域的集中，比如房地产贷款过高等；包括银行对个别客户授信额度过高，如果这些客户出现还款困难可能对银行造成较大损失；还包括银行业务在某一国家、某一地区过于集中等。在这里重点介绍银行信用风险的客户集中。银行对客户的授信有多种形式，包括直接的贷款、购买其发行的债券、接受其提供的担保等信用增值以及对其表外授信等。授信集中度的统计中，银行应按照表内、表外授信余额，从高到低对大客户进行排序，确定最大一家或几家的授信余额合计，与该银行的贷款余额或监管资本余额相比，从而得出一家银行的授信集中度。授信集中度还可以按照客户类型进行分类，比如公司客户最大十家集中度、同业客户最大三家集中度等。客户授信集中度情况表如表 8 –4 所示。

表 8 –4　　客户（企业及同业）授信集中情况统计表（示意）

余额 客户	贷款/拆借	表内其他授信	表外授信	合计	其中：不良部分
第一大企业客户					
第二大企业客户					
……					
最大十家企业小计					
第一大同业客户					
……					
最大十家同业小计					
各项贷款/资产（%）					
与监管资本之比（%）					

6. 关联交易

关联交易是指银行与关联方发生的提供授信、资金往来、资产买卖、提供服务以及其他关联交易。关联方可能是自然人，也可能是法人。关联自然人通常包括银行的自然人股东、董事、高管人员以及银行内部关键岗位的管理人员，上述关联自然人的近亲属，银行关联法人中的控股自然人、董事、关键管理人员，以及对银行有重大影响的其他自然人。关联法人或组织通常是指银行的非自然人股东，与银行同受某一企业直接、间接控制的法人和组织，关联自然人直接、间接或共同控制或可以对银行施加重大影响的法人或组织，以及其他对银行经营有重大影响的法人或组织。由于银行业务的复杂性以及银行经营管理中产生的信息不对称，银行的各种内部人和关联方可能对银行经营以及存款人利益产生损害。因此监管当局通常对关联方和关联交易作出限制性规定，比如对关联交易的规模进行限制，对关联交易的审批流程作出附加规定，要求银行关联交易"应按照或不低于商业原则"，以及对关联交易提出更严格的信息披露等。监管当局为了及时掌握银行与主要关联方开展的各类关联交易情况，需要开展关联交易的监管统计工作。通常要求银行将关联法人与关联自然人一一进行梳理，对某一单一关联方面的关联交易类型进行统计，然后计算最大一家、最大几家，甚至全部关联方的表内外关联交易金额。这一金额可以与银行总资产进行比较，也可以与银行监管资本进行比较，得出反映关联交易规模的比例指标。关联交易统计表格式与客户集中度统计表非常相近，在此不再列示。

7. 共同敞口

共同敞口（Common Exposure）是指银行体系中许多家银行都面临的共同风险敞口，如果从单家银行机构看，影响有限或风险可控；但如果从银行体系整体看，由于国内外经济金融波动，这些共同敞口可能对整个银行体系带来较大冲击。关注银行的共同敞口是2008 年国际金融危机以来银行监管当局加强系统性风险监测的重要举措。监管实践中关注的主要共同敞口根据各国银行经营情况和经济运行情况也有较大差异。通常情况下，房地产贷款、衍生金融产品、信用卡、某一类表外业务等都可能成为监管当局的关注点，同时成为资产负债统计的一项重要内容。在此仅以房地产贷款为例就相关监管统计进行说明。房地产贷款统计中通常关注以下四方面主要内容：一是银行对开发商提供的开发贷款及授信，二是银行对购房个人和单位提供的按揭贷款，三是银行发放的土地开发贷款，四是银行以房地产为抵押发放的其他流动资金贷款及其他贷款。下面以其中的个人按揭贷款明细表（见表8－5）为例对房地产贷款监管统计内容进行介绍。

表8－5　　　　个人按揭贷款明细表（示意）

期末 期初	余额	正常类贷款	关注类贷款	次级类贷款	可疑类贷款	损失类贷款
个人按揭贷款						
1. 按照 LTV 分类						
LTV≥100%						
90%≤LTV<100%						
80%≤LTV<90%						
2. 按照住房套数						
首套房贷款						
二套房贷款						

续表

期末 期初	余额	正常类贷款	关注类贷款	次级类贷款	可疑类贷款	损失类贷款
多套房贷款						
3. 按照利率浮动						
利率上浮≥10%						
利率上浮＜10%						
基准利率						
4. 按照住房面积						
5. 按照住房类型						
6. 按照其他标准						

根据政策要求和监管工作需要，监管当局对个人按揭贷款通常要求银行按照多维度进行分类。一是按照贷款房价比（LTV）进行分类。通常认为 LTV 越高的按揭贷款，其借款人还款意愿可能越低，违约的可能性越大。影响 LTV 的因素主要有两个，首付比例要求和房地产市场价格的波动。首付比较低，房地产市场价格下行，都会导致 LTV 比例上升。因此监管统计中要求银行报送按照 LTV 和五级分类交叉分类的按揭贷款明细情况。二是按照住房套数分类。通常认为首套住房通常是自住，而套数越多业主购房的投资性和投机性越强，相应贷款风险越高。三是按照利率浮动情况分类。通常认为利率上浮越多，银行认为该客户的风险可能越大，同时由于上浮利率带来借款人还款压力提高，风险可能更大。但利率下浮越多，银行利息收入相应下降，对银行损益情况影响较大。此外，还可以按照住房面积、住房类型（比如是否为经济适用房等）以及其他相关标准对按揭贷款提出监管统计要求。监管当局收集这些数据，一方面能够对单家银行和银行业整体房地产风险敞口进行统计监测，另一方面还可以以此为基础开展房地产贷款压力测试等前瞻性分析。

8. 反映流动性风险

关于流动性风险本书中有专门的章节进行介绍。银行流动性风险产生的原因十分复杂，监测流动性风险的技术方法也有多种，通过对银行资产负债表的监管统计与分析，进而对银行流动性状况进行初步的判断是其中很基础的一种。主要包括以下内容：一是看规模，通常资产规模小的银行，由于经营区域和业务品种相对单一，应对流动性冲击的能力比较弱。二是看速度，通常资产增长速度过快的银行，融资的稳定性以及由此带来的流动性风险应予关注。三是看结构，银行资产负债表中不同类型的资产和负债的流动性状况不一致。例如资产方，总体看贷款的流动性较差，难以变现和转让；而负债方，同业借款和市场融资比普通客户存款的稳定性差，在压力情况下流失率较高。因此对银行资产负债表结构的统计可以帮助监管人员对一家银行的流动性作出初步判断。四是看明细，通过对资产负债有关项目进行明细统计，比如按照各类资产负债的期限长短分类，按照存贷款的到期日缺口进行分类统计等，可以对银行流动性进行更为详细的分析（详见表8－6）。

表8－6　　流动性缺口统计表（示意）

剩余期限 / 期初	次日	2～7日	8～30日	31～90日	91日至1年	1年以上
1. 资产						
存放中央银行						
存放同业						
各项贷款						
债券投资						
……						
2. 负债						
向中央银行借款						
同业折入						
各项存款						
发行债券						
……						
3. 表外收入						
4. 表外支出						
5. 到期期限缺口						
6. 累计期限缺口						

流动性缺口统计表的主栏是不同资产负债以及表外或有业务的明细分类，宾栏是各项资产负债的报告日距其合同到期日的剩余期限。通过该表可以得出不同时段（比如31～90天）的表内外资产负债总剩余期限缺口，还可以得出累计缺口（比如次日到90天）等。将缺口金额与总资产或存款等项目余额进行比较，可以得出各个时段的缺口率和累计缺口率，用于对一家银行流动性情况进行判断。

9. 反映拨备与资本的充足性

拨备（即资产减值准备）和资本是资产负债表中的重要内容，体现了银行抵御风险的财务能力高低。在会计资产负债表中，拨备通常反映在各类资产净值中，换言之，各项资产分别减去各自对应的拨备后以净值反映在资产负债表中。而在监管统计中，通常要求各项资产以原值反映，将其对应的减值准备单独列示，同样保证了资产总额以净值反映。拨备的统计分为存量统计和流量统计。存量统计主要反映期末时点银行减值准备的多少以及不同类型拨备的结构。将存量拨备余额除以不良贷款，得出拨备覆盖率指标；将存量拨备余额除以各项贷款，得出拨贷比指标；将存量拨备余额除以应提取的减值准备或预期损失，得出拨备充足率。这三项关于拨备的指标分别从不同侧面反映银行信用风险高低和风险抵御能力。拨备的流量统计主要反映一段时期内银行拨备的提取和使用情况。拨备提取对应的会计科目是费用，即某一时期拨备提取越多，费用越高，相应当期利润越少。拨备的使用主要是不良贷款核销。在拨备分析中，不仅要关注期末余额多少，还要看当期提取和使用的情况，以便对银行风险、当期利润情况作出更全面的判断。

所有者权益是资产负债表的重要组成部分。会计上的所有者权益与监管当局要求的监管资本有很多的交叉与重复。如第三章所介绍，监管资本以及由此得出的各项资本充足率是反映银行风险抵御能力的重要指标。而资产负债表中的所有者权益数据是监管资本统计的重要基础。会计资产负债表中所有者权益与总资产之比得出的会计杠杆率，也能从一个侧面反映银行资本的充足情况。

10. 其他专项统计

除了上述资产负债明细统计以外，在实际监管工作中，银行监管当局通常还根据需要开展其他资产负债相关的监管统计工作。可能是反映资产负债表中某一项目或某一内容明细情况的数据，如应收账款、抵债资产的明细统计表；也可能是为了特殊目的而收取的统计信息，如反映对农村和农业贷款支持的统计表，反映对小微企业信贷支持的统计表等。此外，监管当局还可以通过银行收集银行所掌握的客户信息，包括客户基本财务信息和银行对客户的授信情况信息，这些信息可以帮助监管当局分析银行面临的系统性风险以及对经济总量和结构作出判断。

三、资产负债监管统计与会计资产负债表的异同

上述十个方面是银行资产负债监管统计的主要内容，与会计资产负债表有相同之处，也存在较为明显的差异。会计资产负债表是监管统计中的一项重要基础性内容，监管统计中关于资产负债的确认总体看与会计准则保持一致，许多监管统计报表和指标都与会计资产负债表有核对关系。但监管统计中对资产负债的统计与会计报表也有明显的差异。

一是二者的统计目标和使用者不同。会计资产负债表主要是为了反映银行总体经营情况，是为银行的所有者、债权人、管理层以及其他利益相关者服务的。而监管统计中的资产负债统计主要是为监管当局分析判断银行风险服务的，因此在资产负债统计中特别关注银行贷款质量风险、集中度风险、流动性风险、业务快速扩张风险等，为监管者分析判断银行风险提供帮助。此外，监管中资产负债统计还要考虑到宏观审慎监管和监管当局参与宏观经济调控的要求。

二是法律要求不同。会计资产负债表主要依据各国会计准则，而监管资产负债统计参考了会计准则，但更体现了监管当局的要求。比如对于各项资产的统计，要求以原值反映，而会计准则中通常减去相关减值准备以净值反映。又比如会计报表中特别关注资产负债的确认，而监管统计中按照实质重于形式的原则，虽然会计上没有确认为资产和负债，但监管统计中还要充分考虑其影响，其中一个例子就是前面介绍的流动性缺口统计中，要将表外到期业务视为表内。会计与监管要求还有一个不同之处就是并表要求，监管当局开展资产负债统计时可以要求银行采取与会计相同的并表要求，也可以要求进行特殊处理，比如将特殊目的实体（SPV）等会计上可以不并表的内容在监管中并表反映。

三是统计的内容不同。会计资产负债统计主要涉及资产负债表以及相关附注，而监

管中资产负债的统计内容更广泛，如前所述，涉及总量也涉及结构，涉及存量也涉及流量，涉及经营情况也涉及风险状况，涉及表内业务统计也涉及表外业务统计等。通常情况下，监管中对资产负债表的统计要求比监管要求更详细。

四是统计加工方法不同。会计资产负债表通常是一张报表，通过对其中的部分项目进行比较分析，可以对一家银行资产负债结构进行判断。监管统计中资产负债表的加工方法更为复杂。对于单家机构而言，既有对表内外资产的比较分析，也有将反映其他风险情况、业务情况和资本情况的统计项目与资产负债统计中的项目进行对比分析，将一家银行与同质同类银行进行“横向”比较分析，将银行当期数据与历史数据进行“纵向”比较分析等。除此以外，监管当局还要将不同银行进行分组，汇总各组以及某一经济体内全部银行的资产负债情况，分析整个银行业的经营发展、风险变化及共同敞口，以及银行业与国民经济的相互影响。

五是披露要求不同。会计资产负债表的披露按照会计当局的要求，而监管统计资产负债的披露由监管当局自行确定。通常情况下，监管当局不对外披露某一单家机构的资产负债情况，对于行业汇总数据，披露的内容、方式、频度、时效性等也由监管当局确定。

第二节　盈利情况统计

一、银行监管与盈利性统计

有一种观点认为，银行的股东更关心盈利情况，而债权人和主要代表存款人利益的监管当局则更关注银行的风险状况，对盈利性不是特别关注。这种观点有其片面性。监管当局也同样十分关注银行的盈利。主要有以下几点原因：

一是盈利能力与银行的管理水平密切相关。盈利状况与银行的经营成果和获利能力紧密相关。经营成果体现了银行在其所控制的资源上取得的报酬（扣除财务费用与成本）；获利能力则是指企业运用经济资源获取经营成果的能力。而经营成果和获得能力差异的重要原因之一就是银行管理水平的差异。银行业务创新的开展、同业竞争力的高低、成本控制能力的强弱、贷款质量的好坏等管理因素都将体现在盈利状况中。因此监管当局可以通过对银行盈利能力的分析对银行管理水平进行判断。

二是盈利是银行通过自身财务能力补偿风险的重要来源。按照一般企业财务理论，利润表本身虽然并不直接提供偿债能力的信息，但企业偿债能力不仅取决于资产的流动性和权益结构，而且取决于企业的获利能力。获利能力不强，企业资产的流动性和权益结构必将逐步恶化，最终危及企业的偿债能力。从银行角度看，也是如此。银行由于其业务特殊性，要求对各项资产进行更为严格的减值测试，如果发生减值，则要充分计提资产减值准备。银行的盈利能力高低直接制约了拨备提取的力度。因此监管当局需要结合银行拨备前及拨备后的盈利情况对银行自身财务稳健性进行分析。

三是盈利与银行的资本补充能力紧密相联。随着银行业务发展和资产扩张，需要相应的补充资本，以满足资本充足率监管的要求。银行资本补充的渠道主要有两个方面，其一是内源性融资，其二是外源性融资。内源性融资主要是指利润分配中，银行没有将当期利润全部分配掉，而是以“一般准备”、“盈余公积”等形式将利润转增资本。盈利能力强的银行才有可能更多依靠自身的留存收益来补充资本。外源性融资主要是指银行通过发行股票、符合条件的次级债等补充资本。银行盈利性越好，资本回报率（ROE）和每股盈利（EPS）等指标才会越好，融资成本相应才会降低，这也将有利于银行外部融资。

通过以上分析可以看出，监管当局同样对银行的盈利能力十分关注。当然，从监管者角度与会计角度对盈利性进行分析可能存在差异，下面分别介绍会计中的利润表与监管统计中的盈利性统计有关内容。

二、会计利润表的主要内容

银行利润是一定时期内收入与费用的差额。收入与费用均是重要的会计要素，在相关会计准则中均有明确的规定。我国《企业会计——基本准则》中对收入、费用和利润的规定与《国际财务报告准则——概念框架》高度趋同。在此仅介绍我国《企业会计——基本准则》中的相关规定。

《企业会计——基本准则》第六章中明确了收入的定义和确认条件。其中第三十条规定，收入是指企业在日常活动中形成的、会导致所有者权益增加的、与所有者投入资本无关的经济利益的总流入。第三十一条规定，收入只有在经济利益很可能流入从而导致企业资产增加或者负债减少、且经济利益的流入额能够可靠计量时才能予以确认。并在第三十二条中规定，只有符合收入定义和收入确认条件的项目，才能列入利润表。

《企业会计——基本准则》第六章中还明确了费用的定义和确认条件。其中第三十三条规定，费用是指企业在日常活动中发生的、会导致所有者权益减少的、与向所有者分配利润无关的经济利益的总流出。第三十四条规定，费用只有在经济利益很可能流出从而导致企业资产减少或者负债增加、且经济利益的流出额能够可靠计量时才能予以确认。同时在第三十五条中对费用的确认作出更为细致的规定，明确企业为生产产品、提供劳务等发生的可归属于产品成本、劳务成本等的费用，应当在确认产品销售收入、劳务收入等时，将已销售产品、已提供劳务的成本等计入当期损益。同时明确企业发生的支出不产生经济利益的，或者即使能够产生经济利益但不符合或者不再符合资产确认条件的，应当在发生时确认为费用，计入当期损益。企业发生的交易或者事项导致其承担了一项负债而又不确认为一项资产的，应当在发生时确认为费用，计入当期损益。在第三十六条中规定，符合费用定义和费用确认条件的项目，应当列入利润表。

《企业会计——基本准则》第六章中还对利润进行了规定。其中第三十七条规定，利润是指企业在一定会计期间的经营成果，利润包括收入减去费用后的净额、直接计入当期利润的利得和损失等。第三十八条规定，直接计入当期利润的利得和损失，是指应当计入当期损益、会导致所有者权益发生增减变动的、与所有者投入资本或者向所有者分配利润无关的利得或者损失。第三十九条规定，利润金额取决于收入和费用、直接计入当期利润的利得和损失金额的计量。第四十条规定，利润项目应当列入利润表。

按照会计要求，银行利润表是反映银行收入、费用和利润的最主要的财务报表（见表8－7）。利润表主要由以下项目构成：

1. 营业收入，反映银行一定时期内取得的各项经营业务收入的总额。

2. 利息收入，反映银行取得的各项利息收入，包括发放贷款（含票据贴现、信用卡透支）、同业往来、买入返售资产以及债券投资等业务实现的利息收入。

3. 利息支出，反映银行吸收的各项存款以及各项借款的利息支出，包括单位存款、个人储蓄存款、保证金存款的利息支出，也包括同业往来、卖出回购业务和发行债券的利息支出。

4. 手续费及佣金收入，反映银行办理各项中间业务及收费业务实现的手续费和佣金收入。包括结算业务、咨询业务、担保业务、代保管业务等取得的手续费和佣金。

5. 手续费及佣金支出，反映银行委托其他机构代办业务而支付的手续费和佣金支出。

6. 投资收益，反映银行对外投资，按照合同或协议规定分回的投资回报和股利收入等。

7. 公允价值变动损益，反映银行因持有交易性金融资产、交易性金融负债，以及采取公允价值模式计量的投资性房地产、衍生金融工具、套期保值等业务，由于公允价值变动而形成的计入当期损益的利得或损失。

8. 汇兑收益，反映银行进行外汇买卖或外币兑换等业务而形成的汇兑收益。

9. 其他业务收入，反映银行除上述项目以外的其他业务收入，比如证券发行和销售的差价收入、买入返售证券的差价收入等。

10. 营业支出，反映银行各项营业支出或营业费用的总额。

11. 营业税金及附加，反映商业银行按照规定缴纳应由经营收入负担的各种税金及附加费，包括营业税、城市维护建设税、教育费附加等。

12. 业务及管理费，反映银行为经营业务而发生的各种业务费用、人工成本、管理费以及其他相关的营业费用。

13. 资产减值损失，反映银行由于计提资产减值损失而计入损益的部分，包括贷款、应收款、抵债资产、在建工程、采用成本法计量的投资性房地产、长期股权投资、持有至到期投资、固定资产、无形资产等资产计提的减值准备都在此反映。

14. 其他营业支出，反映银行确认的除营业收入以外的其他经营活动所发生的支出。

15. 营业利润，反映银行当期经营利润或发生亏损的情况。等于“营业收入”与“营业支出”的差额。

16. 营业外收入，反映银行发生的各项营业外收入，主要包括非流动资产处置利得，非货币性资产交换利得、债务重组利得、与收益相关的政府补贴、盘盈利得、接受捐赠利得等。

17. 营业外支出，反映银行发生的各项营业外支出，包括非流动性资产处置损失、非货币性资产交换损失、债务重组损失、公益性捐赠支出、非常损失、盘亏损失等。

18. 利润总额，反映银行当期实现的全部利润或亏损总额，等于“营业利润”加“营业外收入”减去“营业外支出”。

19. 所得税，反映银行按照资产负债表债务法确认的应从当期利润中扣除的所得税费用。

20. 净利润，反映银行税后利润，等于“利润总额”减去“所得税”。

表 8－7 商业银行利润表（示意）

项目	本期	上期
营业收入		
利息收入		
利息支出		
手续费及佣金收入		
手续费及佣金支出		
投资收益		
公允价值变动损益		
汇兑收益		
其他业务收入		
营业支出		
营业税金及附加		
业务及管理费		
资产减值损失		
其他营业支出		
营业利润		
营业外收入		
营业外支出		
利润总额		
所得税		
净利润		

与资产负债表不同，利润表反映的不是银行某一时点的存量数据，而是某一时期的发生额数据。通常利润表中除本期数外，还同时列示上期或上年同期情况，便于数据使用者分析。

三、监管盈利性统计的主要内容

如前所述，通过分析银行盈利能力，可以帮助监管人员对银行的经营管理水平、自身财务能力以及资本补充及风险抵御能力作出分析判断，因此盈利能力统计也是监管统计中的重要组成部分。在各国监管当局的实践中，有关盈利性统计通常有以下几种表现形式。

（一）利润表统计

监管当局通过定期收集分析银行的利润表，可以对其盈利性进行分析监测。监管统计中的利润表通常与会计报表中的利润表高度一致，不论是收入、支出的概念，还是具体内容的确认，甚至报表格式，监管统计中的利润表都以财务报表为基础，同时也在此基础上进行了细化和完善。比如对利息收入的统计，通常在财务报表基础上，将其细分为贷款利息收入、同业往来利息收入等；对利息支出也同样进行细化。通过对这些明细数据的统计，可以分析银行不同生息资产或付息负债盈利结构，从而与其承担的风险和业务发展模式进行比较，相应作出监管判断。再比如将营业支出细分为工资薪金支出、其他业务管理费、营业税金等，从而反映银行经营成本和薪酬水平。还比如可以将利润表中的投资收益细分为债券投资利息收入、对金融机构股权投资收益、对其他机构股权投资收益，或按照地区分为境内与境外投资收益等，反映银行投资收益的明细情况。

（二）涉及盈利情况的专项统计

除利润表外，银行监管统计中通常还有涉及盈利情况的其他专项统计报表。比如在反映银行卡业务的专项统计中，除了银行卡业务本身（如银行卡的发行、使用、风险情况）外，还会涉及信用卡有关收入和成本统计，如信用卡的年费收入、佣金收入、利息收入，信用卡的违约损失、欺诈损失，信用卡的管理成本等相关损益统计，以全面反映银行卡这一相对独立的银行产品全貌。再比如银行有价证券和投资业务专项统计中，通常会涉及账面价值与历史成本相关信息的统计，根据有价证券及投资业务在银行账户和交易账户的分类，以及在资产负债表中的分类，可以分析银行投资盈利性情况。此外，在小微企业专项统计中，监管当局通常希望掌握银行对小微企业的经营成本和盈利情况；在理财业务统计中，监管当局也希望了解理财业务单独核算的经营情况，在这些专项统计中都会涉及盈利性的内容。

（三）风险统计中涉及盈利情况

风险统计是监管统计的核心内容。在有关风险统计中经常也会涉及盈利性统计的内容，在这里举三个例子。例一是在资产减值准备的统计中，除了存量统计，还包括流量统计，即当期新提取的减值准备与使用的减值准备，以及减值准备的回拨等。当期新提取减值准备与盈利性统计中的“当期提取资产减值损失”高度相关，可以相互验证。例二是有关资本充足率统计中，对当期“净利润”的处理和对会计“营业收入”和“营业支出”的调整都将影响资本充足率的计算结果。为此，通常需要将盈利性统计与资本充足率统计建立关联，一方面验证数据准确性，另一方面分析盈利结构对资本充足率的影响。例三是在利率风险统计中，为了反映重新定价风险，通常假设收益率曲线平行移动100个或200个基点，分析这种情况下银行资产负债重新定价的差异情况以及由此造成的对损益和净值的影响。对利率风险与生息资产、付息负债以及银行净利润共同进行分析，有助于对银行利率风险进行全面分析。

（四）涉及盈利性的监管指标统计

由于银行规模大小不同、发展阶段差异、经营模式各异等，对其盈利能力进行分析监测时，许多时候采取绝对量指标并不合适，更多是采取比率形式。因此对有关盈利性监管指标的统计也是监管统计的重要内容。反映银行盈利性的常用监管指标有以下几个。

1. 利润增长率

反映银行当期净利润相对于同年同期的增长水平。这一指标既可以用来比较“净利润”的增长，也可以反映利润表中某一部分内容的时间序列变化，比如“净利息收入增长率”、“手续费增长率”等。通过比较同一银行不同时期的利润增长率，可以反映该银行盈利水平的稳定性。通过比较不同银行同一时期的利润增长率，可以反映不同银行间盈利能力的高低。对于利润增长率指标，不仅要看绝对数量高低，还要分析利润增长的来源，分析利润主要产生于扩大规模的外延式增长还是节约成本的内涵式增长；不仅要看总量，更要关注结构，特别是影响当期利润的关键点。利润增长率并非越高越好，这一指标应结合银行的发展战略模式、风险评估结果和资本充足率等指标综合进行分析。

2. 资产利润率

银行当期利润与资产平均余额之间的比例，反映银行单位资产获得利润的能力。其中资产主要采用资产负债表中的表内总资产，也可以采用计算资本充足率的分母，即表内外加权风险资产，更体现风险调整后的收益水平，便于不同银行之间进行盈利能力比较和评价。资产利润率体现了银行运用资产取得收益的能力。通常情况下，资产利润率越高，表明银行在资产定价、收入拓展、成本控制等方面越有成效。但同时应注意银行盈利性、安全性和流动性之间的关系，要对资产利润率与流动性指标和风险指标共同进行分析判断。风险资产利润率的分母是风险加权后的资产，能够在一定程度上将安全性和盈利性统一考虑，但由于资本充足率计算中分母所反映的风险有限，比如流动性风险、集中度风险、银行账户利率风险等均没有在风险加权资产中反映，因此风险资产利润率也不能反映风险调整后盈利水平的全貌。

3. 资本利润率

银行当期利润与资本平均余额之间的比例，反映银行运用资本获得利润的能力和资本增值能力。该指标中的资本主要采用资产负债表中所有者权益的概念。按照财务分析中的杜邦分析法，资本利润率 = 资产利润率 × （总资产/权益） ×100%，即资本利润率是银行资产盈利能力和财务杠杆的综合体现。资本利润率的提高一方面可能源于资产利润率高，另一方面也可能由于银行杠杆水平过高（或资本充足率过低）。不同银行间资本利润率与资产利润率之间的差异与银行的杠杆水平密切相关，衡量银行杠杆水平除了资产负债表的杠杆率以外，还有资本充足率和监管杠杆率。因此在资本利润率的分析中，要综合考虑银行的资产盈利能力和杠杆水平。

4. 净息差与净利差

反映银行生息资产与付息负债之间的息差水平。净息差（Net Interest Margin）是指银行净利息收入与平均生息资产的比率，用以衡量银行生息资产获取净利息收入的能力。净利差（Net Interest Spread）是指银行生息资产平均收息率与付息负债平均付息率之间的利率差，用以衡量银行获取净利息收入的能力。除了上述两项指标外，还有一项存贷款利差，即贷款平均利率减去存款平均利率也可以用来反映银行利差水平。存贷款利差可以视为净利差的一种特殊形式。影响银行净息差、净利差和存贷款利差的因素有很多，包括资产风险程度、资产质量高低、负债利息成本、风险定价能力等。不能简单认为利差越高的银行盈利能力越强，而要结合银行的业务模式、发展战略、信用风险和管理能力综合进行判断。

5. 成本收入比

营业成本与营业净收入的比率，可以用来衡量银行每单位营业净收入对应的经营成本，是银行成本控制和经营效率的综合体现。通常讲，该指标越低表明银行每单位收入对应的成本越低，反映银行控制营业成本支出的能力越强，经营效率越高。但也不能简单认为成本收入比越低越好，必要的成本投入，包括网点建设、设备更新、系统开发、薪酬激励都有利于银行提高中长期的竞争能力。

6. 利息收入比、非利息收入比和中间业务收入比

这三项指标都用来反映银行收入结构，分别是银行利息净收入、非利息收入和中间收入除以营业净收入。银行收入中主要依靠净利息收入还是手续费收入，反映了银行经营模式和业务重点的差异，同时也与银行的外部经营环境密切相关。上述指标高低并不直接表明银行经营的优劣。在监管统计分析中，对于利息收入占比变化应结合银行利差变化和规模扩张进行分析，同时考虑信贷业务风险和外部利率市场化发展趋势。对于中间业务和非利息收入占比变化，也要结合创新的中间业务发展和风险进行分析，特别要关注那些非信贷和表外业务中产生手续费收入的业务，分析其风险是否得到充分的提示和反映，分析收入与风险是否匹配。

7. 拨备/拨备前利润率

反映银行从已经实现的拨备前利润中计提资产减值损失准备的比率，衡量商业银行提取资产减值准备的能力和意愿，同时从一个侧面反映银行信用风险的高低。资产减值准备是利润表中一项重要的成本支出，直接影响银行净利润的多少。拨备/拨备前利润体现了银行成本中信用风险的成本。该指标上升，可能是银行信用风险暴露要求拨备的增加，也可能是银行对不良贷款的损失进行非常审慎的判断，从而前瞻性地多提取减值准备。而该指标下降，可能是由于银行管理水平提高，信用风险下降带来对拨备提取的减少，也可能是银行贷款分类不审慎，对未来风险判断不足。因此，不能简单以该指标高低论优劣，而要与银行信用风险状况、风险管理水平统一考虑。

本节介绍了会计角度的利润表和监管角度的盈利性监管统计。监管当局为了对银行进行全面的监测分析，需要掌握其流动性、安全性和盈利性信息，而盈利性与银行各类风险高低、发展战略和经营模式又密切相关。在实际监管统计分析中，要关注银行利润总量和增长速度，又要关注其盈利结构；要通过同质同类的横向比较分析某一家银行的盈利能力，又要通过时间序列分析，关注其盈利性的发展变化；要对盈利性本身的结构进行深入分析，又要结合银行的风险变化、业务模式甚至外部环境进行全面分析。

本章对银行资产负债统计和盈利性统计进行全面介绍。资产负债情况和利润情况是监管统计工作中十分关注的内容，与银行财务会计报告也有十分重要的关联。除了这两

项内容外，银行财务报表和报告中通常还包括所有者权益变动情况表和现金流量表，监管当局也可以根据需要对这两项内容开展统计。监管当局已经对监管资本开展了非常详实的统计，因此对所有者权益变动情况的关注有限。此外，监管当局已经通过多种手段方法对银行的流动性进行分析监测，因此银行现金流量表的作用在监管实践中也不十分突出。故本章仅重点就资产负债和利润两方面进行详细介绍。

本章小结

1. 银行资产负债和盈利性统计是监管统计工作的一项重要内容，能为微观审慎监管、宏观审慎监管和监管当局参与宏观调控提供基础信息。

2. 按照会计准则合理确认资产、负债、收入、支出是资产负债统计和盈利性统计的基础。监管当局应根据监管要求对会计信息提出进一步细化的要求。

3. 按照会计准则，资产是指企业实际控制的，由过去事项形成的、能为企业带来未来可预期经济利益流入的资源；负债是指企业由于过去交易或者事项形成的、预期会导致经济利益流出企业的现时义务；所有者权益是指企业资产扣除负债后由所有者享有的剩余权益。

4. 监管当局开展的资产负债统计除了资产负债表的内容外，通常还关注资产负债的结构变化、分区域增长、币种结构、资产质量、风险集中（包括客户集中、地区集中、行业集中等）、关联交易、共同敞口。此外，资产负债统计还能反映银行流动性、资本充足、支持实体经济发展等基本情况。

5. 与会计资产负债表不同，监管当局开展的资负债统计在统计目标、服务对象、法律基础、统计内容、数据加工方法和对外披露等方面都有特殊要求。

6. 盈利性是银行“安全性、流动性、盈利性”这“三性”经营原则的重要内容，也是银行持续发展的基本要求。监管当局的盈利性统计既包括利润表的统计，也包括盈利结构和盈利指标的统计。

7. 按照会计准则，收入是指企业在日常活动中形成的、会导致所有者权益增加的、与所有者投入资本无关的经济利益的总流入。收入只有在经济利益很可能流入从而导致企业资产增加或者负债减少、且经济利益的流入额能够可靠计量时才能予以确认。只有符合收入定义和收入确认条件的项目，才能列入利润表。费用是指企业在日常活动中发生的、会导致所有者权益减少的、与向所有者分配利润无关的经济利益的总流出。费用只有在经济利益很可能流出从而导致企业资产减少或者负债增加、且经济利益的流出额能够可靠计量时才能予以确认。

8. 盈利结构统计主要是针对银行业的经营特点，对银行收入和费用的明细情况进行统计。在盈利结构统计和分析中，除了应关注利润的构成和变化外，还应考虑银行盈利性与信用风险和资本充足率等的相关性。

9. 盈利性指标统计是监管统计的一项重要内容。常用的盈利性监管指标包括利润增长率、资产利润率、资本利润率、净息差、净利差、成本收入比、利息收入比、拨备与拨备前利润比率等。

本章重要概念

资产　负债　所有者权益　收入　费用　银行贷款五级分类与逾期情况交叉分类　贷款质量迁徙　风险集中　关联交易　共同敞口　流动性缺口　利润增长率　资本利润率　净息差　净利差　成本收入比　利息收入比　拨备与拨备前利润比率

思考题

1. 会计准则中对于资产、负债、所有者权益、收入和费用的确认要求是什么?
2. 资产负债表和利润表的主要内容和项目分别包括哪些?
3. 监管当局开展资产负债统计的主要目的是什么?
4. 资产负债监管统计中除了统计资产负债表外，还包括哪些内容?
5. 反映银行盈利性的主要监管指标有哪些，其基本含义分别是什么?

本章参考文献

[1] 国际会计准则理事会:《国际财务报告准则》，2010。

[2] 财政部:《企业会计准则》，2006。

[3] 王兆星:《非现场监管报表使用手册（2013）》，北京，中国金融出版社，2013。

[4] 本书编写组:《非现场监管指标使用手册（2011 年版）》，北京，中国金融出版社，2011。

第九章

表外业务风险

第一节　表外业务概述

一、表外业务的概念

“表外业务”这一概念来源于会计领域，1983 年美国公认会计准则第 76 号和第 77 号声明首次提及资产负债表外业务的会计处理要求。随后，国际会计准则也开始对此进行相应规范。然而，国际会计准则理事会（IASB）和美国财务会计准则委员会（FASB）等会计准则制定机构均未对表外业务作出明确的定义，而是从具体的会计处理事项出发提出了相应的会计处理、会计报告和信息披露等要求。

银行的表外业务概念是指商业银行所从事的，按照现行的会计准则不列入资产负债表内，而且不影响其资产负债总额，但能影响当期损益，改变银行资产负债报酬率的金融业务活动。

根据商业银行在从事这些具体业务时承担的风险责任的不同，分成狭义的表外业务和广义的表外业务两大类。狭义的表外业务是指商业银行所从事的，按照传统会计准则不计入资产负债表内，不影响银行资产负债总额，但能改变当期损益。银行经办这类业务时，虽然没有发生实际的货币收付，也没有垫付或少量垫付资金，但由于同资产负债业务关系密切，在将来随时可能因具备了契约中的某个条件而转变为资产负债业务，因此需要在表外进行登记以便进行反映、核算、控制和管理。在风险变为现实时，这类表外业务可能会转变为表内业务。广义的表外业务则除了包括狭义的表外业务外还包括另一类金融服务类表外业务，即银行提供金融服务收取手续费，满足客户多方面的需求，这类业务主要包括信托与咨询服务、支付与结算、代理服务、与贷款有关的服务以及进口服务等。所以广义的表外业务是指商业银行从事的所有不在资产负债表内反映的业务。通常我们所说的表外业务更多时是指狭义的表外业务。本章也重点讨论狭义的表外业务。目前在我国，中国人民银行把表外业务定义为狭义表外业务，仅包括担保类、承诺类和金融衍生交易类。银监会把表外业务定义为比狭义表外业务更窄，仅包括担保和部分承诺，没有包括另外两类；但实际操作中金融衍生交易业务和承兑汇票等表外业务是作为单独一类业务进行监管的。

二、表外业务的分类

对于表外业务的分类，巴塞尔委员会1986年3月发表的《银行表外风险管理》文件中列示了具体业务：一是担保及类似的或有负债类表外业务，二是承诺类业务，三是外汇、利率和股票指数等金融衍生品交易，四是咨询、管理银行服务。中国人民银行2000年制定的《商业银行表外业务风险管理指引》中规定，“表外业务是指商业银行所从事的，按照现行的会计准则不记入资产负债表内，不形成现实资产负债，但能改变损益的业务。具体包括担保类、承诺类和金融衍生交易类三种类型的业务。”2011年银监会在《关于印发〈商业银行表外业务风险管理指引〉的通知》中规定表外业务仅包括担保类、承诺类业务。其中，担保类业务包括担保（保函）、备用信用证、跟单信用证、承兑等；承诺类业务包括贷款承诺等。

（一）巴塞尔委员会的表外业务分类

按照巴塞尔委员会的分类，四类表外业务中，前三类是银行承担风险的狭义表外业务，具体包括担保类、承诺类和金融衍生交易三种类型。在这一类别中一些比较典型的业务定义如下：

1. 担保类业务

担保类业务是指商业银行接受客户的委托对第三方承担责任的业务，包括担保（保函）、备用信用证、跟单信用证、承兑等。这一类别中一些比较典型的业务例示（及定义）如下：

（1）担保。由银行担任担保人，承担第三方的当前责任。一旦第三方未能履约，则由银行履行其责任。例如，在担保贷款中，由甲方向乙方发放贷款，其条件是由丙银行担任还款的担保人，相应构成丙银行的表外业务。

（2）承兑。银行承担到期按汇票面值付款的责任，汇票主要是与产品销售相对应的，包括银行汇票和商业汇票等形式。

（3）有追索权的交易。指由银行向第三方出售一笔贷款或其他资产，但仍保留在借款人违约或资产价值下降时的信用风险。通常它出现在银行出售其资产的交易中（有追索权的资产出售），它还可以采用“看跌期权”的形式，即如果资产的信用等级下降，该资产的所有权将回售给银行。

（4）备用信用证。当银行的客户违约时，由银行按照相应合同条款为指定的受益人提供补偿的责任。相应合同可包括金融性和非金融性内容，例如客户为商业票据付款、交货或完成一份建筑合同等。其中包含的责任范围可以很广，从传统的担保到接受商业票据的承诺。如果客户违约，银行可优先享受其资产要求权。

（5）跟单信用证。保证由发出银行或开户银行根据提单和其他单据向出口商付款的信用证。由进口商银行发出的跟单信用证可由出口商银行“确认”。确认提供了一种额外的付款担保。

（6）保函与赔偿。由银行提供的反担保，即如果其客户向第三方提供的商品或服务（包括金融合同）达不到合同的要求，该客户将作出赔偿（如履约保函）。它还包括客户将按一定条件向第三者付款的一般性担保。

2. 承诺业务

承诺业务是指商业银行在未来某一日期按照事先约定的条件向客户提供约定的信用业务，包括贷款承诺等。

银行承诺将于未来某一日期进行一笔交易，通常银行会因此增加一笔信用风险（一笔资产或一份担保）。有时，该承诺对双方都有约束力，其中还可以事先规定执行日期；另一些承诺只对银行具有约束力，另一方可以选择是否及何时要求银行履行其承诺。最后，还有一种比较松散的承诺，其中银行同意贷款额度和透支额度，但是在一定条件下（尤其是在潜在借款人的信用质量下降的情况下）银行有权取消上述安排。

（1）不可撤销性承诺。

①资产出售与回购协议。银行向第三方出售一笔贷款、证券或者规定资产同时承诺在一定时期之后或在特定条件下回购的安排。

②直接远期购入。在某一特定的未来日期，按既定条件购买一笔贷款、证券或其他资产的承诺。

③远期—远期存款。指双方达成协议，由一方为另一方于将来某一日期存入的存款支付所商定的利率。

④部分付款的股票与证券。指仅实际交付股票发行价或证券面值的一部分，发行人可以在发行时所预定的日期或将来任一时刻要求支付剩余部分（或分期付款部分）。

⑤备用信贷安排。由借款人掌握主动权的无条件贷款承诺。其中包括银行备用安排和（在美国）不可撤销性滚动信贷额度。

⑥债权发行便利（NIF）和滚动承购安排（RUF）。

由借款人按照既定的限额在一定期间内多次发行3个月或6个月期票从市场筹集资金的安排。如果这些债权无法以最低价格在市场上发行的话，承销商集团将按照预定的价格买下债券。银行表外业务及相应的风险来自于其作为承销商的责任。有许多种滚动承购安排，其中包括可转让的欧洲债权、短期贷款和银行承兑等。滚动式大额存单安排是指按债券发行便利的形式发行大额存款单据。

（2）可撤销性承诺。

①信贷限额。一家银行为另一家银行或客户开立的非承诺式贷款安排额度，贷款实际提取前，银行有权按照约定取消这一授信安排。

②未使用透支安排。是一种需要审查的借款安排，其所借资金在技术上是可以随时要求偿还的。

3. 金融衍生交易类业务

金融衍生交易类业务是指商业银行为满足客户保值或自身头寸管理等需要而进行的货币（包括外汇）和利率的远期、掉期、期权等衍生交易业务。

它们一般隶属于利率、汇率或股票指数协议，在多数情况下对双方均有约束力，但有时也由其中的一方掌握主动权（如期权）。除货币掉期外，一般不涉及本金的转移，如果对该交易不做保值，银行会面临利率、汇率或股票指数的变动风险。且无论该交易是做过保值（抵平头寸）还是未做过保值（有意形成头寸），银行都会受到交易对手信誉（执行合同能力）的影响，一旦交易对手违约，银行将面临意外形成的风险。该风险在理论上可以按重置因交易对手违约而损失的现金流来计量。

（1）远期外汇交易。在未来某一日期按预定汇率和金额以一种货币换取另一种货币的合同。如果一方在到期之前违约会使另一方蒙受汇率风险。

（2）货币与利率掉期。在货币掉期中，双方约定交换以不同货币计价的特定资产或负债的现金流。在古典式（俗称一般型）利率掉期中，双方约定交换期限相同、支付日期相同、金额相同的负债，以固定利息支付（有时包括本金支付）交换浮动利息支付或者相仿。基准掉期（以不同指数为基准的浮动利率之间的掉期，如优惠利率与 LIBOR 之间）和利率与货币混合掉期也很常见，此外还有衍生出的涉及众多交易对手的极为复杂的掉期交易。银行经常充当此类交易参与者之间的中介，承担违约担保或分别与两者签订两份相互抵平的掉期协议。有时，银行可能会希望改变自己的货币或利率结构，故而会参与掉期交易而不签订对应的抵消协议。银行参与上述掉期交易的风险在于：可能增加头寸或在掉期期间内因交易对手违约而形成意外的外汇或利率头寸。

（3）货币期货。指交易所交易的、在未来某一日期交割的标准金额的外汇合约。外汇的价格是在合约买卖时确定的。与远期合约一样，其后的汇率变动会形成盈利或亏损。但是，与远期市场不同，由于其合约金额、内容和交割日的标准化，期货是可以转让的。交易所要求每日按照市场价格计算损益。

（4）货币期权。期权合约允许其持有者在未来一段时间内按照事先约定的汇率以一定数量的一种货币交换（或选择不交换）另一种货币。对于出售期权的机构来说，风险在于两种货币汇率之间的波动（市场风险）。对于购买期权的银行来说，风险在于交易对手履行合约的能力（信用风险）。期权合约可以在场外签订（即双方直接签订），也可以在交易所签订，后者有标准化的条件和交割日，而且是可以交易的。

（5）远期利率协议。与远期—远期存款协议相似，但到期时不会发生实际的存款，而是根据合约利率与当前市场利率的差价进行的现金结算。

（6）利率期货。与货币期货相似，只是合约交割的是标准金额的特定债券，一般是国库券、政府债券或银行大额存单。其后的利率变动会形成收益或损失。

（7）利率期权。与货币期权相似，期权的买主有权（但没有义务）在未来一段时间内锁定某一事先确定的利率（通常是 LIBOR 或美国国库券的价格）。与货币期权一样，该工具可以在场外或场内交易（在交易所交易时，它们可作为某一证券或某一期货合约的期权）。利率期权的买方面临着对手能否履约的风险，卖方则面临利率波动的风险。有些利率期权是与资本市场工具合并出售的，如封顶浮动利率债券（对浮动利率债券的应付利率规定了绝对的上限）。利率变化风险担保交易（亦称利率封顶协议）也属于一种利率期权。在这类协议中，一家机构为另一家机构对贷款收取的利率提供担保，以此收取费用。利率担保可以独立于相关贷款而单独出售，且可以分为贷款人担保或借款人担保。

（8）股票指数期货。与货币和利率期货相似，唯以股票指数作为合约的基准（如标准普尔或伦敦金融时报指数）。该指数的波动会产生盈利或亏损。

（9）股票指数期权。与货币和利率期权相似，只是股票指数期权一般是交易所交易的工具，当然在原则上它们也不是不可以在场外买卖。该期权赋予买者以从特定的估值波动中获利或买入或卖出股票指数期货（期货期权）的权利。

（二）我国商业银行主要表外业务

从目前我国商业银行实务操作来看，开展的表外业务主要分为保函、信用证、承兑汇票、承诺、表外理财、衍生产品、资产证券化、证券承销承诺等业务。较为常见的业务定义如下：

1. 保函

保函业务是指银行应申请人的要求，以出具保函的形式向受益人承诺，当申请人不履行合同约定的义务或承诺的事项时，由银行按照保函约定履行债务或承担责任的信贷业务。根据融资属性的不同，保函可分为融资性保函和非融资性保函两大类。

融资性保函是指应保函申请人的要求，向保函受益人出具的、同意在保函申请人不履行某融资类交易项下责任或义务时，承担一定金额支付责任或经济赔偿责任的书面承诺。

非融资性保函是指应保函申请人的要求，向保函受益人出具的、同意在保函申请人不履行某非融资类交易项下责任或义务时，承担一定金额支付责任或经济赔偿责任的书面承诺。

2. 信用证

信用证业务分为进口信用证和国内信用证。

进口信用证是指银行根据客户（申请人）的要求和指示，向出口商（受益人）开具的在规定的期限内、凭规定的单据支付一定金额的书面承诺。按照付款期限的不同，可分为即期信用证和远期信用证。信用证是一种结算方式，基于信用证，银行可为客户叙做海外代付、提货担保和提单背书等贸易融资表外业务。

国内信用证是指开证行依照申请人申请开出的，凭符合信用证条款的单据支付的付款承诺。国内信用证为不可撤销、不可转让的跟单信用证，以人民币计价，适用于企业之间国内商品交易的结算。

3. 承兑汇票

目前开展比较多的业务为银行承兑汇票及代理签发银行承兑汇票。

银行承兑汇票是指出票人签发的，由银行承诺在汇票到期日无条件支付确定的金额给收款人或者持票人的票据。银行承兑汇票分为纸质银行承兑汇票和电子银行承兑汇票。纸质银行承兑汇票期限自出票日至到期日不超过6个月，电子银行承兑汇票期限自出票日至到期日不超过1年。

代理签发银行承兑汇票是指银行与委托人签署协议，接受委托人的委托，为承兑申请人出具的商业汇票进行承兑，并由委托人承担银行因接受其委托为承兑申请人办理汇票承兑而导致的全部责任和损失的业务。

4. 承诺

承诺类产品主要指贷款承诺。贷款承诺是指银行与客户签订的一种具有法律约束力的合约，向客户作出在未来约定的有效期内，按商定的条款为客户提供约定数额授信的承诺。根据合约法律效力，贷款承诺分为可随时无条件撤销承诺与不可无条件撤销承诺。

可随时无条件撤销承诺是指银行可在任何时候，且不需要事先通知，就可以无条件取消的承诺，或者由于借款人的信用状况恶化，可以有效地自动取消的承诺。主要包括贷款承诺书、贷款意向书、信贷证明等。不可无条件撤销承诺是指有条件撤销或不可撤销的贷款承诺。主要包括贷款未用额度、票据发行便利、循环包销便利等。

5. 表外理财

理财类产品是指银行为满足不同风险偏好的个人、公司及机构客户的投融资需求，接受客户委托和授权，按照与客户约定的投资计划和方式进行投资和资产管理的业务。部分理财业务，如保证客户（投资者）本金和利息收益的理财业务通常在表内反映。对于不保证本息的理财业务，虽然在法律形式上银行不承担赔付义务，但出现问题时，银行可能会为避免声誉受损而承担部分赔付责任。按照标的资产的不同可分为信贷类理财产品、资本市场及股权类理财产品、资产组合型理财产品以及债券类理财产品等。

6. 衍生产品

衍生产品是指一种金融合约，其价值取决于一种或多种基础资产或指数的变化。衍生产品合约的基本种类包括远期、期货、掉期（互换）和期权。还包括具有远期、期货、掉期（互换）和期权中一种或多种特征的混合金融工具。衍生产品的合约价值取决于一种或多种基础资产或指数的变化，主要的基础资产或指数包括利率、汇率、股票、信用、债券、商品（含黄金）以及前述因素的指数或组合。衍生产品的估值按照会计准则要求在表内反映，但衍生品业务本身作为或有事项是银行重要的表外业务。

衍生产品交易分为套期保值类衍生产品交易和非套期保值类衍生产品交易。套期保值类衍生产品交易是指银行主动发起，为规避自有资产、负债的信用风险、市场风险或流动性风险而进行的衍生产品交易。套期保值类衍生产品交易应当符合套期会计规定，划入银行账户管理。非套期保值类衍生产品交易是指除套期保值类以外的衍生产品交易，分为代客衍生产品交易、做市衍生产品交易、自营衍生产品交易。非套期保值类衍生产品交易划入交易账户管理。

衍生产品直接承担的市场风险体现在银行的自营业务和资产负债管理上，由于市场风险驱动因子的不利变动直接导致银行的损失。在代客衍生产品交易中，虽然通过背对背平盘，银行不直接承担市场风险，但是如果市场发生逆转，客户出现亏损，很可能引发客户违约，市场风险转化为信用风险。

7. 资产证券化

资产证券化是指将缺乏流动性但其未来现金流可预测的资产集合、建池，以资产池内资产所产生的现金流作为偿付基础，通过风险隔离、信用增级和资产重组等技术处理，在资本市场上发行资产支持证券的结构融资过程。资产证券化可优化资产结构、改善负债情况、降低融资成本、实现表外融资。银行的资产证券化业务主要包括证券化住房贷款服务和重整资产证券化信托财产。证券化基础资产应保持合理的分散性，能在未来产生相对稳定的现金流，确保证券存续期内的偿付能力。

8. 证券承销承诺

证券承销承诺涉及两类业务，一是一级市场申购债券中标但未缴款，二是与债券发行人签订承销协议而给予的资金承诺。

三、表外业务的发展

在银行的发展过程中，从传统业务向表外业务扩散是一种趋势。表外业务起源、发展于西方国家，从20世纪80年代以来，随着银行业务规模迅速扩大，业务范围发展趋势日益强劲，不少银行的表外业务收入已超过传统的表内业务，成为银行支柱业务和主要盈利业务。银行表外业务的快速发展既有内部动力，又有外部作用，概括起来，主要原因有以下几个。

（一）顺应经济金融环境变化，满足日益多元化的金融服务需求

随着经济信息化、国际化、网络化的进一步推进，社会财富的进一步增加，人们从原来单纯的存贷款业务需求逐步向代理收付、资产管理、信用担保、投资服务等综合金融服务发展。这种转变为商业银行表外业务的开展提供了广阔的市场基础。商业银行为了吸引客户，留住客户，就必须为客户提供多元化服务，发展表外业务正是为客户提供多元化服务的行之有效途径。商业银行通过表外业务提供的多元化服务，可以扩大银行的顾客群，满足不同客户的不同需求，与客户建立更广泛的联系，从而使商业银行不断扩大市场占有率。同时，发展表外业务也可以提高商业银行的市场竞争力，而商业银行的竞争能力取决于其经济实力，包括资本充足率、盈利能力和资产负债的规模。商业银行开展表外业务，是提高商业银行资本充足率的有效途径，可以间接增加资产与负债规模，并以手续费和佣金收入的形式扩大商业银行利润。

（二）优化资源配置，扩展业务范围

积极发展表外业务，有利于商业银行合理配置人力资源、财力资源、信息资源和物力资源等，不仅可以将商业银行的业务经营范围从传统的资产业务扩展到创新的表外业务，而且还可以使商业银行的业务经营范围从信用业务拓展到非信用业务，并充分发挥商业银行机构网点众多、技术先进、信息灵通、信誉良好、实力雄厚、经验丰富、资金充裕等优势，扩展业务范围，在新的业务经营领域中开辟新的利润来源。

（三）提高竞争能力，扩大市场份额，转移和分散风险

在融资证券化和利率市场化的环境下，商业银行的资金来源在减少，存贷利差在缩小，同时面临着多种风险。主要风险有信用风险、流动性风险、利率风险、汇率风险、通货膨胀风险等，这些风险主要是借款人到期不能偿还贷款本息而造成贷款损失，或因所投资的证券难以交易而使银行收入损失，或因不可预期的物价上涨而使银行实际收入下降，或因市场利率变动引起证券价格的变动而造成银行证券投资资本的损失。因此，通过开展表外业务，则可以避免、转移和分散商业银行经营资产业务带来的风险。衍生金融工具对转移或降低风险都有很好的作用，特别是金融期货、金融期权、互换、远期利率协议等都具有转移价格风险的功能，而备用信用证、票据发行便利等工具则可以分

散、转移信用风险。

（四）规避资本管制，提高盈利水平

在贷款规模、资本监管、存贷比等监管约束下，商业银行转向大力发展表外业务，以替代原有表内业务服务，可以更好地满足监管要求，还可以节约资本占用，降低资金使用成本，从而提高资本回报。与此同时，商业银行的利率处于不断地变动中，存贷款利差越来越小，使得商业银行传统的存贷款利差获利水平不断降低，因此，商业银行必须适应金融市场环境的变化，开拓新的利润来源渠道，提高利润水平。商业银行为了维持其盈利水平，设法规避资本管制给银行经营带来的限制，注重发展对资本没有要求或对资本要求极低的表外业务，使商业银行在不增加资本金甚至减少资本金的情况下，仍能够扩大业务规模，增加业务收入，提高商业银行的盈利水平。

第二节　表外业务风险的计量与统计

表外业务风险常常是多种风险交织而共同形成的，其表现出较高的不确定性、隐蔽性、低透明度、监管难度大等特点。高杠杆的使用一旦操作不当，带来的盈亏有时是不可估量的，这在西方商业银行表现得尤为显著。

表外业务风险管理是指商业银行通过识别表外业务风险，利用各种风险模型和计量方法量化风险，并持续监测关键风险指标和风险因素的变化及发展趋势，形成评估报告，对发现的风险采取分散、对冲、转移、规避、补偿等措施进行有效管理和控制，实现风险一定条件下的收益最大化或收益一定条件下的风险最小化。

本节主要从信用风险、市场风险、流动性风险以及风险加权资产计量四个方面进行分析，对于其他风险不做解释。基本原则是尽量采用量化方法，不能量化的进行完备的定性分析，结合国际经验，降低风险暴露对银行的冲击。

一、表外业务信用风险的计量

表外的信用风险是指因表外业务交易对方违约不能履行合同规定的相关义务，而使银行遭受损失的风险。信用风险是商业银行面临的主要风险，这种风险通常与交易对象的经营稳健程度有关。对于商业银行来说，很重视资产负债业务存在的信用风险，而或有负债业务的风险却往往被人忽视。其实，或有负债业务的信用风险同样可以置银行于危险的处境之中。当约定的债务人不能偿付给约定债权人时，银行就有可能变成实际债务人。例如，在信用证业务中，一旦信用证开证申请人不能按期还款，开证银行就要对受益人承担偿付责任；票据承兑等担保类表外业务中，如果交易对手违约不履行合同义务，银行就要承担相应的信用风险。所以银行同样要重视或有负债业务的信用风险。

商业银行传统的信用风险计量方法有信贷决策活动“6C”法和信用评分方法等。巴塞尔委员会1988年《统一资本计量和资本标准的国际协议》中对表外资本的计提方法是：对于所有表外科目包括创新融资工具，首先将其名义本金数额乘以信用风险换算系数转换成为等额的信用风险暴露，然后再根据其交易对手的性质对数额进行风险加权。现代信用风险计量模型主要有 KMV 模型、CreditMetrics 模型、麦肯锡模型和 CSFP 信用风险附加模型四种。

KMV 模型是估计借款企业违约概率的方法。KMV 模型认为企业信用风险主要取决于资产价值、资产风险和杠杆比率三个因素。结合这三个因素，KMV 模型提出了一个综合的违约风险度量指标——违约距离（DD）。违约距离值越大，说明公司资产价值距离违约点越远，违约的可能性越小，该公司的信用状况就越好；反之则相反。因此 KMV 公司把违约距离 DD 作为评价公司违约风险的一个重要指标。

CreditMetrics 模型是由 J. P. 摩根、美国银行、KMV 公司和瑞士银行等金融机构于 1997 年合作推出的一个 VaR 框架和方法，特别适用于贷款、私募债券等非交易资产的估值和风险计算。CreditMetrics 模型采用的是企业信用评级指标分析法。企业信用评级，无论是内部评级还是外部评级在相当长的一段时间内保持静态特征。这有可能使得该模型的分析结果不能及时反映企业信用状况的变化。

麦肯锡模型则在 CreditMetrics 模型基础上，对周期性因素进行了处理，它克服了不同时期的评级转移矩阵固定不变的缺点。

CSFP 信用风险附加模型是瑞士银行开发的信用风险管理系统，它应用保险经济学中的保险精算方法来计算债券或贷款组合的损失分布。该模型只考虑违约风险，不考虑评级下调风险，违约风险与债务人的资本结构无关，违约事件纯粹是一个统计现象。每一笔贷款被视作小概率违约事件，并且每笔贷款的违约概率都独立于其他贷款，这样，贷款组合违约概率的分布接近泊松分布。CSFP 信用风险附加模型考虑违约概率的不确定性和损失大小的不确定性，并将损失的严重性和贷款的风险暴露数量划分频段，计量违约概率和损失大小可以得出不同频段损失的分布，对所有频段的损失加总即为贷款组合的损失分布。

二、表外业务市场风险的计量

表外的市场风险主要是由于市场价格波动而引起的表外业务头寸的巨大损失带来的风险，价格波动主要是通过利率、商品、股票和债券行情波动来表现的，其影响在衍生工具类业务中最为突出。1996 年《（资本协议）关于市场风险的修正案》（以下简称市场风险修正案），将资本要求扩展到了交易账户中与利率有关的各类金融工具及股票所涉及的风险以及整个银行的外汇风险和商品风险，并规定了计量各类市场风险的标准计量法和内部模型（VaR）法。1997 年发布的《利率风险管理与监管原则》又进一步提出了银行管理交易业务及非交易业务利率风险普遍适用的十一条基本原则。2004 年，巴塞尔委员会发布《统一资本计量和资本标准的国际协议：修订框架》，在继续采纳 1996 年市场风险修正案对交易账户利率风险计提资本准备方法的同时，进一步强化了对银行账户利率风险管理的监督检查和信息披露要求，要求商业银行在对交易账户利率风险计提资本的同时，须持有与其银行账户承担的利率风险相适应的资本，从而形成了一个涵盖资产负债表内和表外、银行账户和交易账户的全面市场风险管理体系。

市场风险的增大以及监管要求的提高，使国际商业银行不断加强市场风险的计量与控制，到目前已形成一个相对完善的市场风险计量与控制体系。

1. 通过内部资金转移定价机制实现市场风险的集中管理。国际大型商业银行在实行条线管理的基础上，对资金实行内部资金转移定价（FTP），并通过这一体系将各业务线的风险集中到资金部内设的资产负债管理部门（ALM）进行集中统一管理。资产负债管理部门从资金盈余的业务部门购入资金，同时向资金短缺业务部门出售资金。交易业务部门（包括衍生工具业务）的市场风险则由交易部门承担。因而全行市场风险仅由资产负债管理部门和交易部门承担，承担主体集中，便于对全行资产负债表内、表外业务市场风险的集中计量与控制。

2. 从国际商业银行的市场风险管理实践来看，市场风险计量方法经历了一个不断演进的过程，逐步建立了一个多层次、相互补充、涵盖资产负债表内和表外业务的全面市场风险计量体系。目前主要使用的市场风险计量方法包括：

（1）利率缺口（外汇敞口）分析法：用来衡量利率变动对当前收益的影响。通常假设市场价格（利率或汇率）出现一定幅度的波动，分析这种波动对银行资产负债表和损益表的冲击，确定对银行当期利润的影响。

（2）久期分析法：衡量利率波动对银行整体经济价值的影响。具体而言，即利率水平发生一个小幅度波动，某一资产、负债及表外衍生工具以及银行整体经济价值将产生的百分比变动。与缺口分析相比较，久期分析是一种更为先进的利率风险计量方法。

（3）风险价值（VaR）方法：是指市场正常波动下，某一金融资产或资产组合的最大可能损失，确切地说在一定的持有期内和特定的置信水平下，市场风险因子发生变化时可能对资产组合造成的最大价值损失。VaR 的基本计算方法可分为方差—协方差法，历史模拟法和蒙特卡罗法。

这些不同层次的分析方法各有利弊，但又相互补充。目前，国际商业银行普遍采用的实践做法是：依托强大的市场风险管理系统，运用利率缺口（外汇敞口）分析法计量利率（汇率）变动对银行账户当期收益的影响；运用久期分析法在整个资产负债表及表外衍生工具范围内全面计量利率变动对银行经济价值的影响；对交易账户表内及表外衍生工具头寸则运用 VaR 分析方法进行市场风险计量，从发展趋势看，将在整个资产负债表内、表外业务中采用统一的 VaR 模型计量市场风险。

3. 以限额管理为手段，实现对不同类型市场风险的有效控制。在风险计量的基础上，国际商业银行主要运用限额管理手段对市场风险进行控制，这些限额包括交易限额、风险限额和止损限额，已形成一套相对完善的限额管理体系，将资产负债表内、表外不同类型市场风险均纳入风险控制体系。在风险管理工具上，则运用各种金融衍生工具对市场风险头寸进行对冲，对资产负债利率风险进行主动管理，将市场风险暴露降低至风险限额以内。

4. 基于风险的经济资本模型，建立以经济资本为核心的市场风险资本分配与业绩考核机制。如前所述，市场风险的 VaR 指标是一定概率水平下非预期损失即所耗用经济资本的统计学度量，因而国际商业银行普遍基于 VaR 模型，对市场风险进行经济资本分配和业绩考核，科学衡量不同业务所占用的市场风险资本，并对不同产品或组合的风险调整收益进行考核。

三、表外业务流动性风险的计量

流动性风险是指商业银行无法以合理成本及时获得充足资金，用于偿付到期债务、履行其他支付义务和满足正常业务开展的其他资金需求的风险。

表外业务大多为创新型金融产品，它们的市场往往还未充分发展成熟，遇到条件不利时，要承受市场流动性的严峻考验。例如在信用证业务中，商业银行也面临债务人违约，或有负债变成现实负债的流动性风险。

流动性风险形成原因更加复杂，涉及范围更广，信用、市场、操作等风险领域的管理缺陷同样可以导致流动性风险，甚至引发风险扩散，造成金融体系的系统性风险。因此，商业银行应合理安排表外业务期限结构、币种结构和分布结构，积极应用流动性比率指标和现金流分析等方法对流动性风险进行评估；运用压力测试和情景分析等方法对流动性风险进行监测和控制，同时重视和加强其他风险管理。

（一）流动性风险的评估

1. 现金流分析

现金流测算和分析旨在计量、监测和控制正常和压力情景下未来不同时间段的现金流缺口，应涵盖资产和负债的未来现金流以及或有资产和或有负债的潜在现金流，并充分考虑支付结算、代理和托管等业务对现金流的影响。商业银行应适当设置现金流缺口限额、负债集中度限额、集团内部交易和融资限额等表内外限额，加强融资渠道管理和融资抵押品管理，确保能够满足正常和压力情景下不同期限的融资需求。

2. 流动性比率指标

根据《商业银行流动性风险管理办法（试行）》（以下简称《办法》）的规定，流动性覆盖率、存贷比、流动性比例为三项流动性风险监管指标，并分别设定了商业银行应当遵守的最低标准。其中，存贷比和流动性比例均为《商业银行法》规定的监管指标，流动性覆盖率为参考巴塞尔协议Ⅲ引入的流动性风险监管新指标。作为合规性监管指标，商业银行的流动性覆盖率在过渡期结束后，应持续达到100%的最低监管标准。其中前两项指标主要考虑了表内业务的流动性风险，而流动性覆盖率还覆盖了表外业务。

流动性覆盖率为合格优质流动性资产与未来30天现金净流出量的比值。其中，合格优质流动性资产是指满足相关条件的高流动性资产，能够在压力情景下，通过出售或抵质押方式，在无损失或极小损失的情况下在金融市场快速变现。未来30天现金净流出量是指在压力情景下，未来30天表内、表外业务的预期现金流出总量与预期现金流入总量的差额，预期现金流出（入）总量为表内外资产（负债）与对应流出（流入）系数的乘积之和。流动性覆盖率旨在确保商业银行具有充足的合格优质流动性资产，在压力情景下能够通过变现这些资产满足未来至少30天的流动性需求。由于银行在压力情况下可以依靠这些流动性储备存活至少30天，就能给银行和监管机构足够的时间采取行动，解决银行可能存在的问题。

与传统的流动性风险指标（如存贷比、流动性比例、流动性缺口率）相比，流动性覆盖率全面覆盖了表内、表外业务，可以准确地反映流动性风险状况；由于对同业负债采用了较高的现金流出系数，也有助于约束商业银行对同业批发资金的过度依赖。同时，流动性覆盖率考虑了压力情形，有助于提高流动性风险管理和监管的前瞻性。

（二）流动性风险的监测

压力测试和应急计划是流动性风险监测的重要方法和工具。压力测试的范围和频率应与商业银行的规模、风险水平及市场影响力相适应。银行应合理审慎设定压力情景，在影响整个市场的系统性冲击情景下的持续经营最短期限应不少于30天。董事会和高级管理层的积极参与对压力测试至关重要。董事会和高级管理层应对压力测试的情景设定、程序和结果进行审核，不断完善流动性风险压力测试。为充分发挥压力测试对于流动性风险管理的作用，银行在确定流动性风险偏好、流动性风险管理策略、政策和程序，以及制定业务发展和财务计划时，应充分考虑压力测试结果，并在必要时根据压力测试结果对以上内容进行调整。除了日常的流动性管理，商业银行还应根据其表内、表外业务规模、性质、复杂程度、风险水平、组织架构及市场影响力，充分考虑压力测试结果，制定应对流动性突发事件的应急计划，确保其能够应对紧急情况下的流动性需求。应急计划应设定明确清晰的触发情景，列明可获得的潜在应急资金来源和银行估计的可获资金数量，规定应急程序和措施，明确各参与方实施应急程序和措施的权限和职责，至少每年进行一次测试和评估，并在必要时进行修订，以确保其有效性和操作可行性。

四、表外业务风险加权资产的计量

自巴塞尔委员会成立以来，先后发布了《统一资本计量和资本标准的国际协议》（即巴塞尔协议Ⅰ）、《统一资本计量和资本标准的国际协议：修订框架》（即巴塞尔协议Ⅱ），以及由一系列文件组成的巴塞尔协议Ⅲ等众多监管文件。其中对于表外业务风险加权资产计量的规定也在逐步完善和加强。

（一）巴塞尔协议Ⅰ

巴塞尔协议Ⅰ对于表外业务的监管，是通过风险折算后将其放入表内，纳入信用风险的计量范围。计量各类表外项目的风险加权资产，先通过将表外项目名义金额乘以信用转换系数得到等值的信用额，再按表内资产的处理方式计量风险加权资产。巴塞尔协议为表外项目设计了四档信用换算系数，将不同的表外项目，以不同系数换算成表内项目计算风险资产量。各类信用换算系数是根据各类表外信用的规模和信贷风险发生的可能性推算出来的。计算方法是把各类表外项目的金额乘以对应的信用换算系数，换算成相应的表内业务资产，再按表内资产的风险权重，计算出风险资产，加入到总的风险资产之中。有关表外项目信用换算系数规定如下：

1. 100%信用换算系数的表外项目，包括：

（1）直接信用代用工具，如一般负责保证（包括为贷款和证券提供财务保证的备用信用证）和承兑（包括具有承兑性质的背景）；

（2）销售和回购协议以及有追索权的资产销售（此类资产的信贷风险仍在银行）；

（3）远期资产购买、超远期存款和部分缴付款项的股票以及代表承诺一定损失的证券。

2. 50%信用换算系数的表外项目，包括：

（1）某些子交易相关的或有项目，如履约担保书、投标保证书、认股权证和为某些特别交易而开出的备用信用证；

（2）票据发行融通和循环包销便利；

（3）其他初始期限为一年期以上的承诺，如正式的备用便利和信贷额度。

3. 20%信用换算系数的表外项目，包括短期的有自行清偿能力的与贸易相关的或有项目，如有优先索偿权的装运货物作抵押的跟单信用证。

4. 0信用换算系数的表外项目，包括期限一年以内的备用贷款和信贷额度，或者可以在任何时候无条件取消的承诺。

此外，还有一些关于利率风险和汇率风险的表外科目，因为涉及的风险仅是交易兑现后的差额，而不是有关合约的面值，所以，另外规定了换算系数。如利率合约不足一年的换算系数为0.5%；一年以上不足二年的换算系数为1%；汇率合约在一年以内的换算系数为2%，一年以上不足二年的信用换算系数为5%。

（二）巴塞尔协议Ⅱ

巴塞尔协议Ⅱ框架创新了计量方法，提高了风险敏感度，扩大了监管资本要求覆盖的范围，其中包括对资产证券化及表外实体提出监管资本的要求。对信用风险的评估，允许银行在满足某些最低条件和披露要求的前提下，得到监管当局批准的银行可根据自己对风险要素的评估决定对特定敞口的资本要求。采用内部评级法更强调银行内部对其具体风险特征的评估。内部评级法又分为初级法和高级法。银行对重大风险要素的内部估值将作为计算资本的主要参数。内部评级法并不允许银行自己计算资本要求的全面内容，巴塞尔委员会确定了计算资本要求的一系列风险权重函数计算公式，银行需根据是采用初级法还是高级法的不同提供相应的数量指标。这些指标包括违约概率、违约损失率、违约风险暴露和期限，以银行估计的这些指标值代入到巴塞尔委员会提供的风险权重函数计算公式中，最终得到风险加权资产。

表内项目或表外项目的违约风险暴露被定义为一旦债务人违约，预计的表内外项目总暴露。对表外项目，风险暴露需要分两大类业务分别处理，一是用款支出不确定的交易，二是外汇、利率和股权的场外衍生产品合约。对于具有不同风险特性的交易类别有不同的风险暴露计算方法。对于用款支出不确定的交易，初级法将承诺和类似循环贷款的风险暴露估计为表外项目的75%，如果此项交易既有支取部分，又有未支取部分，风险暴露等于支取部分加上未支取部分的75%。能满足高级法最低标准的银行可以使用内部对用款支出不确定交易风险暴露的测算数据，这些测算应该是对长期平均风险暴露的保守估计。银行对违约风险暴露的估计，应该反映在触发违约事件之时或之后借款人另外提款的可能性。根据表外项目类别差异对违约风险暴露的估计有所不同，对表外项目的描述必须清晰而明确。

（三）巴塞尔协议Ⅲ

巴塞尔协议Ⅲ在三大支柱中对表外项目的监管提出了新的要求。

1. 第一支柱的资本

提高了资本框架的风险覆盖范围，特别是对资产证券化的风险、资产负债表外工具风险等风险的覆盖。引入杠杆率作为资本充足率的补充。

杠杆率是指符合巴塞尔协议Ⅲ要求的合格资本与表内外资产总额的比率，其中表外项目资产需要按照一定的信用转换系数进行转换，其中承诺、无条件可撤销的承诺、承兑、备用信用证、未清算证券等必须按照100%的信用转换系数计算，对于无须事先通知，银行可以随时撤销的无条件承诺可以采用10%的转换系数。

2. 第二支柱的监管标准

提出了流动性风险管理的17项原则，增加了涵盖表内、表外业务流动性风险的新标准，提出了流动性覆盖率（短期标准）和净稳定融资比例（长期标准）两项指标，加强流动性管理。其中净稳定融资比例要求稳定融资涵盖全部的表内表外资本。

3. 第三支柱的信息披露

提高了信息披露的要求，包括加强对证券化敞口、表外敞口、监管资本构成和薪酬制度的信息披露。

第三节　我国表外业务风险的计量与统计

一、我国表外业务风险的发展

存、贷、汇一直是我国商业银行的传统业务。其中的“汇”也就是“结算”、“汇兑”，作为广义上的一种表外业务，在我国商业银行一直长期开展。狭义的银行的表外业务是从20世纪80年代开始起步的，首先是中国银行在业内率先开发了信托、租赁类表外业务，而后各国有银行转换经营机制，随着股份制银行和城市商业银行机构改革和业务发展，先后开发了保函、商业票据承兑与贴现、代客外汇买卖、代理发行债券、银行承兑汇票、信用证、贷款承诺、远期交易等业务。

随着改革开放的深化和市场经济体系的完善，实体经济对表外业务的需求更加丰富。而商业银行管理水平的提升和业务创新能力的提高，又为设计出新的表外业务提供了条件。利率市场化进程加快和汇率形成机制改革，为繁荣表外业务提供了外部条件。经过长期的探索和发展，商业银行表外业务无论在种类、规模还是复杂程度上都取得了长足的发展。

与之相伴的是监管当局对表外业务监管的加强。2000年，中国人民银行发布《商业银行表外业务风险管理指引》，2001年中国人民银行发布《商业银行中间业务暂行规定》，2011年中国银监会发布《关于印发〈商业银行表外业务风险管理指引〉的通知》。这些监管政策文件中对表外业务的类型、业务模式、风险管理要求进行了明确。除了专门针对表外业务的监管政策外，银监会近年来关于资本充足率、市场风险、流动性风险和信用风险等一系列监管要求中对表外业务风险管理也都有明确的要求。

二、我国表外业务统计的基本原则

表外业务由于其特殊性，在风险计量和统计的实践中通常遵循以下几项原则：

一是风险为本的原则。监管实践中之所以对表外业务的风险给予高度关注，原因之一还是由于表外业务的隐蔽性。表外业务通常在资产负债表中没有反映，在外部审计中也很可能被忽视，但银行在通过表外业务取得收益的同时还承担了相应的风险。因此监管当局才特别要求银行加强表外业务计量和统计，揭示表外业务的各类风险。

二是实质重于形式原则。所谓实质重于形式，就是对一项业务不仅要看其法律形式，还要看其经济实质。表外业务监管统计和风险计量中，对于风险的认定，不仅要看其法律形式和合同文本，而且要看风险承担的实质。比如某项资产销售，虽然法律上银行已经“卖断”，但银行通过该项业务取得了较高的收益，实践中通常会被追索，而且银行出于声誉风险等考虑通常也会代偿。这种情况下，这种由于“卖断”而形成的风险敞口也要在表外业务统计中反映。

三是动态性原则。表外业务发展和创新的速度比传统表内业务快得多。商业银行表内业务的种类和资产负债表的格式一直相对保持稳定，但表外业务模式和产品设计的发展日新月异，表外业务风险的表现形式更加复杂，因此对表外业务风险计量和统计的方法也要与时俱进。

四是多维度统计的原则。表外业务的类型多，品种广，仅仅依靠一张报表、一种方法难以覆盖银行全部表外业务的类型和风险。因此在表外业务统计中，通常按照多维度原则，将表外业务与表内业务统一考虑，运用多种报表和统计方法，对表外业务的规模、发展、收益、信用风险、市场风险、流动性风险等进行全面统计监测。

三、我国表外业务的基本状况统计

表外业务统计中一项基本内容就是对银行表外业务的总量和类型进行统计，我国银行监管统计实践中也是如此。我国表外业务基本状况统计包括两大类内容，一是对各类表外业务的总体情况进行统计，二是对部分表外业务开展的专项统计。表外业务基本状况统计中，不论哪一种统计，都更侧重于业务的存量、流量和具体结构数据，对所涉及的风险则重点在有关风险统计报表中将表内与表外一并统计。

在表外业务状况总体情况统计中，通常包括担保类、承诺类和衍生产品类项下具体表外业务的余额和当期累计发生额，有时还要求报送分地区、分币种的明细数据。而对于表外业务专项统计，监管当局通常关心那些总量较大、发展较快、风险较高的表外业务种类，必要时将开展专项统计。目前我国商业银行监管统计中的表外业务专项统计包括以下内容：

（一）衍生品统计

衍生品业务是银行一种重要的表外业务。衍生品的净市值通常在银行资本负债表中反映，但其业务规模和具体类型通常监管当局都开展专门的统计。衍生品统计中通常采取多维度分类统计的方法，按照产品类型，分为期权、期货、远期、互换等；按照衍生品对应基础产品的类型，分为利率类产品、汇率类产品、商品类产品、股权类产品、信用类产品、贵金属类产品等；按照持有目的，分为交易账户下的衍生品和银行账户下的衍生品等；按照统计内容分为业务存量统计、业务发生额统计和市场价值统计等。

（二）理财业务统计

理财业务是我国商业银行近年来快速增长的一项表外业务。根据银行承担风险的不同，可分为表内理财和表外理财。表内理财通常是银行为理财产品购买人提供保证本、息的承诺，同时将理财募集资金和理财产品投资均计入表内。表外理财通常银行不提供保证本、息的承诺，由理财产品持有者自担风险，通常不将有关业务计入表内。但是按照“实质重于形式”的原则，银行对部分表外理财业务实质上承担了一定的风险。表外理财业务统计通常包括以下内容：一是按照收益特征划分，分为统计保本和非保本理财业务；二是按照理财产品期限划分，分为T+0、7天、1个月、3个月等不同时段；三是按照理财资金投向划分，分为货币市场基金、债券、股权、信托等；四是按照币种划分，分为本币和外币；五是按照购买者划分，分为个人和机构；六是按照统计内容，分别统计理财产品的当期募集量、发生只数和期末的余额等。

（三）资产证券化业务统计

广义的资产证券化是指发起人以某一资产或资产组合收益所形成的现金流为支持，发行债务证券以筹集资金的过程。银行监管中的资产证券化通常是指狭义的资产证券化，也就是信贷资产证券化。信贷资产证券化业务非常复杂，对银行的资产负债表有直接影响，同时也会形成表外业务。银行不论作为证券化的发起机构、信用增级机构、流动性提供机构、投资机构或者贷款服务机构等，只要是参与了资产证券化活动，形成了表外风险暴露，都应在资产证券化表外业务中进行统计。

“流动性便利”和“提前摊还安排”是表外资产证券化的两种主要类型。流动性便利是指银行在基础资产的实际本息收取与资产支持证券的正常本息偿付出现不匹配的情况下，对证券持有者提供的一种短期融资，以保证投资者能够按时、足额收到资产支持证券的本金和利息。“提前摊还安排”是指银行在资产证券化相关法律文件中事先规定的机制被触发时，投资者在事先规定的资产支持证券到期日之前能够得到偿还。按照具体触发条件不同，又分为“控制型提前摊还”和“非控制型提前摊还”。其中“控制型提前摊还”是指满足以下条件的提前摊还安排：（1）发起机构具有恰当的资本或流动性方案，以确保其在发生提前摊还时有足够的资本和流动性资金；（2）在包括提前摊还期在内的证券化交易存续期内，发起机构与投资机构按照每月月初在证券化基础资产未偿余额中的相对份额所确定的同一比例，分摊利息、本金、费用、损失与回收金额；（3）发起机构所设定的提前摊还期应当足以使基础资产至少90%的未偿债务在提前摊还结束时已经被偿还或认定为违约；（4）在提前摊还期内，偿还投资机构的速度不得快于直线摊销法下的还款速度。“非控制型提前摊还”是指不满足上述条件的提前摊还安排。对于表外资产证券化业务，通常按照不同类型统计其敞口大小、减值准备、实际垫付情况等。

（四）信用卡业务统计

信用卡作为银行一项重要的零售业务，在表内和表外都有所反映。信用卡的存款、透支、消费、分期付款以及相关的业务收入都体现在表内，但信用卡授信额度则是银行一项重要的表外业务。授信额度的调整体现了银行风险偏好的变化，不同授信额度客户活跃程度体现了银行营销能力的高低，授信额度同时也影响信用卡表外业务风险权重的确定。因此信用卡授信额度也是表外统计的一项重要内容。

四、我国表外业务信用风险统计

信用风险是银行表外业务的一项重要风险表现形式，也是我国商业银行表外业务统计的一项重要内容，具体包括以下方面：

（一）表外业务因发生垫款转为表内业务的统计

银行表外业务也称“或有业务”，“或有”就是指在一定情况下该业务会由表外转为表内。这种转化通常伴随着现金的流出和风险的发生，有些银行甚至规定，一旦表外业务发生垫款形成的表内资产，立即应被分类为不良资产。因此监管统计中对表外业务转为表内的情况通常给予特别关注，并相应加以统计。这种统计既包括存量统计，如某一时点银行资产负债表中有多少由于表外业务垫款而形成的资产余额；也包括流量统计，比如一段时期内银行累计发生表外业务因出现风险而发生垫款的发生额。此外，此类统计中通常按照表外业务的类型，细分为银行承兑汇票发生垫款、发出的保函和信用证发生垫款等明细内容。

（二）表外业务风险缓释情况统计

由于表外业务信用风险的存在，银行在办理表外业务时通常要求客户提供风险缓释，比如交纳一定比例的保证金、提供本行或他行的存单质押或由其他机构提供担保等。当表外业务发生风险，造成现金流的流出并形成表内资产时，银行可以通过执行风险缓释措施，降低风险敞口并控制最终损失。表外业务风险缓释统计中通常要求区分不同类型的表外业务，并对每一类表外业务统计不同风险缓释金额，如对保证金余额、押品市值等进行统计。

（三）风险集中度统计

集中度是银行风险的重要表现形式。“不要把鸡蛋放在一个篮子里”也是信用风险管理的基本要求。在识别和计量银行风险集中度时，特别是在对银行大客户的风险敞口进行统计时，不仅要考虑银行对该客户提供的贷款、购买该客户发行的债券等表内业务，还要考虑表外业务。风险集中度统计中需要计入风险敞口的表外业务主要有：对该企业开出或提供的银行承兑汇票、信用证、保函、债券发行担保、借款担保、有追索权的资产销售、未使用的不可撤销的贷款承诺等，还包括通过衍生产品交易所产生的对该客户的信用风险暴露。只有将表内业务与表外业务汇总后，才能真正做到对客户授信集中度的全面统计和监测。

此外，在资本充足率统计中，对于表外业务的信用风险也需要计提资本要求，具体内容在后面将介绍。

五、我国表外业务市场风险统计

市场风险是银行面临的一类主要风险来源，市场风险统计也是表外业务风险统计的一项重要内容。实践中主要包括四个方面：一是表外业务利率风险统计；二是表外业务汇率风险统计；三是统计表外业务资本充足率计算中由于市场风险而需要计提的资本要求；四是对于表外业务中市场风险较为显著的衍生产品，需要特别关注其市场风险。第三部分将在后面介绍，第四部分在前述衍生产品统计中已经涉及。此处重点分析前两类表外业务市场风险统计的内容。

（一）利率风险统计

利率重新定价风险是银行利率风险的重要表现形式。其基本含义是指在利率发生变化的情况下，由于银行资产负债双方（包括表外业务）重新定价期限不同，而对银行利润和净值带来的影响。实际统计中，通常要求银行按照重新定价期限的长短，将资产负债及表外业务重新分类。期限一般分为 1 个月以内、1 ~3 个月、3 ~6 个月、6 个月至 1 年、1 ~2 年、2 ~3 年、3 ~5 年、5 年以上等，还可以分得更细。不仅表内的生息资产及付息负债要按照重新定价长短进行统计，表外业务也应予以考虑。比如表外业务中远期外汇合约、利率掉期合约、货币掉期合约、期权多头和空头等。只有充分考虑表外业务，才能实际反映银行利率重新定价风险对当期损失和资本净值可能带来的冲击。

（二）汇率风险统计

外汇风险是指当汇率出现波动时，银行由于资产负债表（含表外）外汇敞口不匹配而产生的收益或损失。汇率风险监测核心是分析银行各项业务中不同外汇产品的明细结构。一方面要按照币种将外汇业务进行细分，如分成美元、欧元、英镑、日元、瑞士法郎、港元等分别报送，另一方面不仅要考虑表内即期资产、即期负债受汇率变动的影响，而且要考虑表外业务。这些表外业务包括远期买入和远期卖出、外汇期货和掉期、未到交割日的现货合约以及调整后的期权头寸等。只有这样才能准确得出银行各币种的多头和空头情况，相应分析各项汇率变化的影响。关于期权调整的方法，可以采取 delta 法进行调整，即通过可靠的期权模型得出 delta 值，与本金相乘得到调整后金额。如果得不到可靠的 delta 值，也可采取简化方法确定期权调整，即银行在卖出期权与持有期权项下均再细分潜在买入额和潜在卖出额，将上述四组数据分别分币种统计。

此外，在资本充足率统计中，对于表外业务的市场风险也需要计提资本要求，具体内容在后面将介绍。

六、我国表外业务流动性风险统计

流动性风险监测中同样不仅要考虑表内业务，也要考虑表外业务。我国对于商业银行流动性风险监测有多种统计方法，涉及多项统计指标，例如存贷款、流动性比例、核心负债依存度、流动性缺口率、流动性覆盖率、净稳定融资比例等。不同的统计指标有不同的侧重点，反映流动性风险的不同方面。在以下三项流动性风险指标及流动性统计中，对表外业务可能带来的流动性风险给予特别关注。这些指标在本书流动性风险一章中已有详细介绍，在此仅就涉及的表外业务作出说明。

（一）流动性缺口统计

流动性缺口是指银行由于表内外业务剩余期限或实际现金流到期不匹配而形成的资金缺口。按照剩余期限或现金流的不同时段，可以分为次日、2～7日、8～30日、1～3个月、3～12个月、1年以上以及无到期日等；按照计算方法的不同，可分为当期缺口和累计缺口；按照币种不同，可分为本币缺口和外币缺口。但不论哪一类缺口，都不仅要考虑表内业务，而且要考虑表外业务可能带来的现金流变化，特别是对表外或有负债可能带来的现金流出。对于有确定期限的表外业务流出，应当按照实际情况归入不同时段中；对于没有固定期限的表外业务，可以归入“无到期日”，但更好的处理方式是根据历史数据进行估计，预测出这些无固定到期日的表外业务通常有多少比例会带来现金流的流出和流入，以及这些现金流的变化通常在多长时间内发生。在充分考虑表外业务的基础上，银行可以统计不同期限的流动性缺口比例，如“90天累计流动性比例”等，用于监测银行流动性变化情况。

（二）流动性覆盖率

流动性覆盖率反映银行在压力情况下，银行账面上的优质流动性资产能否“覆盖”1个月内可能出现的现金流净流出。优质流动性资产包括现金、压力条件下可动用的中央银行存款准备金以及符合条件的有价证券等。而对于现金流入流出的测算，则是按照有关国际标准和监管要求，采取标准方法进行。基本原理就是越是不稳定的负债，压力情况下流出的比例越高；越是不可靠的资产，压力情况下流入的可能性越小。在计算现金流的时候，要充分考虑表外业务在压力情况下可能带来的流入和流出。例如按照监管要求规定，对于“未提取的不可无条件撤销的信用便利和流动性便利”，根据客户类型、规模大小、表外业务类型（信用便利流出率低、流动性便利的流出率高）等设定从5%至100%的不同流出系数。对于其他表外的或有融资业务，如无条件可撤销的信用及流动性便利、保函、信用证等，也要分别确定0至2.5%的流出比例。

（三）净稳定融资比例

该比例是分析一年期内银行可用的稳定资金（资金来源）与需要的稳定资金（资金运用）之间的比例，从而对银行中长期流动性进行监测分析的工具。有关具体监管要求，国际上还没有最终确定，还将不断完善，但其基本原理同流动性覆盖率一样，不仅要考虑表内，而且要考虑表外。比如对于表外业务中“有条件撤销或不可撤销的信用和流动性便利”，其所需的稳定资金折算率为5%，对于“无条件可撤销的信用和流动性便利，折算率为0，而对于保函、信用证及其他贸易融资，折算率为2.5%。

七、我国表外业务资本充足率统计

我国对于表外业务资本充足率的统计，包括信用风险和市场风险的计量。信用风险计量的基本原则是将表外项目的名义本金乘以信用转换系数，获得等同于表内项目的风险资产，然后根据交易对手的属性确定其风险权重，进而计算表外项目风险加权资产。市场风险涵盖了因市场价格（利率、汇率、股票价格和商品价格）的不利变动而使商业银行表内和表外业务发生损失的风险。商业银行可采用标准法或内部模型法计量市场风险资本要求。以下将对各方法进行说明。

（一）表外业务信用风险资本要求

中国银监会2012年发布了《商业银行资本管理办法（试行）》，其内容包括了巴塞尔协议Ⅲ和巴塞尔协议Ⅱ的要求，其中对于表外项目的信用转换系数进行了修改（称为“权重法”），并对内部评级法下表外项目风险暴露的信用转换系数进行了规定（称为“内部评级法”）。此前商业银行执行中国银监会2003年发布的《商业银行资本充足率管理办法》（以下简称原办法）。有关表外业务信用风险资本要求的计算规则如下：

1. 原办法

信用转换系数（参见表9－1）采用“无风险”到“十足风险”的0、20%、50%、100%对表外资产进行转换。并且汇率、利率及其他衍生产品合约风险也包括在表外项目中计量信用风险①。

表9－1　　原办法下表外项目信用转换系数表②

项目	信用转换系数
1. 等同于贷款的授信业务	100%
2. 贷款承诺	
2.1 原始期限不超过1年的贷款承诺	0
2.2 原始期限超过一年但可随时无条件撤销的承诺	0
3. 未使用的信用卡授信额度	
4. 票据发行便利	50%
5. 循环包销便利	50%
6. 其他承诺	50%
7. 与贸易直接相关的短期或有项目	20%
8. 与交易直接相关的或有项目	50%
9. 信用风险仍在银行的资产销售与购买协议	100%
10. 其他表外项目	100%

2. 权重法

在权重法下，对各类表外项目的风险加权资产的计量同原办法总体一致，也是先通过将表外项目名义金额乘以信用转换系数得到等值的信用额，再按表内资产的处理方式计量风险加权资产，但修改了承诺、未使用的信用卡授信额度等表外项目信用转换系

① 该部分资产在巴塞尔协议Ⅱ及巴塞尔协议Ⅲ下不纳入信用风险的计算范围，而是计算交易对手信用风险。

② G43《表外加权风险资产计算表》为按照巴塞尔协议Ⅰ的要求填报的表外信用风险表。

数，并新增了远期定期存款、银行借出的证券或用作抵押物的证券及部分交款的股票及证券等表外项目（参见表9-2）。

表9-2　　　权重法下表外项目信用转换系数表①

项目	信用转换系数
1. 等同于贷款的授信业务	100%
2. 贷款承诺	
2.1 原始期限不超过1年的贷款承诺	20%
2.2 原始期限1年以上的贷款承诺	50%
2.3 可随时无条件撤销的贷款承诺	0
3. 未使用的信用卡授信额度	
3.1 一般未使用额度	50%
3.2 符合标准的未使用额度	20%
4. 票据发行便利	50%
5. 循环认购便利	50%
6. 银行借出的证券或用作抵押物的证券	100%
7. 与贸易直接相关的短期或有项目	20%
8. 与交易直接相关的或有项目	50%
9. 信用风险仍在银行的资产销售与购买协议	100%
10. 远期资产购买、远期定期存款、部分交款的股票及证券	100%
11. 其他表外项目	100%

（1）等同于贷款的授信业务，包括一般负债担保、承兑汇票、具有承兑性质的背书及融资性保函等。

（2）与贸易直接相关的短期或有项目，主要指有优先索偿权的装运货物作抵押的跟单信用证。

（3）与交易直接相关的或有项目，包括投标保函、履约保函、预付保函、预留金保函等。

（4）信用风险仍在银行的资产销售与购买协议，包括资产回购协议和有追索权的资产销售。

3. 内部评级法

在内部评级法下，对风险加权资产的计量是基于违约风险暴露、违约损失率、违约概率及相关性来确定的。违约风险暴露是指债务人违约时预期表内和表外项目的风险暴露总额。对于表外项目违约风险暴露，应当按照表外项目风险暴露的名义金额乘以信用转换系数进行计量。内部评级法又分为内部评级初级法及内部评级高级法。内部评级初级法下，对以下表外项目的信用风险转换系数有特殊规定：贷款承诺、票据发行便利、循环认购便利等表外项目的信用转换系数为75%；可随时无条件撤销的贷款承诺信用转换系数为0，其余项目的信用转换系数同权重法一致；内部评级高级法下，应估计每笔

① G4B-2《表外加权风险资产计算表》为按照巴塞尔协议Ⅲ的要求填报的表外信用风险表。

表内外项目的违约风险暴露。对于信用转换系数为100%的表外项目，应使用100%的信用转换系数估计违约风险暴露。对于表外零售风险暴露，商业银行应按照内部估计的信用转换系数计量违约风险暴露。如果零售风险暴露提取金额已经证券化，商业银行应通过信用转化系数估计授信限额中未提取部分的违约风险暴露。

（二）市场风险

表外业务同表内业务一样，也承担了一定的市场风险，包括利率风险、汇率风险、股票风险和商品风险，相应按照资本监管规定计提必要的资本要求。市场风险资本要求计提的基础和前提是银行账户与交易账户的划分，交易账户中的利率风险和股票风险以及全部外汇风险、商品风险和期权风险需要计提资本要求。具体包括标准法和内部模型法。

1. 标准法

采用标准法，需分别计量利率风险、汇率风险、商品风险和股票风险的资本要求，并单独计量以各类风险为基础的期权风险的资本要求。其中利率风险、汇率风险、商品风险和股票风险的资本要求表内与表外一致，在本书第五章市场风险部分已详细介绍，在此仅就与表外业务更为密切的期权风险、承销和信用衍生品业务进行介绍。

（1）期权风险

①仅购买期权的商业银行可以使用简易的计算方法。

a. 银行如持有现货多头和看跌期权多头，或持有现货空头和看涨期权多头，资本要求等于期权合约对应的基础工具的市场价值乘以特定市场风险和一般市场风险资本要求比率之和，再减去期权溢价。资本要求最低为零。

b. 银行如持有看涨期权多头或看跌期权多头，资本要求等于基础工具的市场价值乘以该基础工具的特定市场风险和一般市场风险资本要求比率之和与期权的市场价值两者中的较小者。

②同时卖出期权的商业银行应使用 delta + 法。

delta + 法计算的资本要求由以下三部分组成：

a. 期权基础工具的市值乘以该期权的 delta 值得到 delta 加权期权头寸，然后将 delta 加权头寸加入到基础工具的头寸中计算资本要求。

b. gamma 风险的资本要求。

$$\text{gamma 效应值} = 0.5 \times \text{gamma} \times (VU)^2$$

VU 为期权基础工具的变动。

其中：

（a）对于利率期权，当基础工具为债券时：VU = 基础工具市值 × 监管规定的相应时段风险权重。

（b）当基础工具为利率时：VU = 基础工具市值 × 监管规定的相应时段假定收益率变化。

（c）当基础工具为股票、股指、外汇与黄金时：VU = 基础工具市值 ×8%。

（d）当基础工具为商品时：VU = 基础工具市值 ×15%。

同一基础工具每项期权对应的 gamma 效应值相加得出每一基础工具的净 gamma 效应值。仅当基础工具的净 gamma 效应值为负值时，才须计算相应的资本要求，且资本要求总额等于这些净 gamma 效应值之和的绝对值。

c. vega 风险的资本要求。

基础工具 vega 风险的资本要求 =25% ×该基础工具波动率× | 该基础工具的各项期权的 vega 值之和 |

vega 风险的资本要求总额，等于各项基础工具 vega 风险的资本要求之和。

（2）承销

商业银行采取包销方式承销债券等工具时，应使用下述方法计提相应的市场风险资本。

①商业银行按以下方式确定需计提市场风险资本的承销业务风险暴露额：

需计提市场风险资本的承销业务风险暴露额 = 每日日终承销余额×转换系数

②自确定承销债券的金额和价格之日起，转换系数为 50%；自缴款日起，将转换系数调为 100%，直至债券全部出售。

③每日计算得出的需计提市场风险资本要求承销业务风险暴露作为交易账户头寸，根据所承销债券的类型和发行主体，计算相应的市场风险资本要求，包括一般市场风险和特定市场风险。

（3）交易账户信用衍生产品

商业银行应将交易账户信用衍生产品转换为相关信用参考实体的本金头寸，并使用其当前市值计算利率风险的市场风险资本要求（参见表 9－3）。

表 9－3　　交易账户信用衍生产品转换规则

		多头/信用保护卖方	空头/信用保护买方
信用违约互换	一般市场风险	如有任何费用或利息的支付，则视为持有无特定市场风险债券多头	如有任何费用或利息的支付，则视为卖出无特定市场风险债券空头
	特定市场风险	视为持有信用参考实体多头，如为合格证券的情况，则视为持有互换风险暴露	视为持有信用参考实体空头，如为合格证券的情况，则视为卖出互换空头
总收益互换	一般市场风险	如有任何费用或利息的支付，则视为持有信用参考实体多头，及卖出无特定市场风险债券空头	如有任何费用或利息的支付，则视为卖出信用参考实体，及持有无特定市场风险债券多头
	特定市场风险	视为持有信用参考实体多头	视为卖出信用参考实体空头
信用联系票据	一般市场风险	视为持有票据发行方多头	视为卖出票据发行方空头
	特定市场风险	视为持有票据发行方以及信用参考实体多头，如为合格证券的情况，则视为持有票据发行方多头	视为卖出信用参考实体空头，如为合格证券的情况，则视为卖出票据发行方空头

续表

		多头/信用保护卖方	空头/信用保护买方
首次信用违约互换	一般市场风险	如有任何费用或利息的支付，则视为持有无特定市场风险债券多头	如有任何费用或利息的支付，则视为卖出无特定市场风险债券空头
	特定市场风险	视为持有所有参考实体多头，特定市场风险资本要求以可能的最大支出作为上限，如为合格证券的情况，则视为持有信用衍生品多头	视为卖出特定市场风险资本要求最高的参考实体空头（针对风险暴露），或视为卖出特定市场风险资本要求最低的信用参考实体空头（针对对冲头寸）
第二次信用违约互换	一般市场风险	如有任何费用或利息的支付，则视为持有无特定市场风险债券多头	如有任何费用或利息的支付，则视为卖出无特定市场风险债券空头
	特定市场风险	视为持有所有参考实体多头，但不包括特定市场风险资本要求最低的信用参考实体多头，特定市场风险资本要求以可能的最大支出作为上限，如为合格证券的情况，则视为持有信用衍生品多头	视为卖出特定市场风险资本要求最高的参考实体空头（针对风险暴露），当存在首次违约保护的情况下，视为卖出第二个特定市场风险资本要求最低的信用参考实体空头，或当特定市场风险资本要求最低的信用参考实体已发生违约的情况下，视为卖出信用参考实体空头（针对对冲头寸）

2. 内部模型法

内部模型法应涵盖的风险因素与标准法相同，也包括交易账户的利率风险、股票风险以及全部表内外的汇率风险、商品风险和期权风险等。

（1）利率风险

①商业银行的内部模型应涵盖每一种计价货币的利率所对应的一系列风险因素。

②商业银行应使用业内普遍接受的方法构建内部模型使用的收益率曲线。该收益率曲线应划分为不同的到期时间，以反映收益率的波动性沿到期时间的变化；每个到期时间都应对应一个风险因素。

③对于风险暴露较大的主要货币和主要市场的利率变化，商业银行应使用至少六个风险因素构建收益率曲线。风险因素的数量应最终由商业银行交易策略的复杂程度决定。

④风险因素应能反映主要的利差风险。

（2）股票风险

①商业银行的内部模型应包含与商业银行所持有的每个较大股票头寸所属交易市场相对应的风险因素。

②对每个股票市场，内部模型中至少应包含一个用于反映股价变动的综合市场风险因素（如股指）。投资于个股或行业股指的头寸可表述为与该综合市场风险因素相对应的“贝塔（beta）等值”。

③银监会鼓励商业银行在内部模型中使用市场的不同行业所对应的风险因素，如制

造业、周期性及非周期性行业等；最审慎的做法是对每只股票的波动性都设立风险因素。

④对于一个给定的市场，建模技术的特点及复杂程度应与商业银行对该市场的风险暴露以及个股的集中度相匹配。

（3）汇率风险

内部模型中应包含与商业银行所持有的每一种风险暴露较大的外币（包括黄金）与本币汇率相对应的风险因素。

（4）商品风险

①内部模型应包含与商业银行所持有的每个较大商品头寸所属交易市场相对应的风险因素。

②对于以商品为基础的金融工具头寸相对有限的商业银行，可以采用简化的风险因素界定方法。即对有风险暴露的每种商品的价格都确定一个对应的风险因素；如商业银行持有的总商品头寸较小，也可采用一个风险因素作为一系列相关商品的风险因素。

③对于交易比较活跃的商品，内部模型应考虑衍生品头寸（如远期、掉期）和实物商品之间“便利收益率”的不同。

（5）其他

①内部模型应包含能有效反映与上述四大类别市场风险相关的期权性风险、基差风险和相关性风险等风险因素。

② 原则上，商业银行所使用的定价和估值模型中的风险因素都应包含在内部模型中。如未包含，则应说明其合理性。

采用内部模型法计算表内外市场风险资本要求时，应包括一般市场风险资本要求、特定市场风险资本要求和新增风险资本要求。具体方法详见第五章。

本章小结

1. 表外业务的定义可以分为狭义的表外业务和广义的表外业务，本章重点讨论的是狭义的表外业务。

2. 对于表外业务的分类，巴塞尔委员会主要分为：一是担保及类似的或有负债类表外业务；二是承诺类业务；三是外汇、利率和股票指数等金融衍生品交易；四是咨询、管理银行服务。目前我国商业银行主要从事的表外业务分为保函、信用证、承兑汇票、承诺、表外理财、衍生产品、资产证券化、证券承销承诺等业务。

3. 表外业务的风险管理包括信用风险、市场风险、流动性风险及风险加权资产的计量。

4. 我国表外业务统计的基本原则包括风险为本原则、实质重于形式原则、动态性原则、多维度统计原则。

5. 我国表外业务基本状况统计包括衍生品统计、理财业务统计、资产证券化业务统计。

6. 我国表外业务信用风险统计包括表外业务因发生垫款转为表内业务的统计、表外业务风险缓释情况统计、风险集中度统计。

7. 我国表外业务市场风险统计包括利率风险重新定价统计、汇率风险统计。

8. 我国表外业务流动性风险统计包括流动性缺口统计、流动性覆盖率、净稳定融资比例。

9. 我国表外业务资本充足率统计包括信用风险和市场风险的计量。信用风险计量的基本原则是将表外项目的名义本金乘以信用转换系数，获得等同于表内项目的风险资产，然后根据交易对手的属性确定风险权重，计算表外项目风险加权资产。市场风险涵盖因市场价格（利率、汇率、股票价格和商品价格）的不利变动而使商业银行表内和表外业务发生损失的风险。商业银行可采用标准法或内部模型法计量市场风险资本要求。

本章重要概念

表外业务　担保　承兑　有追索权的交易　备用信用证　跟单信用证　保函与赔偿　承诺　不可撤销性承诺　可撤销性承诺　远期外汇交易　货币与利率掉期　货币期货　货币期权　远期利率协议　利率期货　利率期权　股票指数期货　股票指数期权　保函　信用证　表外理财　衍生产品　资产证券化　证券承销承诺　信用风险　市场风险　流动性风险　风险加权资产　权重法　内部评级法　标准法　内部模型法

思考题

1. 什么是表外业务，广义的表外业务与狭义的表外业务有什么区别？
2. 目前我国商业银行开展的表外业务主要有哪些？
3. 表外业务的风险管理主要包括哪几个方面？
4. 目前我国商业银行表外业务统计包括哪几个方面？

本章参考文献

[1] 中国人民银行译：《巴塞尔银行监管委员会文献汇编》，2001。

[2] 中国银行业监督管理委员会：《商业银行资本管理办法（试行）》，2012。

[3] 中国银行业监督管理委员会：《非现场监管报表使用手册（2013）》，北京，中国金融出版社，2013。

第十章

资本监管与宏观审慎监管

2007—2009 年全球金融危机以后，宏观审慎监管（Macroprudential Supervision）的理念得到国际金融界广泛认同，并在以巴塞尔协议Ⅲ为代表的国际金融监管新标准中得到运用。本章注重从银行监管的视角讨论宏观审慎监管，重点分析宏观审慎工具的原理和作用，特别是介绍资本监管工作在宏观审慎监管中的应用。本章首先介绍宏观审慎监管的概念和基本要素，其次分别讨论逆周期资本监管安排、系统重要性银行的监管框架，以及杠杆率监管等几个银行业宏观审慎监管工具中与资本监管密切相关的工具。

第一节　宏观审慎监管概述

2007 年以来的金融危机表明，传统的宏观调控框架（包括货币政策和财政政策）、金融监管安排和市场约束不能有效抑制系统性风险累积，危机之前的金融稳定机制存在重大缺陷。在本轮危机中，个别大型金融机构的经营失败对金融体系稳定性产生了巨大冲击，金融体系与实体经济之间的正反馈循环进一步放大了金融危机的宏观经济成本。如何有效约束系统性风险的累积、建立应对系统性风险的监管框架成为国际金融监管改革的重要议程。

一、宏观审慎监管的概念

国际清算银行（BIS）的资料显示，“宏观审慎”概念可追溯到 1979 年的库克委员会（巴塞尔委员会的前身）的一次会议和英格兰银行的一份报告中。该概念第一次出现在正式文件中是国际清算银行发布的《当前国际银行业的创新》，其中收录的欧洲货币常设委员会（ECSC）一份报告中提出将宏观审慎政策定义为增强“广义金融体系和支付机制的安全性和稳健性”的政策，该报告认为，金融创新会加大整个金融体系风险，关注的焦点是资本市场的衍生工具市场和证券化发展，强调了金融体系的以下几个缺陷：监管套利、对新工具的低风险定价、高估流动性、风险不透明、风险积聚的风险、交易量大幅提高引发的支付和结算系统过载、市场波动性的潜在扩大、整体债务的大幅攀升。事实上，不受约束的金融创新正是酿成这次全球金融危机的罪魁祸首。遗憾的是，这些先见之明并未转换为实际的监管行动。

20 世纪 90 年代后期，宏观审慎概念又开始流行起来，针对亚洲金融危机的教训，1998 年 1 月，国际货币基金组织发表的题为《建立稳健金融体系》的报告提出："持续有效的银行监管包括微观审慎和宏观审慎两个层面。宏观审慎分析是通过了解市场情报和宏观经济信息，关注重要资产市场、金融中介机构、宏观经济发展和潜在失衡现象来实现的。"2000 年以来，随着人们对金融体系顺周期性（Procyclicality）的关注，宏观审慎的重要性开始显现。2000 年 10 月，时任国际清算银行总经理安德鲁·克罗克特对微观审慎方法和宏观审慎方法进行了比较分析，阐述了宏观审慎监管的两个显著特点：一是宏观审慎监管关注点是整个金融体系，其目标是减少金融低迷产生的成本；二是宏观审慎监管认为系统性风险取决于金融机构的共同行为（内生性）。与此相反，微观审慎办法被定义为限制单个机构的破产风险，其最根本的目标是保护存款者和投资者的利益。同时，微观审慎监管认为整体风险独立于金融机构的共同行为（外生性）。

随后，国际清算银行的经济学家越来越多地使用宏观审慎的概念，特别是用于分析金融监管制度（特别是巴塞尔协议Ⅱ）的顺周期性。本次金融危机后，国际清算银行率先提出了两个维度的宏观审慎监管，并赋予其不同的政策含义。其一是时间维度（Time Dimension），主要讨论风险是如何随时间的推移演变的，尤其是在金融周期中如何变化。如金融系统和实体经济之间相互作用，即"顺周期性"。为解决该问题，资本监管要求在经济繁荣时期应提高，从而可以在经济衰退时期用于吸收增加的损失，发挥"稳定器"的作用。其二是横向维度（Cross-section Dimension），重点讨论风险在金融体系中如何分布，核心问题是金融体系中拥有同类风险暴露（Common Exposure）的金融机构以及这些机构间的相互联系。为此，需对单家金融机构的系统重要性进行估计，如对整体风险的贡献度，在此基础上校准对其的监管要求。

危机以来，关于宏观审慎监管的讨论在金融监管改革中居于重要地位，许多国家监管当局以及国际组织都提出了宏观审慎监管或宏观审慎政策的定义。三十人集团（G30，2010）认为宏观审慎政策包括四个要素：一是宏观审慎政策旨在制定和实施基于不断发展的金融系统整体的监管对策，而非专注于个别机构或某些孤立的经济措施。二是金融机构之间的相互关联性、由于共同受到经济危机的影响而同时采取顺周期行为的倾向都会导致系统性风险在金融体系内的传播蔓延；宏观审慎政策的目标就是要通过阻止系统性风险的传递，增强金融系统抵御危机冲击的能力。三是宏观审慎政策将持续使用（微观）审慎监管工具，以便根据需要缓和顺周期倾向，实现降低系统性风险的目标，增强金融系统吸收风险抵御危机的能力。四是基于对宏观审慎政策和其他领域经济政策互补性的认识，实施宏观审慎职责的监管机构（无论是新设机构或作为现有机构的一部分），都应当与政府货币、财政及其他主管部门就政策制定问题互通有无，并妥善尊重其各自的职能。金融稳定理事会、国际货币基金组织和国际清算银行（FSB - IMF - BIS，2011）发布的《宏观审慎政策和工具报告》对宏观审慎政策进行了明晰的界定，即宏观审慎政策是指以防范系统性金融风险为目标，以运用审慎工具（Prudential Tools）为手段，而且以必要的治理架构为支撑的相关政策。

二、微观审慎、宏观审慎与货币政策

宏观审慎监管是一个与微观审慎监管和宏观货币调控有区别但又相互联系的概念。在理论意义上，微观审慎监管的对象是单家金融机构，目的是保证单家机构的稳健性，其基本假定是单家金融机构的经营环境是外生的，单家机构对整个金融体系稳定性和宏观经济只能产生微乎其微（或有限）的影响。宏观货币调控的工具是利率、货币供应量，目标是通过影响总需求，实现物价稳定。宏观审慎监管的立足点是整个金融体系，而不是单家金融机构，其分析的起点是金融体系风险是内生的，因而其更多地重点关注单体机构之间的相互作用及金融机构面临的共同风险，其目标是防范系统性风险，实现金融体系的稳定。

在实践中，三者又是相互联系的，难以泾渭分明。任何针对单家金融机构的风险判断都不可能忽视对所在的金融市场环境和所处的经济增长阶段的分析，对单家金融机构或特定的一类金融机构采取监管行为都会对整个市场和经济增长产生一定程度的影响。如1990—1992年期间美国的信贷紧缩（Credit Crunch）在很大程度上是资本监管驱动的（Bernanke，1991）；2004—2006年期间，我国银行体系信贷增速下降与《商业银行资本充足率管理办法》的实施存在密切的关系（王胜邦，2011）。宏观货币调控的方向和力度对金融机构的风险承担行为有显著的影响，从而影响整个金融体系的风险。大量分析表明，21世纪初为应对IT泡沫崩溃对美国经济增长和就业带来的负面冲击，美联储长期采取低利率的货币政策是导致美国房价大幅度攀升，并最终诱发次贷危机的直接原因之一。因此，基于系统性风险的宏观审慎监管不可能也不应该脱离基于微观视角的风险分析和宏观货币环境的考察。

从政策目标、分析方法和工具等角度来分析，宏观审慎与微观审慎更为接近，甚至可以理解为微观审慎监管的自然延伸和扩展；宏观审慎与货币调控具有密切的相关性，两者的客体和传导机制具有相似性，但在目标和工具方面存在较大的差异。通常情况下，人们通过与微观审慎监管比较来进一步理解宏观审慎监管的原理、目标和对象等。

表10－1　　宏观审慎监管与微观审慎监管比较

	宏观审慎监管	微观审慎监管
基本目标	防范金融体系风险	防范单体机构风险
最终目标	避免宏观经济波动	保护消费者（投资者或存款人）
风险模式	内生性	外生性
机构之间的相关性及风险暴露关联性	密切相关	不相关
校准目标及方式	金融体系；自上而下	单体机构；自下而上

三、宏观审慎监管与金融稳定机制

金融稳定机制泛指一个国家或地区为维护金融体系稳定而采取一整套制度安排，涵盖宏观调控政策框架、金融监管制度以及金融安全网建设等更广泛的内容。促进金融稳定的政策包括：审慎监管政策（资本和流动性、抵押品、保证金和折扣、风险集中度等）、货币政策、财政政策、资本管制和强化金融系统基础设施等。相对而言，宏观审慎监管的指向更加明确（more targeted），基于对金融业系统性风险的判断和计量，并进而采取有针对性的监管行动来缓解系统性风险，侧重于金融机构集体行动及金融体系内部复杂交易导致的内生性风险，以及金融体系与实体经济之间的互动关系导致的金融业整体风险的放大。英格兰银行（2011）认为，宏观审慎监管视野中的系统性风险本质还是源于金融市场的不完善，包括激励扭曲、信息摩擦和协调问题（即集体行动困境），不宜将其定义得过于宽泛。因此，并非所有有助于提升金融体系稳定性和降低系统性风险的政策措施和制度安排都属于宏观审慎监管的范畴。

如许多新兴市场国家对资本项目进行管制以及一些发达国家对跨境金融交易征收交易税（托宾税）等措施，以防止大规模资本流动对本国经济的冲击，虽然有助于防范金融机构资产负债表错配等系统性风险，但由于其政策指向更加宽泛，因而不属于宏观审慎监管的范畴；存款保险制度有助于降低系统性风险发生的概率以及存款人挤兑风潮，但其直接目的是保护存款人，特别是中小存款人的利益，不宜将其视为宏观审慎监管工具。因此，宏观审慎监管只是金融稳定机制的一个组成部分，是实现金融稳定的必要手段之一但不是充分条件，不能简单地用金融稳定机制来替代宏观审慎监管。

四、宏观审慎监管框架

根据已经形成的共识，宏观审慎监管框架包括三个方面：一是系统性风险的识别与评估，包括必要的信息和数据收集；二是宏观审慎监管工具；三是宏观审慎治理架构与跨部门合作。

（一）系统性风险的识别与评估

及时识别和审慎评估系统性风险是实施宏观审慎监管的前提。但从全球范围来看，识别和计量系统性风险的技术手段尚未成熟。本轮金融危机之后，国际货币基金组织和金融稳定理事会等国际组织发现，在评估系统风险方面普遍面临着数据缺口，包括理解金融体系与实体经济之间互动关系的数据、金融机构之间风险暴露以及面临的共同风险暴露、影子银行内部以及影子银行与传统银行之间的交易数据等，提高数据的可获得性和一致性是进一步分析的基础。为此，金融稳定理事会专门成立数据缺口工作组，研究解决缓解数据不足的制度安排和技术手段，并建立了影子银行监测安排，监测影子银行的规模、杠杆和期限错配等；巴塞尔委员会要求各成员国定期收集并报告系统重要性银行的数据等。

在识别和评估系统性风险的技术手段方面，2009 年 4 月国际货币基金组织发布的《全球金融稳定报告》介绍了四种评估金融机构关联性的定量模型。一是网络模型，借助于机构数据，评估其直接关联度，可跟踪系统内信贷事件或流动性紧缩带来的反响效应，并可提供指标计量危机多米诺效应下金融机构的恢复弹性；二是 CO - RISK 模型，利用市场数据，包括 CDS 利差、公司债利差以及交易账户的 VaR 等市场数据，评估机构由于相同或相近的商业模型、会计准则、定价基础等因素而导致的直接和间接关联性，重点评估机构层面由共同风险因子造成的系统性风险；三是危机依存度矩阵模型，通过建立反映线性和非线性关联度的动态多变量分布模型测算金融机构组的关联矩阵；四是违约强度模型，基于银行历史违约数据的时间序列特征来评估系统关联性，估算由于直接和间接关联性引发系统性危机的概率。金融稳定理事会和国际货币基金组织联合建立早期预期机制，定期对全球金融市场系统性风险进行评估。

英格兰银行（2011）认为，在国别范围内，评估时间维度的风险（Time-varying Risk）方法包括：观察资产负债表的周期性变化，包括对实体经济信贷（杠杆率和期限转换）、金融体系内部交易（总杠杆率和总期限错配）；观察金融交易的条件和合约条款的变化（如抵押率和贷款收入比）等。评估横向风险，重点是了解市场结构，即金融市场上的风险分布，诸如描绘金融机构之间相互持有风险暴露形成的网络效应、关注风险集中程度，以及分析金融机构、金融产品和金融市场的模糊性（Opacity）和复杂性（Complexity）等。

具体到宏观审慎监管工具的设计方面，巴塞尔协议Ⅲ最后采取基于宏观信贷指标（信贷余额/GDP）的逆周期资本监管框架，也就是说通过观察宏观信贷指标对历史趋势的偏离程度来判断周期性风险。巴塞尔委员会和国际保险监督官协会（IAIS）基于规模、复杂性、关联性等方面来判断单家金融机构的系统性影响等。

（二）宏观审慎监管政策工具

金融稳定理事会、国际货币基金组织和国际清算银行的调查表明，一些国家对宏观审慎监管工具进行了探索，所使用的类似工具基本包括：一是抑制信贷过度扩张和资产价格泡沫的政策工具，如对特定行业采取可变的风险权重、对抵押率和贷款收入比进行逆周期调整，如澳大利亚2004年提高了住房抵押贷款的风险权重，印度2005年提高了对商业房地产的风险权重，香港地区和中国都对抵押率有监管限制；二是抑制银行体系的杠杆率累积，如加拿大设立单家银行杠杆倍数的上限；三是限制期限错配的政策工具，如新西兰2010年开始使用核心融资比例（Core Funding Ratio）等；四是采用动态贷款损失准备金制度（Dynamic Provisioning），如西班牙等；五是降低金融体系内在关联性和负外部性的政策工具，如针对金融机构共同风险暴露的监管措施等。同时，有些国家采取了限制系统重要性机构业务范围的结构化措施，如美国《多德—弗兰克法案》提出限制存款机构从事自营交易业务和对对冲基金、私募股权基金投资的沃尔克规则，授权美联储在特定情形下分拆系统重要性金融机构等。英国提出通过“圈护”（ring fencing）方法，以保护为个人和中小企业提供服务的重要零售功能；圈护并不要求全能银行彻底放弃批发银行业务，而是在内部设置严格的隔离机制，将二者相互分离。这一措施能实现对纳税人和公众的双重保护。一方面通过简化结构能有效提高大型金融机构风险处置的效率，弱化银行承担过度风险的动机，减少其对公共部门支持的依赖；另一方面，通过保护零售银行业务免受外部风险的冲击，切断金融风险的传递链条，保证其对个人和中小企业客户提供持续服务。

本轮危机之后的金融监管国际规则的改革提出了一系列宏观审慎监管工具，具体包括：一是在巴塞尔协议Ⅲ框架建立了逆周期资本监管框架（详见本章第二节）；二是金融稳定理事会主导设计了强化系统重要性金融机构监管的一揽子改革建议，据此，巴塞尔委员会发布了系统重要性银行附加资本要求监管规则（详见本章第三节）；三是巴塞尔协议Ⅲ明确了建立全球一致性的商业银行杠杆率监管标准，抑制银行体系的杠杆率累积（详见本章第四节）；四是扩大金融监管范围，将对金融体系稳定性具有重要影响的影子银行机构和业务纳入监管框架，包括货币市场基金、资产证券化、证券借贷和回购市场、具有杠杆效应和期限转换功能的其他信用机构等；五是改革场外衍生品市场，通过提高场外合约的标准化程度、中央交易对手清算、交易所或电子平台交易提高场外衍生品市场的透明度，降低风险传染性；六是强化金融市场基础设施的稳健性标准，消除金融市场基础设施崩溃对金融体系稳定性的威胁。

（三）宏观审慎治理架构与跨部门合作

宏观审慎监管的前提是判断和评估系统性风险的来源和程度，关键是在适当时候运用适当的监管工具抑制系统性风险的扩散和积累。系统性风险成因复杂性和影响广泛性决定了宏观审慎治理架构的重要性，在任何国家，由一家机构独立制定宏观审慎监管政策并实施宏观审慎监管工具是不现实的。从理论的视角分析，财政部门是金融危机成本的最终承担者，应该在宏观审慎监管框架中发挥重要的作用，但财政部门通常具有更广泛的公共政策目标；中央银行承担着最终贷款人的职能，具有主动创造货币这一强大的工具；金融监管当局的优势在于熟悉金融机构运作和风险，并且充分了解资本、流动性、杠杆率和抵押率等监管工具的特性。因此，为保证宏观审慎监管的有效性，不同国家必须建立多部门有机协调的宏观审慎治理架构，对各类宏观、中观和微观层面的情况进行对接和汇总，通过深入分析、经验判断和讨论，分析金融机构风险暴露方面的共性特征与相关性、经营模式的可持续性以及整个金融行业的发展趋势、风险水平与特征，并及时采取相应的监管行动。严格意义上该架构应满足以下标准：清晰的政策目标，有效的宏观审慎监管工具箱，通畅的信息共享机制，明确的部门分工和问责。

从不同国家和地区危机以后监管改革的实践来看，宏观审慎治理架构的安排既反映出对系统性风险来源和治理的理论认识的深化，又具有鲜明的路径依赖特征，同时又是复杂的政治经济过程（不同部门之间的讨价还价）的结果。如美国建立由财政部主导，美联储等联邦监管部门共同参与的金融稳定监管委员会（FSOC）；欧洲建立欧洲中央银行主导的系统性风险监管委员会（ESRB）；英国则在英格兰银行内部成立负责审慎政策制定的金融政策委员会（FPC）以及负责政策实施的审慎监管局（PRA）；日本则建立了由内阁主导，财政部、中央银行、金融监管机构参与的金融系统管理委员会（FSMC）；而澳大利亚直接将宏观审慎监管政策的制定和执行职责赋予了审慎监管局（APRA）。

第二节 逆周期资本监管安排

顾名思义，逆周期（Countercycle）是与顺周期（Procycle）相对应的现象。所谓的顺周期是指银行体系与实体经济之间的动态相互作用（正反馈机制），这种相互强化的互动扩大了经济周期的波动和金融体系的不稳定性。本轮全球金融危机进一步证实了信贷/资产价格周期的存在，暴露出金融体系与实体经济之间存在复杂的双向传导关系。巴塞尔委员会金融与实体经济传导渠道研究项目组（RTF－TC，2010）全面考察了实体经济变量（包括GDP增长、就业）如何影响企业部门、家庭部门的资产负债表，并通过借款人违约和信用风险进一步影响银行的绩效和资产负债表；分析了银行资产负债表变化以及监管资本要求对实体经济运行的影响。该项目组（2011）吸收本轮危机期间的教训，从以下四个角度进一步研究了银行体系与实体经济相互作用的政策含义，具体包括：一是银行信贷、货币政策和实体经济增长的相互作用；二是银行资本和流动性监管的成本与收益；三是货币政策与银行风险承担；四是资产价格泡沫与金融监管的周期性特征。

基于前期研究和危机期间的观察，巴塞尔协议Ⅲ全面引入了逆周期资本监管安排，以期缓解银行体系的顺周期效应，并维护银行体系在整个周期内的稳健性。

一、资本监管与银行体系的顺周期效应

顺周期效应是银行体系重要的内在特征，但危机之前的资本监管制度在一定程度上扩大了银行体系与实体经济之间的正反馈效应，推动银行在经济上行期过度承担风险，埋下了危机的种子。一般而言，商业银行资本充足率水平的变化与经济周期更替是同向的，经济上行期支持信贷高速扩张，推动经济进一步膨胀；经济衰退期抑制信贷扩张，对经济恢复产生负面影响，从而扩大经济波动。从理论上讲，资本充足率计算方法的风险敏感性越高，最低资本要求在整个经济周期内的波动幅度就越大，顺周期效应就越强。但是，资本监管顺周期效应不仅取决于最低资本要求的波动性，而且取决于商业银行实际资本充足率的水平。实际资本充足率水平与最低资本要求之间的差额（即超额资本）的大小，决定了顺周期效应的程度。因此，应从最低资本要求与实际资本充足率水平两个角度考察超额资本的周期性变动特征。

（一）最低资本要求的周期性特征

巴塞尔协议Ⅰ按照债务人身份简单地将资产分为五大类，分别给予不同的风险权重且在整个经济周期内保持不变，最低资本要求保持稳定。巴塞尔协议Ⅱ大幅度提高了资本监管的风险敏感性，内部评级法框架下信贷资产的风险权重取决于债务人和债项的评级，经济衰退时期，债务人财务状况恶化，同时抵押品贬值，导致债务人和债项的评级下调，最低资本要求上升；经济繁荣时期，债务人现金流充足，偿债能力提高，同时抵押品价值上升，债项损失率也下降，评级上调，最低资本要求下降。市场风险内部模型法框架下，金融市场繁荣，市场流动性充裕，交易业务规模扩大，市场波动度下降，风险价值以及以此为基础的资本要求降低；反之，金融市场处于压力时期，流动性急剧萎缩，市场波动度明显放大，交易业务损失扩大，最低资本要求上升。

（二）资本充足率水平的周期性特征

经济繁荣时期，银行信贷损失下降，盈利能力增强，并且容易获得外部资本的支

持，资本充足率水平上升；与此相反，经济衰退时期，银行体系资产质量恶化，信贷损失增加，银行需动用资本冲销损失，同时金融市场疲软导致外部筹资困难或成本上升，资本充足率水平下降。但由于经济周期由繁荣向萧条过渡期间，信贷质量是逐步恶化的，只有当贷款损失准备不足以弥补贷款损失时，实际资本充足率才会下降。巴塞尔协议Ⅰ框架下，由于资本监管的风险敏感度低，银行在信贷扩张前期识别和计量贷款损失的能力不强，贷款损失准备计提不足，经济衰退导致资产质量迅速恶化，损失大幅度上升，被迫使用资本冲销损失，使得资本充足率水平明显下降。相对而言，虽然大量分析表明，巴塞尔协议Ⅱ扩大了最低资本要求的周期性波动，资本要求的周期性特征更加明显；但也有观点认为，由于巴塞尔协议Ⅱ增强了银行资本管理的前瞻性，通过顺周期的资本积累和授信标准调整，有助于平滑信贷周期。

因此，不同资本监管制度下顺周期的形成机制有所差异，巴塞尔协议Ⅰ框架下是“信贷质量变化”渠道（Debt Service Channel），而巴塞尔协议Ⅱ框架下是“评级迁徙”渠道（Rating Migration Channel）。这场危机也证实了该观点。虽然美国并未实施巴塞尔协议Ⅱ，但由于危机期间银行损失剧增，超额资本消耗殆尽，资本充足率下降到最低监管标准以下，制约了美国银行体系的信贷供给能力，阻碍了经济复苏的进程。因此，仅从最低资本要求波动的角度分析资本监管的顺周期效应是不充分的，解决资本监管顺周期问题必须同时关注两个方面：一是在风险全面覆盖、增强审慎性的基础上提高单个银行最低资本要求，降低其周期性波动；二是在信贷高速扩张时期要求商业银行计提超额资本，用于吸收经济下行期可能增加的信贷损失，增强银行体系应对周期转换的冲击，降低银行体系与实体经济之间的正反馈效应，从而有助于平滑宏观经济的周期性波动。

二、逆周期资本监管框架的组成部分

金融稳定理事会（2009）认为，逆周期监管政策设计应遵循限制经济收缩阶段金融危机的成本和控制经济扩张阶段风险累积两个原则。据此，巴塞尔协议Ⅲ确立了逆周期资本监管的整体框架，包括相互联系的四个模块。

（一）缓解最低资本要求的周期性波动

通过对内部评级法框架下风险权重函数的输入因子或输出结果进行平滑，以保证整个经济周期中最低监管资本要求的相对稳定。若确认最低资本要求的波动超出预期，巴塞尔委员会将采取必要的措施缓解其亲周期效应，并在风险敏感度和资本要求的稳定之间建立有效平衡。巴塞尔委员会正在评估降低内部评级法风险权重函数输入因子波动性的可能措施。一是引入调整因子（衰退时期的违约概率/长期平均违约概率）对银行内部估计违约概率进行上下调整，衰退时期该因子下降，不需增提资本；扩张时期该因子上升，需增提资本。二是建立时点评级违约概率（PIT－PD）和跨周期评级违约概率（TTC－PD）之间的转换标准（Scalar），将银行违约概率模型的输出值转变成跨周期的估计值，得到不具有顺周期性的违约概率。三是通过时间加权平均过程降低违约概率模型输出值的波动性。巴塞尔委员会启动了全面数据收集工作，监测巴塞尔协议Ⅱ实施后最低资本要求的变化，评估对信贷周期的影响。

（二）建立前瞻性的贷款损失准备金

通过事前建立的贷款损失准备增强衰退时期银行弥补损失的能力。一是推动会计标准制定机构放弃基于已发生损失（Incurred Loss）转向基于预期损失计提贷款损失准备。这种理念以获得国际上两大会计组织（国际会计准则理事会和美国财务会计准则委员会）的认可，但两家机构提出的方法存在一定的差异。二是建立与基于预期损失的资产减值规则相配套的贷款损失准备计提监管指引。巴塞尔委员会会计工作组（BCBS - ATF）初步建议计提贷款损失准备分为三步：（1）充分考虑定量和定性信息的基础上计算整个生命周期中的贷款损失，定量信息包括历史平均损失经验、内部评级法下损失率的历史数据、经济衰退时期的历史数据；定性信息包括贷款组合的特征、经济状况、授信标准的变化等。（2）根据估计的损失确定有效利率（Effective Interest Rate），并用于计提准备。（3）自发放贷款开始确认利息收入和计提准备金。三是审查现行监管资本定义中贷款损失准备缺口和剩余的处理方法，为银行充足拨备提供制度激励。

（三）建立高于最低资本要求的储备超额资本要求

为防止银行资本充足率快速下滑到最低资本要求之下，触发严厉的监管措施导致银行收缩信贷对实体经济增长的负面影响，巴塞尔协议Ⅲ明确提出一个高于最低监管要求的超额资本要求，即储备超额资本（Conservation Buffer），用于覆盖危机期间单家银行出现的重大损失，保证危机时期银行资本充足率仍能达到最低资本监管要求。在正常情况下，银行资本充足率应达到该要求。

为实现其预定目标，巴塞尔协议Ⅲ明确了储备超额资本要求的运作机制，具体包括以下方面：（1）储备超额资本必须由核心一级资本工具来满足，因为核心一级资本工具可以不受任何约束随时用来吸收损失。（2）相对于最低资本要求而言，储备超额资本要求对商业银行的约束强度明显弱化，若商业银行未达到储备资本要求，监管当局所采取措施更具有灵活性，主要是限制商业银行的利润分配，股票回购和奖金发放，通过扩大内部资本留存，避免过度分红损害银行吸收损失的能力，而不是采取约束银行资产扩张等严厉的监管措施，避免对银行正常业务开展产生严重影响，使得银行在达不到储备超额资本要求的情况仍可以保持适度的信贷扩张，防止对经济运行产生较大冲击。（3）根据本轮全球金融危机和历史上金融危机期间银行损失的经验数据，巴塞尔协议Ⅲ将储备超额资本确定为风险加权资产的2.5%。（4）确定与资本充足率水平挂钩的利润留存比例，以防止储备超额资本要求被虚置。如表10 - 2所示，假定核心一级资本充足率的最低要求为4.5%（巴塞尔协议Ⅲ的规定），加上2.5%的储备超额资本要求，正常条件下商业银行核心一级资本充足率应达到7%；当商业银行核心一级资本充足率水平处于4.5%与7%之间的不同区间，监管当局将对商业银行提出不同比例的利润留存要求。商业银行资本充足率水平越接近最低资本要求时，对利润分配的限制将增强；资本充足率水平达到储备资产要求时，利润分配受到的限制最小。当然，银行也可以通过从外部渠道筹集所需的资本，以避免利润分配受到限制，这应该构成银行资本规划的一部分，并征得监管当局的同意。

表 10-2　　核心一级资本充足率水平与利润留存比例

核心一级资本充足率水平	利润留存比例
7% 以上	0
6.375% ~7%	40%
5.75% ~6.375%	60%
5.125% ~5.75%	80%
4.5% ~5.125%	100%

（四）建立与信贷超常增长挂钩的逆周期超额资本要求

国际清算银行的大量实证分析表明，历史上绝大多数银行体系危机之前都出现信贷超常增长的现象，危机期间信贷超常增长使潜在损失迅速兑现并直接威胁银行体系，同时恶化了实体经济。为保护银行体系免受信贷超常增长潜在威胁，并有助于金融体系面临压力情况下银行体系能继续为实体经济提供信贷支持，巴塞尔协议Ⅲ引入了与信贷超常增长挂钩的逆周期超额资本要求（Countercyclical Buffer）。逆周期超额资本要求建立在最低资本要求和储备超额资本要求之上，正常情况下银行达到资本留存超额资本要求即可；若贷款增速超过正常水平，应按照贷款增速偏离正常水平程度计提逆周期超额资本，逆周期超额资本要求在其上限内随着贷款增速变化而变化。巴塞尔协议Ⅲ建议采用宏观信贷指标（信贷/GDP）及其长期趋势作为确定逆周期超额资本要求的基础标杆（Benchmark），同时允许各国监管当局考虑金融体系不同发展阶段的差异，使用更为广泛的信息。

巴塞尔协议Ⅲ规定，单家银行的逆周期超额资本要求为其风险加权资产的 0 ~ 2.5%，与储备超额资本类似，逆周期超额资本要求也必须由核心一级资本工具来满足；若商业银行未达到逆周期超额资本要求，监管当局采取的监管措施与储备超额资本要求的也相同，即主要通过限制利润分配的方式促使银行恢复资本水平。因此，可以通过扩展储备超额资本要求的方式来实施逆周期超额资本要求。如表 10-3 所示，某银行的逆周期超额资本要求达到最大值（2.5%）时，其核心一级资本充足率的监管要求为 9.5%，其核心一级资本充足率处于 4.5% 与 9.5% 之间的不同区间时，应适用不同的利润留存比例。

表 10-3　　核心一级资本充足率水平与利润留存比例

核心一级资本充足率水平	利润留存比例
9.5% 以上	0
8.25% ~9.5%	40%
7% ~8.25%	60%
5.75% ~7%	80%
4.5% ~5.75%	100%

三、逆周期超额资本要求的运作机制

逆周期超额资本要求是最典型的宏观审慎监管工具，旨在确保银行体系资本要求的设定应考虑银行运营所面临的宏观金融环境。当监管当局认为信贷增长过快以及系统性风险迅速累积时，应实施逆周期超额资本要求来确保银行体系有足够的资本吸收未来的潜在损失，这样将确保信贷过度增长之后银行体系面临压力时，银行业总体仍有可用资本以保证信贷供给，从而有助于降低监管资本要求带来的信贷供给波动，及其对实体经济的潜在损害，从而保护银行业免受额外损失。此外，信贷高速增长时期，实施逆周期超额资本要求，一方面降低了银行体系的信贷供给能力，另一方面相对提高了信贷成本也有助于抑制信贷需求，从而在一定程度上具备对信贷周期的“逆风向”调节功能。

（一）确定衡量周期的指标

确定衡量周期的指标是设计逆周期超额资本要求的前提。根据国际清算银行（2010）的研究成果，巴塞尔委员会曾考虑三大类指标：第一类包括总的宏观经济变量——GDP增长、（实际）信贷增长及信贷/GDP与其长期趋势的偏离，实际股票价格和房地产价格与其长期趋势的偏离；第二类包括衡量银行业经营业绩的指标——利润（收入）和（总）损失的替代变量；第三类包括以利差形式出现的融资成本变量。综合考虑了数据可得性、各国金融结构的差异和各种备选指标的历史表现，巴塞尔委员会最终选定了“信贷总量/GDP”及其长期趋势作为计提逆周期超额资本要求的参考标杆。

但“信贷总量/GDP”作为衡量周期的标杆也存在一些缺陷：一是该指标是总量指标，忽视了信贷的结构性差异。实证分析表明，与制造业贷款和商业贷款相比，与资产价格周期相关的信贷活动（如房地产贷款）的系统性风险更大；二是该指标未考虑单家银行的行为因素，潜在道德风险不容忽视，并且该指标的黏性特征使其不能迅速捕捉银行体系不对称性的积累，不宜作为释放逆周期超额资本要求的指标；三是该指标的偏高可能是由于其他冲击导致的GDP下降造成的，不是源于信贷高速扩张；四是实证分析表明，采用不同口径的数据计算的信贷/GDP对其长期趋势的偏离度差异很大，机械使用该指标可能形成误导，无法实现政策预期目标（Edge and Meisenzahl，2011）。

为此，巴塞尔协议Ⅲ认为，虽然信贷/GDP为各国监管当局的逆周期超额资本决策提供了有用的参考，但不应机械地依赖该比例，监管当局应当在利用其可获得的最佳信息对系统性风险进行充分评估后，运用自己的判断来设定逆周期超额资本要求。关键是应遵循一套明确的原则从而提高超额资本决策的合理性和有效性。巴塞尔协议Ⅲ进一步明确了各国监管当局实施判断时应遵循的五条原则。

原则1：逆周期超额资本决策目标必须是明确的，即保护银行体系免遭信贷过度增长时系统性风险带来的潜在损失。逆周期超额资本要求的一个附带效应是可对信贷过度增长“逆风向”调节，但其本身不是管理经济周期或资产价格的工具，并且需关注逆周期超额资本要求实施对货币政策和财政政策的影响。

原则2：信贷与GDP之比是超额资本决策的有效的参考基准，但不是监管当局制定和解释超额资本决策时的主导因素。监管当局应解释超额资本决策时所使用的信息以及如何使用的。在评估信贷增长的可持续性和系统性风险的程度时以及逆周期超额资本决策和解释时，各国监管当局可强调其他变量和定性信息，这并不意味着完全忽视该指标。

原则3：评估信贷/GDP指标和其他指标所含的信息时，应注意可能产生误导信号的要素行为。在评估计提或释放超额资本决策所需的信息时，监管当局可使用的变量还包括：（1）各种资产价格；（2）资金利差和CDS息差；（3）授信条件调查；（4）实际GDP增长；（5）能反映非金融实体按时偿还债务能力的数据。对信贷/GDP指标长期趋势的计算是纯统计意义上的，并不能很好地反映经济周期的反转。上述指标的长期趋势也可以作为其分析的基准参考，同时要关注到这些指标也可能传递误导信息。

原则4：银行面临内外部压力时迅速释放超额资本有助于缓解监管资本要求对信贷供给的约束。当信贷增长放缓及系统性风险开始消退时，监管当局可以逐步释放超额资本。考虑到信贷增长为预测危机的滞后性指标，可能需要迅速地释放超额资本以缓解监管资本要求给信贷供给带来的约束。释放超额资本需注意与银行业公布财务报表的时间及步调保持一致，使超额资本的释放与银行已有资本吸收损失的能力及需要更多资本覆盖风险加权资产的上升相一致。同时，建议各国监管当局说明该举措将会持续多久，这有助于降低银行对未来的资本需求的不确定性，及让银行明白超额资本的释放有助于吸收损失，同时可避免抑制资产增长。

原则5：逆周期超额资本是只是众多宏观审慎工具中的一个重要工具。当信贷过度增长可能造成系统性风险上升时，监管当局应采取逆周期超额资本措施，并尽量与其他宏观审慎工具配合实施以确保银行系统有充足的资本来保护其免受未来的潜在损失。当信贷过度增长主要集中在特定行业而非信贷总量时，可以采取其他措施，如抵押率、债务收入比或行业超额资本等工具。

（二）逆周期超额资本要求的计提

1. 信贷的定义。这里的信贷是宽口径的，包括私人部门（包括从国外获取的资金）的所有负债来源，包括银行信贷、从非银行金融机构获取的信贷、私人部门发行债券以及其他债务来源，但不包括公共部门（政府部门）的债务。采用宽口径的信贷定义并非对银行业的惩罚，因为其他渠道提供的债务融资也会带来系统性风险（如资产价格的快速上涨），银行业也会直接或间接地受到影响。

2. 计算私人部门信贷/GDP。t时期的信贷与GDP之比的计算办法为：

$$RATIO_t = CREDIT_t / GDP_t \times 100\%$$

式中，GDP_t是t期国内生产总值；$CREDIT_t$是t期末对私人部门的信贷余额；GDP和CREDIT都是名义值，并按季度计算。

3. 计算信贷/GDP与其长期趋势。进行比较，如果该比率远高于其趋势（比如有较大的正缺口），则表明相对于GDP信贷可能过度增长。t期特定经济体的偏离度（GAP）

将用实际信贷/GDP减去其长期趋势（TREND）：

$$GAP_t = RATIO_t - TREND_t$$

这里，趋势只是一个简单的近似数，可以视为某经济体可持续的信贷/GDP的平均数。在这里趋势是通过采取HP滤波（Hodrick-Prescot Filter）计算得到的，所使用的平滑参数（λ）为400 000。

4. 计算逆周期超额资本要求。当GAP_t低于下限临界值（L）时，逆周期超额资本为0。逆周期超额资本的要求随着GAP_t扩大而上升，直到当GAP超过上限临界值（H）时，超额资本要求达到其最大值。根据巴塞尔协议Ⅲ的规定，逆周期超额资本要求的计提范围为0～2.5%，L和H分别为2%和10%，即

当$CREDIT_t/GDP_t \times 100\% - TREND_t < 2\%$时，超额资本要求为0；

当$CREDIT_t/GDP_t \times 100\% - TREND_t > 10\%$时，超额资本为2.5%，即停止计提超额资本要求。

当GAP在2%至10%之间时，逆周期超额资本要求在0～2.5%内呈线性变化。这意味着，若GAP为6%时，逆周期超额资本要求为1.25%。

5. 若一个银行集团存在跨境信贷风险暴露，应首先单独计算每个经济体内的超额资本要求，然后以各经济体内信贷风险暴露的占比为权重，得到该银行集团层面的超额资本要求。因此，关于逆周期超额资本要求的国际合作也非常重要，巴塞尔协议Ⅲ明确要求，为提高透明度并改进与业界的沟通，各国监管当局关于逆周期资本要求的决策应提前12个月宣布，并在国际清算银行的网站上公布。

（三）逆周期超额资本的释放

及时释放已经计提的逆周期超额资本对于实现其政策目标非常重要。信贷/GDP不是用于决定是否释放逆周期超额资本的理想信号指标，虽然通常情况下危机时期信贷和GDP都会收缩，但并非总是如此，并且两者并不同步。在这次全球危机中，一些国家的GDP首先出现收缩，信贷增长仍维持。在这种情况下，根据该指标来决定是否释放逆周期超额资本就会出现误导。监管当局可以根据银行体系的损失状况、其他信贷渠道的可得性、资产价格以及市场利差等指标进行综合判断，决定何时释放逆周期超额资本，避免对信贷供给产生负面影响，但决策过程应尽可能透明，应正确引导市场预期。

第三节　系统重要性银行监管框架

“太大不能倒”（too big to fail）在金融监管历史上不是一个新鲜话题。在最近这场全球金融危机中，雷曼兄弟、贝尔斯登倒闭，美林被收购，富通解体，美国国际集团、花旗银行、苏格兰皇家银行、瑞银等一大批金融巨无霸接受政府救助，充分展现了大型金融机构经营失败带来的巨大负外部性。大型金融机构的失败具有强烈公共政策和监管制度含义。在危机之后的金融监管改革中，终结“太大不能到”的道德风险成为重要议

题。2009年9月召开的二十国集团领导人匹兹堡峰会明确要求，建立针对“太大不能到”金融机构的一整套监管框架，以降低道德风险及其倒闭造成的负面冲击，减少纳税人负担和维护市场公平竞争。

一、“太大不能倒”问题的成因

20世纪80年代以来，伴随金融自由化和全球化浪潮，通过兼并重组，全球银行体系的集中度越来越高。2006年底，全球最大5家银行、最大10家银行、最大20家银行和最大100家银行占全球银行体系的总资产的比例分别达到了15.4%、26.1%、41%和77.3%，在全球金融市场上扮演着越来越重要的角色。并且以股本回报率（ROE）表示的大型商业银行盈利能力逐步提高，2003—2007年全球前1 000家大银行的ROE分别高达17.56%、19.86%、22.70%、23.37%和20.02%，达到前所未有的高水平。按照传统核算方法计算的金融部门对经济贡献度大幅度上升，对金融部门的投资收益率明显飙升，推动了金融业的爆发性增长，危机之前的金融业高歌猛进与危机期间政府为拯救金融业支付高昂的成本形成了鲜明对比，用股本回报率（ROE）衡量的金融业生产率奇迹具有迷惑性，金融业同时充斥着奇迹与幻觉（Haldane, 2000）。

（一）业务日趋复杂

随着金融管制的放松，欧美国家纷纷拆除银行体系与资本市场之间的防火墙，欧美大型商业银行逐步由传统的“信贷中介”演变为“全能的金融市场中介”，“股权文化”取代“信贷文化”，经营模式由“购买—持有”模式转向“发起—分销”模式。美国、英国以及部分欧洲大陆国家大型银行资产非信贷化、资金来源批发化、收入非利息化的趋势愈演愈烈。如德意志银行将衍生品交易业务、股票业务和债券发行业务、现金管理和清算业务三大类业务作为核心业务。2009年，信贷仅占资产的15%，存款仅占负债的21%，67%的资产和50%以上负债以公允价值计量且变动计入当期损益。花旗银行的贷款占资产、存款占负债的比例也分别仅为32.8%和41.5%。在本轮危机中，广泛参与衍生品发行、资产证券化业务和复杂交易业务的美联银行、花旗银行、美国银行、瑞银集团、德意志银行、巴克莱银行等暴露出重大的信用损失和资产减记，而坚持传统经营模式的澳大利亚、西班牙和加拿大等国家银行损失却很小。

（二）杠杆率迅速攀升

高杠杆是商业银行信贷中介功能在财务结构上的具体表现，也是商业银行体系脆弱性的源头之一。在本轮危机之前几年的低利率环境、流动性过剩以及金融工具的创新背景下，金融部门的杠杆效应明显上升。1993—2007年，美国商业银行杠杆倍数（有形资产/有形普通股）由16倍上升到25倍；进一步分析发现，杠杆效应上升主要是大型银行引起的，前10大银行的杠杆倍数由18倍上升到34倍，而且这还不包括表外业务；同期其他银行的杠杆倍数仅从14倍上升到17倍；2000—2008年，英国主要银行的杠杆倍数也从20倍上升到30倍。若考虑表外实体以及衍生产品的内嵌杠杆率，2008年美国、欧洲大陆、英国大型复杂金融机构杠杆倍数为45倍、50倍和35倍。本轮危机期间，大型金融机构为维护资本充足率而进行的去杠杆化，压低了金融资产价格，所导致的价格下降螺旋，放大了系统性风险。

（三）关联性显著上升

过去三十年间，金融全球化的快速推进使得全球所有经济体的境外资产和负债占GDP的比例平均上升了6倍，集中在美国、英国、德国、法国、瑞士等国家的二十家大型、复杂金融机构（Large，Complex Financial Institutions，LCFIs）实际承担了全球金融中介的功能，这些金融机构直接地或间接地通过附属机构或表外机构主导了全球债券、股票、银团贷款、资产证券化、结构化金融产品和场外衍生品市场，在全球范围内进行资产负债管理（Global ALM），推动了全球银行体系迅速膨胀，2002—2009年间全球银行体系总资产从13.2万亿美元增加30.5万亿美元。金融体系关联性的上升使得某个市场流动性断裂和损失迅速导致全球金融资产的重新组合，金融市场的冲击被迅速传递并放大。

（四）激励机制严重扭曲

金融业特别是银行业是全社会的“风险中介”，因此金融机构的薪酬水平、薪酬结构和薪酬期限安排应与其业务内在风险相适应。但长期以来国际化大银行的薪酬机制主要是基于短期业务表现，未能反映业务的风险成本。一是金融机构随着资产可交易性上升导致的风险转移幻觉，业务决策短期化，过度承担风险。二是内部人主导薪酬机制，奖金支付甚至不考虑股东的利益，2007—2008年间许多国际化大银行盈利水平大幅度下滑，甚至严重亏损，高管层仍领取巨额的奖金和离职费用。三是薪酬的绝对水平过高。2004—2007年间全球前7大批发银行的薪酬费用上升了74%。四是金融机构薪酬水平过度向前台业务倾斜，前台业务与中后台风险管理、监督部门之间薪酬水平存在系统性错配。扭曲的薪酬机制不仅是本轮金融危机的重要原因，而且有分析表明，金融业过高的薪酬水平也吸引了过多的人才加入金融业，导致全社会的人力资源配置不合理，从长期来看不利于实体经济的增长。

二、系统重要性金融机构的总体监管框架

系统重要性金融机构（Systemically Important Financial Institution，SIFI）泛指其倒闭将对金融体系稳定性和实体经济运行造成重大负面冲击的金融机构，对金融体系的影响包括核心金融功能的中断、金融服务成本急剧增加等；对实际经济的影响包括对信贷供给和需求的影响以及影响的时间跨度。根据重要性和影响范围，系统重要性机构划分为全球系统重要性机构和国内系统重要性机构。其中，对全球金融市场具有重要影响的金融机构为全球系统重要性机构（G-SIFI）；仅对一国金融市场具有重要影响的金融机构为国内系统重要性机构（D-SIFI）。

SIFI具有广泛的市场权力是一个不争的事实。市场权力即来自于这些机构广泛的营业网络、强大的资本实力、多元化的资金来源以及复杂的金融技术，也源于危机时期公共部门被迫对其实施救助的现实。这两个方面结合并且相互强化使得SIFI为追求私人收益而置公共利益于不顾过度承担风险，导致市场约束严重弱化，进一步加剧了SIFI的道德风险。从理论上分析，解决SIFI失败负外部性问题的监管措施可以分为三大类：一是

事前限制性措施，即监管当局采取事前结构化措施（禁止性措施），防止金融机构变得太大、太复杂，这不仅有助于降低 SIFI 失败的可能性，而且也有利于失败金融机构顺利退出市场。二是事后成本性措施，大幅度提高金融机构的监管资本要求和参与高风险业务的成本，包括资本成本和流动性成本等，促使金融机构自动地从高风险业务中退出，降低其失败的概率。三是完善风险处置制度，保证经营失败的金融机构能够顺利地退出市场，降低政府救助的预期和公共成本。Haldane（2000）认为，为防止大型金融机构失败这种极端尾部事件的发生，必须采取禁止性监管措施，提高资本要求等事后成本性措施无法从根本上解决问题；虽然禁止性措施可能在一定程度上损害了规模经营和范围经济，但是与 SIFI 倒闭带来的巨大的公共成本和宏观经济成本相比，收益远远大于成本。

响应二十国集团领导人的要求，2010 年 10 月金融稳定理事会公布了应对系统重要性金融机构道德风险的一揽子框架，力求实现两个方面目标：一是通过提高 SIFI 持续经营条件的吸收损失能力，降低其失败的可能性；二是通过完善恢复和处置框架降低 SIFI 失败的负面影响。整个框架包括四个组成部分：

（一）提高 SIFI 损失吸收能力

SIFI 的损失吸收能力应高于巴塞尔协议Ⅲ设定的标准，通过资本或能够在持续经营条件下增强稳健性的其他债务工具为其资产融资的比例应高于其他银行。依据不同国情，各国监管当局还可通过其他方案进一步提升损失吸收能力，也可以通过综合考虑附加资本、量化的或有资本工具要求或一定比例具有自救特征的债务来实现损失吸收能力的提升。这些工具应能够在其无法自主存在条件下（at point of non-viability）承担损失，提高债权人融资能力，并维护其核心业务的运转。

（二）完善 SIFI 处置框架，使 SIFI 的处置具有可行性

2011 年，金融稳定理事会发布了《金融机构有效处置制度的关键属性》，要求各成员国根据该文件的要求，改革必要的法律法规框架，建立相应的处置制度，能够在无需纳税人支持的前提下顺利完成对任何金融机构的处置；同时保护其核心经济功能，确保股东和无抵押、无保险的债权人能依照其级别的高低吸收损失。该文件明确了各国处置当局的责任和权力、处置工具，要求 G – SIFI 制定明确恢复和处置计划（Recovery and Resolution Plan）以及跨境处置合作协议，并在国际层面建立同行评估机制评估每家 G – SIFI 的可处置性（Resolvability）。2012 年金融稳定理事会对成员国实施《金融机构有效处置制度的关键属性》进行了评估，结果表明，在 G – SIFI 处置和恢复计划的制定、可处置性评估以及跨国处置合作方面还存在一些障碍。

（三）加强对 SIFI 的监管

各经济体监管当局应有权力根据 SIFI 给金融体系带来的风险为其设定监管标准和确定监管力度；并享有适当的授权、独立性和资源，以尽早识别风险并进行干预，要求金融机构内部根据需要作出调整，防止产生额外的系统性风险。2010 年、2011 年和 2012 年，金融稳定理事会下设的监管强度和有效性工作组（SIE）发布三份《加强 SIFI 监管强度和有效性的建议》，提出了包括强化监管当局职责、独立性、权力和协调机制，强

化对 G - SIFI 风险治理、内控框架、风险管理部门以及数据集中等方面的监管等一系列建议。

（四）强化核心金融市场基础设施（FMI）

FMI 在全球金融市场上扮演越来越重要的角色，稳健的 FMI 有助于降低 SIFI 之间的相互关联性，在单个重要市场参与者失败的情况使得整个金融市场更加稳健。为此，2012 年 4 月，支付清算委员会和国际证监会组织（CPSS - IOSCO）联合发布了《金融市场基础设施的稳健原则》，对支付清算体系、托管体系以及中央交易对手等建立了新的国际标准。

三、全球系统重要性银行的评估方法和附加资本要求

根据金融稳定理事会确定的总体框架，2011 年 11 月巴塞尔委员会发布了《全球系统重要性银行的评估方法和附加资本要求》，公布第一批全球系统重要性银行（G - SIB）名单，2013 年 7 月，巴塞尔委员会对该文件进行了更新。

（一）G - SIB 的评估方法

评估单家银行的系统重要性是实施 SIFI 监管框架的前提。理论上，所有金融机构都具有潜在系统重要性，并且系统重要性取决于所处的特定经济和金融环境，随时间而动态变化。2009 年 11 月，国际货币基金组织、国际清算银行和金融稳定理事会（IMF - BIS - FSB）联合发布的《系统重要性金融机构评估指引》认为，评估单家金融机构的系统重要性应同时考虑直接和间接影响，直接影响与规模、可替代性（Substitutability）有关，间接影响取决于相互关联性（Interconnectedness）。2009 年 11 月，英国金融服务局（UK - FSA）提出从三个方面衡量系统重要性：一是规模，可以表示为单家金融机构规模或在特定市场中的相对规模（市场份额）的连续函数；二是关联性，可从银行之间的风险暴露（Interbank Exposure）、信心渠道（Confidence Channel）和资产保证金螺旋渠道（Asset Margin Spiral Channel）三个角度评估；三是金融机构的种类，虽然有些单家金融机构本身不具有系统重要性，但其所在这类金融机构加总起来从整体看可能被市场认为具有系统性影响。

巴塞尔委员会强调，银行系统重性评估的实质是评估其破产或倒闭对金融稳定和经济发展产生的负面影响，而不是其破产或倒闭概率，也不是评估银行的内在风险。2013 年 6 月巴塞尔委员会发布的《全球系统重要性银行的评估方法和附加资本要求》提出了基于指标的计量方法，并辅以监管判断，确定单家银行的全球系统重要性。该方法论从跨经济体的活跃程度、规模、相互关联度、可替代性/金融机构基础设施和复杂性五个维度进行评估，具体评估指标及其权重见表 10 - 4。

表 10 - 4　　全球系统重要性银行的评估方法——指标计量法

类别及权重	单个指标	指标权重
跨经济体的活跃程度（20%）	跨经济体的债权	10%
	跨经济体的债务	10%

续表

类别及权重	单个指标	指标权重
规模（20%）	计算杠杆率使用的风险暴露总额	20%
相互关联度（20%）	金融系统内资产	6.67%
	金融系统内负债	6.67%
	债券持有量	6.67%
可替代性/金融机构基础设施（20%）	托管资产规模	6.67%
	支付清算规模	6.67%
	债券和股票市场承销规模	6.67%
复杂性（20%）	场外衍生品的名义价值	6.67%
	三级资产数额	6.67%
	交易及可供出售资产的价值	6.67%

在指标计量法的基础上，各国监管当局可以进行定性判断，对单家银行的系统重要性进行适当调整，但必须遵循严格的规程，并保证判断的质量。根据该方法论，2011年11月，巴塞尔委员会对来自美国、英国、瑞士、巴西、中国等17个国家的73家银行的全球系统重要性进行了测算排名，并确定了首批29家全球系统重要性银行，具体见表10－5。

表10－5　　第一批全球系统重要性银行名单

国别	银行名称	家数
美国	花旗银行、摩根大通银行、美国银行、高盛集团、摩根士丹利、纽约—梅隆银行、富国银行、道富银行	8
英国	苏格兰皇家银行、汇丰银行、巴克莱银行、劳埃德银行集团	4
法国	巴黎国民银行、农业信贷银行、法国兴业银行、人民储蓄银行	4
日本	三菱日联银行集团、瑞穗银行、三井住友银行	3
德国	德意志银行、德国商业银行	2
瑞士	瑞士银行、瑞士信贷	2
瑞典	北欧联合银行	1
荷兰	荷兰银行	1
西班牙	桑坦德银行	1
比利时	德克夏银行	1
意大利	联合信贷银行	1
中国	中国银行	1
合计		29

（二）附加资本要求

在评估单家银行全球系统重要性影响的基础上，巴塞尔委员会采用分组法（Bucketing Approach）对所有 G－SIBs 按照得分的高低进行分组，不同组别适用不同的附加资本要求。附加资本要求的目标是促使系统重要性银行将系统性风险成本内部化，使系统重要性金融机构失败概率下降，从而增强金融体系的安全性。此外，附加资本要求还有助于抵消“太大不能倒”地位带来的融资便利性和成本方面的优势，缓解道德风险，有利于大小银行之间的公平竞争。鉴于系统重要性金融机构失败的负面影响难以估计，巴塞尔委员会采用预期影响法（Expected Impact Approach）、长期经济影响法和融资成本补贴法（Funding Cost Subsidy Approach）等方法来确定附加资本要求的合理水平。预期影响法的原理为：系统重要性银行和非系统重要性银行失败对金融体系的预期影响应相等，由于系统重要性银行倒闭的负面影响很大，因此有必要通过提高资本充足率监管要求降低其失败概率。采用预期影响法的估计结果表明，按照不同的假设条件，附加资本要求应为 2% ～8%；采用长期经济影响法估计的结果是附加资本要求为 3.5%；采用融资成本补贴法的估计附加资本要求更高，巴塞尔委员会认为，虽然融资成本补贴法有一定道理，但与降低系统重要性银行失败概率的政策目标不完全一致，估计结果仅用于参考。

基于多方面的权衡，巴塞尔委员会最终确定了各组全球系统重要性银行的附加资本要求。如表 10－6 所示，第一组的附加资本要求为其风险加权资产的 1.0%，第二、第三和第四组分别为相应风险加权资产的 1.5%、2% 和 2.5%。值得特别指出的是，第五组是空组，设置该组别并课以惩罚性附加资本要求的目的是抑制下面一组银行的道德风险。巴塞尔委员会明确规定，附加资本要求必须由核心一级资本来满足，如果各国监管当局对本国的银行提出了更高的要求，更高部分可以由其他资本工具来满足。

表 10－6　全球系统重要性银行的附加资本要求

组别	分值范围	附加资本要求
5	D －	3.5%
4	C － D	2.5%
3	B － C	2.0%
2	A － B	1.5%
1	临界点 － A	1.0%

如第二章所述，综合考虑巴塞尔协议Ⅲ强化了资本工具的质量、扩大了风险加权资产的覆盖范围，以及重新校准资本充足率监管要求等多方面因素，全球系统重要性银行的资本监管要求大幅度提升，极端情况（信贷高速增长）下，最具全球系统重要性银行的核心一级资本充足率监管要求将达到 13%，总资本充足率为 16%，但这只是接近仍明显低于最优资本比例（Miles et al.，2011）。半个世纪以来监管政策失误就是混淆了私人成本和社会成本，放任银行体系过度杠杆化，允许私人部门最大限度地利用杠杆追逐其个人利益；如果不考虑商业银行资本结构的现实，我们应该选择最佳的、更高的股本资本比例，但我们毕竟不是从零开始，只能从次优状态开始过渡，监管制度改革同样存在路径依赖的特征（Turner，2011）。

四、国内系统重要性银行监管安排

二十国集团领导人峰会要求将全球系统重要性银行的监管框架延伸适用于国内系统重要性银行（D－SIB），但考虑到 D－SIB 的特殊性，巴塞尔委员会并未简单复制 G－SIB 的框架，而是建立原则导向的 D－SIB 监管政策。

巴塞尔委员会认为，D－SIB 监管政策是对 G－SIB 监管框架的一个补充，其重点关注系统重要性银行机构破产对国内实体经济的影响，基于各国监管当局对银行危机或破产对本国金融体系和实体经济影响程度的判断。与 G－SIB 框架相比，D－SIB 框架更多地考虑各国经济和金融业的结构性特征，在评估和政策工具的应用过程中，赋予各国监管当局更大的自由裁量权。D－SIB 监管框架明确了一系列最低原则，各国监管当局可在此之上，根据本国实际采取更严格的措施。2012 年 10 月，巴塞尔委员会明确了 D－SIB 监管框架的 12 条原则，包括 D－SIB 的评估方法和附加资本要求两个方面。

（一）国内系统重要性银行的评估方法

原则 1：各国监管当局应建立基于国内实际的评估银行机构系统重要性程度的方法。

原则 2：D－SIB 评估方法应能反映银行破产可能带来的潜在影响或负外部性。

原则 3：衡量 D－SIB 破产影响的参照体系应是国内经济情况。

原则 4：母国监管当局应从集团并表层面评估银行系统重要性程度；东道国监管当局应评估在其辖区内设立的外国金融集团附属机构和本国银行及分支机构的系统重要性。

原则 5：判断 D－SIB 破产对国内经济的影响，原则上应当考虑以下特定因素：规模、相互关联度、金融机构基础设施的可替代性（包括银行集中度）、复杂程度（包括复杂跨境行为）。此外，监管当局可以将其他能够反映上述因素的数据纳入具体评估中，如国内经济规模等。

原则 6：各国监管当局应定期对系统重要性机构进行评估，以确保评估结果能动态反映金融业的变化；评估 D－SIB 的间隔时间不能明显长于 G－SIB 的评估频率。

原则 7：监管当局应公开披露 D－SIB 评估方法的相关信息。

（二）国内系统重要性银行的附加资本要求

原则 8：监管当局应记录 D－SIB 附加资本要求的校准方法和注意事项，形成文件。D－SIB 的附加资本要求的校准应基于量化信息，同时辅以针对国内因素的监管判断，但不得带有偏见。

原则 9：D－SIB 的附加资本要求应与原则 5 确定的系统重要性程度相匹配。即针对不同的 D－SIB 适用不同的附加资本要求。

原则 10：各国监管当局应确保 G－SIB 与 D－SIB 治理框架的兼容性。母国监管当局应从并表角度实施并校准附加资本要求；东道国监管当局应从附属或分支机构的角度实施并校准附加资本要求。母国监管当局应对银行集团进行独立的资本充足性测试。若银行集团既是 D－SIB 又是 G－SIB，母国监管当局应按照孰高的原则确定附加资本要求。

原则 11：若银行集团的附属机构被东道国监管当局认定为 D－SIB，在满足东道国的法律约束下，母国和东道国监管当局应就附加资本要求的标准进行协商。

原则 12：附加资本要求必须由核心一级资本来满足。在必要情况下，监管当局可施加额外要求或采取其他政策措施以缓释 D－SIB 产生的风险。

（三）国内系统重要性银行附加资本要求实施进展

根据巴塞尔委员会的原则性要求，一些国家先后出台了 D－SIB 评估方法论和附加资本要求的监管方案。

1. 瑞士。2011 年 6 月，瑞士监管当局（FINMA）将瑞银和瑞信两家大银行确定为国内系统重要性银行，其资本充足率监管要求为 19%，其中，核心一级资本充足率为 10%；额外 9% 可由应急资本工具（Contingent Capital）来满足，这其中，3% 为恢复性应急资本，在核心一级资本充足率低于 7% 的情况下强制转换为核心一级资本工具；6% 为处置性应急资本，若核心一级资本充足率低于 5%，将转换为核心一级资本工具。

2. 瑞典。2011 年 11 月，瑞典金融监管局和瑞典中央银行联合宣布，前四大银行为国内系统重要性银行，这四家银行的核心一级资本充足率要求（包括最低资本要求和储备资本要求）为 10%，2015 年达到 12%，而巴塞尔协议Ⅲ相应的要求仅为 7%，实际上国内系统重要性银行的附加资本要求为 3% ~5%。

3. 英国。英国独立银行委员会的报告建议，以单家银行的风险加权资产（RWA）占 GDP 的比例作为判断系统重要性的标杆，并据此设定附加资本要求。若该比例大于 3%，附加资本要求为 3%；该比例低于 1%，无需计提附加资本要求；该比例在 1% ~ 3% 之间，附加资本要求为 2/3 × RWA/GDP － 1%。

4. 加拿大。2013 年 6 月，加拿大审慎监管署（OSFI）公布了国内系统重要性银行监管框架，将前六大银行（总资产占银行业总资产的比例超过 90%）认定为国内系统重要性银行，并将附加资本要求统一确定为风险加权资产的 1%。

5. 中国。自 2010 年起，银监会对前五大商业银行引入 1% 的附加资本要求，2012 年 7 月银监会发布的《商业银行资本管理办法》延续了该规定。目前银监会和中国人民银行正在起草《国内系统重要性银行监管框架》。

第四节　杠杆率监管

高杠杆是商业银行信贷中介功能在财务结构上的具体表现，也是商业银行脆弱性的根源所在。最近这场全球金融危机之前的二三十年间，随着金融工具的创新和流动性泛滥，西方主要银行的资产规模高速扩张，银行体系的杠杆程度不断攀升，多种形式的杠杆率是诱发全球金融危机的主要驱动力，经济下行时期不可避免的去杠杆化显著放大了危机的负面影响。为此，为抑制银行体系的过度杠杆化，巴塞尔协议Ⅲ首次将杠杆率引入银行监管国际规则，明确了杠杆率的计算方法和监管要求。

一、杠杆率的定义

杠杆率可以用多种形式表达，包括资本资产比例、资本负债比例、资本收入比、资本利润比等，这些指标从不同侧面表达了银行杠杆化程度，具有不同的分析意义。银行监管规则中所称的杠杆率是指银行资本占总资产的比例；其倒数（总资产/资本）就是杠杆倍数。通常所说的杠杆累积（或加杠杆，Leveraging）是指银行资产扩张的速度高于资本扩张导致的杠杆倍数上升，去杠杆（Deleveraging）是指银行出售资产引起杠杆倍数下降的现象。

通过比较资本充足率和杠杆率两个概念的差异可以更加准确把握杠杆率及其监管含义。资本充足率是指监管资本/风险加权资产。假定两者分子相等，那么差异就源于风险加权资产与总资产之间的不同。与资本充足率相比，杠杆率既有优势，也有不足。

（一）杠杆率的优势

相对于基于风险权重（特别是计量模型方法）的资本充足率，杠杆率作为监管工具拥有三方面的优势：一是杠杆率规定了银行股东应承担的最小损失，从而影响银行的风险承担行为，杠杆率越高，有限责任所导致的道德风险越小，从而承担风险的激励就越小。二是杠杆率计算的依据是公开的财务报表，简单透明，与商业银行内部风险计量和评估程序无关，便于监管当局和市场参与者的检查和验证；基于模型方法资本监管的有效性依赖于银行数据基础、模型方法和内部风险管理程序，如果监管当局缺乏相应的核查能力和监管权威，可能导致监管套利和扭曲效应。三是杠杆率关注商业银行业务规模，有助于遏制商业银行资产规模的扩张，校正资本充足率与杠杆率较大幅度背离的现象。

（二）杠杆率的缺陷

由于过于简单，杠杆率也有致命缺陷。一是通常情况下杠杆率仅涵盖资产负债表内项目，商业银行很容易通过将资产转移到表外（实际风险并未转移），实施监管套利；若将表外业务和衍生产品纳入杠杆率计算，杠杆率将变得复杂。二是杠杆率仅考虑银行风险状况中的一个因素（规模因素），忽视了导致损失的最重要原因——不同资产风险度的差异，从而对商业银行形成反向激励，由于高风险资产的资本成本小于低风险资产，为提高资本回报率银行用高风险资产替代低风险资产，导致资产替代效应。因此，单纯实施杠杆率约束不一定能降低银行风险。

正因为如此，在一些国家的监管实践中，大多同时采用杠杆率与资本充足率两个监管标准。如美国1991年发布的《联邦存款保险公司促进法案》（FDICIA）按照资本充足率和杠杆比例将商业银行分为资本雄厚、资本充足、资本不足、资本严重不足和资本危机五类，资本雄厚银行的资本充足率不低于10%，且核心资本充足率和杠杆率不低于6%；资本充足银行的资本充足率不低于8%，且核心资本充足率和杠杆比例都不低于4%；杠杆率计算的分子采用核心资本净额，而分母仅包含表内总资产；如果银行有形股本（核心资本+永久性可累积优先股-所有无形资产）占总资产的比例低于2%，就被定义为资本危机银行。加拿大的银行必须通过资产资本乘数（Asset to Capital Multiple，ACM）测试，通常情况下，资产不得超过资本的20倍（相当于杠杆率5%），若满足一定条件，该乘数可以扩大到23倍；资本包括核心资本和二级资本，资产不仅包括表内总资产，而且包括表外直接信用替代（保证、信用证、银行账户的信用衍生品、销售和回购协议）的名义金额等。比利时按照负债规模将银行分为五类，杠杆率要求随负债规模的增加而下降，分别为6%、4%、3%、2.5%和2%，因此杠杆比例主要限制小银行，对大银行不能形成有效约束。

本轮危机中美国银行体系遭受重创而加拿大银行体系却保持稳健的事实表明，杠杆率监管的有效性是一个有待讨论的问题；退一步说，即使杠杆率监管有助于增强银行体系的稳定性，也不是无条件的，需要解决一些技术和政策层面的问题。

二、杠杆率监管的目标

杠杆率不是纯粹的宏观审慎监管工具，而是兼具微观审慎与宏观审慎功能的监管工具。

（一）微观审慎功能

从单家银行的角度来看，杠杆率对资本充足率形成有益补充，防止银行使用内部模型进行监管套利。如前文所述，巴塞尔协议Ⅱ全面引入了以计量模型为基础的风险加权方法，目的是提高监管资本要求的风险敏感性，但却导致不同银行计算风险加权资产的方法和结果出现很大差异。巴塞尔委员会发布（2013）交易账户和银行账户风险加权资产分析报告称，国际化大银行交易账户风险权重差异很大，其主要源于银行所采取不同的模型方法和监管当局采用的监管实践的差异；银行账户风险权重也存在较大差异，很大部分源于资产组合构成不同，但不同的建模方法也扮演了重要的角色。本轮危机爆发前的十年间，欧美国际化大银行报告的资本充足率水平不断上升，主要是风险加权资产占总资产的比例下降造成的，银行实际杠杆率（股本/资产比例）不仅没有上升反而不断下降，财务脆弱性显著扩大。采用国际财务报告准则国家的银行一级资本杠杆率（一级资本/总资产）从3.5%下降到2.5%；未采用国际财务报告准则国家银行的一级资本杠杆率从7.7%下降到6.4%（BCBSb，2010），若考虑复杂衍生产品内嵌的杠杆率，欧美大银行的杠杆率降幅更大。因此，本轮全球金融危机在一定程度上揭示出风险加权资产本身的风险（Das and Sy，2012；Leslé and Avramova，2012）。如表10－7所示，相对于资本充足率而言，部分欧美大型银行杠杆率差异明显扩大，主要源于风险加权资产占总资产比例的巨大差异。为商业银行杠杆率设定底线，有助于纠正商业银行风险计量模型的错误，增强单家银行的资本实力。

表10－7　部分银行资本充足率与杠杆率比较

	风险加权资产/总资产	核心资本充足率	资本充足率	一级资本/总资产
汇丰控股	47.33%	11.54%	14.06%	5.46%
西班牙桑坦德银行	45.22%	11.01%	13.56%	4.98%
意大利裕信银行	49.68%	9.32%	12.37%	4.63%
劳埃德银行集团	36.30%	12.49%	15.61%	4.53%

续表

	风险加权资产/总资产	核心资本充足率	资本充足率	一级资本/总资产
荷兰商业银行	35.75%	11.07%	15.45%	3.85%
德国商业银行	35.75%	11.07%	15.45%	3.96%
苏格兰皇家银行	29.13%	12.98%	13.83%	3.78%
法国兴业银行	35.14%	10.73%	11.86%	3.77%
法国大众银行	36.16%	10.04%	11.02%	3.63%
瑞士信贷集团	23.04%	15.24%	20.13%	3.51%
巴克莱银行	25.01%	12.91%	16.36%	3.23%
北欧银行	25.86%	12.23%	13.41%	3.16%
瑞士银行	16.98%	15.92%	17.25%	2.720%
德意志银行	17.62%	12.86%	14.49%	2.27%
法国农业信贷银行	19.36%	11.21%	13.43%	2.17%

资料来源：Annual Public Reports（2011）。

（二）宏观审慎功能

在抑制系统性风险方面，设定杠杆率监管要求有利于抑制金融机构资产负债表的过度扩张和过度承担风险，防止系统性风险的扩散。一是银行体系是全社会的信贷中介，商业银行资产（信贷）扩张表现为非银行部门负债程度的提高，银行杠杆倍数的扩大将导致实体经济杠杆倍数的上升，扩大了整个经济的脆弱性，尤其是当信贷活动与资产市场密切相关时，将加剧资产市场的波动，带来更大的系统性风险。二是有助于降低危机期间银行去杠杆化潜在的传染效应。危机期间，随着资产损失的增加，为达到资本充足率监管要求，商业银行被迫实施去杠杆，出售金融资产，反过来压低了金融资产价格，导致损失进一步上升，并推动其他银行加入到去杠杆化进程中，形成所谓的“死亡螺旋”。实施杠杆率监管有助于增强银行的资本实力，缓解银行危机时期去杠杆的压力，降低由此导致的连锁反应。

三、杠杆率监管规则的设计

巴塞尔委员会认为，简单的杠杆率监管规则非常重要且可用于弥补资本充足率的不足，并且应充分捕捉商业银行表内和表外的杠杆率。为此，2010 年 12 月发布的巴塞尔协议Ⅲ明确了商业银行杠杆率监管要求，2014 年 1 月发布了《杠杆率监管框架和信息披露要求》（以下简称《杠杆率监管框架》）。巴塞尔委员会要求自 2015 年起商业银行应按照巴塞尔协议Ⅲ的要求披露杠杆率，并于 2018 年开始正式接受杠杆率监管。

（一）杠杆率监管要求

《杠杆率监管框架》规定，商业银行资本与风险暴露的比例为 3%。

（二）资本的计量

《杠杆率监管框架》规定，资本为计算资本充足率所使用的一级资本工具，同时测算按照核心一级资本和总资本计算的杠杆率水平。

（三）风险暴露的计量

为全面反映商业银行表内和表外各类业务的杠杆率，《杠杆率监管框架》规定，计算杠杆率所使用的风险暴露为表内暴露、衍生品暴露、证券融资交易暴露和表外项目暴露之和。

1. 表内风险暴露

表内资产（非衍生品项目）为名义本金扣除相应的减值准备和估值调整后余额，负债不得抵扣资产。

2. 衍生产品风险暴露

对非信用衍生产品，采用现期风险暴露法（Current Exposure Approach）计算其风险暴露数量，为重置成本和潜在附加因子；在满足特定条件下，收到的可变保证金现金部分可用来抵减风险暴露。

对于出售信用衍生产品，考虑到其特殊性，采取了更为审慎的处理方法，不仅考虑该信用衍生品的账面公允价值，而且应将信用衍生产品的名义本金纳入其风险暴露总额。考虑到该处理方法可能高估出售信用衍生品的风险暴露，《杠杆率监管框架》规定，出售信用衍生品的风险暴露以最大潜在损失为上限，并在满足特定条件下适当扩大对合格对冲的范围，若商业银行购买的相同参考实体的信用衍生产品等级不优于出售的信用衍生品，且期限不短于出售的信用衍生品，购买的信用衍生品可用于抵减出售的信用衍生品风险暴露。

3. 证券融资交易风险暴露

最近的全球金融危机中，证券融资交易（Security Financing Transaction，SFT）的高杠杆和期限错配诱发了严重的市场动荡，对 SFT 实施严格杠杆率约束是应有之义。SFT 风险暴露的计量原则上以总额为基础，在满足特定条件的前提下有限允许对同一交易对手的证券融资交易进行净额结算。

4. 表外风险暴露

计算杠杆率风险暴露时，所有表外项目（非衍生产品）采用巴塞尔协议Ⅱ框架下信用风险标准法规定的信用转换系数转换为等值的表内风险暴露，并且信用转换系数下限为 10%。

巴塞尔委员会定量测算结果（QIS）表明，根据最终确定的杠杆率框架，2012 年底全球 219 家银行（第一组银行[①] 101 家，第二组银行 118 家）加权平均杠杆率为 4.2%，其中第一组银行为 4.1%，第二组银行为 4.6%，约四分之一的银行未达到 3% 的杠杆率监管要求；若所有银行的一级资本充足率都达到巴塞尔协议Ⅲ规定的 8.5%，仍有 12% 的银行杠杆率低于 3%。这说明，杠杆率对少部分银行具有特殊的约束作用。

① 第一组银行是指一级资本超过 30 亿欧元的国际活跃银行，其他银行为第二组银行。

四、中国商业银行杠杆率监管问题

2011 年之前，我国没有明确的杠杆率监管要求，但实践中监管当局长期运用其他形式的杠杆率进行监管，如通过设定存款准备金率维护银行体系流动性，控制货币乘数和信贷规模扩张；通过存贷比例约束贷款扩张速度，降低资产负债期限错配的程度；通过设定住房贷款的首付款比例和抵押率，控制贷款风险等。这些监管指标从不同角度约束商业银行的经营行为，在一定程度上弥补了资本充足率的缺陷。总体而言，国内银行仍以传统信贷业务为主导，非信贷资产中相当一部分是现金以及现金等价物（对中央银行和中央政府的债权），资本充足率监管对抑制商业银行资产扩张（特别是信贷扩张）总体上是有效的。统计资料表明，2004 年《商业银行资本充足率管理办法》实施以来，商业银行风险权重总体保持稳定，风险加权资产占总资产的比例长期维持在 48% ~55% 之间，核心资本充足率与杠杆率（核心资本/总资产）之比为 2:1，资本充足率与杠杆率之间未出现明显的偏离。

但近年来，随着国内金融市场的发展，银行组织结构日趋复杂和资产更加多元化，在完善资本充足率监管框架的基础上，辅以杠杆率监管有助于增强资本监管的有效性。杠杆率监管的功能主要体现在以下几个方面：一是约束表内非信贷资产的规模扩张带来的风险。近年来，国内银行的非信贷资产规模快速增加，占比不断上升，包括商业银行之间的授信、银行对非银行金融机构的授信、银行持有的投资类和交易类资产等，实施杠杆率监管有助于抑制此类资产过度膨胀，降低去杠杆化过程中降价销售和单个银行违约所带来的社会成本。二是控制商业银行表外业务的快速扩张带来的风险。近年来国内银行表外业务保持快速扩张，2013 年底商业银行主要表外业务（包括承兑汇票、保函、跟单信用证、承诺和信用风险仍在银行的销售和购买协议）总规模达到 25 万亿元，商业银行金融衍生品合约名义本金达 22 万亿元，市场价值（正负之和）3 400 亿元。三是限制不受资本充足率约束的子公司的快速扩张，进而控制整个银行集团的风险扩大。国内大型银行已经设立信托公司、保险公司、证券公司、基金公司、金融租赁公司、消费金融公司和货币经纪公司等非银行金融机构。由于这些机构不受资本充足率约束，无法通过资本充足率并表监管控制其风险，通过对银行集体实施并表杠杆率监管，可以有效约束这些机构资产规模快速扩张最终给银行带来的风险。

为此，借鉴巴塞尔协议Ⅲ关于杠杆率监管的规定，2011 年 6 月银监会发布了《商业银行杠杆率管理办法》，建立中国商业银行杠杆率监管制度。该办法下杠杆率的计算方法与巴塞尔协议Ⅲ（2010 年 12 月）的规定保持一致，但杠杆率监管要求为 4%，高于巴塞尔协议Ⅲ规定的 3%，主要原因：一是大量实证分析表明银行杠杆率的合理区间为 3% ~5%。巴塞尔委员会之所以将杠杆率监管标准确定为 3%，是各方利益博弈的结果。考虑到西方银行体系杠杆率过低的现实，若短期内将杠杆率监管标准设定为 4% 或更高，可能会诱发欧美银行体系的进一步去杠杆化，延缓经济复苏的进程。与欧美银行显著不同的是，近年来我国银行信贷高速增长，采用更高的杠杆率监管标准有助于约束银行业整体风险的积累。二是从国内商业银行实际来看，国内商业银行平均杠杆率水平较高，

2013 年底641 家商业银行平均杠杆率为5.41%，只有11 家银行杠杆率低于4%，并且达标难度不大，因此4%的杠杆率监管要求也是可行的。

本章小结

1. 本次金融危机以后，宏观审慎监管的理念得到了国际金融界的广泛认可，在危机之后的国际金融监管改革中，以巴塞尔协议Ⅲ为核心的金融监管制度，提出了一系列宏观审慎监管工具。

2. 宏观审慎监管的目标是抑制系统性风险的积累，强调金融体系风险的内生性。宏观审慎监管在很大程度上是微观审慎监管的延伸和扩张，并且与货币政策、金融稳定机制存在密切的联系。

3. 宏观审慎监管框架包括三个组成部分：一是系统性风险的识别与判断；二是宏观审慎监管工具；三是宏观审慎监管的治理架构。其中，系统风险识别和判断是前提；宏观审慎监管工具是核心；治理架构是保证。

4. 银行体系与实体经济之间存在复杂的双向传导关系，银行体系内在具有顺周期性，为缓解其负面效应，巴塞尔协议Ⅲ建立一整套逆周期资本监管框架，包括缓解最低资本要求的周期性波动、建立前瞻性的贷款损失拨备规则、储备超额资本要求和逆周期超额资本要求四个部分。

5. 逆周期超额资本要求是典型意义的宏观审慎监管工具，巴塞尔协议Ⅲ提出了以宏观信贷指标为基础的逆周期超额资本监管框架，目标是保护银行体系免受信贷过快增长的威胁。考虑到该指标的不足，巴塞尔委员会允许各国监管当局根据本国实际选择衡量系统性风险累积的指标，并建立逆周期超额资本监管规则。

6. 系统重要性金融机构泛指其倒闭将对金融体系稳定性和实体经济运行造成重大负面冲击的金融机构。本轮全球金融危机进一步凸显了“太大不能倒”的道德风险和巨大的负外部性。为此，金融稳定理事会主导建立了系统重要性金融机构的监管框架，目标是降低其失败的概率及其失败的负面影响。具体包括增强系统重要性金融机构的损失吸收能力、完善风险处置框架、加强对系统重要性金融机构的监管和强化核心金融市场基础设施。

7. 巴塞尔委员会发布了基于指标计量方法的全球系统重要性银行的评估方法论，从国际活跃程度、规模、相互关联性、可替代性和复杂性五个维度评估单家银行的全球系统重要性，并在此基础上通过分组法，校准对全球系统重要性银行的附加资本要求。对于国内系统重要性银行，巴塞尔委员会采取了原则导向的监管框架，允许各国监管当局根据本国银行业结构特征、规模等因素，评估系统重要性，并提出附加资本要求。

8. 杠杆率是指银行资本与总资产的比例。危机之前银行业的长期加杠杆和危机期间迅速去杠杆凸显了强化杠杆率约束的重要性。杠杆率监管是兼具宏观审慎与微观审慎功能的监管工具，与资本充足率相比，其优点是简单、透明和实施成本低，缺点是不具有风险敏感性，因此，杠杆率可以用来弥补资本充足率的不足。

9. 巴塞尔协议Ⅲ首次将杠杆率引入银行监管国际规则，建立力求充分捕捉银行表内和表外风险暴露的杠杆率监管框架。制度设计的难点在于如何反映衍生产品以及证券融资交易等复杂业务的内嵌杠杆率。

10. 中国银行业仍以传统信贷业务为主导，核心资本充足率与杠杆率之间长期保持较为稳定的配比关系，资本充足率对于国内银行的约束是有效的。近年来，随着组织机构复杂化和业务多元化，国内银行的非银行金融业务、表外业务、衍生产品业务保持较快发展，对国内银行实施杠杆率约束，有助于增强资本约束的有效性和控制银行业系统性风险的积累。

本章重要概念

宏观审慎监管　微观审慎监管　金融稳定机制　顺周期性　动态损失准备金　储备超额资本　逆周期超额资本　宏观信贷指标　系统重要性金融机构　附加资本要求　杠杆率　一级资本　总风险暴露

思考题

1. 如何理解宏观审慎监管概念的演化？
2. 简述宏观审慎、微观审慎、货币调控和金融稳定机制的关系。
3. 简述宏观审慎监管框架的组成和内在联系。
4. 如何理解银行体系的顺周期性？
5. 简述巴塞尔协议Ⅲ逆周期资本监管框架的主要内容。
6. 如何理解逆周期超额资本要求的目标、计算方法和缺陷？
7. 如何理解“太大不能倒”的成因？
8. 简述系统重要性金融机构的定义、监管框架和目标。
9. 如何判断全球系统重要性银行？附加资本要求有助于降低全球系统重要性银行的风险吗？
10. 简述杠杆率的概念、杠杆率监管的优缺点及其功能。
11. 如何计算杠杆率？巴塞尔协议Ⅲ设定的杠杆率计算方法的原理是什么？
12. 如何理解中国实施杠杆率监管的必要性和可行性？

本章参考文献

［1］王胜邦：《2004 年至 2006 年银行信贷增速变化的实证分析》，载《南京审计学院学报》，2011（1）：27～35。

［2］王胜邦：《国际金融危机与金融监管改革》，北京，中国金融出版社，2013。

［3］中国银监会国际部：《国际金融监管改革文件汇编（第一辑）》，北京，中国金融出版社，2013。

［4］Bank of England（2009），The Role of Macroprudential Policy，www. bankofengland. gov. uk，London，UK.

［5］Bank of England（2011），Instruments of Macroprudential Policy，www. bankofengland.

gov. uk, London, UK.

[6] Basel Committee on Banking Supervision (2010), Basel III: A Global Framework for More Resilient Banks and Banking System, www. bis. org, Basel, Switzerland.

[7] Basel Committee on Banking Supervision (2012), A Framework for Dealing with Domestic Systemically Important Banks, www. bis. org, Basel, Switzerland.

[8] Basel Committee on Banking Supervision (2013), Result of the comprehensive Quantitative Study, www. bis. org, Basel, Switzerland.

[9] Basel Committee on Banking Supervision (2013), Global Systemically Important Banks: Assessment Methodology and Additional Loss Absorbency Requirements, www. bis. org, Basel, Switzerland.

[10] Basel Committee on Banking Supervision (2013), Revised Basel III leverage ratio Framework and Disclosure Requirements (Consultative Document), www. bis. org, Basel, Switzerland.

[11] Bernanke, Ben S. and Cara S. Lown (1991), The Credit Crunch, Brookings Paper on Economic Activity, Vol. 2, pp. 205 - 239.

[12] Das, S. and A. N. R. Sy (2012), How Risky Are Banks' Risk Weighted Assets? Evidence from the Financial Crisis, IMF Working Paper, No. WP/12/26.

[13] FSB - IMF - BIS (2011), Macroprudential Policy Tools and Frameworks, Update to G20 Finance Ministers and Central Bank Governors.

[14] FSB - IMF - BIS (2009), Guidance to Assess the Systemic Importance of Financial Institutions, Markets and Instruments: Initial Considerations, Update to G20 Finance Ministers and Central Bank Governors.

[15] Gabriele G. and Richhild M. (2010), Macroprudential Policy—A Literature Review, BIS Working Papers, No. 337 www. bis. org, Basel, Switzerland.

[16] G30 (2010), Macroprudential Policy, Tools and System for the Future, www. group30. org.

[17] Le Leslé, V. and S. Avramova (2012), Revisiting Risk-Weighted Assets: Why Do RWAs Differ Across Countries and What Can Be Done About It? IMF Working Paper, No. WP/12/90.

[18] Miles, D., J. Yang and G. Marcheggiano, Optimal Bank Capital. The External MPC Unit of the Bank of England Discussion Paper No. 31, 2011.

[19] Piet Clement (2010), The Term "Macroprudential": Origins and Evolution www. bis. org, Basel, Switzerland.

[20] Rochelle M. Edgea and Ralf R. Meisenzahl (2011), The Unreliability of Credit-to-GDP Ratio Gaps in Real Time: Implications for Countercyclical Capital Buffers, International Journal of Central Banking, Vol. 7 No. 4, pp. 261 - 298.

第十一章

监管统计分析与应用

统计学是以收集、整理、分析数据等为手段，进而实现推断所观测对象的本质，预测其未来发展变化的一门科学。统计的根本目的在于通过统计分析，实现由现象到本质，由定量到定性，由偶然到必然，由过去到未来的判断。银行监管统计学作为统计学的一支，与其他社会统计学一样，也包括确定统计制度方法、收集整理数据信息、开展统计分析预测、提供统计信息服务、开展数据质量检查和控制等内容与环节。其中，统计分析应用是上述环节中一项重要内容，只有通过加强统计分析应用，才能够不断完善统计制度方法，不断丰富加工处理手段，不断提升信息服务内容，发现数据质量疑点并有针对性地开展数据质量控制。也只有通过加强统计分析应用，才能进一步突出统计工作的咨询职能，与统计的信息职能、监督职能实现三位一体，更好地发挥统计工作的作用。接下来重点介绍银行监管统计的基本框架以及在监管实践中的应用情况。

第一节　监管统计分析应用的基本框架

一、监管统计分析的目标与内容

统计工作是统计主体开展的，为实现其目标任务而进行的各项具体统计工作。统计主体是开展某项统计工作的特定单位或组织，体现了统计人员工作中应采取的立场以及在空间范围上的界定。银行监管统计工作的主体毫无疑问应当是银行监管当局。这决定了监管统计工作的目标与银行监管工作的目标与职责应高度一致。

按照《有效银行监管的核心原则》要求，“银行监管的首要目标是促进银行和银行体系的安全稳健运行。如果银行监管机构被赋予更广泛的职责，其他目标应当服从这一首要目标，不得与之冲突（原则 1）”。而要促进单家银行和银行体系的稳健，重要基础和前提之一就是监管当局有能力“开展对单家银行和银行集团风险状况的前瞻性评估，评估应与银行和银行集团的系统重要性相匹配；同时识别、评估和应对单家银行和整个银行体系的风险；建立早期干预框架；建议有效的处置计划（原则 8）”。《有效银行监管的核心原则》同时提出，“监管当局要运用一系列适当的技术和工具实施监管，并根据银行的风险状况和系统重要性配置监管资源。”

在监管实践中，监管当局的目标与职能通常包括以下三方面内容：一是在微观层面，实现对单家银行和银行集团的有效监管，保护存款人和消费者的利益。二是在中观层面，对某一国家和地区银行业总体情况开展宏观审慎监管，防控银行系统性风险，促进金融体系保持稳定。三是在宏观层面，推动银行在支持实体经济发展、调控社会供求平衡、促进包容性发展方面作出贡献。相应地，银行监管统计工作也应密切围绕上述三个方面开展。

第一，为了满足微观监管工作的需要，实现对单家银行和银行集团风险的识别、度量、监测和预警，监管当局需要根据监管法规要求，确定监管统计的制度方法，定期收集整理监管统计数据，对银行风险情况和经营情况进行持续分析监测和预警，在此基础上采取有效的监管行动和措施。其中对监管统计数据进行分析监测是重中之重。微观监管工作应坚持以风险为本，同时充分考虑各项合规要求。相应地，监管统计分析也应围绕银行风险，通过统计分析工作将“看不见、摸不着”的风险进行量化揭示，进而作出定性判断；同时监管统计工作也要满足合格监管的要求，用各项监管指标反映银行合规情况，并对有关情况进行分析监测。

第二，除了关注单家银行和银行集团的风险外，监管当局还需要对整个银行业的情况进行分析，开展宏观审慎监管。这就要求在对单家银行机构开展微观审慎监管时，要充分考虑其面临的系统性风险。在对银行业总体情况进行分析时，不能简单将每一个体银行的风险进行算术加总。在实际监管工作中，通常要求监管当局从逆周期和系统重要性银行两个视角采取相应监管措施。一方面，防范由于金融体系顺周期波动带来的系统性风险，需要对银行体系与国民经济运行情况进行统计分析，特别是时间序列分析，找出其内在规律，前瞻性地采取措施。另一方面，防范由于某一家银行出现风险传染导致整个银行业的系统性危机，需要采用一系列统计方法确定每一家银行机构的系统重要性，进行综合评价，并相应采取更为严格审慎的监管措施。分析确定银行机构的系统重要性通常从业务规模、复杂性、可替代性、关联度等方面进行考量，而这需要以一系列监管统计指标为基础，并在此基础上进行综合分析判断。比如在确定一家银行的可替代性时，可以用托管资产/总资产、支付结算额/全行业发生额、有价证券承销额/总资产等指标来分析。

第三，监管当局通常也十分关注宏观经济运行情况，一方面是因为宏观经济波动会给银行体系带来系统性风险，另一方面银行业务发展和监管政策出台也必然会对经济发展带来影响。《有效银行监管的核心原则》中列出了影响监管工作有效开展的一些前提条件，这些前提条件会对监管工作的有效开展带来重大影响。其中第一项前提条件就是“稳健且可持续的宏观经济政策”。稳健的宏观经济政策（主要是财政政策和货币政策）是实现金融体系稳定的基础。缺乏稳健的政策，以及由此产生的政府债务问题、流动性不足或过剩等宏观经济问题、资产泡沫破裂问题，都将对银行运行和监管带来重大不利影响。而与此同时，银行行为也是影响流动性的重要渠道，银行业务也直接影响经济结构优化调整。因此，监管当局一方面要分析外部环境变化对银行的冲击，同时还要研究银行对宏观经济的影响。这就要求银行监管统计分析不仅要关注银行，而且要关注银行外部环境，特别是要加强对国民经济情况、行业发展情况、企业和个人的资产负债情况、房地产等资产市场运行情况的统计分析。

由此可见，监管统计分析的目标与监管工作目标密切相关。首先明确监管目标，然后确定统计工作的内容，在此基础上对统计信息进行分析判断，有关分析成果能够服务监管工作目标，由此构成了监管统计工作的一个完整循环。

二、监管统计分析的重点与要求

如前所述，监管分析的目标与内容应与监管工作高度一致，同样监管统计分析的重点与要求也应和监管工作的流程与各个环节紧密结合。通常情况下，对银行机构的持续监管包括以下主要环节：一是定期收集银行机构各类信息；二是在此基础上开展日常分析；三是进行风险评估；四是根据评估结果有针对性地开展现场检查；五是根据现场检查结果，同时结合非现场分析对银行机构开展监管评级；六是采取必要的监管措施；七是确定下一监管周期的监管规则。除上述持续监管要求以外，处理各种准入事项也是监管工作的重要内容，包括机构设立、所有权转让、高管人员资格以及新业务等。监管统计工作分析的重点与上述监管工作的流程与环节紧密结合。

（一）信息收集

持续监管需要监管人员持续开展信息收集，收集的信息既包括被监管机构直接报送监管当局的监管报表和监管报告，也包括监管人员通过公开数据以及从第三方机构（如评级机构、审计机构）取得的信息。信息收集是监管统计分析的基础和前提，同时信息收集的内容、对象、时间、频度等也要充分考虑监管统计分析工作的需要，并根据需要进行动态调整。

（二）日常分析

日常分析是指监管人员运用多种统计分析方法，对银行机构经营情况和各类风险状况进行分析。日常分析是监管统计工作的重要内容，也是后续各项监管工作的重要基础。日常分析中通常重点关注银行的四方面情况：一是基本财务状况，如资产负债和损益的发展变化；二是风险状况，包括信用风险、市场风险、流动性风险等内容；三是自身抵御风险的财务能力，如资本充足率情况；四是银行专项业务发展情况，如国际业务、零售业务、信用卡业务、同业业务或表外业务的发展情况和风险情况。

（三）风险评估

风险评估是监管人员对银行面临的风险以及所具备的风险管理能力进行动态分析评价的一种方法。风险评估通常以矩阵表的形式展示，可以针对某一类风险，比如信用风险、市场风险来进行，也可以针对银行某一业务类型或产品线来进行。评估中既要依据有关定量信息和统计分析，又要作出定性的监管判断。监管统计分析在风险评估中的具体运用后面还将详细介绍。

（四）现场检查

现场检查是监管工作的重要环节和手段。监管人员通过现场检查可以对银行是否具备完善的政策、程序和控制进行独立验证；可以确定银行提供的各项信息是否可靠；可以进一步获得关于银行及其关联公司的信息，以便评估银行的经营状况；可以监测银行针对有关监管意见采取跟进措施的情况等。在现场检查立项中，监管人员可以结合前期统计分析结果，确定银行风险点和风险快速聚积的领域，提高检查的针对性。在现场检查准备中，监管人员应对所掌握的银行数据进行全面分析，必要时可以要求银行补充报送有关信息。在现场检查过程中，监管人员应就有关线索进行深入分析判断。在现场检查跟踪整改中，监管人员应关注问题纠正和风险变化情况。

（五）监管评级

监管评级是指监管当局针对单家银行及银行集团的经营情况和风险情况，结合该行内部管理水平，对其进行综合评价和量化考核，最终确定其风险级别的过程。风险评级的要素通常包括银行的安全性、流动性和盈利性，同时考虑其风险管理能力。风险评级的方法通常是定量和定性相结合，定量部分主要是对银行监管统计数据和统计指标结果进行量化打分，定性部分主要是在对银行进行综合分析的基础上给出定性判断。不论是定量还是定性分析，都需要监管统计分析为支撑。监管评级充分体现了统计分析中定量与定性分析相结合的要求，按照先定性、后定量、再定性的过程，提升对银行风险的判断和认识。有关监管统计分析在监管评级中的应用，后面还将详细介绍。

（六）采取监管措施

监管当局如经过分析判断后认为，银行未遵守有关法律、法规或监管决定，或从事不安全、不稳健的活动，可能给该银行或整个银行体系带来风险，或存款人利益受到威胁时，可以采取一系列的监管措施。这些监管措施包括对机构执行的措施，也包括对相关人员的措施。对机构的措施包括：限制银行业务活动，提出更严格的审慎性限额或要求，罚款，暂缓批准该银行开展新业务或进行并购，限制或暂停其向股东分红或进行股份回购，限制资产转移，要求银行更换管理人员、董事、控股股东或限制其权力，协调其他更健康的机构对该银行实施接管或合并，指定银行的临时管理层，吊销或建议吊销银行执照。对人员采取的监管措施包括取消有关个人的银行业从业资格，对有关人员进行处罚等。除上述限制性监管措施以外，在日常持续监管中，监管人员还应就现场检查和非现场监管中发现的问题，通过审慎会谈等方式及时向银行进行反馈和风险提示。这些监管措施都应基于充分的监管统计分析基础之上。

（七）制定下一周期监管计划

上述几个环节构成了一个监管周期。当一个监管周期结束时，监管当局应及时确定下一个监管周期的监管政策和要求，通常包括下一个监管周期的时间长度、建议重点关注的领域、监管资源的配置、本监管周期中发现问题跟踪整改进度等。制定监管计划中也应充分分析银行实际情况和上一周期监管工作成果。

（八）准入事项

上述各项监管工作涵盖了现场检查和非现场监管的主要方面。除此以外，市场准入也是监管工作的重要内容。市场准入包括机构设立、所有权转让、兼并收购、业务许可、高管人员的审批等。在处理准入事项时，监管人员应当充分分析该银行的经营和风险状况，必要时还要对银行的外部经营环境、市场竞争状况、股东财务实力等进行分析。这些也是监管统计分析的一项内容。

通过我们列举的上述监管工作主要内容和环节可见，监管统计分析工作的重点与要求和监管工作的流程与环节紧密结合。在从事具体监管工作中，需要充分借鉴统计分析工作的结果，自觉采取科学的分析方法，提高监管统计分析工作的质量，以实现监管工作的各项目标和要求。

三、监管统计分析的技术与方法

（一）描述统计分析与推断统计分析相结合

按照统计的功能可以将统计分析分为描述统计和推断统计。描述统计是将研究中所得的数据加以整理、分类、编制报表、绘制图形，以此描述和归纳数据特征及变量之间关系的统计方法。监管统计工作中相当大一部分属于描述统计，比如反映某一家机构的各类风险变量，反映银行业总体的盈利性和资本充足率指标，反映银行业总体中不同类型银行经营差异的图表等。推断统计指用概率形式来决断数据之间是否存在某种关系及用样本统计值来推测总体特征的一种重要的统计方法。推断统计在监管中应用的一个实际案例就是用内部模型法（IRB 法）对银行资产组合面临的预期损失和非预期损失进行估计，从而确定相应的监管资本要求的过程。描述统计和推断统计二者彼此联系，相辅相成。监管统计分析中两种方法都会涉及。

（二）指标分析与因素分析相结合

指标分析是通过各项统计指标对观测对象的特点和变化情况进行分析的方法。因素分析是对构成统计指标的要素、成分和结构进行分析的方法。指标分析是监管统计分析中常用的方法，各项监管指标中有的反映银行经营情况和财务状况，有的反映银行各类风险状况，还有的反映银行风险抵御能力。主要监管指标在前面各章已经分别进行了介绍。通过指标分析，可以将规模不同的银行进行横向比较，可以分析某一家银行不同历史时间的主要表现。指标分析应与因素分析相结合，通过因素分析可以更好地揭示统计指标变化的原因以及内部联系，有助于发现规律。监管分析中不能仅根据指标变化或同业排名就简单地对银行经营和风险作出判断，还要采用因素分析法，对指标变化的内在原因进行剖析，以求全面了解银行情况。

（三）静态分析与动态分析相结合

状态分析是统计分析的一种，是指对于观测对象要研究其一定时间、地点、条件下的状态，分析其量变情况，这属于状态分析。状态分析包括静态分析和动态分析。静态分析一般用总量指标、相对指标、平均指标、抽样指标推断等方法，动态分析一般用时间数列、统计指数等方法。监管统计分析的重点之一是对单家银行和银行体系的经营情况和风险状况进行分析，其中既包括对当前情况的静态分析，也包括前瞻性地监测预警风险，对其未来走势进行动态分析。监管统计中运用动态分析方法时，要特别关注趋势分析，也就是排除短期偶然因素的影响，使动态数列呈现出长期因素所造成的长期趋势，以揭示银行业运行发展和风险变化的客观规律，并预测未来。

（四）定量分析与定性分析相结合

定量分析法是对统计对象的数量特征、数量关系与数量变化进行分析的方法。在银行监管统计中，定量分析是以银行各项财务报表和统计数据为基础，按照某种数理方式进行加工整理，以反映银行风险变化情况，并得出分析结果。定性分析是主要凭分析者的直觉、经验，凭分析对象过去和现在的延续状况及最新的信息资料，对统计分析对象的性质、特点、发展变化规律作出判断的一种方法。在监管实践中，监管者通常需要对银行风险的高、中、低，对银行风险管理能力的强、中、弱以及对风险未来是上升、持平还是下降进行定性判断，以确定采取何种监管措施。这就需要以定性分析为支持。定性分析与定量分析应该是统一的、相互补充的；定性分析是定量分析的前提，定量分析使定性分析更加科学、准确，不能将二者截然分开。在监管工作中，通过定性、定量、再定性的循环，将量化的数据指标、风险模型与监管人员的经验判断有机结合，才能不断提升监管当局对风险判断的科学性和准确性。

（五）历史比较分析和同质同类分析

在监管工作中，当需要对一家银行风险情况进行分析监测时，不能够仅根据该银行当期数据就得出监管结论，而应当着重从两个方面进行比较分析。一是与该银行历史数据进行比较，发现这家银行当前风险变化的新问题，分析这家银行经营中的新情况；二是将该银行数据与同质同类组的银行进行比较分析，看其指标在同组别中处于何种相对位置，以及相对位置的变化情况。比如统计数据显示某银行本季度不良贷款率上升了1个百分点，在监管统计分析中一方面要了解同期银行业平均不良贷款率的变化，特别是与该银行同质同类组别中其他银行不良率的变动情况；另一方面也要总结上一轮经济周期该银行不良贷款率变化规律，以及不良贷款率上升后对银行的影响，进而分析本次与上次的异同。只有充分运用历史比较分析和同质同类分析，才能对一家银行风险情况作出全面的分析判断。

（六）监管统计分析方法与风险分析方法相结合

监管统计的一项重要任务就是服务于风险为本的银行监管。由此决定了监管统计分析方法一定要与各类风险分析方法密切结合。风险分析方法的内容和种类很多，但总体看，都是通过定量和定性手段，对各类风险进行度量和识别，进而对风险发展变化进行监测和分析的过程。不同类型的风险其分析方法有所区别，针对不同机构风险复杂性而采取的分析方法也有差异。因此在监管实践中，监管人员应注重统计分析方法与风险分析方法相结合，以实现统计分析的目标。比如市场风险分析中VaR（风险价值）法就是一种重要的分析方法。VaR值本身就是一个统计量，表示在一定的置信水平下（比如95%），一家机构在一定时期内可能面临的最大损失。当用VaR值来测度风险时，统计分析中就应当充分了解其假设前提、指标内涵、计算方法及其局限性，进而才能得出可靠的结论。又比如在信用风险的分析中贷款质量迁徙是一种重要的分析方法。统计分析中应结合迁徙矩阵的特点，对数据进行深入加工，计算各类向上及向下迁徙率；同时运用时间序列分析，对未来贷款质量进行判断。只有将统计方法与风险分析方法密切结合，才能充分发挥统计分析在风险监测和判断中的作用。

第二节　监管统计分析在微观监管中的应用

一、监管统计在日常监管分析中的应用

有效的银行监管要求监管当局对单家银行、银行集团和整个银行体系的风险持续进行识别、监测和评估。日常监管统计分析成为这一工作中一项重要的环节。

日常监管统计分析的内容如前所述，主要包括银行的业务发展、财务状况、风险情况和风险抵御能力等方面的情况。一方面，当监管人员收到银行定期报送的月报、季报等监管报表后，应当按照事先确定的分析框架，按要求对银行数据开展定量分析和定性判断。另一方面，当遇到银行经营环境的重大变化时，比如经济运行和金融市场出现巨大波动，某项重要的经济金融政策出台可能将对银行产生重大影响，或者银行自身遇到突发事件时，监管人员应结合日常掌握的情况，及时开展有针对性的分析。

日常监管统计分析的对象包括三个层次，一是单家法人银行，二是银行集团，三是整个银行业的系统性风险。对于单家法人银行，主要依据其单体机构的监管统计报表和数据开展分析。对于银行集团，在重点分析并表口径的各项监管报表和监管指标的同时，还要注重分析银行集团内部不同实体对银行的影响。如果被监管银行在银行集团中是母公司，则应重点关注其境内外各类子公司经营情况出现问题可能对母公司财务状况、风险状况甚至声誉方面带来的负面影响。如果被监管的银行是一家大型金融控股集团的子公司，则要关注其母公司对银行的支持能力，关注集团内部其他子公司可能对银行的影响。对于银行体系，则应从系统的视角分析整个行业的发展情况和可能面临的挑战，特别是应关注外部环境变化对银行体系的冲击，以及银行体系内部风险传染的可能性。有关内容在下一节还将详细介绍。

日常监管统计分析的信息来源主要有三个方面：一是银行直接报告的信息，既包括定量信息，比如各类统计报表和财务报表，也包括定性的信息，比如风险分析报告、经营计划和发展战略规划等。二是监管人员通过现场检查及其他渠道与银行接触中掌握的信息。除了现场检查以外，监管人员必要时还应充分与银行的董事会、高管层、管理层以及关键岗位业务人员充分接触，以便及时掌握相关信息，全面了解银行情况。三是监管当局从外部获得的信息，比如从金融市场、评级公司、研究公司以及境内外其他监管机构共享得到的信息。上述三方面信息相互补充、彼此印证，帮助监管人员了解银行的全面情况。

日常监管统计分析的方法有很多，其中关于定量分析内容，通常采用以下主要思路和方法。一是指标分析，监管指标能够反映不同项目之间的内在逻辑关系，同时将不同规模的银行其不可比的绝对额数据变为可比的相对指标，将银行的风险情况和财务状况进行量化。关于各类风险以及财务方面的指标在本书相关章节已经进行了详细介绍。二

是结构分析，重点分析某一监管项目（如本期利息净收入）和某一监管指标（如资本充足率）的结构。分析利息净收入的结构应密切关注其构成，包括贷款利息收入、债券利息收入、存款利息支出、发行债券利息支出等详细变化情况。资本充足率分析也应关注其分子分母结构和变化特点，进而得出监管结论。三是趋势分析，对于各项监管统计项目和统计指标，不仅要关注当期情况，而且要总结历史变化规律，进而对未来发展变化作出趋势性的判断。四是同质同类分析，将一家银行的数据指标与同样规模、同样发展阶段或同样业务结构的一组银行进行比较，确定该银行在同组中的位置、排名以及排名的变化，对银行进行全面评价，从中发现问题和线索。五是异常分析，一家银行数据变化有其趋势性特征，也有其异常变动情况。监管统计分析中要通过与历史数据对比，与同质同类银行对比，找出被监管银行数据显示的异常变化，分析变化的原因。日常监管统计分析中除上述常用的方法外，还有许多特殊的分析方法，比如风险评估矩阵的使用、监管评级的开展以及压力测试等，接下来会分别介绍。

二、统计分析在风险评估中的应用

风险评估（Risk Assessment）是监管人员对银行风险、管理能力以及风险未来发展变化进行全面分析，并将分析结构以风险评估矩阵形式展示出来的过程。

风险评估的目的主要包括三个方面：一是通过风险评估全面分析被监管机构主要业务的内在风险水平、银行相应风险管理能力以及未来风险发展变化方向，从而了解一家机构整体风险状况。二是发现并确定被监管机构的潜在问题和风险所在，为确定下一步的现场检查范围和开展现场检查提供决策依据。三是帮助监管机构实现“风险为本”的监管，做到“高风险多监管，低风险少监管”，提高监管工作的有效性。

风险评估的程序包括以下主要步骤：一是收集风险评估需要的信息，既包括定量的监管统计数据和监管指标，也包括通过各种渠道与被监管机构进行沟通掌握的情况，还包括从其他外部渠道取得的信息。二是确定风险评估中需要关注的主要业务种类，要综合考虑被监管机构的资产结构、业务规模、发展战略、收入贡献、新产品和新业务、外部环境变化等。任何超过总资产或总收入一定百分比（如5%或10%）的业务都应单独考虑和评估。三是界定银行主要风险种类，通常包括信用风险、市场风险、操作风险、流动性风险、声誉风险、法律风险、战略风险等。四是开展风险评估并完成评估矩阵。监管当局通常事先通过内部指引或工作手册的形式，对每一类业务在风险评估中需要关注的风险问题，需要采取的指标以及方法作出详细规定。监管人员根据工作手册要求，结合被评估银行实际情况，完成风险评估矩阵。评估矩阵有不同的表示形式，表11－1至表11－3列出了由明细到概括的三种类型评估矩阵。不论哪一种矩阵，都要明确银行风险水平的高、中、低，揭示银行管理能力的强、中、弱，同时判断银行风险未来发展趋势是上升、稳定还是下降。五是撰写风险评估报告，报告中不仅要列出评估方法和主要结论，还要对未来发展变化作出判断，对下一步拟采取的监管措施提出建议。风险评估报告应当随着对银行风险情况的持续分析而不断更新。

表 11－1　　某银行风险评估矩阵表一：按照业务条线列示（示意）

风险类型	内在风险（高/中/低）			管理水平（强/中/弱）			
	信用风险	市场风险	…	公司治理	政策程序	风险计量及信息系统	内控及审计
贷款业务举例							
企业贷款							
贸易融资							
按揭贷款							
信用卡							
同业业务明细							
投资业务明细							
理财业务明细							
⋮							
整体风险							

表 11－2　　某银行风险评估矩阵表二：按照风险类型列示（示意）

风险类型	内在风险（高/中/低）	管理水平（强/中/弱）	未来变化（上升/平稳/下降）
信用风险			
市场风险			
操作风险			
流动性风险			
法律风险			
声誉风险			
战略风险			
整体风险			

表 11－3　　风险评估矩阵表三：按照银行机构列示（示意）

风险类型	内在风险（高/中/低）	管理水平（强/中/弱）	未来变化（上升/平稳/下降）
A 银行			
B 银行			
C 银行			
⋮			
整体风险			

风险评估的频度一方面应考虑银行的风险情况，另一方面还要结合银行经营环境的

变化。通常情况下，每个监管周期至少对监管机构进行一次风险评估。此外，当银行经营环境发生重大变化，或是发生了影响银行风险和经营的重大事件时，监管当局应当及时对风险评估结果进行更新。

三、统计分析在监管评级中的应用

监管评级是指监管当局针对单家银行及银行集团的经营情况和风险情况，结合该行内部管理水平，对其进行综合评价和量化考核，最终确定其风险级别的过程。虽然各国监管当局评级的具体要求、评价内容和评估方法存在差异，但总体看，都是全面考虑银行的安全性、盈利性和流动性，采取定量与定性相结合的方法，将银行经营、风险和管理等诸多因素综合成为一个简单的“评级结果”来表示。

通常情况下，监管评级中需要考虑以下几方面的要素，资本充足（Capital）、资产质量（Assets）、管理水平（Management）、盈利性（Earnings）、流动性（Liquidity）和市场风险（Sensitivity of Market Risk）。由于上述六个方面英文缩写是 CAMELS，因此监管评级也通常被称为“骆驼评级”。除了上述六个方面以外，其他相关风险也要予以考虑，比如操作风险、声誉风险等。此外，对于复杂的大型银行集团，还要关注其并表管理能力、关注集团内部不同子公司之间业务繁杂性以及对集团中银行机构的影响；对于分支机构（如外国银行分行），还要关注其母行的支持能力等。

对于骆驼评级的六个方面，除了管理水平外，其他几方面在评级过程中都是既要考虑定量因素，也要考虑定性因素。

（1）在对资本的评价中，要分析资本充足率、一级资本充足率等监管指标的结果和变化，还要考虑银行资本构成、资本质量、资本规划以及资本管理能力。

（2）对于资产质量，要分析不良贷款情况、贷款迁徙情况、风险集中、关注交易情况以及拨备充足性等监管指标，还要考虑银行信贷政策、信用风险管理流程和技术方法等因素。

（3）对于盈利性，既要看资产回报率、资本回报率、利润增长率、成本收入比等具体的财务指标，也要分析外部环境和经营发展中影响银行盈利性的各项因素。

（4）对于流动性，既要分析反映流动性的各项监管指标，如流动性比例、核心负债依存度、流动性缺口率、存贷款比例、超额备付金比例、流动性覆盖率、净稳定融资比例，也要分析银行资本来源和运行的构成及稳定性，分析银行主动和被动管理流动性的能力。

（5）对于市场风险，既要分析反映利率风险、汇率风险和投资损失的各项监管指标，如利率风险敏感度、外汇敞口头寸比例、投资潜在损失率，还要关注银行对市场风险进行识别、计量、监测和控制的能力。

（6）对于管理因素，定量分析的监管指标有限，可以参考银行受到消费者投诉的多少，银行案件发生的频度和造成的损失等，但更多地需要监管人员进行定性的研究，包括银行公司治理情况、内部控制情况、风险管理要素、激励约束的有效性等。

对于上述几个方面，在实际评级中可以采用打分卡方式，也可以采取其他方式，将每一项内容定性与定量结果相结合，确定每一项内容的评级结果，再根据各项的权重或其他方法，得出银行总体评级结果。在这一过程中，监管统计一方面提供了直接的定量结果和分值，另一方面通过监管分析可以帮助监管人员更好地了解银行当前的最新变化，评价银行与同质同类的差异情况，预测未来可能发生的风险。为监管人员作出专业判断提供基础。

通常情况下，评级结果分五到六级，数值越小（如一级），表明银行越稳健。监管评级的频度通常与监管周期相一致，通常是一年，也可根据实际情况进行调整。通过监管评级的最终结果，可以将每一家银行的总体情况一目了然予以揭示，清晰地反映出该银行的全貌。对于监管评级，不能仅仅关注总体结果，而且要进行深入分析。通过对每一项评级要素的深入分析，可以发现银行在各类风险、经营成果、内部管理中的薄弱环节。通过对一家银行各期评级结果的对比分析，可以了解银行近年来的变化情况。

四、统计分析在银行风险预警中的应用

银行风险早期预警是指监管当局为了提高监管工作的前瞻性，通过选取一系列反映银行风险的统计指标，确定相关预警方法，明确有关工作流程，从而实现对银行风险进行早期识别和分析的过程。根据预警的主体不同，可分为对单体银行或银行集团开展的风险预警和针对银行体系开展的预警。根据预警的方法不同，可分为以定量方法为主的预警和考虑结合定性判断的预警。根据预警时间长短，可分为短期风险预警和中长期风险预警。根据预警结果的变量不同，可分为关注银行破产概率的预警和关注银行监管评级降级可能性的预警等。

监管统计分析在银行早期风险预警中发挥着重要的作用。主要体现在以下几个方面。

一是关于预警方法的确定。通常情况下，预警系统中对定量指标的加工方法有以下几种：扩散指数法、合成指数法、百分位排序法、降级距离指数法等。这些方法都需要统计数据和统计方法来实现。

（1）扩散指数法是指一家银行发出报警指标个数占所有预警指标个数的比例。扩散指数法能反映每一项预警指标的影响，克服了不同指标相互抵消的问题，同时通过反映银行风险波动的扩散从而提示风险波动的转折点，以便于观察未来发展态势。

（2）合成指数法是根据各单项预警指标的循环波动程度，并考虑各指标在总体活动中的重要性加权编制而成。合成指数能够全面反映不同指标变化和总体情况，同时根据不同指标重要性相应赋予不同权重，与定性判断相结合，提高预测效果。

（3）百分位排序法是通过计算出预警对象各项预警指标值在同质同类群组中的百分位排序以及综合百分位排序，进而筛选出应特别关注的金融机构名单。百分位排序法可以帮助发现相对较差的银行，及时发现银行的异常变化，但有时难以给出绝对的判断。

（4）降级距离指数法是通过多维空间中两点间距离的度量，从而进行降级预警的方法。具体就是分别计算某一家银行的指标点距最优状态点和最差状态点的距离，再将两个距离相比得到降级距离指数，然后再根据指数是否达到预警触发值来进行预警。

二是预警指标的选择。不论采取上述哪一种预警方法，都需要确定一系列的预警指标，要分析每一项预警指标的前瞻性、可测性和可靠性，同时合理确定指标预警的阈值。比如对于盈利性的监测预警，可以采用资本回报率、资产回报率、利润增长率、成本收入比等指标，都有道理，但哪一项指标或哪几项指标更优？每一项指标的合理区间是多少？银行高于或低于某一阈值水平就应当进行风险提示？这一系列的具体问题都需要监管统计工作进行支持。要明确统计指标的计算公式和规则，要分析指标变化与银行风险的相关性，同时运用统计方法对指标的前瞻性进行分析并模拟出合理的预警区间。

三是预警的数据基础。银行风险预警系统可以主要基于量化指标分析，也可以同时考虑加入监管人员的职业判断。但不论哪种方法，统计数据都是风险预警模型的重要基础。历史数据对于选择预警指标和修正预警模型有重要作用，当期数据加载于预警模型中，可以对未来发展趋势进行判断。因此基础数据的准确性、完整性和时间序列长度都会对预警的可靠性带来重大影响。

四是预警有效性的提高。预警一般都会产生两类错误：如果预警触发条件过于严格，应当发出危机预警信号时却发出了安全信号，则产生第一类错误（拒绝真）；而如果条件过于宽松，发出的预警信号过多，对本来稳健的银行也发出了预警信号，则产生第二类错误（接受假）。第一类错误又称为“漏报”，可能带来监管的不作为；第二类错误又称为“错报”，可能带来监管过度。提高预警模型的有效性，最大限度减少两类错误的发生，需要用统计方法定期对预警模型，特别是预警参数和方法进行检验，合理确定临界值和触发点。

五是预警结果的分析应用。虽然各类预警系统通常都会对每家银行机构给出一个预警结果，比如“亮红灯”、“亮黄灯”等，但监管人员在运用预警系统时却不能仅仅关注某一家机构是否触警。对于触警的机构，要运用多种统计方法深入分析银行指标变化和触警原因；对于没有触警的机构，也要借助预警系统和统计数据，全面分析这家银行是否存在较为重大的变化。总之，在预警结果的使用中要全面运用多种统计方法进行分析，而不能仅仅关注是否触警。

银行监管工作要注重前瞻性，对于风险的监测要早发现、早分析、早采取监管措施。银行风险预警系统能够帮助监管人员提高工作的前瞻性。监管统计的数据、指标和方法对风险预警系统的开发、建设、应用和维护都有重要的作用。

五、统计分析在压力测试中的应用

压力测试是一种以定量为主的风险分析方法，通过测试银行在遇到小概率等极端不利情况下可能发生的损失，分析这些损失对银行利润、资本以及流动性的冲击，进而对单体银行和银行体系的脆弱性作出评估和判断，并采取必要补救措施。近年来，压力测试由于其前瞻性和系统性，在监管实践中得到越来越广泛的应用。压力测试通常包括以下几个环节：明确任务目标、确定压力情景、设计测试方案、建立测试模型、取得数据、报告结果、后续工作安排等。监管统计在压力测试中能够发挥十分重要的作用，主要体现在以下几个方面：

一是能够帮助确定压力测试情景。压力测试通常是分析极端情况下银行面临的损失，根据概率高低和冲击严重程度，通常将压力测试分为轻度、中度和重度等。情景可以依据历史上真实的情景确定，也可以用假设的情景。不论采取哪种方法，合理的设置情景都是有效压力测试的重要前提条件，而合理设计情景首先要能够基本描述出各类情景发生的概率，比如重度压力情景是“五十年一遇”还是“百年一遇”。确定不同情景的发生概率需要以统计数据和统计方法为支撑。

二是能够帮助建立测试模型。压力测试需要一套方法论将压力情景与银行的业务和风险相关联，或者说需要建立相关压力测试模型。比如假设房价下跌时，银行住房按揭贷款的不良率可能上升多少。测试模型的建立一方面需要理论支持，要能够解释外部冲击如何通过中间变量一步步传导到银行业务；另一方面需要实证检验，通过历史数据的观测，找到冲击变量与银行业务和风险变量之间的线性或非线性关系，从而分析压力情景下的结果。比如由不同情景下房价下跌得出不同的贷款房价比（LTV），运用统计方法分析历史上不同时期 LTV 对借款人还款意愿的影响以及 LTV 和不良率的相关性，从而完成压力测试中房价下跌这一情景与银行不良贷款率之间关系的统计分析。

三是能够帮助正确解读压力测试的结果。压力测试不同于预测，不是判断未来最有可能发生什么，而是分析将来不大可能发生的事情，一旦发生时所产生的后果。因此在对压力测试结果进行解读时应当了解以下内容，其一是要了解情景发生的可能性，其二是了解测试方案和模型的假设前提，其三是要了解数据的局限性以及由此可能产生的对压力测试结果可靠性的影响。而这三个方面都需要对统计知识和方法的理解。

第三节　监管统计在宏观审慎监管中的作用

一、宏观审慎监管的内容与实施

宏观审慎监管的概念以及宏观审慎监管、微观审慎监管和货币政策三者之间的关系，在前文中已经进行了全面介绍，在此不再重复。某一国家或地区的宏观审慎监管工作一般包括以下三个方面：一是识别系统性风险，即发现、度量和监测金融业或银行业面临的系统性风险，并评估其潜在影响；二是采取措施降低系统性风险发生的可能性，通过提高监管标准和采取针对性监管措施等，预防系统性风险的爆发和蔓延；三是缓解对金融体系和实体经济的溢出效应，即在系统性风险爆发后，限制破坏的程度和范围，尽可能降低金融危机带来的经济损失。

对于上述第一个环节，目前已经采取的方法有以下几个方面。一是加强对系统重要性银行数据质量的要求，巴塞尔委员会于 2013 年出台了《有效风险数据汇总与风险报告的原则》，对银行（特别是系统重要性银行）和银行监管当局提出关于风险数据的 14 条原则，既包括对银行数据管理和数据质量的要求，也包括对监管当局如何加强对数据质量进行监督检查的要求。二是进一步完善并要求各国编制并发布金融稳健指标（Financial Soundness Indicators)。国际货币基金组织 2006 年就发布了《金融稳健指标编制指南》，并鼓励各国加强有关指标的编制和发布。三是各国监管当局以及有关国际组织进一步加强研究，开发了多种模型和方法，加强对系统性风险的监测预警。

对于上述第二个环节，目前各国监管当局主要从逆周期和系统重要性银行两个维度采取措施，降低系统性风险爆发的可能性。一方面，当经济过热、资产价格上涨、信贷增长速度过快时，为了应对将来可能集中出现的不良贷款等银行损失，监管当局可以采取逆周期的监管政策，提高银行当前的资本和拨备要求，未雨绸缪，防患于未然。另一方面，对于在全球或某一经济体的金融体系中处于举足轻重地位的系统重要性金融机构（以银行机构为主），提高对其监管要求，督促这些机构进一步增强恢复和处置能力，以提高系统抵御风险的能力。

对于上述第三个环节，可以采取的措施是建立健全金融安全网。比如进一步完善存款保险制度，减少由于某一单体机构经营失败而对市场信心带来的重大影响。又比如加强国内中央银行与监管机构之间的合作，提早制定应急预案，当金融体系或金融市场出现波动时，提早采取措施。再比如加强跨国合作，对于国际活跃银行出现清偿性危机时，有序合理加以处置。

上述三个环节工作的顺利开展，都需要充分可靠的统计数据和深入的统计分析加以支持。特别是对于前两个方面，即系统性风险的日常监测，以及各项审慎监管措施的有效实施更是如此。下面从三个方面介绍银行监管统计分析在宏观审慎监管中的具体内容和重要作用。一是对银行体系总体运行情况和风险情况进行统计监测分析；二是系统性风险监测中需要关注的其他统计信息，这些统计分析工作也应纳入监管当局统计的视野和范畴；三是对银行业采取逆宏观审慎监管措施时统计数据所发挥的作用。

二、银行业总体运行统计分析

本书前面已经介绍了反映单体银行或银行机构的多项监管统计数据和指标，包括基本财务指标、信用风险指标、市场风险指标、流动性风险指标、资本充足率指标等。按照宏观审慎监管的要求，监管当局不仅要关注每一家银行的情况，还应对银行业总体运行情况进行统计分析，编制银行业总体指标。

国际货币基金组织 2006 年发布了《金融稳健指标编制指南》，提出了分析银行业总体运行和风险的一套金融稳健指标。这一套指标共 39 项，涵盖了存款吸收机构（银行机构）、非银行金融机构、金融市场、企业和住户部门。根据指标的重要性以及与银行机构的相关性，又分为核心指标和鼓励指标。指标分布见表 11 -4。

表 11 -4　　金融稳健指标概览

统计对象	核心指标数量	鼓励指标数量
存款吸收机构（银行机构）	12	13
其他金融机构		2
非金融企业部门		5

续表

统计对象	核心指标数量	鼓励指标数量
住户		2
市场流动性		2
房地产市场		3
小计	12	27

本部分重点介绍存款吸收机构（银行机构）金融稳健指标的编制与分析。稳健指标中的其他内容放在下一部分中介绍。

（一）银行业金融稳健指标的内容

金融稳健指标中关于银行业的指标共25个，其中12项为核心指标，13项为鼓励指标，具体见表11－5。

表11－5　存款吸收机构金融稳健指标列表

指标内容	指标名称
资本充足（5项）	资本充足率（*） 一级资本充足率（*） （不良贷款－拨备）/资本（*） 资本/总资产（简单杠杆率） 股权投资/资本
资产质量（4项）	不良贷款率（*） 贷款行业与部门分布（*） 贷款地区分布 大额暴露/资本
盈利性（7项）	资产利润率（*） 资本利润率（*） 净利息收入占比（*） 成本收入比（*） 交易收入/总收入 人力成本支出/非利息支出 存贷款息差
流动性（4项）	流动性资产/总资产（*） 流动性资产/短期负债（*） 最高最低同业拆借利差 存贷款比例
市场风险（5项）	外汇净敞口/资本（*） 外汇贷款/总贷款 外汇负债/总负债 衍生产品资产方净头寸/资本 衍生产品负债方净头寸/资本

注：表中加*指标为国际货币基金组织确定的核心类金融稳健指标。

这25项指标按照CAMELS的框架，除管理指标外，共包括五个部分。对于反映资本充足的5项指标，资本充足率和一级（核心）资本充足率是按照有关国际标准计算的监管资本与加权风险资产的比例，反映银行业总体资本充足情况；杠杆率反映不进行风险加权的资本充足情况；股权投资与资本的比率反映银行业的资本中多少已经作为股权对外承担了风险；拨备后不良贷款与资本的比例反映信用风险可能对银行业资本的侵蚀。

对于反映资产质量或信用风险的4项指标，不良贷款率与大额风险暴露指标分别反映银行业总体不良贷款总量和集中度情况，另外两项指标涉及贷款的行业及地区分布，虽然不直接反映风险，但也提示需要关注的问题，特别是对于集中度较高或增长速度较快的行业和地区要加以关注。

对于反映盈利性的7项指标，有反映银行业总体盈利水平的资本利润率和资产利润率；有反映盈利结构的净利息收入占比、交易收入比例以及存贷款息差变化；还有反映经营成本的成本收入比和人力成本支出/非利息支出。

对于反映流动性的七项指标，有反映银行业资产负债总体结构的存贷款比例；有反映资产负债流动性的流动性资产与总资产及与短期负债的比例；还有反映银行融资情况的最高最低同业拆借利差。

对于反映市场风险的5项指标，其中有3项反映银行业的外汇风险，分别是外汇净敞口与资本的比例，以及资产负债中外汇业务与总量的比例。还有2项反映衍生产品市场风险，分别是衍生产品资产方净头寸与资本的比例以及衍生产品负债方净头寸与资本的比例。

上述25项指标能够从总体上反映一国银行业的经营情况、风险状况和风险抵御能力，从而为银行系统性风险分析监测奠定基础。

（二）银行业金融稳健指标的编制

金融稳健指标的编制是监管当局一项重要统计工作。编制过程中需要关注以下几项环节。

1. 机构分类

指标编制的基础是明确统计对象。对于银行业金融稳健指标，或是存款吸收机构类统计指标，首先要界定哪些机构属于“存款吸收机构”。按照国际货币基金组织的定义，存款吸收机构被定义为主要从事以下金融中介活动的单位，即通过自己的账户，以中介的方式将资金从贷款人转向借款人。而且，它们拥有可随时支付、用支票转让或以其他方式用于支付的存款形式的负债；或拥有不能立即转让的债务工具，例如，短期定期存款。但是这些工具在筹集资金方面非常接近存款，而且也包括在广义货币的定义中。

除了存款吸收机构，金融稳健指标编制过程中可能还需要关注其他金融机构、非金融公司、广义政府等。下一部分中会有所涉及。

2. 会计原则与数据源

金融稳健指标的数据源主要还是基于银行的会计财务报表。会计准则的审慎性决定了金融稳健指标的可靠性。通常认为，如果一国会计准则与国际会计准则趋同，则会计政策是审慎的，金融稳健指标编制可以依靠会计数据。包括表内资产与负债的确认、金融工具的估值与计量、本外币转换、资产减值的确认、存量与流量的确定等要求，都可以依赖会计数据。当然，部分金融稳健指标不仅依据会计政策，而且要依据监管政策，比如对于资本充足率的计算、大额风险暴露的确定、流动性资产的界定等。因此金融稳健指标的数据源主要包括单家机构的会计财务报表和监管统计报表。

3. 并表范围

通常某一国家或地区辖内有多家银行机构，按照最终控制人，可分为国内控制的银行和国外控制的银行，表 11 -6 中简称中资银行和外资银行。按照银行的类型，可以分为分行和子行。按照银行是否跨境经营，可分为境内分行子行和境外分行子行。此外，除了银行（存款吸收机构）外，还有证券公司、保险公司、基金公司等其他金融机构。

表 11 -6　　并表范围示意表

	境内分行子行	境外分行子行
中资银行法人	A	B
外资银行法人	C	D
外资银行分行	D	
境内其他类型金融机构		

金融稳健指标编制要将哪些机构数据进行汇总？按照国际货币基金组织的要求，建议重点关注中资银行法人跨境汇总数据，即表 11 -6 中的 A 部分与 B 部分的汇总。将重点放在国内控制的存款吸收机构的健康和稳健状况的原因是国内当局可能最终需提供资金帮助。如果国内控制的存款吸收机构有境外的分支机构和子公司，这些机构很可能是经济体中较大的存款吸收机构，因此这些机构失败的潜在的直接金融风险可能会造成系统性风险。

4. 数据汇总方法

如何把单家银行数据加总成银行业总体数据，有两种方法可供选择，即加总（Aggregation）与合并（Consolidation）。

"加总"是在对单个统计单位数据汇总时，直接把各单位的头寸或流量数据简单相加。在加总方法下，任何单个统计单位的头寸和流量数据之和都等于汇总后的总和。"合并"则考虑组成某一报告实体的各个统计单位之间相互持有的头寸和相互发生的流量，在汇总成报告实体时将其进行抵销。合并可以根据需要在不同层次开展，例如将某一经济体内部的商业银行合并组成一个报告实体——应当将每一家商业银行与系统内其他商业银行之间的所有头寸和流量都在统计时抵销。也就是说，合并后的商业银行报表只反映商业银行与外部其他机构间的头寸和流量数据。

在金融稳健指标编制过程中，应尽可能多地采取合并的方法，少采取加总的方法。比如计算银行业总体资本充足率时，应当将不同银行之间交叉持有的股本和次级债等资本工具进行扣减；同时将不同银行间同业形成的资产从加权资产中扣除。这样才能得出更为准确的银行业平均资本充足率。当然合并的方法非常复杂，在实际编制中，考虑到编制成本和数据源的颗粒度，也可以采取加总的方法作为替代。

（三）银行业金融稳健指标的披露

对于单家银行的信息披露，银行监管当局通常会提出监管要求；对于上市银行的信息披露，证券监管机构也会有明确规定。而对于涉及一国银行业总体运行和风险情况的金融稳健指标，其披露情况各国存在较大差异。但有一点已经形成共识，就是银行业金融稳健指标的披露对于提高一国银行体系透明度，增强市场信心有着重要的作用，实践中各国披露情况也在不断改善。

关于披露的内容，至少要包括两个重要方面：一是指标结果本身，比如银行业平均资本充足率究竟是百分之几；二是指标的加工方法和统计口径，也称“数据诠释”（metadata）。数据诠释一般包括指标的具体内容，即分子分母的构成与明细，这方面金融稳健指标与微观监管指标基本一致；还包括机构范围；包括数据合并及汇总的方法等，这方面是金融稳健数据诠释中特有的内容。由于各国监管法规和监管实践存在差异，同样指标的具体统计口径和加工方法可能存在差异，由此造成数据不完全可比。这就需要数据使用者不仅要分析金融稳健指标的结果，而且要关注其数据诠释。

关于披露的频度、方式等要求。年度披露是最低要求，在此基础上，国际货币基金组织鼓励各国监管当局提高披露的频度，包括半年、季、月甚至更短时间。对于披露的方式，主要考虑可获得性。除了在监管当局网站和年报中披露外，国际货币基金组织还要求各国向其报送金融稳健指标数据，并在国际货币基金组织网站披露各国数据。当然对于金融稳健指标的披露要求与其他信息披露一样，也有真实性、完整性、及时性、可获得性等要求。

关于披露的发展，将来还会不断细化。与单家银行机构的信息披露不同，披露银行业总体数据时，不仅要考虑均值，而且要考虑样本数据的分布或离散程度，披露更多描述统计量。国际货币基金组织鼓励监管当局披露更多这方面的信息。比如对于资本充足率，一国监管当局不仅要披露全部商业银行的平均比例，而且可以披露集中程度情况，比如前五大银行资本充足率；还可以披露离散情况，比如方差、四分位值等。

三、监测系统性风险其他统计与分析

上一部分介绍了金融稳健指标中银行机构的指标，对于宏观审慎监管和系统性分析，不仅要关注银行，而且要分析银行外部经营环境的变化，对此，金融稳健指标中也提出一些具体要求，有关指标详见表 11－7。

表 11－7　　存款吸收机构以外其他金融稳健指标列表

指标内容	指标名称
其他金融公司	资产/金融体系总资产（*） 资产/GDP（*）
非金融公司部门	总负债/股本（*） 股本回报率（*） 收益/利息和本金支出（*） 外汇风险敞口净额/股本（*） 破产保护的申请数量（*） 部分行业（如产能过剩行业）数据

续表

指标内容	指标名称
广义政府和公共公司	政府财政状况 中央及地方政府债券投资 对准政府债权（含平台贷款）情况
住户指标	住户债务/GDP（*） 住户还本付息支出/收入（*）
证券市场	证券市场的平均价差（*） 证券市场平均日换手率（*）
资产市场	居民住房贷款/总贷款（*） 商用房贷款/总贷款（*） 房地产价格指数（*）

注：表中加*指标为国际货币基金组织确定的鼓励类金融稳健指标。

表11－7中列出了六类金融稳健指标，这六类指标都不是针对银行机构的，但都与银行业稳定息息相关。第一类是关于其他金融公司的两个指标。按照国际货币基金组织的定义，其他金融公司主要是指那些从事金融中介或者与金融中介关系紧密的辅助性金融，但没有被列入存款吸收机构的公司，比如保险公司、养老基金、投资基金等。其他金融公司与银行（或存款吸收机构）有着密切的关联，有一些其他金融公司还从事期限转换、信用转换等金融业务。其他金融公司的业务规模和风险对银行业稳定有重要影响。因此金融稳健指标中要求编制反映其他金融公司资产与全部金融机构资产以及与一国GDP比例的指标。

第二类是关于非金融公司部门，也就是通常讲的企业部门。非金融公司部门一般情况下是银行业最大的债务人，非金融公司部门的经营情况和还本付息能力直接影响银行业的经营和风险。因此，金融稳健指标中特别关注企业部门五方面情况，一是杠杆率（负债率），具体指标包括总负债与股本的比例。二是盈利能力，具体指标包括股本回报率和收益与本息支出比例。杠杆的总体提高和盈利能力的下降都将增加银行业总体风险。三是外汇风险，通常用外汇风险敞口与资本的比例衡量。四是企业破产风险，包括企业破产保护数量。五是结构方面的数据，比如特定行业（如出口依赖型行业、产能过剩行业等）企业的总体情况。通过这五个方面可以反映银行业最大交易对手的总体情况和结构信息，为系统性风险分析奠定基础。

第三类是广义政府和公共公司情况。按照国际货币基金组织的定义，广义政府是指在一个特定的区域内对其他机构单位行使立法权、司法权和行政权的单位；公共公司被定义为受政府部门控制的非金融或金融公司，其中受政府控制是指在必要情况下，政府有能力任命公司董事，以此影响公司的基本政策。银行体系稳定与广义政府和公共公司有密切关系。一方面，当金融危机发生时，为了减少溢出效应，维护经营稳定，政府通常对银行进行救助，政府和公共部门的财务状况能够影响金融体系抵抗风险的能力；另一方面，银行部门对公共公司过快信贷增长可能影响银行本身的稳健。因此分析一国银行体系需要关注广义政府和公共公司的情况，既包括政府本身财政情况，又包括银行对政府部门和公共部门的授信情况。

第四类是住户部门情况。按照国际货币基金组织的定义，住户是由个人组成的小集团，他们分享同一住处，其收入和财富部分或完全集中在一起，并共同消费某种类型的商品和服务（比如住房和食品）。单独生活的个体也被视为住户。住户可以从事任何经济活动，包括生产。住户部门对银行业稳健运行的关系很大，从银行的资产方（住户的负债方）看，银行会通过信贷等形式对住户提供授信；从银行的负债方（住房的资产方）看，住户在银行的存款又会成为银行稳定的资金来源。因此金融稳健指标中包括两项直接反映住户财务情况的指标，一是住户债务总额与GDP的比例，二是住房还本付息支出与当期收入的比例。当然，实践中还可以收集分析住户部门更为详细的信息，包括住户部门资产中房地产、股票资产、外汇资产明细情况。

第五类是证券市场情况。证券市场的发展对提高银行业稳健有积极作用，一是直接融资渠道的拓宽和融资多元化能够减轻对银行信贷的压力，二是上市银行能够更为便利地通过市场进行融资，三是市场为连续监测风险创造了条件，也提供了基础信息。但同时市场的深度和密度也对银行流动性管理提出新的挑战。市场深度是指在不对市场价格造成重大影响的情况下，市场消化大量交易的能力。通常可以用证券市场平均日换手率来反映市场深度。根据国际货币基金组织的建议，换手率用交易期间成交证券的数量除以交易期初及期末流动证券数量的平均值来表示。市场密度是指与市场价格无关的交易成本，可用买卖价差来衡量。买卖价差即市场参与者愿意接受的资产买方出价与资产卖方报价之间的差额。通常情况下，市场的流动性和效率越高，买卖价差越窄。在金融稳健指标编制中，通常以资产买方出价与卖方报价的差除以其中间价，用百分比来表示买卖价差。

第六类是资产市场指标，主要包括房地产贷款等数据。国际货币基金组织将房地产定义为土地和建筑（包括其他有居住用途的建筑物，如居住船）。房地产市场及房地产融资与金融稳定有密切关系。当房地产的需求和价格在短期内大幅度上升时，房地产自身有助于投机性活动，并且经常与大额融资活动相联系。与房地产相关的债券通常也构成一国金融市场的重要债务工具。此外，对于很多住户来说，房地产价值变动还会通过财富效应显著影响其经济行为。因此金融指标中有三项与房地产密切相关，分别是反映房地产市场价格的房价指数，以及反映房地产贷款总量和结构的居民住房贷款和商用房贷款分别占总贷款的比重。

四、宏观审慎监管措施与银行监管统计

上面分别介绍了宏观审慎监管，特别是系统性风险监测分析中需要关注的统计数据和指标。这些统计数据指标一方面包括银行业自身运行和风险的总体情况，另一方面包括银行业外部环境发展变化，如宏观经济运行、其他经济部门（如政府、企业、住户）和金融市场及资产市场情况。监测分析系统性风险的目的是为了采取宏观审慎监管措

施，维护银行业的稳定。按照巴塞尔委员会和金融稳定理事会的要求，宏观审慎监管措施主要包括两个维度：一是跨业维度（即横向维度）上金融机构的共同敞口，关注单个或一组金融机构系统性风险的贡献度以及风险在金融体系中的分布，关注部分系统重要性机构对金融稳定的影响。二是时间维度（即纵向维度）上金融体系与宏观经济周期的"共振"问题，关注随着时间的推移，系统性风险如何通过金融体系内部以及金融体系与实体经济的相互作用而被放大，也就是解决所谓的顺周期问题。而在这两方面工作中都需要银行监管统计数据和统计方法的支持。

（一）逆周期宏观审慎监管与银行监管统计

逆周期宏观审慎监管政策通常包括以下几个方面：

一是在计算和统计过程中减少资本充足率指标本身的周期性，以缓解资本监管的亲周期。具体内容包括要求银行在内部评级中使用监管当局确定的风险权重函数参数，要求银行使用跨周期而不是时点的PD，鼓励银行使用长期平均甚至是衰退或压力情况下的LGD来计算。除了信用风险外，在资本充足率计算中，在市场风险资本要求中引入压力VaR和新增风险要求，对资产证券化提出更高的资本要求等。这些逆周期政策的实施都要在指标的具体计算和统计过程中有所体现。

二是在资本充足率监管中提出新的监管要求，比如储备超额资本要求和逆周期超额资本要求。提出储备超额资本要求是为了防止银行资本管理中仅仅满足于略微高于最低资本要求，通过要求银行提高资本充足率水平，防止外部经济环境恶化以及银行风险上升时银行由于资本监管而难以为经济复苏提供信贷支持。提出逆周期超额资本要求是为了在信贷高速增长时就要求银行提高资本充足率，以防止后期出现不良贷款大量增加时银行风险抵御能力不足。经济和信贷处于何种情况下需要提出逆周期资本要求，何种情况下需要释放（降低）要求等一系列具体实施问题，都需要以对历史数据的大量统计实证分析为基础。

三是引入新的监管指标，比如杠杆率和新的流动性指标。与资本充足率指标相比，杠杆率计算简单，规则透明，监管套利空间少，周期性弱。杠杆率可以在一定程度上起到约束资产负债表以及金融工具过度杠杆化的作用。除了杠杆率以外，此次金融危机后国际上还引入了两项全球统一的衡量流动性的指标，一个是流动性覆盖率，另一个是净稳定融资比例。通过加强流动性监管，提高银行流动性水平，可以缓解在银行流动性遇到压力时过于依赖市场融资进而推高利率水平，或急于出售资产降低自身杠杆水平而带来的亲周期性。这几项统计指标的引入对缓解银行体系的亲周期性能够带来帮助。

四是将监管政策与会计准则相结合。比如关于公允价值的确认，一方面要充分认识公允价值对真实反映银行资产负债和损益情况所发挥的重要作用，另一方面也要对公允价值不断完善，特别是对在不活跃市场运用公允价值、对于复杂衍生产品（如套期会计）使用公允价值、对于重新分类资产使用公允价值等方面进行进一步探索。又比如关于拨备中监管要求与会计要求的统一，在遵循统一会计准则的前提下，监管当局可以根据经济周期波动和银行风险变化，提出动态资本要求，鼓励银行"以丰补歉"，减少亲周期性。

五是将监管政策与宏观政策相结合，合理控制信贷总量增长，防止房地产等资产泡沫的形成和破裂对银行带来冲击。一方面监管当局可以与中央银行加强协调，通过审慎会谈等形式对信贷增长过快的银行机构提出监管意见；另一方面，可以通过对房地产按揭贷款采取贷款房价比（LTV）等监管要求，遏制房地产市场价值过快增长。

上述这些逆周期的宏观审慎监管措施与监管统计工作密切相关，有的是直接对监管统计指标计算方法的完善与修订，有的是引入亲周期性较弱的新的监管统计指标，有的是在指标分析和使用中要考虑逆周期的要求，还有的需要以统计数据和指标为中介目标而采取措施。

（二）系统重要性银行审慎监管与银行监管统计

此次金融危机表明，如果一国金融体系中某一两家系统重要性的大型机构出现问题，可能对整个金融体系甚至对国民经济带来重大影响。政府对这类金融机构的救助又会进一步带来“大而不能倒”的道德问题。为解决这一问题，可以从三个方面入手，一是对这类系统重要性银行加强监管，二是将其拆分以减轻系统重要性影响，三是进一步完善系统重要性机构自身以及政府的救助能力，这三种方法有一个共同的前提，就是对系统重要性机构进行认定，确定哪一家银行是系统重要性机构，有多么重要？在这一过程中通常以监管统计数据为支持。按照巴塞尔委员会确定的全球系统重要性银行名单确定方案，主要通过五个方面、共 12 项指标对系统重要性进行判断（详见表 11 －8）。

表 11 －8　　　　全球系统重要性银行识别度量指标

指标内容	指标名称及权重
跨境活跃性（20%）	跨境资产（10%） 跨境负债（10%）
规模（20%）	表内外资产（20%）
关联性（20%）	金融体系内部同业资产（6.67%） 金融体系内部同业负债（6.67%） 对外发行证券（6.67%）
可替代性（20%）	托管资产（6.67%） 支付金额（6.67%） 在债券和股票市场上的承销金额（6.67%）
复杂性（20%）	场外交易衍生产品名义本金（6.67%） 三级资产余额（6.67%） 被分为交易类和可供出售类的证券资产余额（6.67%）

表 11 －8 所列 12 项指标是国际组织用来衡量全球大型银行系统重要性的指标。对于某一国家和地区的监管当局，可以对上述指标进行借鉴和调整。比如跨境活跃性可以被内部跨区域经营取代，又比如如果某一金融体系内衍生产品或三级资产的数量很有限，可以用其他指标来衡量机构的复杂性。上述 12 项指标的具体统计内容和统计方法根据各国实际情况需要不断进行完善，但如何识别哪些机构是系统重要性银行机构，如何计

量其重要性，需要一系列监管统计指标、工具和方法。在此基础上，监管当局可以采取差异化的监管政策，以增强整体银行体系的稳健性。

宏观审慎监管是监管工作中的新领域，其与传统意义上的微观监管有共同之处，但更多是新特点和新挑战。系统性风险的监测是宏观审慎监管有效开展的基础和前提。做好系统性风险的监测一是要加强对微观单体银行风险的识别、度量和预警。二是要对银行体系整体运行情况进行分析研究，既包括总体风险和共同敞口，也包括对银行体系内部不同银行之间风险的关联性、业务的同质性和风险的传染性进行分析。三是要对银行外部环境变化进行及时监测分析，包括宏观经济、金融市场、房地产、企业住户部门的情况等。上述三个方面都应纳入监管统计工作的视野，并根据不同国家具体情况加以丰富和完善。

本章小结

1. 银行监管统计分析工作的目标和内容包括微观、中观和宏观三个方面：一是通过对单家银行和银行集团经营情况与风险情况的识别、计量，实现对风险情况的监测和预警。二是对某一国家或地区银行业总体运行情况进行统计，开展宏观审慎分析，对系统性风险进行监测。三是对国民经济运行、国内国际经济发展、行业产业情况进行统计分析，研究外部环境对银行业的影响。

2. 对单家银行和银行集团开展的持续监管包括以下环节：信息收集、日常分析、风险评估、现场检查、监管评级、采取监管措施、制定下一周期监管计划以及准入事项等。每一个环节都需要监管统计分析作为基础和支持。

3. 日常监管统计分析是监管人员针对银行机构定期统计报表数据和实际情况开展的分析，常用的方法包括指标分析、结构分析、趋势分析、同质同类分析、异常变动分析等。

4. 风险评估是监管人员对银行风险、管理能力以及风险变化三方面要素进行全面分析，并将结果以矩阵形式展示的一种分析方法。统计分析在风险评估中对银行内部风险水平及未来发展变化两个要素的分析发挥着重要作用。

5. 监管评级是指监管当局针对单家银行及银行集团的经营情况和风险情况，结合该行内部管理水平，对其进行综合评价和量化考核，最终确定其风险级别的过程。监管评级通常采取定量与定性分析相结合的方法。监管统计分析是定量评级的重要手段。

6. 银行风险早期预警是指监管当局为了提高监管工作的前瞻性，通过选取一系列反映银行风险的统计指标，确定相关预警方法、有关工作流程，从而实现对银行风险进行早期识别和分析的过程。监管统计分析在统计方法确定、统计指标选择、统计模型验证等方面都发挥重要作用。

7. 压力测试作为一种定量分析为主的方法，通过测试银行在遇到小概率等极端不利情况下可能发生的损失，分析这些损失对银行利润、资本以及流动性的冲击，进而对单体银行和银行体系的脆弱性作出评估和判断，并制定补救措施的过程。监管统计分析在压力测试中能够帮助确定压力情景、建立测试模型、分析测试结果。

8. 宏观审慎监管或宏观审慎管理，是相对传统关注单家银行机构的微观审慎监管而言的，通过监测分析某一国家或地区金融业总体运行情况和风险状况，进而采取相应的措施，以实现防范系统性风险，保持金融稳定的目标。宏观审慎统计分析的对象既包括银行业总体运行情况，又包括其他金融公司、非金融公司部门、广义政府和公共公司、住户指标、证券市场和资产市场等内容，还包括为了采取有关宏观审慎监管措施而开展的特定统计。

9. 监管统计分析的基本方法应体现以下原则和要求：一是描述性统计与推断性统计相结合，二是指标分析与因素分析相结合，三是静态分析与动态分析相结合，四是定量分析与定性分析相结合，五是历史比较分析与同质同类分析相结合，六是监管统计与风险分析相结合。

本章重要概念

描述性统计　推断性统计　指标分析　因素分析　静态分析　动态分析　定量分析　定性分析　同质同类分析　微观监管　风险评估　监管评级　银行风险早期预警　压力测试　宏观审慎监管　金融稳健指标　并表范围　加总　合并　逆周期监管　系统重要性银行

思考题

1. 银行监管统计分析工作的目标和要求有哪些？
2. 监管统计分析有哪些基本的技术和方法？
3. 监管统计工作在微观监管有关流程与环节中如何加以应用？
4. 金融稳健指标的框架和内容是怎样的？

本章参考文献

[1] 国际货币基金组织：《金融稳健指标编制指南》，2006。

[2] 中国银行业监督管理委员会：《非现场监管指引（试行）》，2006。

[3] 中国银监会银行风险早期预警综合系统课题组：《单体银行风险预警体系的构建》，载《金融研究》，2009（3）。

[4] 本书编写组：《非现场监管指标使用手册（2011 年版）》，北京，中国金融出版社，2011。

第十二章

信息披露

信息披露主要是指商业银行依法将反映其经营状况的主要信息，如财务会计报告、各类风险管理状况、公司治理、年度重大事项等，以定期报告和临时报告等形式，向存款人、投资者和社会公众公开披露的行为。良好的信息披露制度有助于银行的投资人、存款人和其他利益相关方了解商业银行的财务状况、风险状况、公司治理和重大事项等信息，分析判断商业银行的经营状况和风险状况，维护自身权益。同时，信息披露也有利于从外部加强对银行业金融机构的监督，促使商业银行完善公司治理，强化内控制度，提高经营水平和绩效。巴塞尔资本协议的核心内容由三大支柱组成，分别为最低资本要求、监督检查和市场约束。其中市场约束的主要手段是建立和强化银行的信息披露制度。本章将重点介绍在巴塞尔资本协议下与信息披露制度相关的内容。

第一节　信息披露的发展与规定

商业银行作为特殊性质的企业，在经济金融领域占据着极为重要的地位，商业银行的信息披露一直是各国企业信息披露的重点领域。巴塞尔委员会作为国际活跃银行国际监管和行业自律的主导性组织，在与其成员国不断交流的基础上，借鉴成员国的先进经验，制定并发布了关于商业银行信息披露的多项报告及规则。

一、巴塞尔资本协议下信息披露的发展过程

巴塞尔委员会公布的《有效银行监管的核心原则》、《增强银行透明度》、巴塞尔资本协议Ⅱ等报告和协议为国际银行业信息披露制度提供了统一标准，折射了国际银行业信息披露的发展方向。

（一）《有效银行监管的核心原则》

1997 年 8 月，巴塞尔委员会发布了《有效银行监管的核心原则》（以下简称《核心原则》），将良好的宏观经济政策环境、市场约束及银行公司治理等列为有效监管的前提条件的同时，提出了银行业有效监管的 25 条核心原则。主要内容包括：（1）银行监管当局要有明确的法律授权、足够的资源和专业能力（第 1 条）；（2）要明确市场准入监

管制度，保证银行维持合理的资产和投资结构（第2～5条）；（3）建立关键的、符合国际惯例的审慎规章（第6～15条）；（4）要通过现场检查和非现场监控实行有效的持续监管（第16～20条）；（5）为了保证监管建立在可靠连贯的信息基础上，监管当局必须要求银行提供符合国际会计准则的统计信息，并对外部审计提出规范性要求和惩罚措施（第21条）；（6）要建立市场退出机制及境外银行的协调监管（第22～25条）。

规范的信息披露要求是《核心原则》的重要内容，对银行信息披露的会计准则、报告范围和频率、提供信息准确性的确认、监管信息保密及信息披露方式均进行了规范。《核心原则》明确规定："信息披露是监管的必要补充，银行应当向公众发布其业务活动的信息，真实而公正地说明其财务状况。此类信息应当及时、充分，使市场参与者了解各家银行的内在风险。""银行监管者应确保银行根据统一的会计准则和做法保持完备的会计记录，从而使监管者能真实公平地了解银行的财务状况和盈利水平。"《核心原则》还规定，银行定期提供的报告至少应包括银行的资产负债表、或有负债和收入报告，并附有包括辅助信息和关键风险暴露的报告，财务报告要经过外部审计。

《核心原则》是继1998年巴塞尔资本协议Ⅰ后国际银行业监管领域的又一重大成果，是发达国家银行业监管先进经验的总结。但是从整体上看，《核心原则》对银行信息披露主要提出了一些纲领性建议，信息披露的程序、内容及违规处罚等方面的相关规定有待进一步深化和细化。

（二）其他关于信息披露的重要报告

继《核心原则》之后，巴塞尔委员会于1998—2000年发布了三篇对商业银行信息披露具有重大指导意义的报告，即《增强银行透明度》（1998年9月）、《关于确定贷款价值、计提呆账准备金、加强信用风险信息披露的指导原则》（1998年10月）和《信用风险披露的最佳实践》（2000年2月）。

《增强银行透明度》为建立银行信息披露的整体监管框架提供了一般性指导，将银行披露信息分为财务业绩，财务状况（包括资本金、偿付能力和流动性），风险管理战略和措施，风险暴露（包括信用风险、市场风险、流动性风险、操作风险、法律风险及其他风险），会计政策，关于业务、管理及公司治理的基本信息等六大类，并对上述六大类别信息披露的内容与方式提出了具体的指导性意见。《增强银行透明度》提出，高透明度信息具有全面性、相关性、及时性、可靠性、可比性及实质性六个特点，认为透明度是有效市场约束的前提条件，能够使市场更有能力区分稳健和脆弱的银行，从而限制市场波动对整个银行体系的影响。

《关于确定贷款价值、计提呆账准备金、加强信用风险信息披露的指导原则》指出，银行监管者对金融机构检查的焦点应集中于金融机构计提准备金是否充足、计提及确认程序是否合理、是否及时通过专项准备或核销的方法对损失进行了处理、是否对信用风险进行了及时披露四方面内容，明确提出银行在年度财务报告中必须提供会计政策与做法、信用风险管理、信用风险暴露及信贷质量四方面"清晰而准确的信息"，推出了改进会计和披露实践的26项基本原则。

《信用风险披露的最佳实践》包含对信用风险披露五个领域的24项特别指导，不仅适用于银行的信用风险，还适用于银行贸易、证券投资、资产管理、流动性以及资金管理。《信用风险披露的最佳实践》涉及信用风险披露的五个领域分别指会计政策和做法、信用风险管理、信用风险暴露、信贷质量及收益，要求银行以重要性为依据，披露以下内容：（1）有关会计政策、做法和计量信用风险的方法；（2）确定专项和普通风险损失准备金的会计政策和方法，并解释所使用的关键假设；（3）业务中所涉及的信用风险的特点及产生原因；（4）信用风险管理组织的结构及流程；（5）管理逾期和受损资产的技术、信用评分机制和信用组合风险计量模型；（6）按主要科目披露信用风险暴露余额、客户类别、地理分布等，包括当前及将来的信用风险暴露及相应的客户类别、地区分布等；（7）信用风险降低技术；（8）信用评估质量及业务收益等。

（三）巴塞尔资本协议Ⅱ

2004年6月发布的巴塞尔资本协议Ⅱ延续1998年巴塞尔资本协议Ⅰ中以资本充足率监管为核心、以信用风险管理为重点的风险监管思路，对银行风险管理和信息披露的整体思路和方法进行了新的总结与规范，对商业银行信息披露的总体披露要求、指导原则、与会计披露的相互关系、披露频率等提出了一系列具体要求，“以便市场参与者评价有关适用范围、资本、风险、风险评估程序以及银行资本充足率的重要信息”。巴塞尔资本协议Ⅱ在全球银行业信息披露规范中具有主导性地位，代表了国际银行业风险管理及信息披露的未来方向及最新研究成果，是各国商业银行“透明经营”的基本依据，对我国银行业金融机构规范信息披露有着重大参考意义。

二、巴塞尔资本协议关于信息披露的主要目的

从监管的角度来看，巴塞尔资本协议Ⅱ第三支柱要求银行建立资本充足率信息披露制度，明确市场约束作为资本监管的有效工具，起到配合监管机构、强化银行外部监督的作用。

从银行自身的角度来看，有效的信息披露机制促使银行更为有效而合理地分配资金和控制风险，保持充足的资本水平，提升银行自身资本管理和风险管理水平。

从投资者等利益相关方的角度来看，关于银行资本结构、风险敞口、资本充足率、对资本的内部评价机制以及风险管理战略等信息的充分披露，提高了银行信息的透明度，有利于利益相关方作出决策并保障他们的利益。

三、巴塞尔资本协议有关信息披露的规定

（一）总体考虑

1. 信息披露的指导原则

巴塞尔资本协议Ⅱ第三支柱“市场约束”是对第一支柱“最低资本要求”和第二支柱“监督检查”的必要补充。巴塞尔委员会通过建立一套披露要求以达到加强市场纪律的目的，披露要求有助于市场参与者获得有关银行资本、资本充足率、风险及风险评估程序等重要信息。新协议允许银行采用自己内部的方法计量所面临的各种风险，从而得出最低资本配置要求，但银行必须对计量方法等关键信息予以披露。

2. 监管部门的权限及其加强披露的手段

各国监管部门可以要求银行直接向市场披露信息，也可以要求银行在监管报告中提供信息，再根据信息的性质有选择地对外公布。各国监管当局加强信息披露的手段也可不相同，从通过"道义劝告"、与银行管理层对话到批评、罚款，但一般不表现为直接要求增加资本。

3. 信息披露的频率

信息披露一般每半年进行一次，但下列情况除外：(1) 有关银行风险管理目标政策、报告系统及各项口径的一般性概述的定性披露，每年披露一次。(2) 大的国际活跃银行和其他大银行（及其主要分支机构）的一级资本充足率、总资本充足率及其组成，每季披露一次。但如果有关风险暴露或其他项目的信息变化较快，按年披露的信息也要改为按季披露。

4. 信息披露与会计准则的关系

巴塞尔资本协议Ⅱ对信息披露的要求与会计准则的相关要求并不矛盾，只不过会计准则要求披露的范围更为宽泛。在信息披露过程中，如果银行的信息不是通过会计披露提供的，银行必须说明其信息的获取方式，并证明其可靠性。

5. 专有信息和保密信息的处理

巴塞尔资本协议Ⅱ权衡考虑了有意义披露的需要和保护专有信息、保密信息的需要。在一些例外情况下，如果某些信息的披露会严重损害到银行的竞争地位，银行可以不进行披露，但必须向监管部门提供这些内容不能对外披露的充分理由。

（二）披露原则

巴塞尔委员会对披露的各类主题提出了不同程度的披露建议，为各国监管当局提供了制定披露规则的空间。巴塞尔委员会将每类主题的披露划分为核心披露和补充披露两类。核心披露是所有银行机构都应披露的基本信息，补充披露是核心披露的补充，主要取决于该银行机构风险的性质、资本的充足性和用来计算资本要求的方法等。区分核心披露和补充披露可以适当减轻银行机构披露信息的负担。此外，巴塞尔委员会还对信息披露的重要性、频度和披露模板提出了基本的原则性建议。

（三）适用范围

巴塞尔资本协议规定了信息披露对银行集团的适用情况和计算资本充足率时各类实体公司的涵盖情况。这有助于市场参与者了解某些实体为何没有被并入表中进行计算以及不同计量方法对银行机构资本水平的影响。同时，建议对未并表的子公司的一级资本和二级资本中扣减项的总额进行披露。

（四）披露要求

巴塞尔资本协议详细规定了信息披露的具体内容，包括资本结构、资本充足率、信用风险、市场风险、操作风险、银行账户利率风险以及信用风险缓解和资产证券化等。对银行资本要求核心披露的有一级资本额、二级和三级资本总额、一级和二级资本的扣减额、全部合格资本等；要求补充披露的有二级资本、三级资本的组成部分等。同时，对每类风险要求披露银行的风险管理目标和政策，包括管理战略和控制流程、风险管理的组织结构和职能、风险计量体系或风险报告范围、风险对冲/缓解的政策及监督风险对冲/缓解持续有效的政策等。市场约束要求的信息披露更多地与银行实际管理技术和水平有关，更突出个性，而不强求统一。

（五）披露内容

巴塞尔资本协议要求银行必须具备一套经董事会批准的披露政策，政策应涉及银行决定披露内容的方法和对于披露过程的内部控制。巴塞尔资本协议Ⅱ从定性、定量两方面对银行的资本结构、资本充足率、风险暴露及评估等信息的披露进行了详细规定。表12－1对巴塞尔资本协议Ⅱ要求披露的主要内容进行了归纳总结。

表12－1　　巴塞尔资本协议Ⅱ要求披露的主要内容

	定性披露	定量披露
适用范围	（1）母公司的名称。（2）通过对集团内各实体的描述，从会计并表和监管并表的角度，简要介绍两者存在的不同。（3）集团内资金或监管资本转移的限制或主要障碍。	（1）并表集团的资本中所包含的保险子公司的盈余资本的总额。（2）未并表所有子公司的总体资本缺口及这些子公司的名称。（3）公司在保险实体的股份总额、这些实体的名称、注册国或所在国等。
资本	简要介绍所有资本工具的主要特征及情况，特别是创新、复杂或混合资本工具的情况。	（1）一级资本总量。（2）二级资本和三级资本总额。（3）资本的其他扣除额。（4）合格资本总额。
资本充足率	对银行针对目前和未来业务评估资本充足率的方法进行简要论述。	（1）信用风险的资本要求。（2）内部评级法下股权投资风险的资本要求。（3）市场风险的资本要求。（4）操作风险的资本要求。（5）总资本充足率及一级资本充足率。
信用风险	（1）逾期及不良贷款的定义。（2）专项和一般准备的计提方法和统计方法的描述。（3）银行信用风险管理政策的论述。（4）对于未全部采用初级评级法或高级评级法的银行，对每个资产组合中风险暴露性质的描述应遵循：①标准法；②初级评级法；③高级评级法，以及银行管理层对风险暴露全面采用相应办法的计划和时间。	（1）信用风险暴露的总额、地域分布及行业、交易对手分布。（2）整个资产组合按剩余合同期限进行分类。（3）每个主要行业或交易对手的逾期及不良贷款的总额、专项和一般准备、专项准备的计提额及当期冲销额。（4）按照主要地域划分的损失和违约贷款量。（5）贷款损失准备变化的调整。
市场风险	市场风险总体的定性披露包括：标准法覆盖的资产组合；使用内部模型法（IMA）的银行市场风险定性披露包括使用模型的特点、对资产组合压力测试的简述及检验内部模型和模拟过程精确性、一致性的方法。	使用标准法银行关于市场风险的定量披露包括覆盖利率风险、股权头寸风险、外汇风险和商品风险的资本配置要求。使用内部模型法（IMA）的银行市场风险的定量披露包括报告期和期末的高、低及平均风险值（Value at Risk，VaR）；通过对返回检验结果中重要指标的分析，比较VaR的估计值和实际值。

续表

	定性披露	定量披露
操作风险	除总体披露外，银行认为合格的操作风险资本评估方法。	（1）简述银行采用的AMA法（高级计量法），以及银行测量方法中考虑的相关内部因素和外部因素。（2）使用AMA法的银行，使用保险前、后的操作风险资本要求。
银行股权	（1）因期望获得资本收益的股权和因关系、战略等其他原因的股权之间的差异。（2）涉及银行账户股权评估和会计处理的重要政策的讨论，包括所采用的账户技术工具和评估方法，特别是关键假设、影响评估的做法及这些做法所发生的重大变化。	（1）披露资产负债表中的投资额。（2）投资的种类和特征。（3）报告期内在出售和清算中已实现的累积收益（损失）。（4）总的未实现收益（损失）、总的潜在重估收益（损失）、一级资本和/或二级资本中的上述收益（损失）。
利率风险	（1）银行账户利率风险的特点和重要假设。（2）贷款提前支付和无限期存款行为的认定假设。（3）银行账户利率风险测量的频度。	根据银行管理层测量银行账户利率风险的方法，在利率向上或向下变动时，按相关币种披露收益或经济值（或管理层使用的相关值）的增减。

第二节 信息披露的内容

本节以巴塞尔资本协议Ⅱ和巴塞尔资本协议Ⅲ的规定为依据，重点介绍有关银行资本结构、资本充足率和信用风险、市场风险、操作风险的信息披露要求。

一、资本结构和资本充足率

按照巴塞尔资本协议Ⅱ的要求，资本结构需要在第三支柱下进行披露。披露内容既包括在整体上对所有资本工具的主要特征及情况进行介绍，又需要单独披露一级资本的构成（包括实收资本和普通股、资本公积、在子公司股本中的少数股权、创新工具、其他资本工具、在保险公司的盈余资本、从一级资本中扣除的监管计算差异，以及其他从一级资本中扣除的项目）、二级资本总额、资本扣除项和合格资本的总额。

在巴塞尔资本协议Ⅱ第三支柱信息披露要求的基础上，巴塞尔资本协议Ⅲ还要求银行披露所有监管资本项目与经审计的资产负债表项目的对应关系，单独披露所有监管调整项目及未从核心一级资本中扣减的项目，描述所有限额和最低要求，说明限额和最低要求对资本的影响，描述银行发行的各类资本工具的主要特征，也要求银行对监管资本项下比例（如权益一级资本、核心一级资本和有形普通股）的计算方法进行解释。还特别要求，在过渡期内，披露资本具体构成包括享受过渡期优惠政策的资本工具及监管调整项目。

在资本充足率披露方面，除了要求银行针对目前和未来业务发展，对评估资本充足率的方法进行简要说明外，对信用风险、市场风险、操作风险、总的资本充足率和一级资本充足率都要求进行定量披露。

二、信用风险

鉴于国际活跃银行实施信用风险内部评级法的范围并未覆盖所有承担信用风险的暴露，部分暴露仍采用标准法计算信用风险加权资产，因此，在信用风险的信息披露方面同时披露了内部评级法和标准法覆盖的暴露，内部评级法部分的信息披露又分为初级法和高级法两部分。

（一）内部评级法下信用风险状况

国际活跃银行的总体信用风险状况是按照风险暴露类别对信用风险状况的整体展示，常见的披露内容包括按照地区、行业、剩余期限展示风险暴露的分布状况和对应的信用风险加权资产、非零售风险暴露和零售信用风险状况。

国际活跃银行对非零售风险暴露（也称为批发暴露）和零售风险暴露信用风险状况的披露大致可以分为四类：

一是风险预测信息，展示非零售风险暴露债务人内部评级级别分布、与外部评级结果的对应关系、各内部评级级别债务人对应的以风险暴露加权的平均违约概率、以风险暴露加权的平均违约损失率、风险暴露值、风险加权资产、平均风险权重等内容。对零售风险暴露，披露内容主要是零售风险暴露债务人内部评级级别分布、各内部评级级别债务人对应的风险暴露值及风险加权资产、以风险暴露加权的平均违约概率、以风险暴露加权的平均违约损失率、平均风险权重等。除了按照零售风险暴露债务人内部评级级别披露外，按照零售风险暴露预期损失区间披露在各个地区的分布状况也是重要的披露内容。

二是模型表现相关信息。非零售风险暴露内部评级模型表现相关信息的披露包括：主标尺及主标尺下各级别债务人预测违约状况与实际违约状况的对比，非零售暴露和零售暴露违约概率/违约损失率/违约暴露模型预测结果与实际结果的对比。

三是预期损失金额及其对应的减值信息。包括按照内部评级法风险暴露分类披露预期损失金额及提取的减值准备金额。预期损失等于债务人的违约概率、债项违约损失率和违约风险暴露三者的乘积。

四是信用风险缓释信息。按照内部评级法计算信用风险加权资产的规则，对内部评级初级法覆盖的风险暴露，信用风险缓释采用监管给定的值。而内部评级高级法覆盖的暴露，银行在满足监管规定的前提下可以自行估算信用风险缓释手段对违约概率或违约损失率的影响。常见的信用风险缓释信息披露是在内部评级高级法下各类风险暴露由信用衍生工具和担保覆盖的暴露金额及总金额。

（二）标准法下信用风险状况

标准法是依赖外部信用评级机构对风险暴露进行评级，并根据评级结果对应的风险权重，计算信用风险加权资产的方法。采用标准法计算风险加权资产的暴露主要是银行不能满足内部评级法要求的暴露和豁免实施内部评级法的暴露。

标准法下信用风险状况的披露主要内容包括银行选择采用的外部评级机构及其外部评级结果的对应关系、各风险暴露对应的风险加权资产、各风险暴露在风险缓释前和风险缓释后的暴露金额等。

（三）交易对手信用风险状况

任何未结算的证券、商品和外汇交易，从交易日开始都会面临交易对手可能违约的风险。在银行实务中，承担交易对手信用风险的业务主要包括持有头寸的结算交易、证券融资业务、以保证金进行杠杆融资（Margin Lending Transaction）和场外衍生工具交易四类。

一般而言，交易对手信用风险包括延期风险、一般错向风险和特殊错向风险。延期风险指在与对手的持续交易过程中，预计的正向风险暴露（Positive Exposure）不够保守的风险；一般错向风险指由于一般市场风险因素与交易对手违约风险正相关，一般市场风险因素变化导致的交易对手违约风险；由于交易特性或结构引起的交易对手的风险暴露与其违约概率正相关，则称为特殊错向风险。

巴塞尔协议Ⅱ并未提出交易对手信用风险信息单独披露的要求。金融危机过后，巴塞尔资本协议Ⅲ在第一支柱下提出了加强交易对手信用风险监管的多项要求：银行必须使用压力输入因子决定交易对手信用风险的资本要求；明确提出银行需要计算由于交易对手信用风险导致的违约风险占用的资本；增加应对场外衍生交易预期的交易对手信用风险盯市损失的监管资本（即信用估值调整风险）；完善抵押品管理和初始保证金的相关标准。如果银行大量持有某交易对手的非流动性衍生品，并暴露在该风险之下，该银行必须使用更长的保证金期限来决定监管资本；银行对金融机构的所有非违约暴露采用内部评级法计算信用风险的监管资本时，在符合一定条件的情况下，对资产价值相关性系数进行更加审慎的调整；银行对达到严格标准的中央交易对手的抵押品和盯市风险暴露使用2%的风险权重，对中央交易对手的违约资金风险暴露实行具有风险敏感性的资本要求，这些标准及场外衍生品交易双边结算资本要求的提高，为衍生产品交易由场外转向通过中央交易对手和交易所集中交易提供了额外的激励。此外，巴塞尔资本协议Ⅲ还在许多方面提高了交易对手信用风险管理的标准。

（四）证券化信用风险状况

巴塞尔协议Ⅱ在第三支柱下从定性和定量两方面提出对证券化的信息披露要求。定性方面，主要强调满足总体要求（如银行开展证券化业务的目标、在证券化业务中银行扮演的角色及银行的参与程度、银行计量证券化风险实施的方法）、会计政策和证券化业务中使用的外部评级机构名称及证券化暴露的种类。定量方面则包括七方面的内容。即：

（1）传统型证券化和合成型证券化各自的风险暴露余额；

（2）证券化暴露中不良贷款和逾期资产总额，以及按照风险暴露类别划分，银行当期认定的损失；

（3）银行持有或买入的以风险暴露种类划分的证券化数额；

（4）按照风险权重的档次划分，银行持有或买入的证券化暴露数额，以及在内部评级法下对这些暴露的资本要求，包括从一级资本中全部扣除的风险暴露，从总资本中扣除的增信拆息债券（Credit Enhancing I/Os），及从总资本中扣除的其他风险暴露；

（5）对于有提前摊提的证券化资产，对每类证券化资产披露所有引起买家和投资者兴趣的提款风险暴露，按照内部评级法，银行留存的已提款和未提款份额的资本要求，以及银行留存的已提款和未提款对投资者份额的资本要求；

（6）采用标准法的银行也需要按照（4）和（5）的要求进行披露；

（7）对当年证券化业务进行综述，包括按照暴露类别划分的被证券化的暴露，以及各类资产出售认定的收益或损失。

鉴于金融危机中证券化暴露产生的风险，巴塞尔协议Ⅲ对证券化暴露进一步加强了监管。列入银行账户的证券化暴露，即使是具有相同外部长期评级或短期评级的结果，再次证券化暴露的风险权重比证券化暴露提高幅度更大；列入交易账户的证券化暴露需要的资本不少于同类列入银行账户的证券化暴露需要的资本；证券化暴露使用外部评级结果时，要求银行满足严格的操作要求，进行尽责调查；不管期限长短，银行对证券化暴露提供的流动性支持承诺的信用转换系数统一为50%。如果使用外部评级结果计算再次资产证券化暴露的风险加权资产，信用转换系数统一为100%。这些监管要求的变化也带来了信息披露内容的变化。

三、市场风险

自从1996年巴塞尔委员会引入市场风险监管框架以来，国际活跃银行一直采用VaR模型计量市场风险并计算资本。VaR模型的本质意味着观察到的市场波动性增加就会导致VaR增加，而即使是基础头寸没有任何增加，VaR值也可能变化。计算VaR的方法包括方差协方差法、历史模拟法、蒙特卡罗模拟法等，国际活跃银行多采用历史模拟法计算VaR。历史模拟法采用历史上各类风险暴露的市场价格，并参考外汇、利率、商品价格、股票价格和相关的波动性来计算。然而，在市场风险管理的实践中发现VaR模型主要缺陷在于：模型使用历史数据来估计将来的事件，而历史数据未必能体现所有将来的事件，尤其是那些极端事件往往是无法预测的；持有期假设所有的头寸在设定的时间内都可以结清，风险抵消。这种假设不能反映由于极端的缺乏流动性产生的市场风险，在流动性极度缺乏的特殊时期，持有期内不能完全结清和对冲风险；使用99%置信度未考虑超过这个置信度的损失；VaR模型计算是以业务结束时余额为基础，未必反映一天内的暴露的变化；VaR模型不可能反映源于重大市场波动条件下暴露的潜在损失。

为了保证基于VaR模型结果计算市场风险资本的审慎性，国际活跃银行采用每天实际损益返回测试VaR模型的准确性，VaR值突破实际损益的次数是决定资本计算乘数的依据。

采用标准法和内部模型法的银行有不同的信息披露要求。对于采用标准法的银行，巴塞尔协议Ⅱ除了要求一般的定性披露以外，还要求对利率风险、股权风险、外汇风险和商品风险占用的资本进行披露。对于采用内部模型法的银行，巴塞尔协议Ⅱ要求银行披露内部模型法覆盖的资产组合范围，内部模型法覆盖的每个资产组合使用模型的情况、压力测试情况和检验模型参数精确性和一致性的方法，以及监管机构批准的范围。返回检验中 VaR 估计值突破实际值的次数也都需要进行披露。国际活跃银行一般都对外披露 10 天 99% 置信度下的 VaR 值。

2009 年 7 月，巴塞尔委员会公布了对巴塞尔协议Ⅱ市场风险框架的修改内容，其中增加了对增量风险资本（Incremental Risk Charge）和全面风险资本（Comprehensive Risk Capital Charge）的定性和定量披露要求。

增量风险目的是度量交易工具发行方违约和迁移的风险。一般使用蒙特卡罗模拟和多变量高斯 Copula 模型计算。然后，将增量风险模型结果校准到一年期 99.9% 置信度产生的损失这一目标上。覆盖的风险因素包括信用迁移、违约、产品基点、集中度、对冲错配、清偿率和流动性等。流动性水平是根据一些因素综合形成的，包括发行人类别、货币、暴露规模、持有期下限（3 个月）等。增量风险是单独资本要求，不会和其他资本要求产生风险分散效应。

全面风险资本用于度量银行内部交易组合相关性产生的全部价格风险。与增量风险一样，相关的模型也需要校准，涵盖的风险因素包括风险迁移、违约、信用利差、相关性和清偿率、基点风险等。全面风险度量的结果需要建立单独资本要求，也不会和其他资本要求产生风险分散效应。

在定性披露方面，要求银行披露决定增量风险和全面风险流动性期限采用的方法、与巴塞尔委员会提出的稳健管理市场风险标准一致的资本评估方法，以及验证模型的方法。在定量披露方面，增加了在报告期和报告期末压力 VaR 的低值、高值和平均值，以及增量风险资本要求和全面风险资本要求的低值、高值和平均值。

压力测试既是银行实施风险管理的重要手段，也是监管机构监管市场风险的重要方法。压力测试情形的选择直接影响对压力测试结果适当性的判断。国际活跃银行一般在组合和并表两个层面开展压力测试，主要包括五大情形：（1）单一风险因素压力情形。考虑在 VaR 模型中不可能捕捉到的任何单一风险因素和一套风险因素的影响，如货币盯住制崩溃。（2）技术情形。考虑每个风险因素最大的变动，不考虑涉及到的市场之间的相关性。（3）假设情形。考虑潜在的宏观经济事件，如主权债务违约及其传染效应。（4）历史情形。体现压力时期市场变化的历史观测结果。如 1997 年亚洲金融危机、2007 年全球金融危机等极端事件发生时市场价格实际变化情况。（5）反向压力测试情形。确定一些超过正常业务的情形，倒推对风险参数的影响。例如，已知风险传染和系统性影响可能导致的重大损失，追溯风险参数相比正常情形的变化。

四、操作风险

银行内部或外部的多种原因都可能产生操作风险。例如，由于银行的收购和兼并或分立可能产生操作风险，业务迅速扩张可能产生操作风险，受到政治、社会环境或不可抗力的影响可能产生操作风险，新业务和新产品推出可能产生操作风险，使用风险缓解技术可能产生操作风险，外包或内包可能产生操作风险，银行内部重大操作流程也可能产生操作风险，等等。

在信息披露方面，国际活跃银行都会披露管理操作风险的目标、原则，关键的参与方和治理机制，操作风险度量和报告的范围及特性等内容，还有的银行披露与法律、税务、信息安全风险相关的操作风险构成要素。

按照巴塞尔协议Ⅱ的规定，国际活跃银行往往披露如下内容：银行认为合格的操作风险资本评估方法；如果银行采用高级度量法，披露银行在计量方法中考虑的内部和外部因素。如果只是部分采用高级度量法，需要披露采用方法的范围和覆盖的范围；采用高级度量法的银行还要披露使用保险前后操作风险的资本要求。还有的国际活跃银行披露内容已超出巴塞尔协议的要求，将操作风险占用的经济资本分配到各业务条线中，并在年报中对外披露。

五、流动性风险

银行对流动性风险进行管理目的是保证可以以合理的市场价格获得资金，在所有可以预见的融资承诺到期时可以有效满足。为了展示在集团层面和各个独立法人层面满足流动性监管要求的状况，国际活跃银行流动性风险的信息披露一般包括流动性风险管理的机制和职能分工、筹资管理方式、融资头寸和融资来源的分散程度、长期融资和或有融资的期限结构、流动性储备、内部转移定价、流动性限额和控制措施（含压力测试和情景分析）等内容。

其中，融资头寸和融资来源的分散程度、长期融资和或有融资的期限结构、流动性储备是重要的披露内容。银行提供不可撤销的现金备用承诺而产生流动性需求会放大银行承担的流动性风险，为此，银行必须对全部或有的流动性风险暴露进行限额管理和日常监控。或有流动性风险暴露也在信息披露中有所体现。

金融危机发生前，各监管机构设置的流动性风险监管指标有明显的差别。主要包括短期、中长期流动性风险监管指标和或有流动性风险监管指标。对前者而言，核心客户的存款是银行融资的重要来源，从某种意义上说，流动性风险变化情况就是监管核心客户存款的变化情况。因此，贷款和垫款占存款的比率、贷款和垫款占核心融资的比率往往被作为反映银行流动性变化的重要指标。为了动态地看待流动性风险的变化趋势，也有的银行披露压力情形下指标的变化，来反映银行在流动性承压情况下的资金缺口，及是否有足够的资金来源。

金融危机发生后，巴塞尔协议Ⅲ中引入流动性覆盖率和净稳定融资比例两项指标，特别是流动性覆盖率指标，它类似于压力情形下一个月内流动性覆盖率指标，计算流动性覆盖率的分子是高质量的流动性资产，该指标的分母是30天内总的净现金流出。在计算中规定全部现金流入上限为预计全部现金流出的75%。

巴塞尔委员会计划在2015年1月正式将流动性覆盖率引入监管要求，但最低标准从原来设定的100%降到60%，以后每年提高10%，到2019年1月将标准提高至100%。巴塞尔委员会将会继续开发银行流动性、融资状况披露的标准和流动性的市场指标，用来补充现在依赖资产类别和信用评级构建流动性风险监管指标的做法。预计巴塞尔委员会对流动性风险信息披露的要求也会逐步提高。

第三节　我国商业银行信息披露

本节主要介绍我国商业银行信息披露制度的监管要求、基本原则及具体内容。

一、我国监管对资本信息披露的要求

（一）关于商业银行信息披露的监管要求

中国人民银行于2002年颁布了《商业银行信息披露暂行办法》（中国人民银行令〔2002〕第6号），中国银监会于2007年颁布了《商业银行信息披露办法》（中国银行业监督管理委员会令〔2007〕第7号），这两个办法均要求银行披露其经营状况的主要信息，包括财务会计报告、各类风险管理状况、公司治理、年度重大事项等。

（二）关于商业银行资本充足率相关信息披露的监管要求

2004年中国银监会《商业银行资本充足率管理办法》对资本充足率信息披露作出具体规定，包括董事会职责、信息披露的主要内容、披露时间、披露地点以及监管报送要求等。

2009年中国银监会《商业银行资本充足率信息披露指引》（银监发〔2009〕97号）借鉴巴塞尔协议Ⅱ第三支柱的国际监管要求，对资本充足率信息披露做更为详实的规范，适用于《中国银行业实施新资本协议指导意见》确定的新资本协议银行和自愿实施巴塞尔协议Ⅱ的其他商业银行。主要包括信息披露的一般原则、并表范围、资本及资本充足率、风险暴露和评估、披露频率等。

2012年中国银监会发布的《商业银行资本管理办法（试行）》（以下简称《资本办法》）包含信息披露的专门章节和附件，在2009年《商业银行资本充足率信息披露指引》的基础上结合新形势作出进一步规范。如对资本充足率信息的披露时间进行了调整；对披露内容进行了进一步扩充，除资本和风险计量的定性定量信息披露外，还要求披露内部资本充足评估和薪酬的相关内容等；同时，对资本高级计量方法并行期和《资本办法》达标过渡期的信息披露作出要求。

2013年中国银监会印发了包括《关于商业银行资本构成信息披露的监管要求》（以下简称《监管要求》）在内的四个商业银行资本监管配套政策文件，该配套政策文件对《资本办法》中的相关规定进行了必要补充和说明，与《资本办法》有同等效力。在

《监管要求》中，制定了商业银行资本构成、监管资本项目与资产负债表项目对应关系以及资本工具主要特征等信息披露模板。

二、信息披露的责任和基本原则

商业银行应当真实、准确、充分、及时、公平地披露信息，不得有虚假记载、误导性陈述或者重大遗漏。

（一）真实性

真实性是信息披露最根本、最重要的原则；披露信息应当以客观事实或具有实施基础的判断和意见为依据，不得有虚假记载和不实陈述。

（二）准确性

信息披露应当使用明确、贴切的语言和简明扼要、通俗易懂的文字，不得含有任何宣传、广告、恭维或者夸大等性质的语句，同时应当以一般投资者和社会公众的判断能力作为标准。

（三）充分性

充分性是指《资本办法》相关监管规定仅是信息披露最低的强制性标准，商业银行应当主动、及时、全面地披露所有可能对股东或其他利益相关者决策产生实质性影响的信息，不得有隐瞒和重大遗漏。但是，在某些情况下，某些信息（如专有信息或保密信息）的披露会给信息披露人和相关人带来非常不利又难以弥补的损失，可以不予披露或有保留地披露。

（四）及时性

遵照相关监管要求，在规定的时间内依法披露有关重要信息，不能给投资者和社会公众提供过时和陈旧的信息。从投资者角度，可作出理性投资决策；从社会监管角度，防范内幕交易的风险，降低监管难度和成本。

（五）公平性

向所有大小投资者平等地进行公开信息披露，而不得有选择性披露，即在向投资者和社会公众披露前，不得将未公开重大信息向特定对象进行披露。在境内外市场披露的信息要保持一致。

三、信息披露的实施条件

首先，信息披露涉及面广、专业性强、内容量大，银行需要制定信息披露政策，建立健全相关披露机制和程序，明确并落实各部门在信息披露中的职责，规范信息披露工作流程，形成良好的工作机制，确保信息披露工作有效开展。

其次，银行需要对照监管要求，结合自身特点，制定满足临时、季度、半年度、年度等不同披露频率要求的信息披露模板，规范披露内容。

最后，要统筹建设并持续优化相关信息管理系统，有效支持信息披露对相关分析数据和管理信息的要求。

四、与会计信息披露的关系

会计信息披露是上市公司从维护投资者权益和资本市场运行秩序出发，依法将自身财务经营情况等会计信息向证券监管部门报告，并向社会投资者公告的行为。会计信息披露一般按照国家颁布的会计准则披露反映公司所涉及的各种经济活动的历史信息。中国银监会2007年颁布的《商业银行信息披露办法》，要求银行披露其经营状况的主要信息，包括财务会计报告、各类风险管理状况、公司治理、年度重大事项等。与《商业银行信息披露办法》较为宽泛的信息披露内容规范相比，《资本办法》重点对银行资本充足率相关披露事宜作了更为详实、细致的规定，重点要求银行反映其资本计量和管理的情况。

银行可以选择信息披露的载体和地点。第三支柱信息披露可以与会计信息披露同步披露，也可以选择其他方式单独披露。为避免引起投资者的误解和混淆，无论第三支柱信息是否与会计信息同步披露，银行应解释第三支柱披露与会计信息披露之间的实质性差别，如披露资本充足率计算范围和财务并表的差异，以及二者的对应关系表。对于会计信息披露范围外，属于《资本办法》要求披露的有关信息，银行可以选择通过其他方式（如互联网网站等）单独披露。如果第三支柱信息通过会计披露以外方式提供，银行应说明这些信息的获取方式。

第三支柱披露要求与会计准则的有关要求并不矛盾，承认会计或其他监管规定的披露要求，有助于提高第三支柱信息披露的有效性。因为年度财务报告中的信息通常都是经过外部审计的，根据其他披露要求（如证监会对上市公司的要求）所公布的附加材料（如管理层概述和分析），为保证有效性，通常也都经过充分的审查（如内部控制评估等）。如果有关第三支柱信息不是通过会计披露的方式披露，如作为一个单独的报告或网页中的一段，银行应确保这些信息按照信息披露总体原则，经过了适当的验证。另外，第三支柱的信息披露不要求必须经过外部审计，但会计准则制定部门、证券监管部门或其他权力机构另有要求的除外。

五、信息披露的内容与要求

（一）披露的内容

《资本办法》关于资本充足率信息披露的内容至少包括：（1）主要风险管理体系；（2）资本充足率计算范围；（3）资本数量、构成及各级资本充足率；（4）信用风险、市场风险、操作风险的计量方法，风险计量体系的重大变更，以及相应的资本要求变化；（5）信用风险、市场风险、操作风险及其他重要风险暴露和评估的定性和定量信息；（6）内部资本充足评估方法以及影响资本充足率的其他相关因素；（7）薪酬的定性信息和相关定量信息。

1. 主要风险管理体系

主要风险管理体系包括：信用风险的管理目标、政策和流程；市场风险的管理目标、政策和流程；操作风险的管理目标、政策和流程；其他重要风险的管理目标、政策和流程；风险管理体系的组织架构和管理职能。

2. 资本充足率计算范围

（1）银行集团名称。

（2）资本充足率计算范围。

（3）资本充足率计算范围和财务并表的差异，以及二者的对应关系表。

（4）按被投资机构的类型，逐类披露计算并表资本充足率时采用的处理方法。

（5）根据股权投资余额排名，分别披露前十大纳入计算范围的被投资机构和采用扣除处理的被投资机构的基本情况。

（6）拥有多数股权或拥有控制权的被投资金融机构存在的监管资本缺口。

（7）银行集团内资本转移的限制。

3. 资本数量及构成

（1）所有监管资本项目与经审计的资产负债表项目的对应关系。

（2）资本构成项：

①核心一级资本的期末数，包括实收资本或普通股、资本公积、盈余公积、一般风险准备、未分配利润、少数股东资本可计入部分。

②其他一级资本的期末数，包括其他一级资本工具及其溢价、少数股东资本可计入部分。

③ 二级资本的期末数，包括二级资本工具、超额贷款损失准备可计入部分、少数股东资本可计入部分。

（3）总资本的期末数。

（4）资本扣除项。

①核心一级资本中扣除项目的扣除数额，包括商誉、其他无形资产（土地使用权除外）、由经营亏损引起的递延所得税资产、贷款损失准备缺口、资产证券化销售利得、确定受益类养老金资产抵扣递延税负债后的净额、直接或间接拥有的本银行股票、对资产负债表中未按公允价值计量的项目进行套期形成的现金流储备应予以扣除的正值或予以加回的负值、商业银行自身信用风险变化导致其负债公允价值变化带来的未实现损益。

②从相应监管资本中对应扣除的，两家或多家商业银行之间通过协议相互拥有的各级资本工具数额，或银监会认定为虚增资本的各级资本投资数额。

③从相应监管资本中对应扣除的，对未并表金融机构的小额少数资本投资超出核心一级资本净额10%的部分。

④从核心一级资本中扣除的，对未并表金融机构的大额少数资本投资超出核心一级资本净额10%的部分。

⑤从相应监管资本中对应扣除的，对未并表金融机构的大额少数资本投资中的其他一级资本投资和二级资本投资部分。

⑥从核心一级资本中扣除的，其他依赖于商业银行未来盈利的净递延税资产超出核心一级资本净额10%的部分。

⑦未在核心一级资本中扣除的，对金融机构的大额少数资本投资和相应的净递延税资产合计超出核心一级资本净额15%的部分。

（5）所有限额与最低要求，以及对资本的正面和负面的影响，包括：

①资本扣除的有关限额，即适用门槛扣除法各项目的扣除数额。若未达到扣除上限，应披露各项目的具体数额及与上限的差额。

②可计入二级资本的超额贷款损失准备的限额。若未达到可计入上限，应披露具体数额及与上限的差额。

（6）发行的各类合格资本工具的主要特征。

（7）在网站上披露所有监管资本工具的条款及细则。

（8）报告期内增加或减少实收资本、分立和合并事项。

（9）报告期内重大资本投资行为。

4. 各级资本充足率

逐项披露未并表的核心一级资本充足率、一级资本充足率和资本充足率及其计算方法，以及并表后的核心一级资本充足率、一级资本充足率、资本充足率及其计算方法。

5. 风险加权资产

（1）信用风险资本计量方法、总体资本要求、采用内部评级法覆盖的信用风险暴露对应的资本要求、采用内部评级法未覆盖的信用风险暴露对应的资本要求、资产证券化风险暴露的资本要求、信用风险加权资产。

（2）市场风险资本计量方法、总体资本要求、采用内部模型法计量的资本要求、采用标准法计量的资本要求、市场风险加权资产。

（3）操作风险资本计量方法、总体资本要求、采用基本指标法的资本要求、采用标准法的资本要求、采用高级计量法的资本要求、操作风险加权资产。

（4）风险计量体系的重大变更，以及对相应资本要求的影响。

6. 信用风险暴露和评估

（1）信用风险暴露的定性信息，包括逾期及不良贷款的定义、贷款损失准备的计提方法、各类风险暴露采用的计量方法等。

（2）信用风险暴露的定量信息，包括：信用风险暴露总额，采用不同资本计量方法的各类风险暴露余额，信用风险暴露的地域分布，行业或交易对手分布、剩余期限分布，不良贷款总额、贷款损失准备余额及报告期变动情况等。

（3）商业银行采用内部评级法的，应披露的定性信息包括：银监会对本银行内部评级法的认可，评级体系的治理结构，评级结构、评级结果的应用，风险参数的定义、数据、风险计量的基本方法和假设等。

（4）商业银行采用内部评级法的，应披露非零售信用风险暴露的定量信息，包括：按违约概率级别划分的风险缓释前、后各类风险暴露，平均违约概率，风险暴露加权平均违约损失率，风险暴露加权平均风险权重等。如果商业银行在进行信息披露时对违约概率级别进行归并，则应按照归并后的违约概率级别披露上述信息。

（5）商业银行采用内部评级法的，应披露零售信用风险暴露的定量信息，包括：个人住房抵押贷款、合格的循环零售及其他零售风险缓释前、后的风险暴露，平均违约概率，平均违约损失率，平均风险权重等。

（6）商业银行采用内部评级法的，还应披露有关历史损失信息，包括报告期各类风险暴露的实际损失与历史损失数据的差别，以及产生差别的原因。

（7）商业银行应采用权重法或内部评级法未覆盖的信用风险暴露的信息，包括：风险权重的认定方法，按风险权重档次划分的风险缓释前、后的风险暴露及其扣减项，按主体分类的风险缓释前、后的风险暴露等。

逐项披露持有其他商业银行发行的各级资本工具、对工商企业的股权投资、非自用不动产的风险暴露。

（8）商业银行采用监管映射法计量专业贷款资本要求的，应披露按风险权重档次划分的风险缓释前、后的各类风险暴露。

（9）商业银行应披露信用风险缓释的定性信息，包括风险缓释政策、管理风险缓释工具的过程、风险缓释程度、净额结算、主要抵质押品类型、抵质押品估值政策和程序、保证人和信用衍生工具交易对手的主要类型及资信情况、所拥有的缓释工具集中度等。

（10）商业银行应披露信用风险缓释的定量信息，包括各类型风险暴露的净额结算、合格的金融质押、其他合格的抵质押品、保证及信用衍生工具覆盖的风险暴露。

7. 市场风险暴露和评估

（1）市场风险暴露和评估的定性信息，包括：

①采用标准法计量市场风险覆盖的风险暴露等。

②采用内部模型法计量市场风险覆盖的风险暴露、所用模型的特点、压力测试情况等。

（2）市场风险暴露和评估的定量信息，包括：

①采用标准法计量市场风险，应披露利率风险、股票风险、外汇风险、商品风险、期权风险的资本要求等。

②采用内部模型法计量市场风险，应披露期末风险价值，报告期的最高、最低、平均风险价值，返回检验中的显著异常值等。

8. 操作风险暴露和评估

披露操作风险资本要求的计量方法和风险暴露等；采用高级计量法计量操作风险，应披露所考虑的内部因素和外部因素，以及使用保险前、后的操作风险资本要求。

9. 资产证券化风险暴露和评估

（1）资产证券化风险暴露和评估的定性信息，包括：

①商业银行从事资产证券化业务的目标，包括从本银行向其他实体转移出去的证券化资产信用风险转移的程度，以及因这些活动使本银行承担的风险。

②商业银行在资产证券化过程中所承担的角色，以及在每个过程中的参与程度。

③资本计量方法。

④资产证券化的相关会计政策，包括交易性质、收益确认原则、对合成型资产证券

化的会计处理政策。

⑤每个资产证券化产品使用的外部评级机构的名称。

（2）资产证券化风险暴露和评估的定量信息，包括：

①传统型和合成型资产证券化风险暴露余额，如果发起机构对资产证券化交易不保留任何证券化风险暴露，应在当年报告中单独列出此类交易。

②按风险暴露的类别划分，证券化资产的不良、逾期及报告期确认的损失。

③按证券化风险暴露种类划分，商业银行拥有或买入的各类资产证券化风险暴露余额。

④ 按风险权重划分，商业银行拥有或买入的资产证券化风险暴露余额和内部评级法下的资本要求。

⑤资产证券化交易具有提前摊还情形的，应针对每一类证券化资产披露以下项目：所有涉及发起机构和投资者权益的提款风险暴露；按照内部评级法，对商业银行留存的已提款部分，如卖家的资本要求；按照内部评级法，对商业银行留存的已提和未提款的投资者权益的资本要求。

⑥采用标准法的商业银行也要按上述④、⑤的要求进行披露，但应使用标准法规定的资本要求。

⑦报告期内商业银行作为发起机构的资产证券化业务，应按类别披露被证券化的资产余额，以及出售的各类资产证券化确认的收益或损失。

10. 其他风险暴露和评估

（1）交易对手信用风险暴露的定性信息，包括：对交易对手信用风险暴露的管理方法，抵押、质押品的管理及保证金建立的政策，错向风险暴露相关政策，如发生信用评级下调时对本银行需要额外提供的抵押、质押品的影响。

（2）银行账户股权风险暴露的定性信息，包括：非大额或大额股权投资风险暴露的处理方法，股权投资的种类、特征和拥有目的，银行账户股权估值和会计处理的重要政策，包括采用的会计方法和估值方法、关键假设以及这些方法和假设的重大变化。

（3）银行账户股权风险暴露的定量信息，包括：金融机构和公司的股权投资，包括公开交易、非公开交易的余额，股权风险暴露未实现潜在的风险收益。

（4）银行账户利率风险暴露的定性信息，包括银行账户利率风险的特点和重要假设、贷款提前支付和无期限存款行为等重要客户行为的假设、银行账户利率风险计量的频率。

（5）银行账户利率风险暴露的定量信息，包括：在利率向上或向下变动时，按主要币种分类对收益和权益的影响值等。

（6）商业银行设立表外机构或实体的，应披露表外机构或实体的业务范围、主要业务品种、风险特征等定性信息。

（7）商业银行设立表外机构或实体的，应披露表外业务的大额暴露、转换系数、风险暴露等定量信息。

11. 内部资本充足评估

该部分内容包括内部资本充足评估的方法和程序、资本规划和资本充足率管理计划。

12. 薪酬

（1）薪酬的定性信息，包括：

①薪酬管理委员会（小组）的构成和权限，商业银行高级管理人员以及对风险有重要影响岗位上的员工的基本信息。

②薪酬政策的特点、目标、适用范围、审议和修改情况，以及确保从事风险和合规管理工作员工的薪酬与其所监督的业务条线绩效相独立的措施和政策。

③薪酬政策如何与当前和未来的风险挂钩。

④薪酬水平如何与银行绩效挂钩。

⑤根据长期绩效调整薪酬水平的方法。

⑥可变薪酬使用的支付工具类别及使用原因。

（2）薪酬的定量信息，包括：

①银行薪酬管理委员会（小组）成员薪酬及薪酬监督会议召开的次数。

②获得绩效奖金和离职金的员工数和奖金总额。

③未支付和已支付的递延薪酬总额。

④根据固定薪酬和可变薪酬、未受限薪酬和递延薪酬、支付工具分类披露薪酬总额。

⑤针对递延薪酬、留存薪酬的显性调整和隐性调整信息。

薪酬的定量信息披露要求仅针对商业银行高级管理人员以及对风险有重要影响岗位上的员工。

（二）披露的频率要求

《资本办法》对主要资本充足率披露信息的披露频率、各披露频率的时间要求，作了较为细致的规定，如表12－2、表12－3所示。

表12－2　　披露频率的时间规定

（《资本办法》第一百六十六条）

频率	时间
临时	及时披露
季度	期末后30个工作日内
半年	期末后30个工作日内
年度	会计年度终了后四个月内

表12－3　　披露项目的频率要求

（《资本办法》第一百六十七条）

编号	项目	披露要求
1	实收资本/普通股变化情况	临时
2	其他资本工具变化情况	临时

续表

编号	项目	披露要求
3	核心一级资本净额	季度
4	一级资本净额	季度
5	资本净额	季度
6	最低资本要求	季度
7	储备资本和逆周期资本要求	季度
8	附加资本要求	季度
9	核心一级资本充足率	季度
10	一级资本充足率	季度
11	资本充足率	季度
12	资本充足率计算范围	半年
13	信用风险暴露总额	半年
14	逾期及不良贷款总额	半年
15	贷款损失准备	半年
16	信用风险资产组合缓释后风险暴露余额	半年
17	资产证券化风险暴露余额	半年
18	市场风险资本要求	半年
19	市场风险期末风险价值及平均风险价值	半年
20	操作风险情况	半年
21	股权投资及其损益	半年
22	银行账户利率风险水平	半年

（三）并行期与过渡期的安排

根据《资本办法》第一百六十四条、第一百七十一条规定，商业银行采用资本计量高级方法的，自获准采用资本计量高级方法当年底开始，需有至少持续三年的并行期，并行期内应至少披露银监会《资本办法》规定的定性信息和资本底线的定量信息。

根据《资本办法》第一百七十四条规定，商业银行在达到《资本办法》的资本充足率监管要求前的过渡期内，应当同时按照《商业银行资本充足率管理办法》和《资本办法》计量并披露并表和非并表资本充足率。达标过渡期内，商业银行可以简化信息披露内容，但应当至少披露资本充足率计算范围，各级资本及扣减项、资本充足率水平、信用风险加权资产、市场风险加权资产、操作风险加权资产和薪酬的重要信息，以及享受过渡期优惠政策的资本工具和监管调整项目。

（四）信息披露的方式

从银行业绩披露的一般方式来看，主要有以下几种：一是通过有关监管部门指定的公众新闻媒体发布；二是置备于公司主要营业场所供社会公众参阅；三是通过本公司网站或其他网站披露等。

资本信息披露的方式选择上，商业银行应遵循相关监管规定并结合自身实际，综合考虑披露信息获取的集中性、可访问性和公开性，选择适当的信息披露方式，使披露的信息内容易于为投资者和社会公众所获得。在境内外证券市场同时上市的公司，向境外投资者和社会公众进行信息披露的方式遵照相关监管要求执行，同时应确保与境内市场披露的信息保持一致。不得以新闻发布会或答记者问等形式代替信息披露。

（五）专有信息和保密信息披露

信息披露需均衡考虑信息披露的完整性原则以及保护专有及保密信息的需要。在某些情况下，专有或保密信息的对外披露会严重损害银行的竞争地位，在这种情况下银行可以不披露具体的项目，但必须对要求披露的信息进行一般性披露，并解释某些项目未对外披露的事实和原因。披露免除不能与会计准则的披露要求产生冲突。

（六）简化披露的条件

根据《资本办法》第一百六十八条规定，经银监会同意，在满足信息披露总体要求的基础上，同时符合以下条件的商业银行可以适当简化信息披露的内容：

1. 存款规模小于2 000 亿元人民币。
2. 未在境内外上市。
3. 未跨区域经营。

六、信息披露的模板与要求

《资本办法》中对商业银行信息披露的内容进行了详细的规定，解决了“披露什么”的问题，而《监管要求》中规定了信息披露的模板及格式则解决了“如何披露”的问题。需要明确的是，《监管要求》的规定适用于境内外已上市的商业银行，以及未上市但总资产超过10 000 亿元人民币的商业银行。

1. 主要内容：《监管要求》包括三项主要披露的内容：商业银行资本构成、监管资本项目与资产负债表项目对应关系以及资本工具主要特征。

（1）资本构成。商业银行需详细披露银行集团层面的资本构成和资产负债表，模板如表12－4、表12－5所示。如果银行集团层面的资产负债表和监管并表下的资产负债表没有差异，则无需填写表12－5，说明两者无差异即可。

表12－4　　资本构成披露模板　　单位：百万元（人民币）、%

核心一级资本		数额
1	实收资本	
2	留存收益	
2a	盈余公积	
2b	一般风险准备	
2c	未分配利润	
3	累计其他综合收益和公开储备	

续表

核心一级资本		数额
3a	资本公积	
3b	其他	
4	过渡期内可计入核心一级资本数额（仅适用于非股份公司，股份制公司的银行填0即可）	
5	少数股东资本可计入部分	
6	监管调整前的核心一级资本	
核心一级资本：监管调整		
7	审慎估值调整	
8	商誉（扣除递延税负债）	
9	其他无形资产（土地使用权除外）（扣除递延税负债）	
10	依赖未来盈利的由经营亏损引起的净递延税资产	
11	对未按公允价值计量的项目进行现金流套期形成的储备	
12	贷款损失准备缺口	
13	资产证券化销售利得	
14	自身信用风险变化导致其负债公允价值变化带来的未实现损益	
15	确定受益类的养老金资产净额（扣除递延税项负债）	
16	直接或间接持有本银行的普通股	
17	银行间或银行与其他金融机构间通过协议相互持有的核心一级资本	
18	对未并表金融机构小额少数资本投资中的核心一级资本中应扣除金额	
19	对未并表金融机构大额少数资本投资中的核心一级资本中应扣除金额	
20	抵押贷款服务权	不适用
21	其他依赖于银行未来盈利的净递延税资产中应扣除金额	
22	对未并表金融机构大额少数资本投资中的核心一级资本和其他依赖于银行未来盈利的净递延税资产的未扣除部分超过核心一级资本15%的应扣金额	
23	其中：应在对金融机构大额少数资本投资中扣除的金额	
24	其中：抵押贷款服务权应扣除金额	不适用
25	其中：应在其他依赖于银行未来盈利的净递延税资产中扣除的金额	
26a	对有控制权但不并表的金融机构的核心一级资本投资	
26b	对有控制权但不并表的金融机构的核心一级资本缺口	
26c	其他应在核心一级资本中扣除的项目合计	
27	应从其他一级资本和二级资本中扣除的未扣缺口	
28	核心一级资本监管调整总和	
29	核心一级资本	

续表

其他一级资本		
30	其他一级资本工具及其溢价	
31	其中：权益部分	
32	其中：负债部分	
33	过渡期后不可计入其他一级资本的工具	
34	少数股东资本可计入部分	
35	其中：过渡期后不可计入其他一级资本的部分	
36	监管调整前的其他一级资本	
其他一级资本：监管调整		
37	直接或间接持有的本银行其他一级资本	
38	银行间或银行与其他金融机构间通过协议相互持有的其他一级资本	
39	对未并表金融机构小额少数资本投资中的其他一级资本应扣除部分	
40	对未并表金融机构大额少数资本投资中的其他一级资本	
41a	对有控制权但不并表的金融机构的其他一级资本投资	
41b	对有控制权但不并表的金融机构的其他一级资本缺口	
41c	其他应在其他一级资本中扣除的项目	
42	应从二级资本中扣除的未扣缺口	
43	其他一级资本监管调整总和	
44	其他一级资本	
45	一级资本（核心一级资本 + 其他一级资本）	
二级资本		
46	二级资本工具及其溢价	
47	过渡期后不可计入二级资本的部分	
48	少数股东资本可计入部分	
49	其中：过渡期结束后不可计入的部分	
50	超额贷款损失准备可计入部分	
51	监管调整前的二级资本	
二级资本：监管调整		
52	直接或间接持有的本银行的二级资本	
53	银行间或银行与其他金融机构间通过协议相互持有的二级资本	
54	对未并表金融机构小额少数资本投资中的二级资本应扣除部分	
55	对未并表金融机构大额少数资本投资中的二级资本	
56a	对有控制权但不并表的金融机构的二级资本投资	
56b	有控制权但不并表的金融机构的二级资本缺口	
56c	其他应在二级资本中扣除的项目	
57	二级资本监管调整总和	
58	二级资本	
59	总资本（一级资本 + 二级资本）	
60	总风险加权资产	

续表

资本充足率和储备资本要求		
61	核心一级资本充足率	
62	一级资本充足率	
63	资本充足率	
64	机构特定的资本要求	
65	其中：储备资本要求	
66	其中：逆周期资本要求	
67	其中：全球系统重要性银行附加资本要求	
68	满足缓冲区的核心一级资本占风险加权资产的比例	
国内最低监管资本要求		
69	核心一级资本充足率	
70	一级资本充足率	
71	资本充足率	
门槛扣除项中未扣除部分		
72	对未并表金融机构的小额少数资本投资未扣除部分	
73	对未并表金融机构的大额少数资本投资未扣除部分	
74	抵押贷款服务权（扣除递延税负债）	不适用
75	其他依赖于银行未来盈利的净递延税资产（扣除递延税负债）	
可计入二级资本的超额贷款损失准备的限额		
76	权重法下，实际计提的贷款损失准备金额	
77	权重法下，可计入二级资本超额贷款损失准备的数额	
78	内部评级法下，实际计提的超额贷款损失准备金额	
79	内部评级法下，可计入二级资本超额贷款损失准备的数额	
符合退出安排的资本工具		
80	因过渡期安排造成的当期可计入核心一级资本的数额	
81	因过渡期安排造成的不可计入核心一级资本的数额	
82	因过渡期安排造成的当期可计入其他一级资本的数额	
83	因过渡期安排造成的不可计入其他一级资本的数额	
84	因过渡期安排造成的当期可计入二级资本的数额	
85	因过渡期安排造成的当期不可计入二级资本的数额	

表 12－5　　　　集团口径的资产负债表（财务并表和监管并表）

单位：百万元（人民币）

	银行公布的合并资产负债表	监管并表口径下的资产负债表
资产		
现金及存放中央银行款项		
存款同业款项		
拆出资金		
以公允价值计量且变动计入当期损益的金融资产		
衍生金融资产		
买入返售金融资产		
应收利息		
发放贷款和垫款		
可供出售金融资产		
持有至到期投资		
应收款项类投资		
长期股权投资		
固定资产		
土地使用权		
递延税项资产		
商誉		
无形资产		
其他资产		
资产总计		
负债		
向中央银行借款		
同业及其他金融机构存放款项		
拆入资金		
以公允价值计量且变动计入当期损益的金融负债		
卖出回购金融资产款		
客户存款		
衍生金融负债		
已发行债务证券		
应付职工薪酬		
应交税费		
应付利息		
递延所得税负债		
预计负债		
其他负债		

续表

	银行公布的合并资产负债表	监管并表口径下的资产负债表
负债总计		
所有者权益		
实收资本		
资本公积		
盈余公积		
一般风险准备		
未分配利润		
外币报表折算差额		
少数股东权益		
所有者权益合计		

注：商业银行披露集团并表口径的资产负债表（财务并表和监管并表），具体科目可调整。

（2）监管资本项目与资产负债表项目。

①商业银行需填写扩展资产负债表，进一步说明用以计算监管资本的科目，模板如表 12－6 所示。如资本构成表中“商誉”和“其他无形资产”项目需扣减相应的递延所得税负债，因此商业银行应扩展资产负债表中的“递延所得税负债”；资产负债表中的“实收资本”应扩展为“核心一级资本”和“其他一级资本”，如果实收资本全部计入核心一级资本，则不需扩展。商业银行扩展的细致程度取决于资产负债结构和资本构成的复杂性。

表 12－6　　有关科目展开说明表　　单位：百万元（人民币）

	监管并表口径下的资产负债表	代码
……		
商誉		a
无形资产		b
递延所得税负债		
其中：与商誉相关的递延税项负债		c
其中：与其他无形资产（不含土地使用权）相关的递延税负债		d
……		
实收资本		
其中：可计入核心一级资本的数额		e
其中：可计入其他一级资本的数额		f
……		

②商业银行需将扩展涉及的科目与资本构成披露模板中的项目进行对应，模板如表 12－7 所示。

表 12 – 7　　第二步披露的所有项目与资本构成披露模板中的项目对应关系表

单位：百万元（人民币）

核心一级资本		数额	代码
1	实收资本		e
2	未分配利润		
3	累计其他综合收益和公开储备		
3a	资本公积		
3b	一般风险准备		
3c	盈余公积		
4	过渡期内可计入核心一级资本数额（仅适用于非股份公司，股份制公司的银行填0即可）		
5	少数股东资本可计入部分		
6	监管调整前的核心一级资本		
7	审慎估值调整		
8	商誉（扣除相关税项负债）		a – c
……			

2. 资本工具主要特征的披露要求。商业银行应披露所有合格资本工具的主要特征，模板如表 12 – 8 所示。

表 12 – 8　　资本工具主要特征模板

信息披露模板：监管资本工具的主要特征		
1	发行机构	
2	标识码	
3	适用法律	
	监管处理	
4	其中：适用《商业银行资本管理办法（试行）》过渡期规则	核心一级资本/一级资本/二级资本
5	其中：适用《商业银行资本管理办法（试行）》过渡期结束后规则	核心一级资本/一级资本/二级资本
6	共中：适用法人/集团层面	
7	工具类型	
8	可计入监管资本的数额（单位为百万元，最近一期报告日）	
9	工具面值	
10	会计处理	
11	初始发行日	
12	是否存在期限（存在期限或永续）	永续/存在期限
13	其中：原到期日	若为永续债，则填写“无到期日”
14	发行人赎回（须经监管审批）	是/否

续表

信息披露模板：监管资本工具的主要特征		
15	其中：赎回日期（或有时间赎回日期）及额度	
16	其中：后续赎回日期（如果有）	
	分红或派息	
17	其中：固定或浮动派息/分红	固定/浮动/固定到浮动/浮动到固定
18	其中：票面利率及相关指标	
19	其中：是否存在股息制动机制	是/否
20	其中：是否可自主取消分红或派息	完全自由裁量/部分自由裁量/无自由裁量权
21	其中：是否有赎回激励机制	是/否
22	其中：累计或非累计	累计/非累计
23	是否可转股	是/否
24	其中：若可转股，则说明转换触发条件	
25	其中：若可转股，则说明全部转股还是部分转股	全部转股/可全部转股也可部分转股/部分转股
26	其中：若可转股，则说明转换价格确定方式	
27	其中：若可转股，则说明是否为强制性转换	强制的/可选择的/不适用
28	其中：若可转股，则说明转换后工具类型	核心一级资本/其他一级资本/其他
29	其中：若可转股，则说明转换后工具的发行人	
30	是否减记	是/否
31	其中：若减记，则说明减记触发点	
32	其中：若减记，则说明部分减记还是全部减记	
33	其中：若减记，则说明永久减记还是暂时减记	永久/暂时/不适用
34	其中：若暂时减记，则说明账面价值恢复机制	
35	清算时清偿顺序（说明清偿顺序更高级的工具类型）	
36	是否含有暂时的不合格特征	是/否
	其中：若有，则说明该特征	

3. 对于上述信息披露内容，商业银行需每半年披露一次。若资本工具的主要特征发生变化（赎回、减记、转股等），应及时披露。

4. 商业银行应在本行网站建立监管资本专栏，详细披露有关信息。

5. 商业银行应在半年度和年度财务报告中披露表 12－4、表 12－5、表 12－6、表 12－7和表 12－8，或至少在半年度和年度财务报告中提供查阅上述详细信息的网址链接。

本章小结

1. 信息披露主要是指银行业金融机构依法将反映其经营状况的主要信息，如财务会计报告、各类风险管理状况、公司治理、年度重大事项等，以定期报告和临时报告等形式，向存款人、投资者和社会公众公开披露的行为。信息披露是市场约束机制的重要内容和关键前提，也是银行有效监管的重要手段和组成部分。

2. 监管要求的信息披露与会计信息披露常被等同，但事实上二者存在以下差异：会计信息披露的宗旨是从中立的立场出发，向信息使用者提供企业会计核算和价值方面的信息；而监管要求的信息披露则是从审慎监管的立场出发，向信息使用者提供企业的风险信息，其中银行资本充足率相关信息是监管要求信息披露的主要内容。

3. 信息披露透明度强调的是商业银行信息披露的及时、准确、相关和充足。

4. 市场约束主要来源于以下几个方面：存款人、股东、其他债权人、外部中介机构和其他参与方。

5. 银行监管统计是银行监管部门为满足监管工作需要组织实施的，以银行业金融机构为主要对象的各项统计活动。银行监管统计是银行监管工作的重要组成部分，也是银行业金融机构内部控制的重要组成部分。

6. 信息披露制度可以帮助银行向股东募集资本并保持各类利益相关者对银行的信心，是强化银行的市场约束、提高金融透明度的必然要求；也是银行参与金融市场竞争的重要条件，符合国际银行监管发展的趋势。

7. 各国的金融体系差异较大，但在信息披露质量方面的要求较为接近，通常应遵循全面性、相关性与及时性、可靠性、可比性和实质性原则。

8. 金融危机后，巴塞尔资本协议Ⅲ对银行的资本结构要求进行了大幅度改革，改革的主要内容涵盖以下四个方面：第一，强调提高银行资本的质量和水平；第二，强调银行在无法生存时资本吸收损失的能力；第三，强调为保守目的建立资本缓冲；第四，强调建立反周期资本缓冲。

9. 信用风险的披露中应包括以下几个部分：总体信用风险状况、非零售暴露和零售信用风险状况、标准法下信用风险状况、交易对手信用风险状况和证券化信用风险状况。

10. 银行内部或外部的多种原因都可能产生操作风险：由于银行的收购和兼并或分立可能产生操作风险，业务迅速扩张可能产生操作风险，受到政治、社会环境或不可抗力的影响可能产生操作风险，新业务和新产品推出可能产生操作风险，使用风险缓解技术可能产生操作风险，外包或内包可能产生操作风险，银行内部重大操作流程也可能产生操作风险，等等。

11. 国际活跃银行流动性风险的信息披露一般包括：流动性风险管理的机制和职能分工、筹资管理方式、融资头寸和融资来源的分散程度、长期融资以及或有融资的期限结构、流动性储备、内部转移定价、流动性限额和控制措施（含压力测试和情景分析）等内容。

12. 目前我国对商业银行信息披露进行规范的法律文件主要有《商业银行法》、《商业银行信息披露办法》、《商业银行资本管理办法（试行）》、《商业银行信息披露特别规定》等。

13. 加强银行信息披露的具体意义如下：防控银行风险和维护金融安全；提升银行公司治理，保护利益相关者权益；促进公平，提升效率。

本章重要概念

信息披露　资本结构　资本充足率　信用风险　市场风险　操作风险　流动性风险

思考题

1. 什么是信息披露?
2. 信息披露涉及哪些内容?
3. 我国银行信息披露涉及哪些内容，它有哪些实际意义?

本章参考文献

[1] 邱艾松:《商业银行信息披露的层次与边界》，北京，中国金融出版社，2010。

[2] 翟旭:《中国上市银行内部控制实质性漏洞信息披露机制研究》，成都，西南财经大学出版社，2013。

[3] 中国银行业协会：《解读商业银行资本管理办法》，北京，中国金融出版社，2012。

[4] 巴塞尔委员会文件:《加强银行公司治理的原则》(2010 年)、巴塞尔协议Ⅲ(2010 年)、《增强银行透明度》(1998 年)、巴塞尔银行监管委员会文献汇编、《统一资本计量和资本标准的国际协议：修改框架》。

[5] 中国银行业监督管理委员会文件:《银行业监管统计管理暂行办法》(2004年)、《商业银行信息披露办法》(2007 年)、《商业银行资本管理办法（试行)》(2012年)、《商业银行公司治理指引》(2013 年)。